权威读本

中华人民共和国
刑法修正案（十一）
解读

主编
许永安
（全国人大常委会法制工作委员会刑法室处长）

中国法制出版社
CHINA LEGAL PUBLISHING HOUSE

编写说明

2020年12月26日，第十三届全国人民代表大会常务委员会第二十四次会议审议通过了《中华人民共和国刑法修正案（十一）》。刑法修正案（十一）坚决贯彻落实习近平法治思想，落实党中央各项决策部署。紧紧围绕保障党和国家重大战略目标，立足新发展阶段，注重发挥好刑法对经济社会生活的规范保障和引领推动作用。坚持以人民为中心，加强保护人民群众生命财产安全，维护人民权益、增进人民福祉。贯彻宽严相济刑事政策，适应国家治理体系和治理能力现代化的要求。坚持问题导向，针对实践中反映突出的问题，对刑法作出调整。主要内容包括：维护人民群众生命财产安全，个别调整刑事责任年龄，对侵害未成年人相关犯罪、安全生产犯罪、食品药品犯罪等作出修改；聚焦防范和化解金融风险，加大对金融乱象的惩治力度，对证券犯罪、非法集资犯罪、洗钱犯罪等作出修改完善；进一步加强企业产权刑法保护、优化营商环境；修改完善知识产权犯罪、污染环境犯罪；修改完善公共卫生刑法保护相关规定等。

刑法修正案（十一）将于2021年3月1日起施行。为了便于广大群众了解刑法修正案（十一）的主要内容，掌握、运用法律，自觉遵守法律；有助于司法机关准确把握法律精神，严格适用法律规定，全国人大常委会法制工作委员会刑法室部分参加修正案立法工作的同志撰写了《中华人民共和国刑法修正案（十一）解读》一书，逐条对修正案的条文主旨、立法背景、条文解读以及涉及的相关规定作了详细说明。本书由全国人大法工委刑法室许永安同志主编。

编　者
2021年1月

目　　录

一、将刑法第十七条①修改为：“已满十六周岁的人犯罪，应当负刑事责任。

“已满十四周岁不满十六周岁的人，犯故意杀人、故意伤害致人重伤或者死亡、强奸、抢劫、贩卖毒品、放火、爆炸、投放危险物质罪的，应当负刑事责任。

“已满十二周岁不满十四周岁的人，犯故意杀人、故意伤害罪，致人死亡或者以特别残忍手段致人重伤造成严重残疾，情节恶劣，经最高人民检察院核准追诉的，应当负刑事责任。

“对依照前三款规定追究刑事责任的不满十八周岁的人，应当从轻或者减轻处罚。

“因不满十六周岁不予刑事处罚的，责令其父母或者其他监护人加以管教；在必要的时候，依法进行专门矫治教育。”

条文主旨

本条是关于修改刑事责任年龄的规定。

---

① 根据2020年12月26日第十三届全国人民代表大会常务委员会第二十四次会议通过的《中华人民共和国刑法修正案（十一）》修改，刑法修正案（十一）修改的内容自2021年3月1日起施行。1997年刑法第十七条条文是：“已满十六周岁的人犯罪，应当负刑事责任。

“已满十四周岁不满十六周岁的人，犯故意杀人、故意伤害致人重伤或者死亡、强奸、抢劫、贩卖毒品、放火、爆炸、投毒罪的，应当负刑事责任。

“已满十四周岁不满十八周岁的人犯罪，应当从轻或者减轻处罚。

“因不满十六周岁不予刑事处罚的，责令他的家长或者监护人加以管教；在必要的时候，也可以由政府收容教养。”

立法背景

1. 1979 年立法的情况。1979 年刑法对刑事责任年龄作了规定。1979 年刑法第十四条规定："已满十六岁的人犯罪，应当负刑事责任。已满十四岁不满十六岁的人，犯杀人、重伤、抢劫、放火、惯窃罪或者其他严重破坏社会秩序罪，应当负刑事责任。已满十四岁不满十八岁的人犯罪，应当从轻或者减轻处罚。因不满十六岁不处罚的，责令他的家长或者监护人加以管教；在必要的时候，也可以由政府收容教养。"

2. 1997 年修订刑法的情况。刑事责任年龄，就是法律规定的应当对自己犯罪行为负刑事责任的年龄。只有达到法定年龄的人实施了犯罪行为，才能追究其刑事责任。对于没有达到法定年龄的人，即使实施了危害社会的行为，也不负刑事责任。这是各国刑法普遍采用的原则。这主要是考虑到犯罪行为不只是具有社会危害性的行为，同时还是人的有意识的行为，而人们控制、认识自己行为的能力是受到年龄的限制的，只有在人们达到一定年龄，其接受社会教育的程度和社会经验有了一定的积累时，才能具备识别是非善恶、并在行动中自我控制的能力，才能要求其对自己的犯罪行为承担刑事责任。为此，我国 1997 年刑法总结了新中国成立以来同犯罪作斗争的经验，充分借鉴了国外刑事立法中一些有益的经验，对刑事责任年龄作了明确规定。

1997 年修改刑法时将 1979 年刑法的有关内容修改后纳入刑法，主要修改包括：一是对具体责任年龄的表述作了文字修改，进一步明确各个责任年龄段的年龄为周岁，使其表述更为确切，防止实践中产生歧义。二是进一步明确了已满十四周岁不满十六周岁的人犯哪些罪应当负刑事责任。实践中，对1979年刑法第十四条中的“杀人”是否包括过失杀人，“其他严重破坏社会秩序罪”的范围包括哪些，认识不一致，难以保证执法的统一，因此，根据各方面的意见，删去了“其他严重破坏社会秩序罪”的规定，明确规定已满十四周岁不满十六周岁的人，犯“故意杀人、故意伤害致人重伤或者死亡、强奸、抢劫、贩卖毒品、放火、爆炸、投毒罪的”，才应当负刑事责任。这样规定，进一步体现了罪刑法定的基本原则，也便于实践中操作。另外，在列举的具体罪名中，删去了“惯窃罪”，这主要是考虑更突出惩治危害严重的犯罪，体现对未成年人教育为主，惩罚为辅的原则。三是将“因不满十六岁不处罚”修改为“因不满十六周岁不予刑事处罚”，这主要考虑到这部分未成年人只是年龄未达到法定年龄而不予刑事处罚，但其行为性质恶劣，具有社会危害性，虽然没有承担刑事责任，但可能承担其他责任，需要进一步明确处罚的性质。

3. 2020年刑法修正案（十一）对本条作了修改。近年来，低龄未成年人实施严重犯罪的案件时有发生，引发社会广泛关注。对这一问题，大家的共识是应当管起来，这既是矫正犯罪的需要，也是保护受害人正当诉求和利益的需要。但如何去管，是普遍降低刑事责任年龄放到监狱，还是针对未成年人犯罪矫正的特点去完善收容教养制度等，大家还有不同的认识和侧重点。总体上对未成年人，我们坚持教育、感化、挽救，坚持教育为主、惩罚为辅，这一方针和原则没有变。对低龄未成年人犯罪，既不能简单地“一关了之”，也不能“一放了之”。经会同有关方面反复研究，综合考量各方面的意见，2020年12月通过的刑法修正案（十一）对本条作了修改，一是在特定情形下，经特别程序，对法定最低刑事责任年龄作个别下调，即增加一款规定：已满十二周岁不满十四周岁的人，犯故意伤人、故意伤害罪，致人死亡或者以特别残忍手段致人重伤造成严重残疾，情节恶劣，经最高人民检察院核准追诉的，应当负刑事责任。二是统筹考虑刑法修改和预防未成年人犯罪法修改相关问题，与预防未成年人犯罪法修改做好衔接，将原刑法规定的“在必要的时候，也可以由政府收容教养”修改为“在必要的时候，依法进行专门矫治教育”。三是将“责令他的家长或者监护人加以管教”修改为“责令其父母或者其他监护人加以管教”，这主要是为了与民法典关于监护人的有关规定做好衔接。四是将“投毒罪”修改为“投放危险物质罪”，这主要是为了与刑法分则有关规定的修改相衔接，全国人大常委会于 2001 年 12 月 29 日通过的刑法修正案（三），对刑法第一百一十四条、第一百一十五条进行了修改，将“投毒”改为“投放毒害性、放射性、传染病病原体等物质”，本条作了相应修改。

条文解读

本条分为四款。第一款是关于实施犯罪行为的人完全负刑事责任的年龄段的规定。根据本款的规定，实施犯罪行为的人负刑事责任的年龄是满十六周岁，即凡年满十六周岁的人，实施了刑法规定的任何一种犯罪行为，都应当负刑事责任。这样规定，是从我国的实际情况出发的。在我国，已满十六周岁的人，其体力、智力已发展到一定程度，并有一定社会知识，已具有分辨是非善恶的能力。因此，应当要求他们对自己的一切犯罪行为负刑事责任。

第二款是关于相对负刑事责任年龄段的规定，即在这个年龄段中的行为人不是实施了任何犯罪都负刑事责任。根据本款的规定，已满十四周岁不满十六周岁的人，只有实施故意杀人、故意伤害致人重伤或者死亡、强奸、抢劫、贩卖毒品、放火、爆炸、投放危险物质犯罪的，才负刑事责任。这样规定，是充分考虑了他们的智力发育情况。已满十四周岁不满十六周岁的人，一般已有一定的识别能力，但由于年龄尚小，智力发育尚不够完善，缺乏社会知识，还不具有完全识别和控制自己行为的能力，因此，他们负刑事责任的范围，应当受他们刑事责任能力的限制，不能要求他们对一切犯罪都负刑事责任。因此，我国刑法只规定这个年龄的人犯上述几种社会危害性较大，常见的严重犯罪，才应当负刑事责任。需要注意的是，这里所规定的八种犯罪，是指具体犯罪行为而不是具体罪名。“犯故意杀人、故意伤害致人重伤或者死亡”，是指只要故意实施了杀人、伤害行为，并且造成了致人重伤、死亡后果的，都应负刑事责任，而不是指只有犯故意杀人罪、故意伤害罪的，才负刑事责任，绑架撕票的，不负刑事责任。对司法实践中出现的已满十四周岁不满十六周岁的人绑架人质后杀害被绑架人，拐卖妇女、儿童而故意造成被拐卖妇女、儿童重伤或者死亡的行为，应当依据刑法追究其刑事责任。2006年《最高人民法院关于审理未成年人刑事案件具体应用法律若干问题的解释》第五条规定，已满十四周岁不满十六周岁的人实施刑法第十七条第二款规定以外的行为，如果同时触犯了刑法第十七条第二款规定的，应当依照刑法第十七条第二款的规定确定罪名，定罪处罚。

第三款是关于已满十二周岁不满十四周岁的人在特定情形下，经特别程序，应当负刑事责任的特殊规定。由于家庭、学校、社会等多方面的原因，低龄未成年人严重犯罪案件近年来时有发生，经会同有关方面反复研究，综合考虑各方面的意见，刑法修正案（十一）增加了本款规定，即在特定情形下，经特别程序，对法定最低刑事责任年龄作个别下调，而不是普遍降低刑事责任年龄。刑事责任年龄的确定是涉及刑事政策调整的大问题，需要根据国家的经济社会发展、未成年人违法犯罪的现实情况、未成年人身心发展变化、未成年人司法政策和历史文化传统等多方面因素进行统筹评估研究，需要非常慎重。世界上也有国家确定的年龄较低，但这是建立在其少年司法制度的基础上的，有关年龄实际上是适用少年刑事司法的年龄。

根据本款的规定，已满十二周岁不满十四周岁的人，犯故意杀人、故意伤害罪，致人死亡或者以特别残忍手段致人重伤造成严重残疾，情节恶劣，经最高人民检察院核准追诉的，应当负刑事责任。这里的“犯故意杀人、故意伤害罪，致人死亡或者以特别残忍手段致人重伤造成严重残疾”，同第二款的规定一样，指的也是故意实施了杀人、伤害行为，并且造成了致人死亡或者以特别残忍手段致人重伤造成严重残疾的后果的，都应负刑事责任，而不是指只有犯故意杀人罪、故意伤害罪才负刑事责任，绑架撕票的，不负刑事责任。其中，“以特别残忍手段”，同刑法第二百三十四条的规定一样，是指故意要造成他人严重残疾而采用毁容、挖人眼睛、砍掉人双脚等特别残忍的手段伤害他人的行为。本款中的“情节恶劣”需要结合犯罪的动机、手段、危害、造成的后果、悔罪表现等犯罪情节综合进行判断，包括行为人主观恶性很大、有预谋有组织地实施、采用残忍手段、多次实施、致多人死亡或者重伤造成严重残疾、造成恶劣的社会影响等情形。对于行为人主观恶性不大、被害人有明显过错、行为人家属积极给予被害人及其家属赔偿并取得被害人及其家属的谅解等情形的，最高人民检察院也可以不核准追诉。其中，最高人民检察院核准是必经程序，这是为了严格限制对这部分人追究刑事责任。实践中，应当由公安机关报请核准追诉，由同级人民检察院受理并层报最高人民检察院审查决定。最高人民检察院决定不予核准追诉的，公安机关应当及时撤销案件，犯罪嫌疑人在押的，应当立即释放，并依照有关法律采取相应措施。

第四款是关于对未成年人犯罪处罚原则的规定。根据本款的规定，对依照前三款规定追究刑事责任的不满十八周岁的人犯罪，应当从轻或者减轻处罚。根据我国的实际情况，不满十八周岁的人尚属于未成年人，未成年人正处在体力、智力发育过程中，虽已具有一定的辨别和控制自己行为的能力，但由于其经历短，社会知识少，其成熟程度还不同于成年人，而且未成年人处于成长过程中，具有容易接受教育改造的特点，因此，对未成年人犯罪，规定了“应当从轻或者减轻处罚”的原则。这样规定，充分体现了我国对未成年犯实行教育为主，惩罚为辅，重在教育、挽救和改造的方针。

第五款是关于对因不满十六周岁不予刑事处罚的人如何处理的规定。根据本款规定，对于实施了危害社会的行为，但因不满十六周岁而没有受刑事处罚的人，不是放任不管，而是要责令其父母或者其他监护人对行为人严加管教；在必要的时候，依法进行专门矫治教育。这样规定是为了维护正常的社会秩序，维护被害人的合法权益，同时也是为了教育行为人，防止其继续危害社会。“在必要的时候”，一般是指其父母或者其他监护人确实管教不了，或者违法行为情节严重，造成恶劣的社会影响等情形。这主要是考虑到未成年人违法犯罪情况复杂，有家庭、学校、社会等多方面的原因，需要综合治理。对于有的由于缺少教育、监管等原因，实施扰乱社会秩序的一般危害行为的未成年人，由监护人严加管教，可能更有利于回归社会。但对于实施杀人、故意伤害致人重伤或者死亡等严重暴力犯罪，人身危险性大的未成年人，应当依法进行专门教育矫治。

关于专门矫治教育，根据我国2020年12月修改的预防未成年人犯罪法第四十五条的规定，未成年人有刑法规定的行为，因不满刑事责任年龄不予刑事处罚的，经专门教育指导委员会评估同意，教育行政部门会同公安机关可以决定对其进行专门矫治教育。省级人民政府应当结合本地的实际情况，至少确定一所专门学校按照分校区、分班级等方式设置专门场所，对这些未成年人进行专门矫治教育。上述专门场所实行闭环管理，由公安机关、司法行政部门负责未成年人的矫治工作，教育行政部门承担未成年人的教育工作。这是应对低龄未成年人违法犯罪的重要制度建设。只有不断完善少年犯罪的司法体系，建立适合未成年人犯罪特点的矫治制度、措施等，才能有效预防和矫治未成年人犯罪，防范其对社会造成危害。

实践执行中应当注意的是：

1. 本条关于刑事责任年龄的规定是指行为人实施犯罪行为时的年龄，而非审判时的年龄。此外，刑法第四十九条规定，犯罪的时候不满十八周岁的人和审判的时候怀孕的妇女，不适用死刑。据此，未成年人不适用死刑的年龄也是实施犯罪行为时不满十八周岁，非审判时不满十八周岁。关于“周岁”的认定，根据2006年《最高人民法院关于审理未成年人刑事案件具体应用法律若干问题的解释》第二条的规定，这里规定的“周岁”，按照公历的年、月、日计算，从周岁生日的第二天起算。

关于行为人年龄的确定问题，根据上述司法解释第四条的规定，对于没有充分证据证明被告人实施被指控的犯罪时已经达到法定刑事责任年龄且确实无法查明的，应当推定其没有达到相应法定刑事责任年龄。相关证据足以证明被告人实施被指控的犯罪时已经达到法定刑事责任年龄，但是无法准确查明被告人具体出生日期的，应当认定其达到相应法定刑事责任年龄。此外，根据2000年《最高人民检察院关于“骨龄鉴定”能否作为确定刑事责任年龄证据使用的批复》，犯罪嫌疑人不讲真实姓名、住址，年龄不明的，可以委托进行骨龄鉴定或其他科学鉴定，经审查，鉴定结论能够准确确定犯罪嫌疑人实施犯罪行为时的年龄的，可以作为判断犯罪嫌疑人年龄的证据使用。如果鉴定结论不能准确确定犯罪嫌疑人实施犯罪行为时的年龄，而且鉴定结论又表明犯罪嫌疑人年龄在刑法规定的应负刑事责任年龄上下的，应当依法慎重处理。

2. 关于未成年人实施转化型抢劫行为的法律适用问题。根据刑法第二百六十九条的规定，犯盗窃、诈骗、抢夺罪，为窝藏赃物、抗拒抓捕或者毁灭罪证而当场使用暴力或者以暴力相威胁的，依照第二百六十三条抢劫罪的规定定罪处罚。实践中，本着对未成年人“教育为主，惩罚为辅”的原则，2006年《最高人民法院关于审理未成年人刑事案件具体应用法律若干问题的解释》第十条规定："已满十四周岁不满十六周岁的人盗窃、诈骗、抢夺他人财物，为窝藏赃物、抗拒抓捕或者毁灭罪证，当场使用暴力，故意伤害致人重伤或者死亡，或者故意杀人的，应当分别以故意伤害罪或者故意杀人罪定罪处罚。已满十六周岁不满十八周岁的人犯盗窃、诈骗、抢夺罪，为窝藏赃物、抗拒抓捕或者毁灭罪证而当场使用暴力或者以暴力相威胁的，应当依照刑法第二百六十九条的规定定罪处罚；情节轻微的，可不以抢劫罪定罪处罚。"

3. 关于未成年人犯罪后从宽处理的有关规定。2010 年《最高人民法院关于贯彻宽严相济刑事政策的若干意见》第二十条规定，对于未成年人犯罪，在具体考虑其实施犯罪的动机和目的、犯罪性质、情节和社会危害程度的同时，还要充分考虑其是否属于初犯，归案后是否悔罪，以及个人成长经历和一贯表现等因素，坚持"教育为主、惩罚为辅"的原则和"教育、感化、挽救"的方针进行处理。对于偶尔盗窃、抢夺、诈骗，数额刚达到较大的标准，案发后能如实交代并积极退赃的，可以认定为情节显著轻微，不作为犯罪处理。对于罪行较轻的，可以依法适当多适用缓刑或者判处管制、单处罚金等非监禁刑；依法可免予刑事处罚的，应当免予刑事处罚。对于犯罪情节严重的未成年人，也应当依照刑法第十七条第三款的规定予以从轻或者减轻处罚。对于已满十四周岁不满十六周岁的未成年犯罪人，一般不判处无期徒刑。

此外，2006 年《最高人民法院关于审理未成年人刑事案件具体应用法律若干问题的解释》针对未成年人刑事案件的审理规定了一些从宽处理的具体规则，如第六条规定："已满十四周岁不满十六周岁的人偶尔与幼女发生性行为，情节轻微、未造成严重后果的，不认为是犯罪。”第七条规定：“已满十四周岁不满十六周岁的人使用轻微暴力或者威胁，强行索要其他未成年人随身携带的生活、学习用品或者钱财数量不大，且未造成被害人轻微伤以上或者不敢正常到校学习、生活等危害后果的，不认为是犯罪。已满十六周岁不满十八周岁的人具有前款规定情形的，一般也不认为是犯罪。”第十六条对未成年罪犯应当适用缓刑的情形作了规定。第十八条规定，对未成年罪犯的减刑、假释，在掌握标准上可以比照成年罪犯依法适度放宽。

4. 对未成年人刑事案件处理的特殊程序安排。关于未成年人刑事案件的处理，我国刑事诉讼法第五编第一章专门规定了未成年人刑事案件诉讼程序。其中，第二百八十二条规定，对于未成年人涉嫌刑法分则第四章、第五章、第六章规定的犯罪，可能判处一年有期徒刑以下刑罚，符合起诉条件，但有悔罪表现的，人民检察院可以作出附条件不起诉的决定。附条件不起诉的未成年人在考验期内接受监督考察，在考验期内没有应当撤销附条件不起诉决定的情形的，考验期满，人民检察院应当作出不起诉的决定。这是对犯罪的未成年人实行“教育、感化、挽救”的方针，坚持“教育为主、惩罚为辅”原则的具体体现。

5. 行为人承担刑事责任，都得经过法定程序。本条是关于应当负刑事责任的年龄的规定，实践中，具体到个案，行为人承担刑事责任，都需要通过刑事诉讼程序，人民检察院提起公诉，人民法院作出有效判决后，行为人才能依法承担刑事责任。其中，本条第三款中规定的“经最高人民法院核准追诉的，应当负刑事责任”也并不是指核准追诉的，就一定追责，还需人民法院根据证据和事实情况等，对案件进行审理，审理后作出有罪判决的，判决生效后，行为人才负刑事责任。

相关规定

《最高人民法院关于贯彻宽严相济刑事政策的若干意见》第二十条；《最高人民法院关于审理未成年人刑事案件具体应用法律若干问题的解释》第二条、第四条至第七条、第十二条；《人民检察院办理未成年人刑事案件的规定》；《最高人民检察院关于“骨龄鉴定”能否作为确定刑事责任年龄证据使用的批复》

二、在刑法第一百三十三条之一后增加一条，作为第一百三十三条之二①：“对行驶中的公共交通工具的驾驶人员使用暴力或者抢控驾驶操纵装置，干扰公共交通工具正常行驶，危及公共安全的，处一年以下有期徒刑、拘役或者管制，并处或者单处罚金。

“前款规定的驾驶人员在行驶的公共交通工具上擅离职守，与他人互殴或者殴打他人，危及公共安全的，依照前款的规定处罚。

“有前两款行为，同时构成其他犯罪的，依照处罚较重的规定定罪处罚。”

---

① 根据2020年12月26日第十三届全国人民代表大会常务委员会第二十四次会议通过的《中华人民共和国刑法修正案（十一）》增加，刑法修正案（十一）增加的内容自2021年3月1日起施行。

条文主旨

本条是关于增加妨害安全驾驶犯罪的规定。

立法背景

近年来，全国各地发生了多起因乘客侵扰司机的驾驶行为而造成的危及公共安全的事件，有的甚至造成了严重的后果，引起了社会各界的高度关注，如 2018 年 10 月 28 日重庆市一辆公交车在行驶中因乘客与司机激烈争执互殴致使车辆失控，撞上一辆正常行驶的小轿车后坠江，导致数人死亡的严重后果。殴打司机、抢夺控制方向盘或者乘客与司机互殴等干扰安全驾驶的行为，具有相当的社会危险性，我国法律对这类行为的惩处，是有一些追究法律责任规定的。如道路交通安全法对行人、乘车人、非机动车驾驶人违反道路交通安全法律、法规关于道路通行规定的行为的处罚作了规定。治安管理处罚法第二十三条规定，扰乱公共汽车、电车、火车、船舶、航空器或者其他公共交通工具上的秩序的，处警告或者二百元以下罚款；情节较重的，处五日以上十日以下拘留，可以并处五百元以下罚款。对于妨害安全驾驶引发严重后果，给人民群众生命财产安全造成严重威胁，严重危害公共交通安全的行为，实践中主要以危险方法危害公共安全罪、故意伤害罪、寻衅滋事罪、交通肇事罪等追究刑事责任。根据 2018 年 11 月司法大数据专题报告《关于公交车司乘冲突引发刑事案件分析》，2016 年 1 月 1 日至 2018 年 10 月 31 日，全国各级人民法院一审审结的公交车司乘冲突刑事案件共 223 件，判处的罪名，以危险方法危害公共安全罪占比 39.01%、故意伤害罪占比 30.04%、寻衅滋事罪占比 10.31%、交通肇事罪占比 3.59%；判处的刑罚，90.57%为有期徒刑，其中一年以下有期徒刑占 8.42%、一年至三年占 38.95%、三年至五年占 47.37%、五年至十年占 4.21%、十年以上占 1.05%。针对近年来实践中出现的新情况、新问题，为有效惩治妨害公共交通工具安全驾驶违法犯罪行为，维护公共交通安全秩序，保护人民群众生命财产安全，2019 年 1 月，最高人民法院、最高人民检察院、公安部联合发布《关于依法惩治妨害公共交通工具安全驾驶违法犯罪行为的指导意见》进一步明确法律的适用，该意见第一条规定，乘客在公共交通工具行驶过程中，抢夺方向盘、变速杆等操纵装置，殴打、拉拽驾驶人员，或者有其他妨害安全驾驶行为，危害公共安全，或者驾驶人员在公共交通工具行驶过程中，与乘客发生纷争后违规操作或者擅自职守，与乘客厮打、互殴，危害公共安全，上述行为，尚未造成严重后果的，依照刑法第一百一十四条的规定，以危险方法危害公共安全罪定罪处罚；致人重伤、死亡或者使公私财产遭受重大损失的，依照刑法第一百一十五条第一款的规定，以危险方法危害公共安全罪定罪处罚。

刑法修正案（十一）在研究起草阶段，有关部门提出，实践中将在公交车上发生的纠纷，尚未造成严重后果的行为以危险方法危害公共安全罪定罪处罚过于宽泛，无法精确反映此犯罪行为的特点，同时，实践中以危险方法危害公共安全罪定罪处罚也存在一些问题：一是，在公交车上发生的纷争与放火、决水、爆炸、投放危险物质等四类行为性质不同。刑法第一百一十四条规定，以其他危险方法应当是与放火、决水、爆炸、投放危险物质性质相当的危害公共安全行为，司乘人员在公交车上发生的纷争，虽然存在危害公共安全的可能性，即危害不特定多数人的生命、健康或重大公私财产安全，但由于该罪规定的危害公共安全的表述过于抽象，标准也比较模糊，实践中需要进一步对危险性的程度进行判断，也就是必须是对公共安全具有现实的、紧迫的高度危险性。而在公交车上发生纷争的起因多是由于坐过站、车费缴纳等鸡毛蒜皮的琐事，导致乘客或者对司机拳脚相加或者强行拖拽方向盘，实际上乘客的目的大多是要求停车或解决车费问题，并没有直接想要危害公共安全。虽然由于车辆行驶在公共道路上，乘客的不当行为很有可能会导致车辆失控，进而危害到不特定人的生命、健康，可能发生危害后果，但仅以可能发生的危害后果来判断公交车上发生的纷争构成以危险方法危害公共安全罪，实际上混淆了结果危险性与方法危险性的判断方法，也与放火、决水、爆炸、投放危险物质这四类行为性质相差较大。二是，在公交车上发生的纷争较容易制止，不具有危害公共安全的高度危险性。在公交车上还有其他乘客、售票员、安保员，行为人实施一些不当的行为时，其他人员可以马上出手制止，从而能够有效阻止事态的进一步恶化。另外，司机也肩负着安全驾驶的职责，在遇到乘客的无理取闹甚至出手相向时，也会采取一些紧急措施，如采取紧急制动措施停车等，来避免损害结果的发生，公交车上乘客的一些危险举措可以及时得到其他人员和司机的有效控制，并不具有导致危害公共安全的高度危险性。三是，以危险方法危害公共安全罪，法定刑过高。刑法第一百一十四条规定的以危险方法危害公共安全罪起刑点为三年有期徒刑，对于在公交车上发生的司乘人员之间的纠纷，有的只是发生车辆剐蹭，并未造成严重后果，判处三年以上有期徒刑，处刑过重，不符合宽严相济刑事政策的要求。考虑到在行驶的公交车上发生的妨害安全驾驶的行为一般情节较轻，不具有危害公共安全的现实危险性，为体现刑法罪刑相适应的原则，2020 年 6 月提请全国人大常委会审议的刑法修正案（十一）（草案）增加规定：“对行驶中的公共交通工具的驾驶人员使用暴力或者抢夺驾驶操纵装置，干扰公共交通工具正常行驶，危及公共安全的，处一年以下有期徒刑、拘役或者管制，并处或者单处罚金。”“前款规定的驾驶人员与他人互殴，危及公共安全的，依照前款的规定处罚。”“有前两款行为，致人伤亡或者造成其他严重后果，同时构成其他犯罪的，依照处罚较重的规定定罪处罚。”

刑法修正案（十一）（草案）在征求意见过程中，对本条规定有两个问题存在较大争议：第一，是否有必要单设妨害安全驾驶的犯罪。有意见提出，建议删去本条规定。主要理由：一是，本条所规定的内容完全可以采用物理手段解决，如在公交车驾驶席旁边安装物理护栏，将驾驶员与乘客隔开，就很容易解决这个问题，没有必要采用刑法手段。二是，这类行为一般都不具有危及公共安全的现实危险性，可不增加新罪名，如果发生严重后果的，可以适用刑法第一百一十四条、第一百一十五条以危险方法危害公共安全罪定罪处罚。赞成增加本条规定的认为，这一规定既惩罚暴力侵害驾驶人员的行为，也惩治驾驶人员擅离职守，不采取有效安全措施，与他人发生肢体冲突等行为，能够准确评价这类违法犯罪行为，起到威慑作用。建议进一步予以完善的认为，草案仅限定为两类行为，实践中，对驾驶员实施胁迫、辱骂以及捂眼睛、喷洒辣椒水，或用物品遮挡驾驶员视线等其他手段破坏、干扰安全驾驶行为，也会影响公共安全工具的正常行驶，应当增加相关情形。

第二，是否有必要增加驾驶人员的犯罪。有意见提出，建议删去第二款规定。主要理由：一是，该规定妨碍驾驶人员行驶正当防卫权。这一规定在实践中可能导致驾驶人员只会选择躲避，大大限缩了驾驶人员进行有效的正当防卫，影响驾驶人员履行职责的积极性。二是，该规定容易引起歧义。驾驶人员在驾驶交通工具的过程中，如果遭受暴力袭击或者抢夺驾驶操纵装置时，驾驶人员是否能够反击，如果进行反击的话，是否属于互殴，如果驾驶员只能忍受而不能进行反击的话，可能使公共交通安全处于更加危险的境地。三是，从已经发生的案例来看，驾驶人员与乘客互殴的情况极少发生，没有必要作出规定。

立法机关经与有关方面共同认真研究，进行相关数据分析，2018 年 11 月司法大数据专题报告《关于公交车司乘冲突引发刑事案件分析》有关情况，2016 年 1 月 1 日至 2018 年 10 月 31 日，全国各级人民法院一审审结的公交车司乘冲突 223 件刑事案件中，被告人身份为乘客的占 69.96%，司机占 22.87%。司机和乘客冲突纠纷起因多为车费、上下车地点等小事，占比近六成；近四成案件有人员伤亡的情况，其中死亡人数占伤亡人数的 19.61%；行为人的违法犯罪行为主要有攻击司机（占 54.72%）、抢夺车辆操纵装置（占 27.36%）、持刀威胁司机（占 2.83%）、盗窃司机财物（2.83%）、与司机发生口角（1.89%）等；约有 88.79% 的案件发生在车辆运营过程中，面对纠纷，有的司机选择避让或防御，有的司机采取主动还手或攻击乘客，有的乘客出面制止，有的报警等；纠纷结果导致有的公交车撞击道旁静物（占 33.96%）、未造成重大不良后果（占 19.81%）、司机受伤（占

11.32%）、乘客受伤（占 11.32%）、公交车撞击行驶车辆或行人（占 8.49%）、车辆剧烈摇晃等危险运行状态（占 7.55）、财物损失（占 2.83%）；司机在纠纷中的举动，避让或防御（占 27.36%）、仅停车（占 19.81%）、与乘客发生口角（占 15.09%）、主动或还手攻击乘客（占 10.38%）、报警（占 7.55%）等。由于没有明确的法律依据，司法实践中各地对此类行为处罚不同，有的只是对当事人进行批评教育，有的则是处以行政拘留，有的以危险方法危害公共安全罪追究刑事责任，造成相同行为处罚轻重不统一。根据各方面的意见和实践情况，考虑到行驶中的公共交通工具安全关乎乘客的生命健康利益，对道路运输的安全性有着极大的影响，妨害公共交通工具安全驾驶行为具有一定的危险性，极易诱发重大交通事故，造成重大人身伤亡和财产损失，威胁公共安全。为维护人民群众“出行安全”，惩治妨害公共交通工具安全驾驶行为，积极回应社会关切，有必要将妨害安全驾驶的行为单独规定为犯罪。同时，考虑到司机在公交车上负有安全驾驶的职责，如果司机在驾驶公交车行驶过程中，不顾整车人的安全，擅离职守，与乘客进行互殴、厮打，极易导致车辆失控，发生交通事故，造成人员伤亡和财产损失，对这种行为也有必要予以惩处。2020 年 12 月 26 日第十三届全国人民代表大会常务委员会第二十四次会议通过的《中华人民共和国刑法修正案（十一）》增加了本条规定。这样规定一方面警示规范乘客，乘坐公共交通工具应当自觉遵守有关规定，尊重驾驶人员，对驾驶人员使用暴力或者抢控驾驶操纵装置，将会受到法律惩处；另一方面也对驾驶人员的驾驶行为进行警示规范，要求驾驶人员以安全驾驶为先，不能擅离职守，让乘客和驾驶人员树立法律红线，营造安全有序、宽容和谐的空间，降低公共交通安全事故发生率。同时，根据各方面的意见对草案作了以下修改：一是，将“抢夺驾驶操纵装置”修改为“抢控驾驶操纵装置”。这样规定主要是考虑到，刑法第二百六十七条规定了抢夺罪，该条的“抢夺”行为，是指乘人不备，出其不意，将他人的财物占为己有。而本条规定的抢夺驾驶操纵装置行为，并不是要把这个操作装置变为自己的财产，其主观意图是要争抢或者控制方向盘，使用“抢夺”容易引起误解，修改为“抢控”，表述更准确。二是，增加了“在行驶的公共交通工具上擅离职守”的规定。这样规定，主要是考虑到驾驶人员在对车辆采取安全措施后，有权行使正当防卫行为。三是，根据实践情况，将“与他人互殴”修改为“与他人互殴或者殴打他人”。四是，删去了“致人伤亡或者造成其他严重后果”。

条文解读

本条共分三款。第一款是关于对行驶中的公共交通工具的驾驶人员使用暴力或者抢控驾驶操纵装置，危及安全驾驶的犯罪及其处刑的规定。

构成本款规定的犯罪应当具备以下条件：第一，犯罪的主体主要是公共交通工具上的乘客等人员。在公共交通工具行驶过程中，与驾驶员发生冲突的一般都是乘客，个别情况下，车辆上的售票员或者安保员也有可能会与驾驶员发生冲突。

第二，行为发生在行驶的公共交通工具上。这里所说的“公共交通工具”，主要是指公共汽车、公路客运车，大、中型出租车等车辆。司乘人员冲突事件大多发生在上述这几类公共交通工具上。此外，公共交通工具还有从事空中运输的飞机，铁路运输的火车、地铁、轻轨，水路运输的客运轮船、摆渡船、快艇等。

第三，行为人实施了对驾驶人员使用暴力或者抢控驾驶操纵装置的行为。这里所说的“对驾驶人员使用暴力或者抢控驾驶操纵装置”，主要是指行为人对公共交通工具的驾驶人员实施殴打、推搡拉拽等暴力行为，或者实施抢夺控制方向盘、变速杆等驾驶操纵装置的行为。“驾驶操纵装置”，主要是指供驾驶人员控制车辆行驶的装置，包括方向盘、离合器踏板、加速踏板、制动踏板、变速杆、驻车制动手柄等。本款所说的“抢控驾驶操纵装置”并不需要行为人实际控制驾驶操纵装置，只要实施了争抢行为即可。

第四，行为人的行为干扰公共交通工具的正常行驶，危及公共安全，这是划分罪与非罪的重要界限。这样规定主要是考虑到此类行为主要危害公共安全的犯罪，其危害性主要体现在危及公共交通工具上不特定多数人的人身和财产安全，以及道路和周边环境中不特定多数人的人身和财产安全。这里所说的“干扰公共交通工具正常行驶，危及公共安全的”，主要是指行为人的行为足以导致公共交通工具不能安全行驶，车辆失控，随时可能发生乘客、道路上的行人、车辆伤亡或者财产损失的现实危险。如果行为人只是辱骂、轻微拉扯驾驶员或者轻微争抢方向盘，并没有影响车辆的正常行驶，不宜作为犯罪处理，但违反治安管理处罚法规定的，应当依法予以治安处罚。

根据本款规定，构成犯罪的，处一年以下有期徒刑、拘役或者管制，并处或者单处罚金。

第二款是关于驾驶人员擅离职守，与他人互殴或者殴打他人，危及安全驾驶的犯罪及其处罚的规定。

构成本款规定的犯罪，应当符合以下特征：第一，犯罪的主体是公共交通工具的驾驶人员。

第二，行为发生在行驶的公共交通工具上，这是构成本款规定犯罪的前提条件。关于公共交通工具在第一款已经叙述，这里不再赘述。

第三，行为人实施了擅离职守，与他人互殴或者殴打他人的行为。这里所说的“擅离职守”，主要是指驾驶人员未采取任何安全措施控制车辆，擅自离开驾驶位置，或者双手离开方向盘等。“与他人互殴或者殴打他人”，是指驾驶人员与乘客等进行互相殴打，或者驾驶人员殴打乘客等行为。

第四，行为人的行为危及公共安全，这是划分罪与非罪的重要界限。这里所说的“危及公共安全”，主要是指行为人的行为足以导致公共交通工具不能安全行驶，车辆失控，随时可能发生乘客、道路上的行人伤亡、车辆或者财产损失的现实危险。如果行为人只是辱骂或者轻微拉扯乘客等，并没有影响车辆的正常行驶，不宜作为犯罪处理，但违反治安管理处罚法规定的，应当依法予以治安处罚。

构成本款规定的犯罪，依照前款的规定处罚，即处一年以下有期徒刑、拘役或者管制，并处或者单处罚金。

第三款是关于实施本条规定的犯罪同时构成其他犯罪如何处理的规定。

行为人实施本条第一款、第二款规定的犯罪行为，也可能同时触犯刑法的其他规定，构成刑法规定的其他犯罪，如果与本条规定的犯罪行为出现了竞合的情形，应当依照处罚较重的规定定罪处罚。这里主要涉及如何处理好本条规定的犯罪与故意伤害罪、故意杀人罪、以危险方法危害公共安全罪等其他罪名的关系。如果行为人有第一款、第二款规定的妨害安全驾驶的犯罪行为，造成人员伤亡、公私财产重大损失或者车辆倾覆等，符合本法第一百三十三条交通肇事罪、第二百三十四条故意伤害罪、第二百三十二条故意杀人罪、第一百一十五条以危险方法危害公共安全罪、第二百七十五条故意毁坏财物罪构成要件或者构成其他犯罪的，根据本款的规定，采取从一重罪处罚的原则，即依照处罚较重的规定定罪处罚。由于本条规定的刑罚较轻，一般情况下，应当依照交通肇事罪、故意伤害罪、故意杀人罪、以危险方法危害公共安全罪、故意毁坏财物罪等定罪处罚，而行为人妨害公共交通工具安全驾驶的行为，将会作为处罚的量刑情节予以考虑。这里需要注意的是，本条第三款规定的“同时构成其他犯罪”中的其他犯罪，应当是与妨害公共交通工具安全驾驶行为直接相关的罪名，如果行为人实施了本款的犯罪行为，在行驶中的公共交通工具上又实施其他与妨害公共交通工具安全驾驶行为不相关的犯罪行为，如行为人明显具有伤害、杀人的恶意殴打、杀害司机或乘客，或者盗窃、抢劫乘客财物、强制猥亵乘客等行为，应当根据情况适用故意伤害罪、故意杀人罪、盗窃罪、抢劫罪、强制猥亵罪与本罪实行数罪并罚。

实际执行中应当注意以下几个方面的问题：

1. 把握好妨害安全驾驶的犯罪与以危险方法危害公共安全罪的界限。两罪虽然都是危害公共安全的犯罪，但两罪的行为性质不同，刑法第一百一十四条规定以其他危险方法应当是与放火、决水、爆炸、投放危险物质性质相同的危害公共安全行为，而妨害公共交通工具安全驾驶虽然存在危害公共安全的可能性，但一般情况下不具有现实的危险性。实践中乘客与司机往往因琐事发生口角争执，进而动手，多数乘客主观恶性并不大，只是因一时冲动殴打司机，抢夺方向盘，并非故意要将公交车置于危险境地，且多数并未造成危害后果，有的虽然造成一定危害后果，但后果也不严重，如发生车辆剐蹭。为体现宽严相济刑事政策，和刑法罪刑相适应原则，避免适用以危险方法危害公共安全罪而导致刑罚过重，刑法修正案（十一）增加了妨害安全驾驶的犯罪，实践中对于在行驶中的公共交通工具上发生的因司乘纠纷而引发的互殴、厮打等妨害安全驾驶行为一般不宜再适用刑法第一百一十四条规定的以危险方法危害公共安全罪。对于个别情况下，行为人妨害公共交通工具安全驾驶行为，判处一年有期徒刑明显偏轻，符合刑法第一百一十四条规定的，可以按照以危险方法危害公共安全罪追究。

2. 把握好妨害公共交通安全行驶的犯罪与正当防卫、紧急避险的界限。根据《最高人民法院、最高人民检察院、公安部关于依法惩治妨害公共交通工具安全驾驶违法犯罪行为的指导意见》规定，对正在进行的妨害安全驾驶的违法犯罪行为，乘客等人员有权采取措施予以制止，制止行为造成违法犯罪行为人损害，符合法定条件的，应当认定为正当防卫。正在驾驶公共交通工具的驾驶人员遭到妨害安全驾驶行为侵害时，为避免公共交通工具倾覆或者人员伤亡等危害后果发生，采取紧急制动或者躲避措施，造成公共交通工具、交通设施损坏或者人身损害，符合法定条件的，应当认定为紧急避险。实践中需要注意的是，驾驶人员有权采取措施对乘客妨害安全驾驶行为予以制止，但首先必须要保障车辆行驶的安全，也就是说驾驶人员必须首先采取制动措施，让车辆停止在安全地带，才可以采取措施制止乘客的违法行为，不能在车辆行驶的过程中与乘客进行殴打。

3. 在适用本条时要注意把握罪与非罪的界限。对于妨害安全驾驶的犯罪，其行为不仅要干扰公共交通工具正常行驶，而且还要达到危及公共安全的后果，对于情节轻微、危害不大的行为，不宜按照犯罪处理，《最高人民法院、最高人民检察院、公安部关于依法惩治妨害公共交通工具安全驾驶违法犯罪行为的指导意见》对此也有规定，即在办理案件过程中，人民法院、人民检察院和公安机关要综合考虑公共交通工具行驶速度、通行路段情况、载客情况、妨害安全驾驶行为的严重程度及对公共交通安全的危害大小、行为人认罪悔罪表现等因素，全面准确评判，充分彰显强化保障公共交通安全的价值导向。

相关规定

《中华人民共和国刑法》第一百一十四条、第一百一十五条、第一百三十三条、第二百三十二条、第二百三十四条；《中华人民共和国治安管理处罚法》第二十三条；《最高人民法院、最高人民检察院、公安部关于依法惩治妨害公共交通工具安全驾驶违法犯罪行为的指导意见》

三、将刑法第一百三十四条[①]第二款修改为："强令他人违章冒险作业，或者明知存在重大事故隐患而不排除，仍冒险组织作业，因而发生重大伤亡事故或者造成其他严重后果的，处五年以下有期徒刑或者拘役；情节特别恶劣的，处五年以上有期徒刑。"

条文主旨

本条是关于增加冒险组织作业犯罪的规定。

立法背景

近年来在安全生产形势取得好转的同时，一些重特大安全生产事故仍然时有发生，给国家和人民群众生命、财产安全带来难以挽回的特别重大损失，教训深刻，对安全生产综合治理提出了更高要求。2015 年 8 月 12 日，天津市滨海新区天津港瑞海公司危险品仓库发生火灾爆炸事故，造成 165 人遇难、8 人失踪、798

---

① 本条经全国人民代表大会常务委员会两次修改。根据 2006 年 6 月 29 日第十届全国人民代表大会常务委员会第二十二次会议通过的《中华人民共和国刑法修正案（六)》第一次修改，修正案（六）修改的内容自 2006 年 6 月 29 日起施行。刑法原第一百三十四条条文为："工厂、矿山、林场、建筑企业或者其他企业、事业单位的职工，由于不服管理、违反规章制度，或者强令工人违章冒险作业，因而发生重大伤亡事故或者造成其他严重后果的，处三年以下有期徒刑或者拘役；情节特别恶劣的，处三年以上七年以下有期徒刑。"

根据 2020 年 12 月 26 日第十三届全国人民代表大会第二十四次会议通过的《中华人民共和国刑法修正案（十一)》第二次修改，修正案（十一）修改的内容自 2021 年 3 月 1 日起施行。刑法修正案（六）修改后的第一百三十四条条文为："在生产、作业中违反有关安全管理的规定，因而发生重大伤亡事故或者造成其他严重后果的，处三年以下有期徒刑或者拘役；情节特别恶劣的，处三年以上七年以下有期徒刑。

"强令他人违章冒险作业，或者明知存在重大事故隐患而不排除，仍冒险组织作业，因而发生重大伤亡事故或者造成其他严重后果的，处五年以下有期徒刑或者拘役；情节特别恶劣的，处五年以上有期徒刑。"

人受伤，304 幢建筑物、12428 辆汽车、7533 个集装箱受毁。2015 年 8 月全国人大常委会对刑法修正案（九）进行三次审议期间，有的常委会组成人员提出，鉴于天津港爆炸事件的重大损害和惨痛教训，建议提高刑法第一百三十六条危险物品肇事罪等安全生产事故犯罪的刑罚，更为有效预防和惩治重特大安全生产犯罪。当时，法律委员会对此问题进行了认真研究，认为："危险物品肇事罪是刑法危害公共安全罪一章规定的责任事故类犯罪之一，这类犯罪还涉及很多同类条款，其量刑幅度基本都是相同的，提高这一犯罪的刑罚需同时考虑其他条款，在具体刑罚的设置上也需要根据司法实践情况，在充分听取相关部门意见的基础上作出评估。对这一问题，需要进一步深入调查研究，可在今后修改刑法时统筹考虑。"近年来又发生了一些重特大事故，特别是 2019 年 3 月 21 日发生了江苏盐城响水天嘉宜化工企业特大爆炸事故，事故造成 78 人死亡、76 人重伤。国务院调查组认定，江苏响水天嘉宜化工有限公司"3·21"特别重大爆炸事故是一起长期违法贮存硝化危险废物导致自燃引发的特别重大事故，企业明知存在重大隐患，甚至在原国家安全监管总局对企业检查中责令整改的 13 项安全隐患问题未整改的情况下，在企业负责人因违法违规堆放处置危险废物被行政处罚、刑事处罚的情况下，对重大隐患仍不落实责任、有效整改，继续冒险组织作业，酿成惨剧。有关方面提出，目前刑法有关责任事故类的犯罪最高刑一般只有七年，不足以预防惩治安全生产事故犯罪，当前一些重大安全生产事故一旦发生都是群死群伤，后果特别严重，建议进一步提高安全生产犯罪的刑罚，加大预防惩治。根据各方面意见，刑法修正案（十一）在刑法第一百三十四条第二款中增加了

"明知存在重大隐患而不排除，仍冒险组织作业"，造成严重后果的犯罪。这一规定的主要考虑有：一是传统安全生产事故犯罪为过失犯罪，过失犯罪的刑罚配置一般较之于故意犯罪要轻，普遍提高过失犯罪的刑罚还需要慎重。上述新增的规定区分情况，主要对那些特别轻率、鲁莽冒险作业，情节特别恶劣，发生的后果特别严重的情况加重刑罚，只针对主观上鲁莽、客观上又造成特大损害的责任事故类犯罪。二是如各个提高分则第二章中安全生产事故类犯罪的刑罚，将涉及较多条文，包括第一百三十四条至第一百三十九条，共 7 条，修改 7 条在立法技术上需要进一步扩大刑法修正案（十一）的容量，因此，仅修改第一百三十四条第二款。原第二款规定的是强令违章冒险作业罪，刑罚在刑法修正案（六）时已经修改为最高十五年有期徒刑，在其中增加组织冒险作业犯罪的情形，对其他第一百三十五条至第一百三十九条规定的犯罪领域中，如果出现明知有重大隐患而不排除，仍冒险组织作业的情况，也可适用这一新增加的规定。

修改后的刑法第一百三十四条规定："在生产、作业中违反有关安全管理的规定，因而发生重大伤亡事故或者造成其他严重后果的，处三年以下有期徒刑或者拘役；情节特别恶劣的，处三年以上七年以下有期徒刑。

"强令他人违章冒险作业，或者明知存在重大事故隐患而不排除，仍冒险组织作业，因而发生重大伤亡事故或者造成其他严重后果的，处五年以下有期徒刑或者拘役；情节特别恶劣的，处五年以上有期徒刑。"

历史沿革

本条是1979年刑法的规定；1997年修订刑法予以吸收，并作了个别文字调整；2006年6月29日第十届全国人民代表大会常务委员会第二十二次会议通过的《中华人民共和国刑法修正案(六)》对本条作了第一次修改，对有关犯罪主体作了修改，将强令违章冒险作业规定为单独犯罪，并提高了法定刑。这一修改的主要背景为，重大责任事故罪是刑法中比较常见的危害公共安全的犯罪，1979年刑法就有规定，1997年修订刑法时基本延续了原来的规定。随着经济和社会的发展，由于整个经济领域生产范围的扩大和生产规模的增长，重大责任事故罪出现了一些新的问题。一是原刑法规定的犯罪主体范围较窄，不适应经营主体日益多元化的情况。除了1997年刑法规定的工厂、矿山、林场、建筑企业或者其他企业、事业单位的职工等特殊主体外，一些个体生产经营单位和个人，甚至违法生产经营的单位和个人，如包工头、无证矿主等在生产、作业中违反安全管理规定，不顾工人生命安全，违章生产、作业，导致重大责任事故的情况时有发生。二是一些生产、经营单位或者个人，为了追求经济利益，不顾法律的制约，采取各种手段强令生产、作业人员违章冒险作业，因而发生重大责任事故，给人民群众生命健康和国家、集体、个人财产造成重大损失，群众反映非常强烈。这种强令工人违章冒险作业的行为，比一般的违章生产、作业的性质更为恶劣、危害更为严重，原刑法的有关规定已经不能满足打击犯罪、遏制犯罪的需要，有必要进行修改。为此，2006年通过的刑法修正案（六）对原规定作了两个方面的修改：一是将犯罪主体从原来的企业、事业单位的职工扩大到从事生产、作业的所有人员；二是增加了强令他人违章冒险作业罪，将“强令他人违章冒险作业”与一般的违章生产、作业分开，作为第二款单独规定，并将其刑罚从最高七年有期徒刑提高到十五年有期徒刑。

2020 年 12 月 26 日第十三届全国人民代表大会第二十四次会议通过的《中华人民共和国刑法修正案（十一）》对本条作了第二次修改，在本条第二款中增加“明知存在重大事故隐患而不排除，仍冒险组织作业”的犯罪情形。

条文解读

修改后的刑法第一百三十四条分为两款。第一款是关于重大责任事故罪及其处罚的规定。根据本款的规定，认定重大责任事故罪应当注意以下几个方面的问题：

1. 该罪的主体是在各类生产经营活动中从事生产、作业及其指挥管理的人员，既包括 1997 年刑法规定的工厂、矿山、林场、建筑企业或者其他企业、事业单位的职工，也包括其他生产、经营单位的人员、个体经营户、群众合作经营组织的生产、管理人员，甚至违法经营单位、无照经营单位的生产、作业及其指挥管理人员等。只要在生产、作业中违反有关安全管理的规定，造成不特定人员伤亡或者公私财产重大损害的，无论其生产、作业性质，均可以构成该罪。

2. 本罪在客观方面表现为在生产、作业中违反有关安全管理的规定，因而发生重大伤亡事故或者造成严重后果。（1）行为人违反了有关安全管理的规定。这里所说的“有关安全管理的规定”，既包括国家制定的关于安全管理的法律、法规，比如安全生产法等，也包括行业或者管理部门制定的关于安全生产、作业的规章制度、操作章程等。违反安全管理规定的行为往往具有不同的形式。普通职工主要表现为不服管理、不听指挥、不遵守操作规程和工艺设计要求或者盲目蛮干、擅离岗位等。生产管理人员主要表现为违背客观规律在现场盲目指挥，或者做出不符合安全生产、作业要求的工作安排等。（2）行为人违反有关安全管理规定的行为引起了重大伤亡事故，造成严重后果。本条规定了“重大伤亡”和“严重后果”两个标准，但只要具备其一便构成犯罪。其中，造成其他严重后果，是指除重大伤亡事故以外的其他后果，包括重大财产损失等。关于重大伤亡或者“其他严重后果”的认定标准，由于生产领域、地域、时间等情况的不同，一般由相关领域的管理规定作出规定。司法实践中，司法机关可以根据犯罪的具体情节、造成的后果、社会影响等综合认定。

3. 在主观方面本罪表现为过失。这种过失，是指对造成的重大人身伤亡或者其他严重后果由于疏忽大意没有预见，或者虽然预见但轻信可以避免而没有采取相应的措施。而对违反安全管理规定本身，则既可以是过失，也可以是故意，这对认定本罪没有影响，但在量刑时可以作为一个情节予以考虑。如果行为人对危害结果出于故意的心理状态，则不构成本罪，应当按照其他相应的犯罪定罪处罚。实践中，有些企业、事业单位或者群众合作经营组织、个体经营户招用从业人员，不经技术培训，也不进行必要的安全教育，直接安排其从事生产、作业，使职工在不了解安全管理规定的情况下违反安全管理规定，因而发生重大责任事故，对于生产、作业人员不宜认定为犯罪，但对发生事故的单位和经营组织、经营户的直接责任人员，则应当按照本罪定罪处罚。

根据本款的规定，在生产、作业中违反有关安全管理的规定，因而发生重大伤亡事故或者造成其他严重后果的，处三年以下有期徒刑或者拘役。根据2015年《最高人民法院、最高人民检察院关于办理危害生产安全刑事案件适用法律若干问题的解释》第六条规定，实施本款规定的行为，因而发生安全事故，具有下列情形之一的，应当认定为“发生重大伤亡事故或者造成其他严重后果”，对相关责任人员，处三年以下有期徒刑或者拘役：(1) 造成死亡一人以上，或者重伤三人以上的；(2) 造成直接经济损失一百万元以上的；(3) 其他造成严重后果或者重大安全事故的情形。情节特别恶劣的，处三年以上七年以下有期徒刑。这里规定的“情节特别恶劣”，是指造成伤亡人数特别多，造成直接经济损失特别大，或者其他违反安全管理规定非常恶劣的情况。比如，经常违反规章制度，屡教不改；明知没有安全保证，不听劝阻；发生过事故不引以为戒，继续蛮干；违章行为特别恶劣，如已因违反规章制度受到批评教育或行政处罚而不改正，再次违反安全管理规定，造成重大事故等。根据上述司法解释的规定，实施本款规定的行为，因而发生安全事故，具有下列情形之一的，对相关责任人员，处三年以上七年以下有期徒刑：(1) 造成死亡三人以上或者重伤十人以上，负事故主要责任的；(2) 造成直接经济损失五百万元以上，负事故主要责任的；(3) 其他造成特别严重后果、情节特别恶劣或者后果特别严重的情形。

第二款是关于强令违章冒险作业、冒险组织作业的处罚的规定。

一是强令违章冒险作业罪。这种情况，主要是指那些负有生产、作业指挥和管理职责的人员，为了获取高额利润，明知存在安全生产隐患，或者为了获得高额利润，采取违反安全管理规定的行为，在生产、作业人员拒绝的情况下，利用职权或者其他强制手段强令工人违章冒险作业，因而发生重大伤亡事故或者造成其他严重后果的。这种情况，首先表现在工人不愿听从生产、作业指挥管理人员违章冒险作业的命令，其次是生产、作业指挥管理人员利用自己的职权或者其他手段强迫命令工人在违章的情况下冒险作业，即强迫工人服从其错误的指挥，而工人不得不违章作业。这种“强令”，不一定表现在恶劣的态度、强硬的语言或者行动，只要是利用组织、指挥、管理职权，能够对工人产生精神强制，使其不敢违抗命令，不得不违章冒险作业的，均构成“强令”。根据本款的规定，对于强令他人违章冒险作业，因而发生重大伤亡事故或者造成严重后果的，处五年以下有期徒刑或者拘役；情节特别恶劣的，处五年以上有期徒刑。这里所说的“情节特别恶劣”，比如，用恶劣手段强令工人违章冒险作业等。根据2015年《最高人民法院、最高人民检察院关于办理危害生产安全刑事案件适用法律若干问题的解释》第六条、第七条的规定，强令违章冒险作业，因而发生安全事故，具有下列情形的，应当认定为“发生重大伤亡事故或者造成其他严重后果”，对相关责任人员，处五年以下有期徒刑或者拘役：（1）造成死亡一人以上，或者重伤三人以上的；（2）造成直接经济损失一百万元以上的；（3）其他造成严重后果或者重大安全事故的情形。有下列情形的，应当认定为“情节特别恶劣”，处五年以上有期徒刑：（1）造成死亡三人以上或者重伤十人以上，负事故主要责任的；（2）造成直接经济损失五百万元以上，负事故主要责任的；（3）其他造成特别严重后果、情节特别恶劣或者后果特别严重的情形。

二是冒险组织作业犯罪。刑法修正案（十一）在本条第二款中增加规定了“明知存在重大事故隐患而不排除，仍冒险组织作业”的情形。理解该规定，需要注意以下问题：1. 关于重大事故隐患。本款规定的“重大事故隐患”具有相应的标准，应当按照法律、行政法规或者安全生产监督管理部门发布的有关国家、行业标准确定。根据安全生产法和中央关于推进安全生产领域改革发展的意见，原国家安监总局于 2017 年最早发布了《煤矿重大生产安全事故隐患判定标准》，其后分别制定发布了金属、非金属矿山、化工和危险化学品生产经营单位、烟花爆竹生产经营单位、工贸行业重大生产安全事故隐患判定标准。此外，还有公安部制定的《重大火灾隐患判定方法》，水利部制定的《水利工程生产安全重大事故隐患判定标准（试行)》，交通运输部制定的《危险货物港口作业重大事故隐患判定指南》等。安全生产法第一百一十三条也规定，“国务院安全生产监督管理部门和其他负有安全生产监督管理职责的部门应当根据各自的职责分工，制定相关行业、领域重大事故隐患的判定标准。”需要注意的是，重大事故隐患判断标准中的内容情形也比较复杂，既包括可能直接导致、引发重大事故发生的直接重大隐患，也有属于管理培训制度、项目建设规范等方面的间接隐患，比如厂房安全距离设置不符合要求，主要负责人、安全生产管理人员未依法经考核合格，作业人数超过标准人数等，尚不足以直接导致事故的发生。因此，实践中在适用本款规定判处更重刑罚时也应当考虑重大隐患的不同情况。2. 要求“明知”存在重大事故隐患而不排除。对事故隐患的存在主观上具有明知，虽然对危害结果的发生不是积极追求的故意，否则就是其他故意危害公共安全的犯罪了，但在对重大隐患的认识上是明知的，主观上存在一种鲁莽、轻率心态，即意欲完全凭借侥幸或者为了生产作业而不管不问的心态。“不排除”是指对重大隐患不采取有效措施予以排除危险。根据安全生产法第三十八条、第四十三条、第六十七条等的规定，生产经营单位应当建立健全生产安全事故隐患排查治理制度，采取技术、管理措施，及时发现并消除事故隐患；生产经营单位的安全生产管理人员应当根据本单位的生产经营特点，对安全生产状况进行经常性检查，对检查中发现的安全问题，应当立即处理，不能处理的，应当及时报告本单位有关负责人，有关负责人应当及时处理；负有安全生产监督管理职责的部门依法对存在重大事故隐患的生产经营单位作出停产停业、停止施工、停止使用相关设施或者设备的决定，生产经营单位应当依法执行，及时消除事故隐患。立法过程中曾表述为“拒不排除”，有意见提出，这一表述可能暗含需经安全生产监督管理部门等检查指出后，拒不执行监管指令的“不排除”，会造成适用面太窄，因此删去了“拒”。3. 仍然冒险组织作业。这是本罪的客观行为。即在明知具有重大事故隐患未排除的情况下，仍然组织冒险作业。如已发现事故苗头，仍然不听劝阻、一意孤行，拒不采纳工人和技术人员的意见，导致事故发生的；通过恶劣手段掩盖安全生产隐患，蒙骗工人作业，在出现险情的情况下仍然继续生产、作业或者指挥工人生产、作业的等。组织冒险作业的主体是冒险作业的组织者、指挥者，对一般的从事、参与冒险作业的不适用本款规定。根据本款规定，犯冒险组织作业罪，发生重大伤亡事故或者造成其他严重后果的，处五年以下有期徒刑或者拘役；情节特别恶劣的，处五年以上有期徒刑。有关具体标准由司法解释或者在司法实践中把握。

实践执行中应当注意的是：

1. 关于本条规定犯罪主体的问题。刑法第一百三十五条、第一百三十五条之一、第一百三十七条、第一百三十八条、第一百三十九条等安全事故犯罪明确规定了犯罪主体，如直接负责的主管人员和其他直接责任人员、直接责任人员等不同，本条规定没有明确规定犯罪主体。本条犯罪既可以是单位直接责任人员，也可以是个人、个体经营者等。在单位实施重大责任事故罪、强令违章冒险作业罪、冒险组织作业犯罪的情况下，根据有关法律解释的规定，对企业负责人等直接责任人员可依法追究刑事责任。2014 年《全国人民代表大会常务委员会关于〈中华人民共和国刑法〉第三十条的解释》规定，公司、企业、事业单位、机关、团体等单位实施刑法规定的危害社会的行为，刑法分则和其他法律未规定追究单位的刑事责任的，对组织、策划、实施该危害社会行为的人依法追究刑事责任。因此，由单位实施的有关安全生产事故犯罪，可以依法追究负有直接责任的企业负责人刑事责任。另外，2014 年有关安全生产犯罪的司法解释对此作了进一步明确规定：本条第一款规定的犯罪主体，包括对生产、作业负有组织、指挥或者管理职责的负责人、管理人员、实际控制人、投资人等人员，以及直接从事生产、作业的人员。第二款规定的犯罪主体，包括对生产、作业负有组织、指挥或者管理职责的负责人、管理人员、实际控制人、投资人等人员。根据安全生产法的规定，安全生产实行企业等生产经营单位主体责任制，生产经营单位的主要负责人对本单位的安全生产工作全面负责。实践中，企业负责人对安全生产事故发生负有直接责任的，适用本条规定处罚。

2. 在认定重大责任事故罪时，应当注意区分重大责任事故和自然事故的界限。所谓自然事故，是指不以人的意志为转移的自然原因造成的事故，如雷电、暴风雨造成电路故障而引起的人员伤亡或经济损失。如果无人违章，纯属自然事故，不构成犯罪。此外，也应当区分重大责任事故罪与技术事故的界限。所谓技术事故，是指由于技术手段或者设备条件所限而无法避免的人员伤亡或经济损失。比如在生产和科学实验中，总会因为科技水平和设备条件的限制，不可避免地出现一些事故，造成一些损失，这不是犯罪问题，但是，如果凭借现有的科技和设备条件，经过努力本来可以避免事故发生，由于疏忽大意或者过于自信未能避免的，则可能构成重大责任事故罪。

3. 注意处理好相关规定适用情形。一是，刑法修正案（十一）在本条中增加冒险组织作业，其与强令违章冒险作业的关系。二者的区别主要在于是否具有“强令”行为，对于企业负责人、管理人员利用组织、指挥、管理职权，强制他人违章作业的，或者采取威逼、胁迫、恐吓等手段，强制他人违章作业的情形，应当认定为“强令”违章冒险作业。二是，冒险组织作业罪与重大劳动安全事故罪、危险物品肇事罪、工程重大安全事故罪等其他安全生产犯罪的关系。刑法修正案（十一）增加冒险组织作业的一个主要考虑是加大对安全生产领域造成重大事故、情节特别严重的加重处罚，但是没有提高各个罪的刑罚，在这些各个罪涉及的具体领域，如工程建设领域、危险物品生产经营领域等，如果符合明知有重大隐患而不排除，仍组织冒险作业情况的，可适用本款规定，判处更重刑罚。

相关规定

《中华人民共和国安全生产法》第五条、第三十八条、第四十三条、第六十七条；《最高人民法院、最高人民检察院关于办理危害生产安全刑事案件适用法律若干问题的解释》第一条、第二条、第五条、第六条、第七条、第十二条、第十三条；《最高人民检察院、公安部关于公安机关管辖的刑事案件立案追诉标准的规定（一）》第八条、第九条

四、在刑法第一百三十四条后增加一条，作为第一百三十四条之一[①]："在生产、作业中违反有关安全管理的规定，有下列情形之一，具有发生重大伤亡事故或者其他严重后果的现实危险的，处一年以下有期徒刑、拘役或者管制：

"（一）关闭、破坏直接关系生产安全的监控、报警、防护、救生设备、设施，或者篡改、隐瞒、销毁其相关数据、信息的；

"（二）因存在重大事故隐患被依法责令停产停业、停止施工、停止使用有关设备、设施、场所或者立即采取排除危险的整改措施，而拒不执行的；

① 根据2020年12月26日第十三届全国人民代表大会常务委员会第二十四次会议通过的《中华人民共和国刑法修正案（十一）》增加，自2021年3月1日起施行。

“（三）涉及安全生产的事项未经依法批准或者许可，擅自从事矿山开采、金属冶炼、建筑施工，以及危险物品生产、经营、储存等高度危险的生产作业活动的。”

条文主旨

本条是关于增加危险作业犯罪的规定。

立法背景

安全生产事关人民群众生命财产安全，事关改革开放、经济发展和社会稳定大局。近年来安全生产形势总体平稳，但重特大事故仍时有发生，还处于易发多发期，特别是重特大事故尚未得到有效遏制，给国家和人民生命财产造成特别重大损失。安全生产治理工作是一项系统性、综合性治理工作，法治在其中发挥着重要作用。2014 年全国人大常委会修改了安全生产法，进一步加强了对安全生产各方面的监管和责任落实。我国刑法高度重视安全生产违法犯罪的惩治，全国人大常委会对安全生产犯罪规定多次作出修改完善。特别是刑法修正案（六）修改补充了重大责任事故罪，强令违章冒险作业罪，重大劳动安全事故罪，大型群众性活动重大安全事故罪，不报、谎报安全事故罪等。经过上述修改补充，我国刑法有关安全生产犯罪惩治的行为范围的规定已经较为完善了。既有一般性的重大责任事故罪等概括性罪名，也有危险物品肇事、工程建设罪具体安全生产领域的专门罪名。由于安全生产事故类犯罪为过失犯罪，所以构成这些犯罪都要求造成重大伤亡事故或者其他严重后果。近年来，一些重特大事故如天津港瑞海公司危险品爆炸事故案、江苏响水“3·21”特大爆炸事故案等，使人们认识到等到发生事故后再治理为时已晚。有关方面提出，对一些虽尚未发生严重后果，但具有导致重大事故发生现实危险的重大隐患行为，刑法也应当提前介入，预防惩治这类犯罪。2016 年中央发布的《关于推进安全生产领域改革发展的意见》提出“研究修改刑法有关条款，将生产经营过程中极易导致重大生产安全事故的违法行为列入刑法调整的范围。”根据各方面意见和实践情况，刑法修正案（十一）增加了本条规定。本罪在立法过程中总体上注意把握以下方面：一是入罪范围上严格限定条件，将那些只是由于救援及时或者其他完全侥幸、纯粹客观原因才避免重大伤亡事故或者其他严重后果发生，但甚至已经出现一些小事故、重大事故前兆而极易导致重大事故发生的情形纳入刑事制裁范围。因此，构成本罪，首先要求“具有发生重大伤亡事故或者其他严重后果的现实危险”。二是对重大危险作业行为明确列举。总结司法实践经验，将其中最为严重的情形分项列举，这样处理也是考虑到企业生产经营的实际情况，在强化企业安全生产主体责任、保障安全生产的同时，避免对企业的生产经营造成过度负担和正常生产经营的不当干扰。对一般违反安全生产管理的情况不作为犯罪处理。三是构成本罪不要求造成实际危害结果，属于较轻的犯罪，刑罚设置为一年以下有期徒刑、拘役或者管制。

条文解读

本条为一款，列为三项，这三项行为是实践中多发易发的重大安全生产违法违规情形。

1. 第一项“关闭、破坏直接关系生产安全的监控、报警、防护、救生设备、设施，或者篡改、隐瞒、销毁其相关数据、信息”。该项针对的是生产、作业中已经发现危险如瓦斯超标，但故意关闭、破坏报警、监控设备，或者修改设备阈值，破坏检测设备正常工作条件，使有关监控、监测设备不能正常工作，而继续冒险作业，逃避监管。如 2009 年河南平顶山新华四矿瓦斯爆炸事故，故意将瓦斯监测仪探头放到窗户通风处，将报警仪电线剪断。“关闭、破坏设备、设施或者篡改、隐瞒、销毁相关数据、信息”的行为是“故意”的，但对结果不是希望或者追求结果，否则可能构成其他犯罪如以危险方法危害公共安全罪等。关闭、破坏的“设备、设施”属于“直接关系生产安全的”设备、设施，这是限定条件。直接关系生产安全是指设备、设施的功能直接检测安全环境数据，关闭、破坏后可能直接导致事故发生，具有重大危险。关闭、破坏与安全生产事故发生不具有直接性因果关系的设备、设施的，不能认定为本项犯罪。立法过程中有意见提出，将应当配置而没有配置直接关系生产安全的监控、报警、防护、救生设备、设施，或者配置不合格的上述设备、设施的情形也增加规定为犯罪，如故意不安装切断阀、防静电装置、防爆装置和通风系统，未建立瓦斯抽采系统等，或者为了降低企业成本，在安全生产设备设施投入中偷工减料或者故意使用不合格产品等。考虑到实践中这类情况比较复杂，安全生产标准和要求较为全面、严格，有的不安装行为并非具有直接导致重大危害结果的危险性，且涉及到企业安全生产的投入，因此未作专门规定。对这类情况是否构成危险作业犯罪，需要结合实践情况慎重把握。

2. 第二项“因存在重大事故隐患被依法责令停产停业、停止施工、停止使用有关设备、设施、场所或者立即采取排除危险的整改措施，而拒不执行的”。这是本条危险作业犯罪的核心条款。第一项和第三项规定的行为都是具体的、明确的，入罪情形是清晰和限定的，这两项情况在实践中发生，但还不是重大隐患入刑想要解决的主体性问题。立法过程中如果采取“其他违反有关安全管理规定行为，可能直接导致重大事故发生的”这种兜底项，不好判断，范围可能过大。但同时如果没有兜底条款，可能无法适应安全生产各方面违法违规的复杂情况。因此，本项规定在违反安全生产管理规定的行为范围上是打开的，可以涵盖安全生产领域各类违反规定的行为，同时本条在标准条件上又是极为严格的：第一，存在重大事故隐患；第二，经监管部门责令整改；第三，拒不整改。这一构成犯罪的条件是递进的。本项规定实际上要求附加行政部门前置处罚的规定，给予监管部门强有力刑法手段的同时，促使监管部门履职到位。这样既控制了处罚范围，又适应了实践情况和加强安全生产监管的实际需要。

（1）存在重大事故隐患。重大事故隐患具有明确的国家标准、行业标准。安全生产法第一百一十三条中规定：“国务院安全生产监督管理部门和其他负有安全生产监督管理职责的部门应当根据各自的职责分工，制定相关行业、领域重大事故隐患的判定标准。”目前主要安全生产领域如煤矿、金属非金属矿山、化工和危险化学品、烟花爆竹、工贸行业、火灾隐患、水利工程、危险货物港口作业等领域，制定了重大隐患判断标准。从具体规定看，重大隐患判断标准中的内容涵盖的范围和要求较多，有的是重大危险行为，可能直接导致危害后果发生，如瓦斯超标作业；也有一些内容属于管理培训制度、项目建设规范等方面的隐患，尚不足以直接导致事故的发生，因此，仅存在重大事故隐患还不足以纳入刑事处罚，本条规定还需经执法部门依法责令停产停业、停止施工、停止使用相关设施设备或者责令采取整改措施，拒不执行的，同时要求具备发生严重后果的现实危险的才纳入刑法。

（2）被依法责令整改，而拒不执行。本条规定时强调因存在重大事故隐患被“依法”责令停产停业等措施，之所以强调依法，是指监管部门必须依照安全生产法律法规等规定，依法责令，不能超越职权、随意责令停产停业，作出停产停业等决定通常是企业安全生产出现高度危险时，对于没有执法依据的责令停产停业而拒不执行的，不构成本条规定的犯罪。责令整改包括两种情况：一是被执法部门依法责令停产停业、停止施工、停止使用有关设备、设施、场所。安全生产法第六十七条规定，执法部门对存在重大事故隐患的，依法作出停产停业等决定，企业拒不执行，有发生生产安全事故的现实危险的，可以采取通知有关单位停止供电、停止供应民用爆炸物品等措施，强制生产经营单位履行决定。这种情况下冒险作业极易发生事故。例如，2013 年吉林八宝煤矿瓦斯爆炸事故，不执行停产停业禁止人员下井决定，多次擅自违规安排人员施工，造成后续重大事故发生。二是不采取排除危险的整改措施。监管部门虽未责令停产停业，但对采取排除危险的整改措施、期限等作出明确规定，但拒不执行，有发生生产安全事故危险的情况。例如，江苏响水天嘉宜“3·21”特别重大爆炸事故案。原国家安全监管总局对江苏响水天嘉宜化工企业检查中责令整改的 13 项安全隐患问题，未整改。因违法违规堆放处置危险废物被行政处罚后，仍不落实责任有效整改。

3. 第三项“涉及安全生产的事项未经依法批准或者许可，擅自从事矿山开采、金属冶炼、建筑施工，以及危险物品生产、经营、储存等高度危险的生产作业活动的”。本项规定的是安全生产的事项未经批准擅自生产经营的，即通常所说的“黑矿山”、“黑加油站”等。安全生产法第六十条规定：“负有安全生产监督管理职责的部门依照有关法律、法规的规定，对涉及安全生产的事项需要审查批准（包括批准、核准、许可、注册、认证、颁发证照等）或者验收的，必须严格依照有关法律、法规和国家标准或者行业标准规定的安全生产条件和程序进行审查；不符合有关法律、法规和国家标准或者行业标准规定的安全生产条件的，不得批准或者验收通过。对未依法取得批准或者验收合格的单位擅自从事有关活动的，负责行政审批的部门发现或者接到举报后应当立即予以取缔，并依法予以处理。对已经依法取得批准的单位，负责行政审批的部门发现其不再具备安全生产条件的，应当撤销原批准。”同时根据矿山安全法、危险化学品管理条例等法律法规的规定，从事矿山开采、金属冶炼、建筑施工、危险物品等行业生产经营，应当依法取得有关安全生产事项的批准。本项规定的行业是具有高度危险性的安全生产领域，在安全监管方面实行严格的批准或者许可制度。没有经过安全生产批准或者许可的，一般来说，安全生产条件不符合法定要求，极易导致重大事故发生。如矿山开采，需要建立一系列矿山安全规程和行业技术规范，未经审查的私自开采煤矿等行为，具有重大安全隐患，必须严加监管和追究法律责任。需要注意的是，本项规定的未经安全生产批准的领域要求是高度危险的生产作业活动，一般的安全生产行业、领域有关事项未经安全监管部门批准的，不构成本罪。第三项中列举的行业包括矿山开采、金属冶炼、建筑施工和危险物品等，需要注意的是建筑施工领域情况复杂，范围不能把握过宽，对于农村建房等施工领域，未取得有关安全生产事项批准的，不宜作为本罪处理。

4. 关于本条“具有发生重大伤亡事故或者其他严重后果的现实危险的”理解。关于本罪门槛的规定及其准确表述是一个重要问题。在立法过程中曾反复研究，目的是控制好处罚范围，将那种特别危险、极易导致结果发生的重大隐患行为列入犯罪，而不能将一般的、数量众多的其他违反安全生产管理规定的行为纳入刑事制裁，毕竟本罪不要求发生现实危害结果。有的称之为过失犯罪的危险犯，在立法中这种情况是极少的。一是，本条没有使用“情节严重”，而是使用了“现实危险”的概念，这在刑法其他条文中是没有的，采用这一概念的目的是准确表述行为的性质和危险性。安全生产法第六十七条中使用了这一概念，“生产经营单位拒不执行，有发生生产安全事故的现实危险的，在保证安全的前提下，经本部门主要负责人批准，负有安全生产监督管理职责的部门可以采取通知有关单位停止供电、停止供应民用爆炸物品等措施，强制生产经营单位履行决定”，在安全生产工作实践中对“现实危险”也有相应的判断标准。“现实危险”主要是指，已经出现了重大险情，或者出现了“冒顶”、“渗漏”等“小事故”，虽然最终没有发生重大严重后果，但这种没有发生的原因，有的是因为被及时制止了，有的是因为开展了有效救援，有的完全是偶然性的客观原因而未发生，对这“千钧一发”的危险才能认定为“具有发生现实危险”。具体判断标准将来还需要在进一步总结司法实践经验的基础上，在案件中把握或者出台有关司法解释等作出进一步明确。立法规定的这一要件为司法适用在总体上明确了指引和方向，防止将这类过失危险犯罪的范围过于扩大，防止对企业正常生产经营的不当重大影响。

实践执行中应当注意的问题：

一是，妥善把握好犯罪界限和范围。认定本罪时应当严格按照本条规定的条件认定。注意把握好不能因为企业存在重大事故隐患就予以刑事处罚，还要看重大安全隐患的具体情况，是否经责令整改而拒不执行，是否属于具有“现实危险”的行为等进行综合判断。

二是，在适用本条第一项、第三项的规定时，注意区分与其他犯罪的界限和罪数适用。特别是第三项的有关行为，可能同时构成非法采矿罪，非法运输、储存危险物质等其他犯罪，应当根据案件具体情况从一重罪处罚或者数罪并罚。

三是，符合本条规定的行为，如果发生了安全事故，达到重大责任事故罪等定罪量刑标准时，适用重大责任事故罪等相关犯罪处罚，不适用本条规定。如果发生的后果是小事故，尚不够重大责任事故罪等定罪量刑的标准，如重伤人数、经济损失数额没有达到标准，但同时具有造成更大事故的现实危险，符合本条规定的，仍应适用本条规定处罚。

相关规定

《中华人民共和国安全生产法》第六十条、第六十七条、第一百一十三条；《中华人民共和国矿山安全法》第七条；《化工和危险化学品生产经营单位重大生产安全事故隐患判定标准（试行）》；《烟花爆竹生产经营单位重大生产安全事故隐患判定标准（试行）》；《工贸行业重大生产安全事故隐患判定标准（国家安全监管总局 2017 版）》；《煤矿重大生产安全事故隐患判定标准》；《金属非金属矿山重大生产安全事故隐患判定标准（试行）》；《重大火灾隐患判定标准》

五、将刑法第一百四十一条①修改为："生产、销售假药的，处三年以下有期徒刑或者拘役，并处罚金；对人体健康造成严重危害或者有其他严重情节的，处三年以上十年以下有期徒刑，并处罚金；致人死亡或者有其他特别严重情节的，处十年以上有期徒刑、无期徒刑或者死刑，并处罚金或者没收财产。

---

① 本条经全国人民代表大会常务委员会两次修改。根据 2011 年 2 月 25 日第十一届全国人民代表大会常务委员会第十九次会议通过的《中华人民共和国刑法修正案（八）》第一次修改。刑法修正案（八）修改的内容自 2011 年 5 月 1 日起施行。1997 年刑法第一百四十一条条文是："生产、销售假药，足以严重危害人体健康的，处三年以下有期徒刑或者拘役，并处或者单处销售金额百分之五十以上二倍以下罚金；对人体健康造成严重危害的，处三年以上十年以下有期徒刑，并处销售金额百分之五十以上二倍以下罚金；致人死亡或者对人体健康造成特别严重危害的，处十年以上有期徒刑、无期徒刑或者死刑，并处销售金额百分之五十以上二倍以下罚金或者没收财产。

"本条所称假药，是指依照《中华人民共和国药品管理法》的规定属于假药和按假药处理的药品、非药品。"

根据 2020 年 12 月 26 日第十三届全国人民代表大会第二十四次会议通过的《中华人民共和国刑法修正案（十一）》第二次修改。刑法修正案（十一）修改的内容自 2021 年 3 月 1 日起施行。刑法修正案（八）修改后的一百四十一条条文是："生产、销售假药的，处三年以下有期徒刑或者拘役，并处罚金；对人体健康造成严重危害或者有其他严重情节的，处三年以上十年以下有期徒刑，并处罚金；致人死亡或者有其他特别严重情节的，处十年以上有期徒刑、无期徒刑或者死刑，并处罚金或者没收财产。

"本条所称假药，是指依照《中华人民共和国药品管理法》的规定属于假药和按假药处理的药品、非药品。"

“药品使用单位的人员明知是假药而提供给他人使用的，依照前款的规定处罚。”

条文主旨

本条是关于修改生产、销售假药罪的规定。

立法背景

（一）立法相关背景

1. 1979 年立法的情况。1979 年刑法第一百六十四条规定：“以营利为目的，制造、贩卖假药危害人民健康的，处二年以下有期徒刑、拘役或者管制，可以并处或者单处罚金；造成严重后果的，处二年以上七年以下有期徒刑，可以并处罚金。”药品安全直接关系到人民群众生命安全和身体健康，国家历来重视对药品生产、销售的监督和管理。生产、销售假药犯罪危害严重，为加强民生保护，1979 年刑法对生产、销售假药罪作出处罚规定，放在 1979 年刑法分则第六章妨害社会管理秩序罪中，维护人民群众用药安全。

2. 1979 年之后至 1997 年刑法修订前的立法情况。随着我国市场经济的建设发展，一些犯罪分子受到生产、销售假药暴利的诱惑，将生产、销售假药视为发财的捷径。在一定时期内，此类犯罪数量日益增多，社会危害严重，损害人民群众身体健康和用药安全。立法机关通过决定和法律对实践中出现的生产、销售假药行为进行惩治。一是，在总结司法实践经验基础上，1993 年 7 月 2 日第八届全国人民代表大会常务委员会第二次会议通过的《关于惩治生产、销售伪劣商品犯罪的决定》对 1979 年刑法第一百六十四条作了修改，删除“以营利为目的”的入刑条件；完善刑罚结构，将“二年以下有期徒刑”“二年以上七年以下有期徒刑”，提高为“三年以下有期徒刑”“三年以上十年以下有期徒刑”，并增加“处十年以上有期徒刑、无期徒刑或者死刑”这一档法定刑；增加单位犯罪进行处罚的规定，完善生产、销售假药的犯罪，以加大对生产、销售假药犯罪行为的惩处力度。决定第二条第一款规定，生产、销售假药，足以危害人体健康的，处三年以下有期徒刑或者拘役，并处罚金；对人体健康造成严重危害的，处三年以上十年以下有期徒刑，并处罚金；致人死亡或者对人体健康造成其他特别严重危害的，处十年以上有期徒刑、无期徒刑或者死刑，并处罚金或者没收财产，并规定假药是指依照药品管理法的规定属于假药和按假药处理的药品、非药品。二是，1984 年 9 月第六届全国人民代表大会第七次会议通过药品管理法，这是我国第一部比较完备、比较系统的有关药品管理方面的专门法律。该法第三十三条规定，禁止生产、销售假药。第五十条规定了生产、销售假药行为的行政处罚。对生产、销售假药的，没收假药和违法所得，处以罚款，并可以责令该单位停产、停业整顿或者吊销《药品生产企业许可证》、《药品经营企业许可证》、《制剂许可证》。对于构成犯罪的，依照刑法有关规定追究生产、销售假药行为的刑事责任。

3. 1997 年修订刑法的情况。1997 年修订刑法时对决定中生产、销售假药犯罪的规定作了修改，将“足以危害人体健康”修改为“足以严重危害人体健康”，并增加了单处罚金的规定。

4. 2011 年刑法修正案（八）对本条作了修改。为加强对民生的保护，刑法修正案（八）对生产、销售假药犯罪的处刑作了修改，加大了对这类犯罪的惩处力度。本条修改共有三处：一是，降低了本罪的入罪门槛。根据原规定，生产、销售假药“足以严重危害人体健康”的才构成犯罪，在修改后的规定中，本罪为行为犯，只要实施生产、销售假药的行为就构成犯罪。这样修改是考虑到药品的主要功能是治疗疾病，保护人体健康，生产、销售假药的行为已经构成对人体健康的威胁。二是，在加重处罚的情节中增加了关于有其他严重情节和特别严重情节的规定，主要是考虑到除对人体健康造成严重危害和致人死亡的情节外，司法实践中还存在其他严重情节和特别严重情节，如生产、销售假药数量巨大、对人体健康具有严重的潜在危害等，也需予以严惩。三是，删除了罚金刑中关于数额的具体规定，既解决了在实践中假药销售金额难以认定的问题，也避免了与 2015 年药品管理法第七十三条关于生产、销售假药处违法生产、销售药品货值金额二倍以上五倍以下的罚款规定的不协调，有利于实践中根据案件具体情况决定需要判处的罚金数额。此外，考虑到生产、销售假药的行为危险性较大，一些全国人大常委会委员和相关部门提出，对这种犯罪单独判处罚金，不足以发挥刑法的惩戒作用，刑法修正案（八）采纳了上述意见，删除了本条中单处罚金的规定。

5. 2020 年刑法修正案（十一）对本条作了第二次修改，一是，删除原条文第二款“本条所称假药，是指依照《中华人民共和国药品管理法》的规定属于假药和按假药处理的药品、非药品”的规定。2019 年药品管理法对假劣药的范围进行了调整，缩小了假药定义范围，删除按照假药论处情形。为与药品管理法做好衔接，同时考虑到行政法律修改频繁的具体情况，2020 年修订刑法时删除该款规定。对于假药，还应依照药品管理法相关规定作出认定。二是，增加药品使用单位的人员明知是假药而提供他人使用，依照生产、销售假药罪处罚的规定。对于药品使用单位使用假劣药的行为，2019 年药品管理法第一百一十九条规定，按照销售假药、劣药的规定处罚。2014 年《最高人民法院、最高人民检察院关于办理危害药品安全刑事案件适用法律若干问题的解释》第六条第二款规定，医疗机构、医疗机构工作人员明知是假药、劣药而有偿提供给他人使用，或者为出售而购买、储存的行为，应当认定为刑法第一百四十一条、第一百四十二条规定的“销售”。为明确对此类行为的惩治，刑法修正案（十一）对此类行为进行了明确。有的意见反映，实践中也存在捐赠、义诊等活动中将假劣药无偿提供给他人使用的情形。对于此类情形，也应适用此款规定，并不限于药品使用单位的人员以有偿为目的提供给他人使用的情形。

（二）立法时争议的主要问题

1. 关于假药的认定法律依据问题。有的意见提出，删除假药依照药品管理法认定的规定，会产生假药认定有行政处罚、刑事处罚两种不同认定标准的认识误解，建议保留原第二款规定。也有的意见认为，刑法上关于认定依据指引到具体法律的规定不多，限于刑法第一百八十六条违法发放贷款罪关系人的范围，刑法第二百一十九条侵犯商业秘密犯罪商业秘密认定，刑法第三百三十条甲类传染病范围等。刑法修正案（十一）删除了刑法第二百一十九条第三款依照反不正当竞争法确定的商业秘密的具体指引性规定，且行政法律、法规根据实践需要修改完善较为频繁，其中有的法律法规对具体问题定性作出实质的修改。为做好衔接，可以不在刑法中规定依照相关法律确定具体问题。关于假药的范围，实践中，继续依照药品管理法的具体规定确定。

2. 关于未经批准生产、销售药品问题。有的意见提出，实践中存在黑作坊、黑窝点等未取得药品生产许可证，不具有生产资质却生产药品的情形，严重损害人民群众用药安全，危害人民群众生命安全、身体健康。依照2015年药品管理法第四十八条第二款第二项规定，“依照本法必须批准而未经批准生产、进口，或者依照本法必须检验而未经检验即销售的”，属于“按假药论处”情形，可依照本罪进行定罪量刑。2019年药品管理法对假药进行重新界定，删除“按假药论处”，对此类行为不再“按假药论处”，不再直接适用本罪。建议增加未经批准生产或者销售上述产品，依照本罪处罚的规定。也有的意见提出，对药品的管理，2019年药品管理法对假劣药的界定回归到按药品的功效来设计。如按上述意见，对未经批准生产、销售药品，直接适用本罪，实际上还是将此类行为按假药论处，与相关法律的修法精神不一致。经反复研究，将此类情形放在妨害药品管理秩序犯罪中作出规定。

条文解读

本条共分两款。第一款是对生产、销售假药罪的构成要件及其刑事处罚的规定。根据本款的规定，生产、销售假药罪有以下构成要件：1. 本罪不仅侵害了正常的药品生产、销售监管秩序，而且危及不特定多数人的生命健康。2. 本罪的主体可以是自然人，也可以是单位。根据刑法第一百五十条的规定，单位犯本罪的，对单位判处罚金，并对其直接负责的主管人员和其他直接责任人员，依照该条的规定处罚。3. 行为人在主观上只能是故意。4. 行为人必须实施了生产、销售假药的行为。根据2019年药品管理法第二条的规定，药品，是指用于预防、治疗、诊断人的疾病，有目的地调节人的生理机能并规定有适应症或者功能主治、用法和用量的物质，包括中药、化学药和生物制品等。本款中的“假药”，依照2019年药品管理法第九十八条的规定：“有下列情形之一的，为假药：（一）药品所含成份与国家药品标准规定的成份不符；（二）以非药品冒充药品或者以他种药品冒充此种药品；（三）变质的药品；（四）药品所标明的适应症或者功能主治超出规定范围”。在办理生产、销售假药罪案件中，应当依照《药品管理法》来认定假药。根据2014年《最高人民法院、最高人民检察院关于办理危害药品安全刑事案件适用法律若干问题的解释》规定，以生产、销售假药、劣药为目的，实施下列行为之一的，应当认定为本款规定的“生产”：（1）合成、精制、提取、储存、加工炮制药品原料的行为；（2）将药品原料、辅料、包装材料制成成品过程中，进行配料、混合、制剂、储存、包装的行为；（3）印制包装材料、标签、说明书的行为。

根据本款规定，只要实施了生产、销售假药的行为，即构成犯罪，并不要求一定要有实际的危害结果发生。鉴于生产、销售假药罪的极大危害性，刑法把对人体健康已造成严重危害后果的，作为一个加重处罚的情节。本条规定中的“有其他严重情节”和“其他特别严重情节”主要应当根据行为人生产、销售假药的数量、被害人的人数以及其他严重危害人体健康的情节进行认定。

根据本款规定，对生产、销售假药的犯罪行为，分为三档刑，第一档刑，生产、销售假药的，处三年以下有期徒刑或者拘役，并处罚金。第二档刑，对人体健康造成严重危害或者有其他严重情节的，处三年以上十年以下有期徒刑，并处罚金。根据2014年《最高人民法院、最高人民检察院关于办理危害药品安全刑事案件适用法律若干问题的解释》第二条规定，生产、销售假药，具有下列情形之一的，应当认定为“对人体健康造成严重危害”：（一）造成轻伤或者重伤的；（二）造成轻度残疾或者中度残疾的；（三）造成器官组织损伤导致一般功能障碍或者严重功能障碍的；（四）其他对人体健康造成严重危害的情形。具有下列情形之一的，应当认定为“其他严重情节”：（一）造成较大突发公共卫生事件的；（二）生产、销售金额二十万元以上不满五十万元的；（三）生产、销售金额十万元以上不满二十万元，并具有“对人体健康造成严重危害”情形之一的；（四）根据生产、销售的时间、数量、假药种类等，应当认定为情节严重的。第三档刑，致人死亡或者有其他特别严重情节的，处十年以上有期徒刑、无期徒刑或者死刑，并处罚金或者没收财产。根据2014年《最高人民法院、最高人民检察院关于办理危害药品安全刑事案件适用法律若干问题的解释》第四条规定，生产、销售假药，具有下列情形之一的，应当认定为“其他特别严重情节”：（一）致人重度残疾的；（二）造成三人以上重伤、中度残疾或者器官组织损伤导致严重功能障碍的；（三）造成五人以上轻度残疾或者器官组织损伤导致一般功能障碍的；（四）造成十人以上轻伤的；（五）造成重大、特别重大突发公共卫生事件的；（六）生产、销售金额五十万元以上的；（七）生产、销售金额二十万元以上不满五十万元，并具有“对人体健康造成严重危害”规定情形之一的；（八）根据生产、销售的时间、数量、假药种类等，应当认定为情节特别严重的。

关于本罪与其他相关罪名的关系等适用问题。2014 年《最高人民法院、最高人民检察院关于办理危害药品安全刑事案件适用法律若干问题的解释》对以下问题作了专门规定：第一，明知他人生产、销售假药、劣药，而有下列情形之一的，以共同犯罪论处：（1）提供资金、贷款、账号、发票、证明、许可证件的；（2）提供生产、经营场所、设备或者运输、储存、保管、邮寄、网络销售渠道等便利条件的；（3）提供生产技术或者原料、辅料、包装材料、标签、说明书的；（4）提供广告宣传等帮助行为的。第二，依照处罚较重的规定定罪处罚的情形：（1）实施生产、销售假药、劣药犯罪，同时又构成生产、销售伪劣产品罪、以危险方法危害公共安全罪等犯罪的；（2）实施生产、销售假药、劣药犯罪，同时构成生产、销售伪劣产品、侵犯知识产权、非法经营、非法行医、非法采供血等犯罪的。第三，广告主、广告经营者、广告发布者违反国家规定，利用广告对药品作虚假宣传，情节严重的，依照刑法第二百二十二条的规定以虚假广告罪定罪处罚。

第二款是关于药品使用单位的人员明知是假药而提供给他人使用进行处罚的规定。医院、疾病预防控制中心、防疫站、乡镇卫生院等药品使用单位人员具有药品专业知识，在日常工作中承担治疗疾患、疾病预防控制、卫生防疫等特殊职责，从事药品购进、储存、调配以及应用等活动，有的还直接面对人民群众，负有救死扶伤等特定义务。这些单位人员明知是假药而有偿销售、无偿提供给他人使用的行为，严重损害人民群众生命和身体健康，影响职业公信，社会危害严重。2019 年药品管理法第一百一十九条规定，药品使用单位使用假、劣药的，按照销售假药、零售劣药的规定处罚。为与药品管理法做好衔接，2020 年刑法修正案（十一）增加了本款规定，将对生产销售假药、劣药的处罚，延伸到使用环节。医疗机构等药品使用单位使用假劣药，明确按生产、销售假劣药追究刑事责任。

实践执行中应当注意的是：

1. 关于生产、销售假劣药行为的行政处罚与刑事责任衔接问题。2011 年刑法修正案（八）修改入刑条件，删除“足以严重危害人体健康的”入刑条件，生产、销售假药行为即构成犯罪。根据 2015 年《食品药品行政执法与刑事司法衔接工作办法》规定，在查办药品违法案件过程中，发现涉嫌犯罪，依法需要追究刑事责任的，及时将案件移送公安机关。2. 关于销售少量根据民间传统配方私自加工的药品或者销售少量未经批准进口的国外、境外药品的行为。依照 2014 年《最高人民法院、最高人民检察院关于办理危害药品安全刑事案件适用法律若干问题的解释》规定，上述行为没有造成他人伤害后果或者延误诊治，情节显著轻微危害不大的，不认为是犯罪。

相关规定

《中华人民共和国药品管理法》第九十八条；《最高人民法院、最高人民检察院关于办理危害药品安全刑事案件适用法律若干问题的解释》；《最高人民法院、最高人民检察院关于办理妨害预防、控制突发传染病疫情等灾害的刑事案件具体应用法律若干问题的解释》第二条；《最高人民法院、最高人民检察院关于办理药品、医疗器械注册申请材料造假刑事案件适用法律若干问题的解释》第三条；《最高人民检察院、公安部关于公安机关管辖的刑事案件立案追诉标准的规定（一）》第十七条

六、将刑法第一百四十二条[①]修改为：“生产、销售劣药，对人体健康造成严重危害的，处三年以上十年以下有期徒刑，并处罚金；后果特别严重的，处十年以上有期徒刑或者无期徒刑，并处罚金或者没收财产。

“药品使用单位的人员明知是劣药而提供给他人使用的，依照前款的规定处罚。”

条文主旨

本条是关于修改生产、销售劣药罪的规定。

立法背景

（一）立法相关背景

1. 1979 年之后至 1997 年刑法修订前的立法情况。药品直接关系到人民群众生命安全和身体健康，特别是与患者的生命紧密联系。1979 年刑法第一百六十四条规定了制造、贩卖假药罪，

① 根据 2020 年 12 月 26 日第十三届全国人民代表大会常务委员会第二十四次会议通过的《中华人民共和国刑法修正案（十一）修改，修改的内容自 2021 年 3 月 1 日起施行。1997 年刑法第一百四十二条条文是：“生产、销售劣药，对人体健康造成严重危害的，处三年以上十年以下有期徒刑，并处销售金额百分之五十以上二倍以下罚金；后果特别严重的，处十年以上有期徒刑或者无期徒刑，并处销售金额百分之五十以上二倍以下罚金或者没收财产。

“本条所称劣药，是指依照《中华人民共和国药品管理法》的规定属于劣药的药品。”

该条规定在实践中发挥了较大作用。对于生产、销售劣药行为，在实践中有的按制造、销售假药罪处理，有的则按一般违法行为处理。1989 年药品管理法第五十一条第二款虽把生产、销售劣药，危害人民健康，造成严重后果的行为规定比照刑法第一百六十四条规定追究刑事责任，1993 年 7 月 2 日第八届全国人民代表大会常务委员会第二次会议通过的《关于惩治生产、销售伪劣商品犯罪的决定》补充规定了生产、销售劣药罪。

2. 1997 年修订刑法的情况。1997 年修订刑法在吸收《决定》内容的基础上明确了生产、销售劣药罪，单独规定为一条，将决定中“违法所得”修改为“销售金额”，同时明确规定了罚金的具体幅度和量刑标准，加强药品管理，惩处生产、销售假劣药行为，保护人民的生命健康安全。

3. 2020 年刑法修正案（十一）对本条作了修改，一是，删除原条文第二款中“本条所称劣药，是指依照《中华人民共和国药品管理法》的规定属于劣药的药品”的规定。2019 年药品管理法对假劣药的范围进行了调整，删除按照劣药论处情形。为与药品管理法做好衔接，同时考虑到行政法律修改频繁情况，2020 年修订刑法时删除该款规定。对于劣药，应依照《药品管理法》相关规定作出认定。二是，增加药品使用单位的人员明知是劣药而提供他人使用，依照生产、销售劣药罪处罚的规定。对于药品使用单位使用假劣药的行为，2019 年药品管理法第一百一十九条规定，按照销售假药、劣药的规定处罚。2014 年《最高人民法院、最高人民检察院关于办理危害药品安全刑事案件适用法律若干问题的解释》第六条第二款规定，医疗机构、医疗机构工作人员明知是假药、劣药而有偿提供给他人使用，或者为出售而购买、储存的行为，应当认定为刑法第一百四十一条、第一百四十二条规定的“销售”。为明确对此类行为的惩治，刑法修正案（十一）对此类行为进行了明确。有的意见反映，实践中也存在捐赠、义诊等活动中将假劣药提供无偿提供给他人使用的情形。对于此类情形，也适用此款规定，并不限于药品使用单位的人员以有偿为目的提供给他人使用。

（二）立法时争议的主要问题

关于劣药的认定法律依据问题。有的意见提出，删除劣药依照《药品管理法》认定的规定，会产生劣药认定有行政处罚认定标准、刑事处罚两个不同标准的认识误解，建议保留原第二款规定。也有的意见认为，刑法上关于认定依据指引到具体法律的规定不多，限于刑法第一百八十六条违法发放贷款罪关系人的范围、刑法第二百一十九条侵犯商业秘密犯罪商业秘密认定、刑法第三百三十条甲类传染病范围等。刑法修正案（十一）删除了刑法第二百一十九条第三款依照反不正当竞争法确定的商业秘密的具体指引性规定，也体现了类似的修改思路，尤其是行政法律、法规根据实践需要修改完善较为频繁，其中有的法律法规对具体问题定性作出实质性的修改。为做好衔接，可以不在刑法规定依照相关法律确定此类定义问题。关于劣药的范围，依照《药品管理法》的具体规定确定。

条文解读

本条共分两款。第一款是对生产、销售劣药罪的构成要件及其刑事处罚的规定。根据本款规定，生产、销售劣药罪有以下构成要件：1. 行为人在主观上只能是故意。2. 行为人必须有生产、销售劣药的行为。本条规定的药品，仅限于人用药品，不包括兽用药品。所谓“劣药”，根据药品管理法第九十八条第三款的规定，有下列情形之一的，为劣药：（一）药品成份的含量不符合国家药品标准；（二）被污染的药品；（三）未标明或者更改有效期的药品；（四）未注明或者更改产品批号的药品；（五）超过有效期的药品；（六）擅自添加防腐剂和辅料的药品；（七）其他不符合药品标准规定，影响药品质量的药品。

生产、销售劣药，必须要有对人体健康造成严重危害的后果，才构成犯罪，这也是生产、销售劣药罪与生产、销售假药罪在犯罪构成上最大的不同。生产、销售假药，只要实施了生产、销售假药的行为，不必有危害人体健康的结果发生，就构成犯罪；而生产、销售劣药，必须对人体造成严重危害的才能构成犯罪。

生产、销售假药的犯罪行为，分为两档刑。第一档刑，生产、销售劣药，对人体健康造成严重危害的，处三年以上十年以下有期徒刑，并处罚金。根据司法实践，“对人体健康造成严重危害”，是指生产、销售的劣药被使用后，造成轻伤、重伤或者其他严重后果的。根据2014年《最高人民法院、最高人民检察院关于办理危害药品安全刑事案件适用法律若干问题的解释》第五条规定，生产、销售劣药，具有下列情形之一的，应当认定为“对人体健康造成严重危害”：（一）造成轻伤或者重伤的；（二）造成轻度残疾或者中度残疾的；（三）造成器官组织损伤导致一般功能障碍或者严重功能障碍的；（四）其他对人体健康造成严重危害的情形。第二档刑，后果特别严重的，处十年以上有期徒刑或者无期徒刑，并处罚金或者没收财产。“后果特别严重”，主要是指致人死亡或者对人体健康造成特别严重危害的情况。根据

2014年《最高人民法院、最高人民检察院关于办理危害药品安全刑事案件适用法律若干问题的解释》第五条第二款规定，生产、销售劣药，致人死亡，或者（一）致人重度残疾的；（二）造成三人以上重伤、中度残疾或者器官组织损伤导致严重功能障碍的；（三）造成五人以上轻度残疾或者器官组织损伤导致一般功能障碍的；（四）造成十人以上轻伤的；（五）造成重大、特别重大突发公共卫生事件的规定情形之一的，应当认定为“后果特别严重”。

实践执行中应当注意区分生产、销售劣药罪与其他罪的区别：1. 与利用迷信手段骗取财物的区别：二者除犯罪主体不同外，在客观方面，生产、销售劣药罪有生产、销售劣药行为，而利用迷信手段，把根本不具备药品效能和外观、包装的物品当成是药品进行诈骗钱财，其所利用的不是人们认为药品可以治病的科学心理，而是利用人们的愚昧、迷信心理，有可能构成诈骗罪。2. 与生产、销售伪劣产品罪的区别：如果生产、销售劣药行为同时触犯了两种罪名，根据刑法第一百四十九条的规定，应按处刑较重的罪处罚；如果生产、销售劣药没有对人体造成严重危害的后果，而销售金额在五万元以上，则不构成生产、销售劣药罪，而应以生产、销售伪劣产品罪处罚。

相关规定

《中华人民共和国药品管理法》第九十八条；《最高人民法院、最高人民检察院关于办理危害药品安全刑事案件适用法律若干问题的解释》；《最高人民法院、最高人民检察院关于办理妨害预防、控制突发传染病疫情等灾害的刑事案件具体应用法律若

干问题的解释》第二条；《最高人民检察院、公安部关于公安机关管辖的刑事案件立案追诉标准的规定（一）》第十八条

七、在刑法第一百四十二条后增加一条，作为第一百四十二条之一："违反药品管理法规，有下列情形之一，足以严重危害人体健康的，处三年以下有期徒刑或者拘役，并处或者单处罚金；对人体健康造成严重危害或者有其他严重情节的，处三年以上七年以下有期徒刑，并处罚金：

"（一）生产、销售国务院药品监督管理部门禁止使用的药品的；

"（二）未取得药品相关批准证明文件生产、进口药品或者明知是上述药品而销售的；

"（三）药品申请注册中提供虚假的证明、数据、资料、样品或者采取其他欺骗手段的；

"（四）编造生产、检验记录的。

"有前款行为，同时又构成本法第一百四十一条、第一百四十二条规定之罪或者其他犯罪的，依照处罚较重的规定定罪处罚。"

条文主旨

本条是关于增加违反药品管理犯罪的规定。

立法背景

（一）立法相关背景

2020年刑法修正案（十一）增加了本条规定。药品关系人

民群众生命健康，要加强药品安全监管，用最严谨的标准、最严格的监管、最严厉的处罚、最严肃的问责，保障人民群众用药安全。药品作为特殊物品，既要保障药品具有功效，同时又要严格依照《药品生产质量管理规范》进行生产、按照《药品经营质量管理规范》进行经营，以确保药品生产质量。对于违反药品管理法律法规的行为，本条增加了违反药品管理法规，应当追究刑事责任的具体情形。对于增加的具体情形，2019 年修订药品管理法时，主要按照药品功效，重新调整假劣药范围，不再保留按假劣药论处的概念。将原来的假药、劣药和按假药、劣药论所列 15 种情形，分三种情况处理：一是列为假药，共四种；二是列为劣药，共七种；三是将违反药品管理秩序的行为单独规定，相应规定法律责任。本条将按假药论处中“生产、销售国务院药品监督管理部门禁止使用的药品的”“未取得药品批准证明文件生产、进口药品或者明知是上述药品而销售的”等严重违反药品监管秩序的行为纳入规制范围。药品申请注册中提供虚假的证明、数据、资料、样品或者采取其他欺骗手段，获得或者意图获得药品批准证明文件的行为，欺骗药品监督管理部门，损害药品监管秩序，影响其他申请单位权益，因此，在违反药品监管秩序犯罪中增加提供虚假证明文件的行为。生产、检验记录是药品生产管理的基础性资料，建立完整准确的药品生产、检验记录，真实地反映企业生产全过程的实际情况，有利于药品生产单位加强对药品生产质量的控制，也有利于药品监督管理部门对药品生产质量实施监督。编造生产、检验记录的行为，不能反映药品真实生产过程，不利于对药品生产质量的监督管理，刑法修正案（十一）将此类行为作为违反药品监管秩序犯罪行为的一种情形加以规定。

（二）立法时争议的主要问题

1. 关于是否增加妨害药品管理秩序的犯罪。有的意见提出妨害药品管理秩序的行为主要是违反行政管理秩序，给予行政处罚就可以，不一定要追究刑事责任。如果生产、销售的药品、非药品属于假、劣药的，可以适用刑法第一百四十一条、一百四十二条规定。如果不属于假、劣药，但不符合相关质量标准，达到一定数额的，可能构成刑法第一百四十条生产销售伪劣产品罪。对于其他违规生产的药品，质量合格或者虽然质量不合格，但不属于伪劣产品的，不一定追究刑事责任。有的提出，药品是经过临床和非临床的反复实验，又经过药品质量、稳定性及临床疗效和不良反应的检验。既要保证药品的实际疗效，又需要对影响药品质量的所有要素进行严格管控，确保持续稳定地生产出符合预定用途和注册要求的药品。对于违反药品管理秩序的行为，应规定相应刑事责任，以确保药品质量，保证人民群众用药安全。

2. 关于“足以严重危害人体健康”入刑标准问题。有的意见提出，“足以严重危害人体健康”不易判断，影响司法适用，也可能会造成打击面过大，建议在“足以严重危害人身健康”后增加“情节严重”的入罪条件。有的意见认为，这些行为在相关行政法律法规中已经进行了处罚规定，应设置合理入刑标准，以区分行政违法与刑事违法界限，足以危害人体健康的入刑标准，较为合理。

3. 关于具体情形的完善。有的意见建议，参照2019年药品管理法第一百二十四条规定，增加“使用未经审评审批的原料药生产药品的”、“未经批准在药品生产过程中进行重大变更的”、“依照本法应当检验而未经检验即销售药品”等具体情形；“在药品申请注册中提供虚假的证明、数据、资料、样品或者采取其他欺骗手段，取得药品注册的”的行为，司法解释已有规定，可以按提供虚假证明文件罪处罚。有的意见提出，国家进行行政审批事项改革，对事先审批的事项，可以加强事中事后监管解决。

条文解读

本条共分两款。本条第一款是违反药品管理秩序的行为及其刑罚的规定。根据本款规定，违反药品管理秩序的犯罪行为，有以下构成要件：1. 行为人在主观上只能是故意。2. 本罪的犯罪主体包括单位和个人。依照本法第一百五十条的规定，单位犯本罪的，可以对单位判处罚金，并对其直接负责的主管人员和其他直接责任人员，依照本罪定罪处罚。3. 行为人有违反药品管理法规的行为。这里所说的“药品管理法规”，是指违反国家有关药品监督管理方面的法律、法规，如药品管理法、中医药法、药品管理法实施条例以及其他有关药品监管方面的法律、法规。

根据本款规定，构成本罪的行为有以下四种：

1. “生产、销售国务院药品监督管理部门禁止使用的药品的”。这里的“禁止使用的药品”，包括按照2019年药品管理法第八十三条的规定，属于疗效不确切、不良反应大或者因其他原因危害人体健康的情形，被依法注销药品注册证书，禁止使用的药品。由于科学技术发展水平的局限和人类对自身认识的不足，人们对一些药品的疗效、作用机制等的认识可能是不全面的，有时甚至是错误的，一些经过严格审批投入临床使用的药品也可能会对人们的身体健康造成损害。对于发现药品生产、使用中存在的问题并采取相应的改正措施，对于保证药品使用的安全有效、保证人体健康和生命安全，是非常有必要的。对国务院药品监督管理部门禁止使用的药品，药品生产企业、批发单位等应当严格遵守禁止规定，不得生产、销售和使用。如果继续生产、销售和使用这类药品，应按2019年药品管理法第一百二十四条的规定，给予行政处罚。符合本条规定的入刑条件的，依法追究刑事责任。

2. “未取得药品相关批准证明文件生产、进口药品或者明知是上述药品而销售的”。按照2019年药品管理法第二十四条、第四十一条的规定，从事药品生产、经营活动，应当取得药品生产、经营许可证。在中国境内上市的药品，应当经国务院药品监管部门批准，取得药品注册证书；医疗机构配制制剂，按照2019年药品管理法第七十四条、2016年中医药法第三十二条的规定，应当取得医疗机构制剂许可证、制剂批准文号；进口药品，按照2019年《药品管理法实施条例》第三十五条、2012年《药品进口管理办法》第五条规定，必须取得国务院药品监督管理部门核发的《进口药品注册证》、《医药产品注册证》或者《进口药品批件》后，方可进口。未得到上述药品相关批准证明文件，生产、进口药品的行为及销售上述药品的行为，既不能保证所生产、进口的物品具有药品预防、治疗、诊断疾病的功能，有可能延误病情诊治，损害人民群众身体健康、生命安全，又严重违反药品监督管理秩序，造成药品监管市场秩序混乱，可以按照2019年药品管理法第一百二十四条的规定，给予行政处罚。符合本条规定的入刑条件的，依法追究刑事责任。

对于本项行为，应当根据具体情况，区分不同情形依法处理。2019年药品管理法第一百二十一条规定，关于对假药、劣药的处罚决定，应当依法载明药品检验机构的质量检验结论的规定。如果依照药品管理法的规定属于假药、劣药的，可以适用生产、销售假、劣药罪。如果不属于的，则不适用生产、销售假、劣药罪。对“足以严重危害人体健康”的认定，可以通过相关司法解释作类型化处理，有的可以直接界定为“足以严重危害人体健康”。

3. “药品申请注册中提供虚假的证明、数据、资料、样品或者采取其他欺骗手段的”。药品注册申请，是指药品注册申请人依照法定程序和相关要求提出药物临床试验、药品上市许可、再注册等申请以及补充申请的行为。依照2019年药品管理法第二十四条规定，申请药品注册，应当提供真实、充分、可靠的数据、资料和样品。这里的数据、资料和样品，包括药物临床试验、药品上市许可、再注册等申请以及补充申请的数据、资料和样品。对于在药品申请注册中提供虚假的证明、数据、资料、样品或者采取其他欺骗手段的，可以按照2019年药品管理法第一百二十三条的规定，给予行政处罚。符合本条规定的入刑条件的，依法追究刑事责任。

4. “编造生产、检验记录的”。生产、检验记录涉及药品生产管理、质量管理的实施过程的重要记载，有利于实现生产过程的可追溯，是实现药品按照国家药品标准和经药品监督管理部门核准的生产工艺进行生产，实现药品质量可控的重要手段。依照2019年药品管理法第四十四条规定，生产、检验记录应当完整准确，不得编造。对于编造生产、检验记录的行为，可以按照2019年药品管理法第一百二十四条的规定，给予行政处罚。符合本条规定的入刑条件的，依法追究刑事责任。

根据本款规定，违反药品管理法规的犯罪行为，有两档刑罚。第一档刑罚，违反药品管理法规，足以严重危害人体健康的，处三年以下有期徒刑或者拘役，并处或者单处罚金；第二档刑罚，对人体健康造成严重危害或者有其他严重情节的，处三年以上七年以下有期徒刑，并处罚金。“足以严重危害人体健康”“对人体健康造成严重危害”“其他严重情节”的认定，可由司法机关在总结经验的基础上，通过制定相关的司法解释作出具体的规定。

本条第二款是构成妨害药品监管秩序的犯罪，又构成其他犯罪，如何适用法律的规定。根据本款规定，具有上述竞合情形的，应当依照处罚较重的规定定罪处罚。这里主要涉及的是如何处理好本条规定的犯罪与刑法第一百四十一条生产、销售假药罪、第一百四十二条生产、销售劣药罪等其他罪名的关系。如果违反药品管理法规的行为，生产、销售的药品为假劣药，符合生产、销售假劣药罪构成要件或者生产、销售伪劣产品，侵犯知识产权，非法经营，非法行医、非法采供血等其他犯罪的，根据本款规定的原则，应当依照生产、销售假劣药的规定定罪处罚、或者依照生产，销售伪劣商品罪，侵犯知识产权犯罪，非法经营罪等本法其他有关规定定罪处罚。

相关规定

《中华人民共和国药品管理法》第二十四条、第四十一条、第七十四条、第八十二条、第九十八条、第一百二十三条、第一百二十四条；《中华人民共和国中医药法》第三十二条；《中华人民共和国刑法》第一百四十一条、第一百四十二条

八、将刑法第一百六十条[①]修改为："在招股说明书、认股书、公司、企业债券募集办法等发行文件中隐瞒重要事实或者编造重大虚假内容，发行股票或者公司、企业债券、存托凭证或者国务院依法认定的其他证券，数额巨大、后果严重或者有其他严重情节的，处五年以下有期徒刑或者拘役，并处或者单处罚金；数额特别巨大、后果特别严重或者有其他特别严重情节的，处五年以上有期徒刑，并处罚金。

"控股股东、实际控制人组织、指使实施前款行为的，处五年以下有期徒刑或者拘役，并处或者单处非法募集资金金额百分之二十以上一倍以下罚金；数额特别巨大、后果特别严重或者有其他特别严重情节的，处五年以上有期徒刑，并处非法募集资金金额百分之二十以上一倍以下罚金。

"单位犯前两款罪的，对单位判处非法募集资金金额百分之二十以上一倍以下罚金，并对其直接负责的主管人员和其他直接责任人员，依照第一款的规定处罚。"

---

① 根据2020年12月26日第十三届全国人民代表大会常务委员会第二十四次会议通过的《中华人民共和国刑法修正案（十一）》修改，刑法修正案（十一）修改的内容自2021年3月1日起施行。1997年刑法第一百六十条条文是："在招股说明书、认股书、公司、企业债券募集办法中隐瞒重要事实或者编造重大虚假内容，发行股票或者公司、企业债券，数额巨大、后果严重或者有其他严重情节的，处五年以下有期徒刑或者拘役，并处或者单处非法募集资金金额百分之一以上百分之五以下罚金。

"单位犯前款罪的，对单位判处罚金，并对其直接负责的主管人员和其他直接责任人员，处五年以下有期徒刑或者拘役。"

条文主旨

本条是关于修改欺诈发行股票、债券、存托凭证或者国务院依法认定的其他证券的犯罪的规定。

立法背景

（一）立法相关背景及历次修改情况

1. 1979 年之后至 1997 年刑法修订前的立法情况。对制作虚假的招股说明书、认股书、公司、企业债券募集办法发行股票、公司企业债券的犯罪，1979 年刑法没有规定。1995 年 2 月 28 日第八届全国人民代表大会常务委员会第十二次会议通过的《关于惩治违反公司法的犯罪的决定》对本罪作了规定。该决定第三条规定：制作虚假的招股说明书、认股书、公司债券募集办法发行股票或者公司债券，数额巨大、后果严重或者有其他严重情节的，处五年以下有期徒刑或者拘役，可以并处非法募集资金金额百分之五以下罚金。单位犯前款罪的，对单位判处非法募集资金金额百分之五以下罚金，并对直接负责的主管人员和其他直接责任人员，依照前款的规定，处五年以下有期徒刑或者拘役。

2. 1997 年修订刑法的情况。1997 年修改刑法将上述规定纳入刑法，并修改、补充了以下五点主要内容：一是，将原来规定的“制作虚假的招股说明书、认股书、公司债券募集办法发行股票或者公司债券”修改为：“在招股说明书、认股书、公司、企业债券募集办法中隐瞒重要事实或者编造重大虚假内容，发行股票或者公司、企业债券。”1993 年通过的公司法实施过程中，实践部门反映，制作虚假的招股说明书、认股书等发行股票、债券的犯罪确实存在，但是，由于《关于惩治违反公司法的犯罪的决定》对此规定较为笼统，尤其是“制作虚假”的内容不具体，对有些案件难以追究。由于招股说明书、认股书、公司、企业债券募集办法是公司、企业向社会筹集资金的重要书面文件，向公众公布的目的是使公众了解公司、企业的真实情况，保护投资者和社会公众的利益，维护正常的市场经济秩序，因此，其内容应当真实可靠，否则，就会使投资者不明真相，作出错误的选择，使投资者处于极大的风险之中，这不仅会给投资者带来重大的经济损失，还会扰乱正常的股票、证券市场。鉴于此，将“制作虚假”更加具体化了，即“隐瞒重要事实”或“编造重大虚假内容”。这样规定既有利于打击犯罪，又有利于司法机关掌握。二是，《关于惩治违反公司法的犯罪的决定》仅规定公司债券，没有规定企业债券。1997 年刑法增加规定了“企业”债券，主要是考虑到 1993 年国务院颁布的《企业债券管理条例》对企业债券作了规定，并且企业在发行债券的过程中也确实存在着类似的问题，应当将其规定为犯罪。三是，增加了单处罚金的规定。四是，将罚金由原来的“并处非法募集资金金额百分之五以下罚金”，修改为“并处或者单处非法募集资金金额百分之一以上百分之五以下罚金”。五是，调整了对单位判处罚金的规定，将“对单位判处非法募集资金净额金额百分之五以下罚金”修改为“对单位判处罚金”。

3. 2020 年 12 月 26 日第十三届全国人民代表大会常务委员会第二十四次会议通过的刑法修正案（十一）对本条作了修改。一是，增加了“等发行文件”的规定。二是增加了“存托凭证或者国务院依法认定的其他证券”的规定。三是对控股股东、实际控制人组织、指使实施欺诈发行行为增加了一款专门规定。四是提高了本罪的刑罚，将法定最高刑提高至有期徒刑十五年。五是完善了罚金刑，将董事、监事、高级管理人员等一般主体实施欺诈发行行为与控股股东、实际控制人实施欺诈发行行为的罚金予以区分。六是修改了单位犯罪的规定。作出上述修改的主要考虑有：

一是，与以信息披露为核心的证券发行注册制改革相适应，与修订后的证券法相衔接。2020 年 3 月 1 日起施行的证券法确立了证券发行注册制度。注册制以信息披露为核心，通过交易所审核和证券监督管理部门注册两个环节完成股票、债券等发行。交易所审核主要通过向发行人提出问题、发行人回答问题的方式来进行，督查发行人“讲清楚”、中介组织“核清楚”，使投资者“看清楚”，就企业是否符合发行上市条件和信息披露要求向证券监督管理部门报送审核意见。证券监督管理部门对交易所审核质量及发行条件、信息披露的重要方面进行把关并监督，以完成注册。基于此，通过发行人提出审核问询、发行人回答问题所披露的财务、业务资料及反馈意见回复等内容，不但构成了发行人申请发行的重要文件，而且是投资者判断公司价值的重要依据，将直接影响发行的结果。有的部门提出，刑法第一百六十条规定的“招股说明书、认股书、公司、企业债券募集办法”难以涵盖注册制施行后“问答”环节所形成的文件。除刑法规定的发行文件外，实践中还有一些发行文件也具有十分重要的作用。以《公开发行证券的公司信息披露内容与格式准则第 37 号——创业板上市公司发行证券申请文件（2020 年修订）》的规定为例，发行人关于本次证券发行的申请报告、发行人关于本次发行方案的论证分析报告、监事会对募集说明书真实性、准确性、完整性的审核意见、本次募集资金使用的可行性报告等，都载有发行股票、债券等的关键内容和信息，与招股说明书、认股书等发行文件的重要性是一致的。此外，除首次公开发行外，其他发行行为的发行文件也具有重要性，如增发、发行可转换公司债券等涉及的相关文件。因此建议对刑法本条发行文件的类型予以扩充。经研究，为与证券发行注册制改革相适应，有必要对发行文件的类型作进一步补充和完善。故在修改本条增加了“等发行文件”的规定。

此外，2018 年国务院办公厅转发证监会《关于开展创新企业境内发行股票或存托凭证试点若干意见的通知》明确了存托凭证是一种新的证券品种。在证券法修订以前，存托凭证未被明确规定在证券法中，其性质属于“国务院依法认定的其他证券”，受证券法调整。2020 年施行的证券法第二条第一款规定，在中华人民共和国境内，股票、公司债券、存托凭证和国务院依法认定的其他证券的发行和交易，适用本法；本法未规定的，适用中华人民共和国公司法和其他法律、行政法规的规定。修订后的证券法将“存托凭证”作为法定证券品种在法律中予以列明。同时考虑到证券市场的发展和产品创新，依然保留了“国务院依法认定的其他证券”这一兜底性规定，授权国务院依法认定其他证券品种，为未来新的证券品种适用证券法留出空间。此次刑法修改，考虑到有必要与证券法作好衔接，在本条修改时也增加了“存托凭证”“国务院依法认定的其他证券”的规定。

二是，保障注册制顺利实施，加大对欺诈发行行为的惩治力度，提高违法成本。欺诈发行行为是金融资本市场最为严重的违法行为，实践中较为常见的欺诈发行行为主要包括虚增收入、利润、资产规模等财务数据造假，虚构专利技术等核心生产资料造假等情形，给不明真相的投资者造成巨大损失，严重影响金融资本市场的信誉和稳定。在证券发行注册制施行后，行政化干预进一步弱化，股票发行制度更加市场化，欺诈发行行为的危害性也容易进一步放大。经研究，为提高对欺诈发行行为的惩治力度，保障注册制顺利实施，此次修正案对本罪规定的法定刑进行了修改，增加了一档刑，即“处五年以上有期徒刑”的规定，使本罪的法定最高刑提高到十五年有期徒刑。同时，调整了本罪的罚金刑。对原来本罪设置的“非法募集资金金额百分之一以上百分之五以下罚金”作了修改。据司法机关反映，原来本罪规定的罚金刑，虽然设置了比例罚金，但是因没有体现差异性，容易出现罚金刑畸轻畸重的情况。欺诈发行一般是单位作为发行人实施的，公司的控股股东、实际控制人是最终受益者，有的公司的董事、监事和高级管理人员是受控股股东、实际控制人操纵、指挥被动参与的。因非法募集资金的金额一般数额特别巨大，对明显受操纵、指挥的董事、监事、高级管理人员处以罚金金额的下限，即非法募集资金金额百分之一的罚金，也可能处罚较重。而对控股股东、实际控制人处以罚金金额的上限，即非法募集资金金额百分之五的罚金，仍属于处罚较轻。为此，此次修改针对不同主体，对其适用的“罚金刑”作了区分。对一般人员实施欺诈发行行为的规定处以不定额的“罚金”，可以根据其参与犯罪的程度和作用大小灵活掌握；对控股股东、实际控制人规定处“非法募集资金金额百分之二十以上一倍以下罚金”，以提高对该类人员的惩处力度。对实施欺诈发行的单位以及以单位形式作为控股股东、实际控制人的，同样处“非法募集资金金额百分之二十以上一倍以下罚金”，对单位犯罪中的直接责任人员根据案件的实际情况，处以不定额的“罚金”。

三是，精确惩处“幕后”的控股股东、实际控制人。有的部门反映，实践中控股股东、实际控制人是欺诈发行的主要策划者和受益者。其往往组织、指使、操纵公司的董事、监事、高级管理人员实施欺诈发行行为，并以发行人的名义启动募资发行行为。很多控股股东、实际控制人为规避法律责任，以隐名持股、交叉持股、他人代持等方式控制公司实质运行，但名义上与其没有关联。如果对实施欺诈发行的公司的董事、监事、高级管理人员予以处罚，而不能实质处罚到“始作俑者”，则不能真正发挥刑事问责的作用。经研究，为精准惩处欺诈发行的“首恶”和“幕后”人员，此次修改专门增加了一款规定，对控股股东、实际控制人组织、指使实施欺诈发行行为的，除最高可以处十五年有期徒刑以外，还配置了“非法募集资金金额百分之二十以上一倍以下罚金”。

（二）有关国家和地区的规定

1. 美国法典第15编781节（1934年证券交易法）规定，任何人在按照本法规定的规则、条例提交的任何申请、报告或者文件中，蓄意或者以知情方式作出或者致使作出与任何重大事实有关的虚假或者误导性陈述的，单处或并处不超过500万美元的罚金、判处不超过20年监禁。法人处不超过2500万美元罚金。

美国法典第18编1348节（刑事和刑事程序法）规定，故意或意图实施相关计划或骗局以欺骗根据美国法典第15编781节（关于证券注册要求）的规定进行证券注册行为……借助虚假的或伪造的主张、称述或许诺，通过买卖注册的证券获得金钱和财产……应根据本章被处以罚款，25 年以下监禁，或一并处罚。

2. 日本金融商品交易法第 197 条规定，有下列情形之一的人员，单处或者并处十年以下有期徒刑或者一万元以下罚金。包括提交的发行注册书及其附件，根据规定修改的发行注册书，根据规定发行注册书追加补充的文件……中对重要事项存在虚假记载的提交人。

3. 我国香港特别行政区《公司条例》规定召股募债虚伪陈述罪，指公司董事、发起人等在向公众召股募债而刊发的简章中，明知而故意作虚假陈述的行为。犯本罪的，可处监禁 7 年及罚金 2000 港元。

条文解读

修改后的刑法第一百六十条共分三款。第一款是关于个人触犯欺诈发行股票、债券、存托凭证或者国务院依法认定的其他证券的犯罪及其处罚的规定。根据本款规定，构成本罪必须具备以下几个构成要件：一是，行为人在主观方面有欺诈发行的故意。二是，行为人“在招股说明书、认股书、公司、企业债券募集办法等发行文件中隐瞒重要事实或者编造虚假内容”。这里的“招股说明书、认股书、公司、企业债券募集办法等发行文件”是公司、企业设立和公司、企业向社会筹集资金的重要书面文件。公司法、证券法以及国家有关规定对制作这些文件的内容和要求都有明确具体的规定，目的是使社会公众了解公司、企业真实情况，保护投资者和社会公众的利益、维护正常的市场经济秩序。

如果内容虚假，其实质就是欺骗投资者，使投资者在不明真相的情况下作出错误的判断和选择，使投资处于高风险之中，不仅会给投资者带来重大的经济损失，还会扰乱证券市场管理秩序，影响社会稳定。这里的“等发行文件”包含了在发行过程中与“招股说明书、认股书、公司、企业债券募集办法”重要性一样的其他发行文件，包括公司的监事会对募集说明书真实性、准确性、完整性的审核意见、募集资金使用的可行性报告，以及增发、发行可转换公司债券等涉及的发行文件等。需要注意的是，注册制施行后，需要通过交易所审核和证券监督管理部门注册两个环节完成股票、债券等注册发行。交易所审核主要通过向发行人提出问题、发行人回答问题的方式来进行。这种“问答”环节所形成的文件也属于这里所说的发行文件。本款所说的“隐瞒重要事实或者编造虚假内容”，是指违反公司法、证券法及其有关法律、法规的规定，制作的招股说明书、认股书、公司、企业债券募集办法等发行文件的内容全部都是虚构的，或者对其中重要的事项和部分内容作虚假的陈述或记载，或者对某些重要事实进行夸大或者隐瞒，或者故意遗漏有关的重要事项等。例如，虚构发起人认购股份数额；故意夸大公司、企业生产经营利润和公司、企业净资产额；对所筹资金的使用提出虚假的计划和虚假的经营生产项目；故意隐瞒公司、企业所负债务和正在进行的重大诉讼；故意遗漏公司、企业签订的重要合同等。三是，行为人实施了“发行股票或者公司、企业债券、存托凭证或者国务院依法认定的其他证券”的行为。本款所说的“发行股票或者公司、企业债券、存托凭证或者国务院依法认定的其他证券”，是指实际已经发行了股票或者公司、企业债券、存托凭证或者国务院依法认定的其他证券，如果制作或形成了虚假的招股说明书、认股书、公司、企业债券募集办法等发行文件，但只锁在办公室抽屉里，或者还未来得及发行就被阻止、不予注册或者主动撤回注册申请，未实施向社会发行股票或公司、企业债券、存托凭证或者国务院依法认定的其他证券的行为，不构成犯罪。需要说明的是，这里的“国务院依法认定的其他证券”并不是广义的兜底性规定，其与2020年施行的证券法第二条第一款中规定的“国务院依法认定的其他证券”的含义是一致的，只有经国务院的法定程序确认的新型证券品种才符合这一规定。四是，需要满足“数额巨大、后果严重或者有其他严重情节”的入罪门槛，才构成犯罪。这里所说的“数额巨大”，是指欺诈发行的股票或者公司、企业债券、存托凭证或者国务院依法认定的其他证券的数额巨大，如果数额不大，且又无其他严重后果或严重情节，虽然违法，但不构成犯罪。这里的“后果严重”，主要是指造成了投资者或者其他债权人的重大经济损失；严重影响了投资人、债权人的生产、经营活动；破坏了投资人、债权人的正常生活甚至激发了一些社会矛盾，影响了社会安定和正常的社会生活秩序等。“其他严重情节”，主要是指除数额巨大和后果严重外，严重违反法律规定，扰乱金融和社会管理秩序的其他情节。本款规定的“数额特别巨大、后果特别严重或者有其他特别严重情节的”是欺诈发行行为具有更为严重社会危害性的情况，应适用更重的刑罚。对于“数额巨大、后果严重或者有其他严重情节”以及“数额特别巨大、后果特别严重或者有其他特别严重情节”的内容，可以由司法机关根据实际情况作出细化解释。根据本款规定，对个人实施欺诈发行的行为，规定了两档刑罚，符合“数额巨大、后果严重或者有其他严重情节的”，处五年以下有期徒刑或者拘役，并处或者单处罚金；符合“数额特别巨大、后果特别严重或者有其他特别严重情节的”，处五年以上有期徒刑，并处罚金。

本条第二款是关于控股股东、实际控制人组织、指使实施欺诈发行行为构成犯罪及其处罚的规定。控股股东是指其持有的股份占公司股本总额百分之五十以上的股东，或者其持有股份虽不足百分之五十，但持有股份所享有的表决权已足以对股东大会的决议产生重大影响的股东。实际控制人，是指虽不是公司的股东，但通过投资关系、协议或者其他安排，能够实际支配公司的人。根据刑法总则有关共同犯罪的规定，控股股东、实际控制人组织、指使公司、企业的董事、监事、高级管理人员以发行人的名义实施欺诈发行行为的，应当按照共同犯罪处理，通常情况下还应当作为主犯，追究其刑事责任。因此，本款即使未作规定，实际上也不应影响对相关人员刑事责任的追究。但是，考虑到实践中发行人实施欺诈发行行为不可能与控股股东、实际控制人的意志相违背，往往是董事、监事、高级管理人员等实际执行人员受控股股东、实际控制人的组织、指使。这些实际执行人员实际上只是控股股东、实际控制人利用以实施欺诈发行犯罪的工具。在幕后进行操纵的控股股东、实际控制人是欺诈发行行为的罪魁祸首和实际受益人。因此，有必要在法律中对这些人员的责任予以明确规定。对其中符合刑法总则关于共同犯罪中主犯、首要分子规定的人员，能够查证属实的，应当同时依照有关追究主犯、首要分子刑事责任的规定，予以处罚。根据本款规定，控股股东、实际控制人组织、指使实施欺诈发行行为的，处五年以下有期徒刑或者拘役，并处或者单处非法募集资金金额百分之二十以上一倍以下罚金；数额特别巨大、后果特别严重或者有其他特别严重情节的，处五年以上有期徒刑，并处非法募集资金金额百分之二十以上一倍以下罚金。

本条第三款是对单位犯欺诈发行股票、债券、存托凭证或者国务院依法认定的其他证券的犯罪的处罚规定。这里所说的“单位”包括有限责任公司、股份有限公司和其他企业法人。对单位犯罪，本款包含了两种情形。一是，单位直接构成欺诈发行犯罪的。这里对单位采取了双罚制原则，即对单位判处非法募集资金金额百分之二十以上一倍以下罚金，并对其直接负责的主管人员和其他直接责任人员，按照本条第一款的规定处罚，即处五年以下有期徒刑或者拘役，并处或者单处罚金；数额特别巨大、后果特别严重或者有其他特别严重情节的，处五年以上有期徒刑，并处罚金。二是，控股股东、实际控制人是单位，组织、指使实施欺诈发行行为，构成欺诈发行犯罪的。实践中，确实存在控股股东、实际控制人是单位的情况，特别是上市公司的控股股东、实际控制人多数为单位。因此，如果单位作为控股股东、实际控制人组织、指使实施欺诈发行的，对该单位也应比照自然人是控股股东、实际控制人的情况予以处罚，即对单位处非法募集资金金额百分之二十以上一倍以下罚金，同时对单位的直接责任人员也按照本条第一款的规定处罚。

实际执行中应当注意的是：

一是，在实际执行中，如果有限责任公司、股份有限公司和其他企业法人的直接负责的主管人员和其他有直接责任的人员将非法募集的资金中饱私囊，落入个人腰包，则属于贪污行为或侵占行为，构成犯罪的，应当分别依照刑法中规定的贪污罪、职务侵占罪定罪处罚。

二是，关于本条第一款规定的不定额罚金的适用问题。本条对控股股东、实际控制人以及单位构成欺诈发行犯罪的，规定了倍比罚金，即处“非法募集资金金额百分之二十以上一倍以下罚金”。对自然人构成欺诈发行犯罪的，由原来规定的处“非法募集资金金额百分之一以上百分之五以下罚金”修改为处以不定额的“罚金”。主要考虑的是，有的部门反映，控股股东、实际控制人以及作为发行人的单位是欺诈发行行为的实质获益方，应对欺诈发行行为负最主要的责任，承担较重的经济刑罚。但是，对于涉案的具体行为人来说，情况比较复杂。欺诈发行案件中非法募集资金金额一般特别巨大，按照刑法原本条的规定，明确设置罚金下限的罚金数额往往也很大。如果对所有涉案人员均设置一样的罚金刑起点，有时存在过于严苛的情况。特别是有些董事、监事、高级管理人员往往受控股股东、实际控制人指挥、操纵，对其判处高额罚金刑不能更好地体现罪责刑相适应的原则，也容易出现罚金刑“空判”难以执行的问题。经过刑法修正案（十一）的修改后，将针对自然人的罚金刑调整为不定额的“罚金”，司法机关可以根据案件的实际情况，各行为人在案件中具体发挥的作用，灵活确定罚金刑的数额，做到罪责刑相适应。

相关规定

《中华人民共和国证券法》第二条、第十九条、第一百八十一条

九、将刑法第一百六十一条[①]修改为："依法负有信息披露义务的公司、企业向股东和社会公众提供虚假的或者隐瞒重要事实的财务会计报告，或者对依法应当披露的其他重要信息不按照规定披露，严重损害股东或者其他人利益，或者有其他严重情节的，对其直接负责的主管人员和其他直接责任人员，处五年以下有期徒刑或者拘役，并处或者单处罚金；情节特别严重的，处五年以上十年以下有期徒刑，并处罚金。

"前款规定的公司、企业的控股股东、实际控制人实施或者组织、指使实施前款行为的，或者隐瞒相关事项导致前款规定的情形发生的，依照前款的规定处罚。

"犯前款罪的控股股东、实际控制人是单位的，对单位判处罚金，并对其直接负责的主管人员和其他直接责任人员，依照第一款的规定处罚。"

---

① 根据2006年6月29日第十届全国人民代表大会常务委员会第二十二次会议通过的《中华人民共和国刑法修正案（六）》第一次修改，刑法修正案（六）修改的内容自2006年6月29日起施行。1997年刑法第一百六十一条条文是："公司向股东和社会公众提供虚假的或者隐瞒重要事实的财务会计报告，严重损害股东或者其他人利益的，对其直接负责的主管人员和其他直接责任人员，处三年以下有期徒刑或者拘役，并处或者单处二万元以上二十万元以下罚金。"

根据2020年12月26日第十三届全国人民代表大会常务委员会第二十四次会议通过的《中华人民共和国刑法修正案（十一）》第二次修改，刑法修正案（十一）修改的内容自2021年3月1日起施行。刑法修正案（六）修改后的第一百六十一条条文是："依法负有信息披露义务的公司、企业向股东和社会公众提供虚假的或者隐瞒重要事实的财务会计报告，或者对依法应当披露的其他重要信息不按照规定披露，严重损害股东或者其他人利益，或者有其他严重情节的，对其直接负责的主管人员和其他直接责任人员，处三年以下有期徒刑或者拘役，并处或者单处二万元以上二十万元以下罚金。"

条文主旨

本条是关于修改违规披露、不披露重要信息罪的规定。

立法背景

（一）立法相关背景及历次修改情况

1. 1979 年之后至 1997 年刑法修订前的立法情况。1995 年 2 月 28 日第八届全国人民代表大会常务委员会第十二次会议通过的《关于惩治违反公司法的犯罪的决定》对刑法作了相应的补充。该决定第四条规定，公司向股东和社会公众提供虚假的或者隐瞒重要事实的财务会计报告，严重损害股东或者其他人利益的，对直接负责的主管人员和其他直接责任人员，处三年以下有期徒刑或者拘役，可以并处二十万元以下罚金。

2. 1997 年修订刑法的情况。1997 年修订刑法时对本条作了修改完善后纳入了刑法规定，将“可以并处二十万元以下罚金”修改为“并处或者单处二万元以上二十万元以下罚金”。1997 年刑法第一百六十一条规定，公司向股东和社会公众提供虚假的或者隐瞒重要事实的财务会计报告，严重损害股东或者其他人利益的，对其直接负责的主管人员和其他直接责任人员，处三年以下有期徒刑或者拘役，并处或者单处二万元以上二十万元以下罚金。

3. 2006 年刑法修正案（六）对本条作了第一次修改。2006 年 6 月 29 日第十届全国人民代表大会常务委员会第二十二次会议通过的刑法修正案（六）对本条作了修改。随着我国金融市场的发展和完善，出现了一些新情况，使得本条在执行中出现了以下问题：一是犯罪主体范围偏窄，根据2006年施行的证券法的规定，除上市公司外，公司债券上市交易的公司等其他实体同样负有信息披露义务，对这些组织不按照规定披露信息的行为缺乏刑事责任的规定；二是披露的对象仅局限于财务会计报告，根据2006年施行的证券法等法律的规定，应予以披露的还有招股说明书、债券募集办法等信息，实践中这些信息的重要性不亚于财务会计报告，却没有列入刑法保护范围；三是在披露方式上除虚假披露外，误导性陈述、重大遗漏等行为具有同等危害性，法律也应当作出规定；四是1997年刑法本条规定为结果犯，“严重损害股东或者其他人利益的”才构成犯罪，实践中的损失很难认定，给司法机关的侦查及法官定罪量刑带来了一定困难。针对这些问题，刑法修正案（六）对本条作了三处修改：第一，将主体扩大为“依法负有信息披露义务的公司、企业”；第二，增加了“对依法应当披露的其他重要信息不按照规定披露”的行为方式；第三，增设了“有其他严重情节”的定罪标准。

4. 2020年12月26日第十三届全国人民代表大会常务委员会第二十四次会议通过的刑法修正案（十一）对本条作了修改。一是，针对控股股东、实际控制人实施或者组织、指使实施违规披露或者不披露重要信息的行为作了明确规定，增加了第二款和第三款的规定；二是，提高了本罪的刑罚，将“三年以下有期徒刑或者拘役，并处或者单处二万元以上二十万元以下罚金”修改为两档刑，第一档刑规定处五年以下有期徒刑或者拘役，并处或者单处罚金；第二档刑规定处五年以上十年以下有期徒刑，并处罚金。对本条作出修改基于以下考虑：

一是，保障以信息披露为核心的注册制改革顺利实施，加大对信息违规披露、不披露行为的惩治力度，提高违法成本。2020年3月1日起施行的证券法确立了证券发行注册制度。信息披露是注册制的核心，要求发行人充分披露投资者作出价值判断和投资决策所必需的信息，确保信息披露真实、准确、完整。对此有的全国人大代表和有关部门提出，注册制施行后，信息披露的重要性进一步提升，违规披露或者不披露信息的危害性更大，需要加大刑法的保障力度。此外，一些社会关注的大案如康美药业、獐子岛等，均具有严重违反信息披露义务的行为，因违规披露、不披露信息造成了投资者的重大损失，严重动摇了资本市场的诚信基础和管理秩序，造成了极其恶劣的影响。但是根据刑法原第一百六十一条的规定，法定最高刑为三年有期徒刑，罚金为二万元以上二十万元以下，已不能更为准确地评价信息违规披露、不披露行为所造成的社会危害，有必要作出相应调整。经研究，对本条设置的刑罚作了调整，修改为两档刑，将法定最高刑提高至十年有期徒刑，同时将罚金修改为不定额罚金。

二是，精确惩处“幕后”的控股股东、实际控制人。控股股东、实际控制人本身具有信息披露义务，控股股东、实际控制人的有关情况很多时候就属于股东和社会公众需要了解的重要信息，应当真实、准确、完整披露。同时，依法负有信息披露义务的公司、企业违规披露、不披露重要信息，许多案例中也是受控股股东、实际控制人组织、指使的。对此，有的部门提出，修订后的证券法对控股股东、实际控制人的信息披露义务及法律责任作了明确规定，建议对本条也作相应的修改完善，进一步明确控股股东、实际控制人在信息披露方面的刑事责任，与证券法的规定相衔接。经研究，对本条增加了第二款和第三款规定。第二款规定，对于公司、企业的控股股东、实际控制人实施或者组织、指使实施信息违规披露或者不披露的，或者隐瞒相关事项导致他人利益受损或者具有其他严重情节的，根据本条第一款中单位责任人员的规定处罚。第三款规定，公司、企业的控股股东、实际控制人本身是单位的，在处罚上不同于第一款中单位的法律责任，需要处以罚金刑，其责任人员根据本条第一款中单位的责任人员的规定处罚。

（二）有关国家和地区的规定

1. 美国法典第 15 编 781 节（1934 年证券交易法）规定，任何人在按照本法规定的规则、条例提交的任何申请、报告或者文件中，蓄意或者以知情方式作出或者致使作出与任何重大事实有关的虚假或者误导性陈述的，单处或并处不超过 500 万美元的罚金、判处不超过 20 年监禁。法人处不超过 2500 万美元罚金。

美国法典第 18 编 1348 节（刑事和刑事程序法）规定，故意或意图实施相关计划或骗局以欺骗根据美国法典第 15 编 781 节（关于证券注册要求）的规定进行证券注册行为……借助虚假的或伪造的主张、称述或许诺，通过买卖注册的证券获得金钱和财产……应根据本章被处以罚款，25 年以下监禁，或一并处罚。

2. 我国香港特别行政区《证券及期货条例》第 298 条规定了“披露虚假或具误导性的资料以诱使进行交易的罪行”，禁止行为人在香港或其他地方披露、传递或散发在某事关重要的事实方面属虚假或具误导性的资料，或因遗漏某事关重要的事实而属虚假或具误导性的资料，诱使他人在香港进行证券或期货合约交易。

第 303 条“罚则”规定，任何人犯本部所定罪行一经循公诉程序定罪，可处罚款一千万港币及监禁10年；一经简易程序定罪，可处罚款一百万港币及监禁3年。

我国香港特别行政区《盗窃罪条例》第21条规定，公司董事等人作出的虚假陈述：（1）凡任何法人团体或非法团组织的高级人员（或其意是以上述身份行事的人），意图就有关该法人团体或组织的事务欺骗该法人团体或组织的成员或债权人，而发表或赞同发表他知道在要项上是或可能是误导、虚假或欺骗的书面陈述或帐目，即属犯罪，循公诉程序定罪后，可处监禁10年。（2）就本条而言，为任何法人团体或组织的利益而订立保证的人，须视为该法人团体或组织的债权人。（3）凡任何法人团体或组织的事务是由其成员负责管理，则本条适用于任何成员在行使其管理职能时发表或赞同发表的任何陈述，犹如他是该法人团体或组织的高级人员一样。

条文解读

修改后的刑法第一百六十一条共分三款。第一款是关于依法负有信息披露义务的公司、企业违规披露或者不披露重要信息构成犯罪及其处罚的规定。根据本款规定，需要满足以下几个方面才能构成犯罪：

一是犯罪主体为“依法负有信息披露义务的公司、企业”。依据公司法、证券法、银行业监督管理法、商业银行法、证券投资基金法、保险法等法律、法规的规定，负有信息披露义务的公司、企业包括：公开发行证券的申请人、上市公司、公司、企业债券上市交易的单位以及其他信息披露义务人、商业银行、基金管理人、基金托管人和其他基金信息披露义务人、保险公司等。

另外，根据证券法第七十八条规定，国务院证券监督管理机构可以对其他信息披露义务人的范围作出规定。比如，中国证券监督管理委员会《上市公司收购管理办法（2020 年 3 月版）》第三条第二款中规定，上市公司的收购及相关股份权益变动活动中的信息披露义务人，应当充分披露其在上市公司中的权益及变动情况，依法严格履行报告、公告和其他法定义务。

二是，行为人实施了向股东和社会公众提供虚假的或者隐瞒重要事实的财务会计报告或者对依法应当披露的其他重要信息不按照规定披露的行为。

关于"虚假的或者隐瞒重要事实的财务会计报告"，根据公司法第六十二条、第一百六十四条、第一百六十五条的规定，公司应当在每一会计年度终了时，依照法律、行政法规和国务院财政部门的规定编制财务会计报告，并依法经会计师事务所审计。有限责任公司应当依照公司章程规定的期限将财务会计报告送交各股东。股份有限公司的财务会计报告应当在召开股东大会年会的二十日前置备于本公司，供股东查阅；公开发行股票的股份有限公司必须公告其财务会计报告。依照上述规定，制作并向股东和社会公众提供财务会计报告是公司的一项法定义务。客观地记录和反映公司经营情况，如实地制作财务会计报告，才能让股东准确地了解其出资或投资的收益情况。公司向股东和社会公众提供虚假的或者隐瞒重要事实的财务会计报告，对股东和社会公众的利益造成损害，应追究其相应的刑事责任。

关于"依法应当披露的其他重要信息不按照规定披露"的行为，是指违反法律、行政法规和国务院证券管理部门等对信息披露的规定，对除财务会计报告以外的其他重要信息不披露或者进行虚假披露，如作虚假记载、误导性陈述或者有重大遗漏等。根据公司法、证券法、银行业监督管理法、证券投资基金法等法律、法规的规定，“依法应当披露的其他重要信息”包括：招股说明书、债券募集办法、财务会计报告、上市报告等文件，上市公司年度报告、中期报告、临时报告及其他信息披露资料；金融机构的财务会计报告、风险管理状况、董事和高级管理人员变更以及其他重大事项等信息及基金信息、实际控制人、控股股东应当依法披露的重要信息等。如2020年施行的证券法第八十条规定，发生可能对上市公司、股票在国务院批准的其他全国性证券交易场所交易的公司的股票交易价格产生较大影响的重大事件，投资者尚未得知时，公司应当立即将有关该重大事件的情况向国务院证券监督管理机构和证券交易场所报送临时报告，并予公告，说明事件的起因、目前的状态和可能产生的法律后果。这里的重大事件包括：公司的经营方针和经营范围的重大变化；公司的重大投资行为，公司在一年内购买、出售重大资产超过公司资产总额百分之三十，或者公司营业用主要资产的抵押、质押、出售或者报废一次超过该资产的百分之三十；公司订立重要合同、提供重大担保或者从事关联交易，可能对公司的资产、负债、权益和经营成果产生重要影响；公司发生重大债务和未能清偿到期重大债务的违约情况；公司发生重大亏损或者重大损失；公司生产经营的外部条件发生的重大变化；公司的董事、三分之一以上监事或者经理发生变动，董事长或者经理无法履行职责；持有公司百分之五以上股份的股东或者实际控制人持有股份或者控制公司的情况发生较大变化，公司的实际控制人及其控制的其他企业从事与公司相同或者相似业务的情况发生较大变化；公司分配股利、增资的计划，公司股权结构的重要变化，公司减资、合并、分立、解散及申请破产的决定，或者依法进入破产程序、被责令关闭；涉及公司的重大诉讼、仲裁，股东大会、董事会决议被依法撤销或者宣告无效；公司涉嫌犯罪被依法立案调查，公司的控股股东、实际控制人、董事、监事、高级管理人员涉嫌犯罪被依法采取强制措施；国务院证券监督管理机构规定的其他事项等。第八十一条规定，发生可能对上市交易公司债券的交易价格产生较大影响的重大事件，投资者尚未得知时，公司也应当立即将有关该重大事件的情况向国务院证券监督管理机构和证券交易场所报送临时报告，并予公告，说明事件的起因、目前的状态和可能产生的法律后果。这里的重大事件包括：公司股权结构或者生产经营状况发生重大变化；公司债券信用评级发生变化；公司重大资产抵押、质押、出售、转让、报废；公司发生未能清偿到期债务的情况；公司新增借款或者对外提供担保超过上年末净资产的百分之二十；公司放弃债权或者财产超过上年末净资产的百分之十；公司发生超过上年末净资产百分之十的重大损失；公司分配股利，作出减资、合并、分立、解散及申请破产的决定，或者依法进入破产程序、被责令关闭；涉及公司的重大诉讼、仲裁；公司涉嫌犯罪被依法立案调查，公司的控股股东、实际控制人、董事、监事、高级管理人员涉嫌犯罪被依法采取强制措施；国务院证券监督管理机构规定的其他事项等。这些都属于“依法应当披露的其他重要信息”。

本款规定对“严重损害股东或者其他人利益的，或者有其他严重情节的”才追究刑事责任。关于损害标准可以参考《最高人民检察院、公安部关于公安机关管辖的刑事案件立案追诉标准的规定（二）》的相关规定，如造成股东、债权人或者其他人直接经济损失数额累计在五十万元以上的；致使公司发行的股票、公司债券或者国务院依法认定的其他证券被终止上市交易或者多次被暂停上市交易等。关于“其他严重情节”，主要包括隐瞒多项应当披露的重要信息、多次虚假披露或者不按照规定披露、因不按照规定披露受到处罚后又违反等情形。

根据本款的规定，“依法负有信息披露义务的公司、企业”是本罪的犯罪主体。本款规定的是单位犯罪，但采用单罚制，只对公司、企业的直接负责的主管人员和其他直接责任人员判处刑罚，对公司、企业不再判处罚金。这里的考虑是，公司、企业的违法行为已经损害了股东和投资者的利益，如果再对其判处罚金，将会加重股东和其他投资者的损失程度。根据本款规定，公司、企业不按照规定披露信息，严重损害股东或者其他人利益的，或者有其他严重情节的，对其直接负责的主管人员和其他直接责任人员处五年以下有期徒刑或者拘役，并处或者单处罚金；情节特别严重的，处五年以上十年以下有期徒刑，并处罚金。本款规定的“情节严重”“情节特别严重”，可以由司法机关通过司法解释作进一步细化。

第二款是关于公司、企业的控股股东、实际控制人实施或者组织、指使实施违规披露、不披露重要信息构成犯罪及其处罚的规定。控股股东是指其持有的股份占公司股本总额百分之五十以上的股东，或者其持有股份虽不足百分之五十，但持有股份所享有的表决权已足以对股东大会的决议产生重大影响的股东。实际控制人，是指虽不是公司的股东，但通过投资关系、协议或者其他安排，能够实际支配公司的人。本款包含三层意思：

一是，公司、企业的控股股东、实际控制人实施不按照规定披露重要信息构成犯罪的情况。公司、企业的控股股东、实际控制人能够对发行人、公司、企业的行为产生重大影响或者实际支配公司、企业行为。实践中，出现了控股股东、实际控制人控制公司印章和信息披露渠道，绕开股东大会、董事会等法定机构，直接以公司名义实施披露虚假信息的情形。因此本款将控股股东、实际控制人直接实施不按照规定披露重要信息的行为规定为犯罪。

二是，公司、企业的控股股东、实际控制人组织、指使实施不按照规定披露重要信息构成犯罪的情况。控股股东、实际控制人能够实际影响或者支配公司行为，其容易组织、指使其他信息披露义务人不按照规定披露重要信息，对股东等他人利益的危害极大。因此，本款将控股股东、实际控制人组织、指使实施不按照规定披露重要信息的行为规定为犯罪。

三是，公司、企业的控股股东、实际控制人隐瞒相关事项导致公司、企业违规披露或者不披露重要信息构成犯罪的情况。公司、企业的控股股东、实际控制人对公司、企业具有较强的影响甚至是支配能力。这里的“隐瞒相关事项导致前款规定的情形发生”，包含了两种情形：第一种情形是，控股股东、实际控制人隐瞒自身应当披露的重要信息，导致公司、企业违规披露或者不披露重要信息构成犯罪。控股股东、实际控制人本身就具有十分重要的信息披露义务，如对其拥有的公司股权进行大宗交易买卖、抵押等都属于足以影响公司、企业的重大活动。因此，证券法等法律法规对公司、企业的控股股东、实际控制人的信息披露义务作了明确的规定。如果因控股股东、实际控制人违规披露或者不披露自身重要信息，导致公司、企业违规披露或者不披露重要信息构成犯罪的，其危害程度更大，对股东等他人利益所造成的损害也更重。虽然在公司、企业违规披露或者不披露重要信息构成犯罪的情况下，控股股东、实际控制人也能够作为单位犯罪的直接责任人员予以处罚。但是通过此款规定，强调控股股东、实际控制人的责任，特别是当控股股东、实际控制人是单位的情况下，能够对单位处以罚金，可以起到从重处罚的效果。因此，控股股东、实际控制人隐瞒自身应当披露的重要信息属于这里规定的“隐瞒相关事项”。第二种情形是，控股股东、实际控制人利用其控制公司、企业的权力，隐瞒一些其掌握的公司、企业的核心和关键性信息，如重大资产交易动向系虚构、进行关联交易实施损害公司、企业利益等。该行为导致公司、企业违规披露或者不披露重要信息构成犯罪的情况，也属于这里规定的“隐瞒相关事项”。基于此，本款将控股股东、实际控制人因隐瞒相关事项导致违规披露或者不披露重要信息的情形规定为犯罪。

根据本款规定，控股股东、实际控制人实施本款行为，严重损害股东或者其他人利益，或者有其他严重情节的，处五年以下有期徒刑或者拘役，并处或者单处罚金；情节特别严重的，处五年以上十年以下有期徒刑，并处罚金。

第三款是关于控股股东、实际控制人是单位并构成第二款规定的犯罪及其处罚的规定。控股股东、实际控制人很多也是公司、企业。本款规定，对于控股股东、实际控制人是单位并构成第二款规定的犯罪的，如提供虚假的或者隐瞒重要事实的财务会计报告，实施或者组织、指使实施以及隐瞒相关事项导致违规披露、不披露重要信息等情形发生的，严重损害股东或者其他人利益，或者有其他严重情节的，对单位判处罚金，并对其直接负责的主管人员和其他直接责任人员，处五年以下有期徒刑或者拘役，并处或者单处罚金；情节特别严重的，对单位判处罚金，并对其直接负责的主管人员和其他直接责任人员处五年以上十年以下有期徒刑，并处罚金。

实践执行中应当注意的是：

本条第一款的犯罪主体是单位，即“依法负有信息披露义务的公司、企业”。实践中，不能因为该款规定了单罚制，仅对单位中直接负责的主管人员和其他直接责任人员设置了刑罚，就否认单位构成犯罪的实质。在司法实践中，应首先依法明确是单位构成了犯罪，再对有关责任人员予以处罚。同时，对犯本条规定之罪的，必要时可以根据有关规定作退市处理。

相关规定

《中华人民共和国证券法》第七十八条、第八十二条、第八十五条、第一百九十七条；《中华人民共和国银行业监督管理法》第四十六条；《中华人民共和国商业银行法》第五十六条、第七十五条；《中华人民共和国证券投资基金法》第十九条、第三十六条、第七十三条、第七十四条、第七十五条、第七十七条、第一百三十一条；《中华人民共和国保险法》第一百一十条；《最高人民检察院、公安部关于公安机关管辖的刑事案件立案追诉标准的规定（二）》第六条

十、将刑法第一百六十三条[①]第一款修改为："公司、企业或者其他单位的工作人员，利用职务上的便利，索取他人财物或者非法收受他人财物，为他人谋取利益，数额较大的，处三年以下有期徒刑或者拘役，并处罚金；数额巨大或者有其他严重情节的，处三年以上十年以下有期徒刑，并处罚金；数额特别巨大或者有其他特别严重情节的，处十年以上有期徒刑或者无期徒刑，并处罚金。"

条文主旨

本条是关于修改非国家工作人员受贿罪的规定。

---

① 本条经全国人民代表大会常务委员会两次修改。根据2006年6月29日第十届全国人民代表大会常务委员会第二十二次会议通过的《中华人民共和国刑法修正案(六)》第一次修改，《刑法修正案（六)》修改的内容自2006年6月29日起施行。1997年刑法第一百六十三条条文是："公司、企业的工作人员利用职务上的便利，索取他人财物或者非法收受他人财物，为他人谋取利益，数额较大的，处五年以下有期徒刑或者拘役；数额巨大的，处五年以上有期徒刑，可以并处没收财产。

"公司、企业的工作人员在经济往来中，违反国家规定，收受各种名义的回扣、手续费，归个人所有的，依照前款的规定处罚。

"国有公司、企业中从事公务的人员和国有公司、企业委派到非国有公司、企业从事公务的人员有前两款行为的，依照本法第三百八十五条、第三百八十六条的规定定罪处罚。"

根据2020年12月26日第十三届全国人民代表大会常务委员会第二十四次会议通过的《中华人民共和国刑法修正案（十一)》第二次修改，《刑法修正案（十一)》修改的内容自2021年3月1日起施行。《刑法修正案（六)》修改后的第一百六十三条条文是："公司、企业或者其他单位的工作人员利用职务上的便利，索取他人财物或者非法收受他人财物，为他人谋取利益，数额较大的，处五年以下有期徒刑或者拘役；数额巨大的，处五年以上有期徒刑，可以并处没收财产。

"公司、企业或者其他单位的工作人员在经济往来中，利用职务上的便利，违反国家规定，收受各种名义的回扣、手续费，归个人所有的，依照前款的规定处罚。

"国有公司、企业或者其他国有单位中从事公务的人员和国有公司、企业或者其他国有单位委派到非国有公司、企业以及其他单位从事公务的人员有前两款行为的，依照本法第三百八十五条、第三百八十六条的规定定罪处罚。"

立法背景

党的十八届三中、四中全会和十九大对加强产权平等保护、优化营商环境作了重要部署。习近平总书记多次就加强产权保护、保护非公有制经济和民营企业家作出重要讲话、重要指示。2016 年 11 月，中共中央、国务院发布了《关于完善产权保护制度依法保护产权的意见》，强调平等保护非公有制经济的产权，加大对非公有财产的刑法保护力度。根据中央精神和宽严相济形势政策要求，刑法修正案（十一）对本条作了进一步修改，一是提高了本条规定的非国家工作人员受贿罪的法定刑，将法定最高刑提高到无期徒刑，增加罚金刑，二是调整了刑罚档次配置，与贪污受贿罪的规定平衡，实现罪责刑相适应。

修改后的刑法第一百六十三条规定："公司、企业或者其他单位的工作人员，利用职务上的便利，索取他人财物或者非法收受他人财物，为他人谋取利益，数额较大的，处三年以下有期徒刑或者拘役，并处罚金；数额巨大或者有其他严重情节的，处三年以上十年以下有期徒刑，并处罚金；数额特别巨大或者有其他特别严重情节的，处十年以上有期徒刑或者无期徒刑，并处罚金。

"公司、企业或者其他单位的工作人员在经济往来中，利用职务上的便利，违反国家规定，收受各种名义的回扣、手续费，归个人所有的，依照前款的规定处罚。

"国有公司、企业或者其他国有单位中从事公务的人员和国有公司、企业或者其他国有单位委派到非国有公司、企业以及其他单位从事公务的人员有前两款行为的，依照本法第三百八十五条、第三百八十六条的规定定罪处罚。"

历史沿革

1. 1997 年刑法修订前的立法情况。1979 年刑法规定的受贿罪的主体是国家工作人员，对国家工作人员以外的人员利用职务便利收受贿赂的行为没有规定为犯罪。随着改革开放的深入和社会主义市场经济体制的建立，非国有的公司、企业等市场主体越来越多，公司、企业经营中的一些违法犯罪行为也逐渐暴露出来。为了保障公司法的贯彻实施，保护公司和投资者、债权人的合法权益，维护国家经济秩序的稳定和健康发展，1995 年 2 月 28 日第八届全国人民代表大会常务委员会第十二次会议通过了《全国人民代表大会常务委员会关于惩治违反公司法的犯罪的决定》。该《决定》第九条对公司、企业的工作人员的受贿犯罪作了规定，即公司董事、监事或者职工利用职务上的便利，索取或者收受贿赂，数额较大的，处五年以下有期徒刑或者拘役；数额巨大的，处五年以上有期徒刑，可以并处没收财产。《决定》第十二条还规定，国家工作人员犯该决定第九条规定之罪的，依照《关于惩治贪污罪贿赂罪的补充规定》的规定处罚，即以受贿罪追究刑事责任。

2. 1997 年修订刑法的情况。1997 年修订刑法时，根据司法实践需要和有关方面的意见对《决定》第九条的规定作了修改。一是将犯罪主体修改为“公司、企业的工作人员”，二是将“贿赂”明确为“他人财物”，三是增加了收受回扣、手续费归个人所有行为的处罚，四是整合《决定》第十二条的规定，增加了国有公司、企业中从事公务的人员等犯罪处罚的规定。

3. 2006 年《刑法修正案（六）》对本条作了第一次修改。根据1997年刑法的规定，对国家工作人员和公司、企业工作人员的受贿行为可依法追究刑事责任，但对除此以外其他单位工作人员有受贿行为的应当如何处罚没有明确规定。有关方面提出，对公司、企业以外的单位的非国家工作人员利用职务的便利进行“权钱交易”、危害社会利益的行为，如发生在事业单位中的商业贿赂行为，数额较大的，也应当追究刑事责任。刑法修正案（六）将本条规定的犯罪主体扩大到公司、企业以外的其他单位的工作人员。

条文解读

修改后的刑法第一百六十三条共分三款。第一款是关于公司、企业或者其他单位的工作人员受贿犯罪及其处罚的规定。本款有三层含义：第一，明确了犯罪的主体范围，即“公司、企业或者其他单位的工作人员”，包括非国有公司、企业、事业单位或者其他组织的工作人员。第二，明确了犯罪的行为特征，即行为人必须实施利用职务上的便利，索取他人财物或者非法收受他人财物为他人谋取利益的行为。所谓“利用职务上的便利”，是指公司、企业或者其他单位的工作人员利用自己职务上组织、领导、监管、主管、经管、负责某项工作的便利条件。“索取他人财物”，主要是指公司、企业或者其他单位的工作人员以为他人谋取利益为条件，向他人索取财物。“非法收受他人财物”，主要是指公司、企业或者其他单位的工作人员利用其职务上的便利或权力，接受他人主动送予的财物。“为他人谋取利益”，从谋取利益的性质上看，既包括他人应当得到的合法的、正当的利益，也包括他人不应当得到的非法的、不正当的利益；从利益的实现方面看，包括已为他人谋取的利益、意图谋取或者正在谋取，但尚未谋取到的利益。根据2016年4月18日《最高人民法院、最高人民检察院关于办理贪污贿赂刑事案件适用法律若干问题的解释》第十三条第一款规定，具有下列情形之一的，应当认定为“为他人谋取利益”，构成犯罪的，应当依照刑法关于受贿犯罪的规定定罪处罚：1. 实际或者承诺为他人谋取利益；2. 明知他人有具体请托事项；3. 履职时未被请托，但事后基于该履职事由收受他人财物。第三，索取或者非法收受他人财物，必须达到数额较大，才构成犯罪。对受贿数额不大的，可以依照反不正当竞争法的规定处理。本款在罪状表述上，只原则规定了“数额较大”、“数额巨大或者有其他严重情节”、“数额特别巨大或者有其他特别严重情节”，其具体数额和情节标准，可由司法机关根据实际情况制定司法解释确定。根据《最高人民法院、最高人民检察院关于办理贪污贿赂刑事案件适用法律若干问题的解释》第十一条第一款规定，非国家工作人员受贿罪中的“数额较大”“数额巨大”的数额起点，按照该解释关于受贿罪、贪污罪相对应的数额标准规定的二倍、五倍执行。《刑法修正案（十一)》在本条规定的犯罪的第二档、第三档量刑标准中，在数额之外增加情节，是考虑到实践中非国家工作人员受贿的情况比较复杂，情节差别很大，单纯考虑数额，难以全面反映具体个罪的社会危害性，并与刑法修正案（九）对贪污受贿罪定罪量刑标准的修改相衔接。

根据本款规定，对公司、企业或者其他单位的工作人员受贿犯罪的处罚，分为三档刑：数额较大的，处三年以下有期徒刑或者拘役，并处罚金；数额巨大或者有其他严重情节的，处三年以上十年以下有期徒刑，并处罚金；数额特别巨大或者有其他特别严重情节的，处十年以上有期徒刑或者无期徒刑，并处罚金。《刑法修正案（十一）》修改后，除不能判处死刑以外，非国家工作人员受贿罪与国家工作人员受贿罪的刑罚已经基本接近，落实了平等保护的精神。

第二款是关于对公司、企业或者其他单位的工作人员收受回扣、手续费的处罚规定。根据本款规定，公司、企业或者其他单位的工作人员在经济往来中，利用职务上的便利，违反国家规定，收受各种名义的回扣、手续费，归个人所有的，即构成非国家工作人员受贿罪。这里所说的“回扣”，是指在商品或者劳务活动中，由卖方从所收到的价款中，按照一定的比例扣出一部分返还给买方或者其经办人的款项。“手续费”，是指在经济活动中，除回扣以外，其他违反国家规定支付给公司、企业或者其他单位的工作人员的各种名义的钱，如信息费、顾问费、劳务费、辛苦费、好处费等。违反国家规定，收取各种名义的回扣、手续费，是否归个人所有，是区分罪与非罪的主要界限，如果收取的回扣、手续费，都上交给公司、企业或者本单位的，不构成犯罪；只有将收取的回扣、手续费归个人所有的，才构成犯罪。根据本款规定，对收受各种名义的回扣、手续费，归个人所有的，按照第一款的规定处罚。

第三款是关于国有公司、企业或者其他国有单位中从事公务的人员和国有公司、企业或者其他国有单位委托到非国有公司、企业或者其他单位从事公务的人员有第一款、第二款犯罪行为如何定罪处罚的规定。根据本款规定，国有公司、企业或者其他国有单位中从事公务的人员和国有公司、企业或者其他国有单位委派到非国有公司、企业以及其他单位从事公务的人员，利用职务上的便利，索取他人财物或者非法收受他人财物为他人谋取利益，数额较大的，或者在经济往来中，利用职务便利，违反国家规定收受各种名义的回扣、手续费，归个人所有的，依照刑法第三百八十五条、第三百八十六条国家工作人员受贿罪的规定定罪处罚。根据刑法第三百八十六条的规定，应当依照刑法第三百八十三条的规定处罚。2015 年 8 月 29 日第十二届全国人民代表大会常务委员会第十六次会议通过的《中华人民共和国刑法修正案(九)》对刑法第三百八十三条进行了修改。主要是对原来规定的贪污、受贿罪的处罚规定作了调整。由过去将贪污、受贿具体数额作为定罪量刑根据，修改综合考虑数额和情节的原则性规定。本款这样规定，主要体现了对国家工作人员犯罪要比一般的公司、企业或者其他单位的工作人员从重处罚的立法精神。

实践中执行本条规定应当注意准确理解本条规定的立法精神，1997 年修订刑法增加本条规定和《刑法修正案（十一)》调整本条规定的法定刑，都是为了以刑法手段平等保护非公有制经济产权。司法机关在办理非公有制企业等单位中的贿赂犯罪时，要根据本条规定的精神，区分不同情况，把握好法律和政策界限，当严则严、当宽则宽。如对于建立了规范的法人治理结构，由职业经理人经营的企业，与股东兼任经营者的小型企业或者家族企业，在刑事政策掌握上应当有所区别。

相关规定

《中华人民共和国反不正当竞争法》第七条、第十九条；《最高人民法院、最高人民检察院关于办理贪污贿赂刑事案件适用法律若干问题的解释》第十一条、第十三条

十一、将刑法第一百七十五条之一[①]第一款修改为："以欺骗手段取得银行或者其他金融机构贷款、票据承兑、信用证、保函等，给银行或者其他金融机构造成重大损失的，处三年以下有期徒刑或者拘役，并处或者单处罚金；给银行或者其他金融机构造成特别重大损失或者有其他特别严重情节的，处三年以上七年以下有期徒刑，并处罚金。"

条文主旨

本条是关于修改骗取贷款、票据承兑、金融票证罪的规定。

立法背景

2006 年刑法修正案（六）增加的骗取贷款类犯罪对于保护银行等金融机构信贷资金的安全，保障银行等金融机构的信誉体系发挥了重要作用。同时，适用中也出现了一些不当适用、扩大适用的情况。有的提出，本罪规定的"其他严重情节"的门槛低，按照有关司法解释的规定，融资数额超过一百万或者多次骗

① 本条经全国人民代表大会常务委员会增加，并修改一次。根据 2006 年 6 月 29 日第十届全国人民代表大会常务委员会第二十二次会议通过的《中华人民共和国刑法修正案（六）》增加，自 2006 年 6 月 29 日起施行。根据 2020 年 12 月 26 日第十三届全国人民代表大会常务委员会第二十四次会议通过的《中华人民共和国刑法修正案（十一）》修改，自 2021 年 3 月 1 日起施行，增加的原条文为："以欺骗手段取得银行或者其他金融机构贷款、票据承兑、信用证、保函等，给银行或者其他金融机构造成重大损失或者有其他严重情节的，处三年以下有期徒刑或者拘役，并处或者单处罚金；给银行或者其他金融机构造成特别重大损失或者有其他特别严重情节的，处三年以上七年以下有期徒刑，并处罚金。

"单位犯前款罪的，对单位判处罚金，并对其直接负责的主管人员和其他直接责任人员，依照前款的规定处罚。"

贷的即构成犯罪，导致入罪范围过宽，涉及很多民营企业，不利于破解融资难等问题；有的提出，本罪并非诈骗银行资金，具有诈骗目的应当认定为刑法另外规定的贷款诈骗罪、票据诈骗罪、信用证诈骗罪、金融凭证诈骗罪等，本罪主要是从融资程序环节更好保护银行资金安全和信用作出的规定，对此应当通盘考虑融资环境的实际和当前信用体系制度建设的实际情况；有的提出，对由于“融资门槛高”、“融资难”等原因，民营企业因生产经营需要，在融资过程中虽然有一些违规行为，但并没有诈骗目的，最后未给银行造成重大损失的，一般可不作为犯罪处理；有的反映，造成“骗贷”的原因和情况复杂，银行在融资中处于“强势”地位，适用格式条款，融资条件严格，借款人对资金需求大，有的很难完全符合贷款条件要求，有的在一些材料上存在虚假提供的情况，从实践情况看甚至有的提供了真实的担保，因存在欺骗手段和涉及数额较大，也面临刑事案件风险；有的“骗取”行为是在银行人员授意、指导、帮助下进行的；有的“骗贷”案件由于竞争对手打压、股东斗争等被举报，个别执法力量借此不当介入民营经济活动，使本罪成为民营企业家涉嫌较多的罪名，成为民营企业生产经营过程中的一个刑事风险点。根据各方面意见，刑法修正案（十一）对本罪入罪门槛作了适当调整，将给银行或者其他金融机构“造成重大损失或者有其他严重情节”修改为“造成重大损失”，删去了“其他严重情节”的规定。这一修改有利于正确区分违约与违法、违法与犯罪的关系，审慎处理涉民营企业融资案件，更好地落实党中央、国务院关于完善产权保护制度的规定。同时，也需要注意的是，修改后本罪原则上要求给银行等金融机构造成一定损失，以适当缩小打击面，但另外保留了第二档刑中情节犯的规定，主要是考虑到对特别重大的骗取融资行为，例如有的案件特别重大，损失一时还不好认定，或者给国家金融安全、银行资金安全造成特别重大风险，或者骗取手段极其恶劣，或者骗开数额特别巨大信用证等，可依法适用本罪，目的是维护重大金融安全和信用安全。

修改后的刑法第一百七十五条之一规定："以欺骗手段取得银行或者其他金融机构贷款、票据承兑、信用证、保函等，给银行或者其他金融机构造成重大损失的，处三年以下有期徒刑或者拘役，并处或者单处罚金；给银行或者其他金融机构造成特别重大损失或者有其他特别严重情节的，处三年以上七年以下有期徒刑，并处罚金。

"单位犯前款罪的，对单位判处罚金，并对其直接负责的主管人员和其他直接责任人员，依照前款的规定处罚。"

历史沿革

2006 年 6 月 29 日第十届全国人民代表大会常务委员会第二十二次会议审议通过的刑法修正案（六）增加了本条规定。本条所规定的行为是一种新的犯罪行为，是对 1997 年刑法条文的补充。当前社会上以虚构事实、隐瞒真相等欺骗手段骗取银行等金融机构的贷款及其他信用的现象比较严重，危害了我国金融安全。加上我国诚信体系建设滞后，严重制约了对失信行为的惩戒，培育全社会的信用文化和加强诚信立法已成为打击金融欺诈的当务之急。刑法修正案（六）的这一规定，正是为了解决这一问题。

2020 年 12 月 26 日十三届全国人民代表大会常务委员会第二十四次会议审议通过的刑法修正案（十一）对本条作了修改。

条文解读

修改后的刑法第一百七十五条之一共分两款。本条第一款是关于个人骗取银行或者其他金融机构的贷款及其他信用的犯罪行为及刑事处罚的规定。根据本条的规定，构成这一犯罪需要符合以下几个条件：1. 犯罪的主体。构成本罪的犯罪主体既包括个人，也包括单位。第一款是关于个人犯罪的规定。2. 犯罪人必须采取了欺骗的手段。所谓“欺骗手段”，是指行为人在取得银行或者其他金融机构的贷款、票据承兑、信用证、保函等信贷资金、信用时，采用的是虚构事实、隐瞒真相等手段，掩盖了客观事实，骗取了银行或者其他金融机构的信任。申请人在申请贷款的过程中有虚构事实、掩盖真相的情节，或者在申请贷款过程中，提供假证明、假材料，符合这一条件。需要注意的是，对“欺骗手段”的理解不能过于宽泛，欺骗手段应当是严重影响银行对借款人资信状况、还款能力判断的实质性事项，这类事项应当属于银行等金融机构一旦知晓真实情况就会基于风险控制而不会为其融资的事项。如行为人编造虚假的资信证明、资金用途、抵押物价值等虚假材料，导致银行或者其他金融机构高估其资信现状的，可以认定为使用“欺骗手段”。3. 犯罪的对象是银行或者其他金融机构的贷款、票据承兑、信用证、保函等。这里所说的“银行”，包括中国人民银行和各类商业银行。“其他金融机构”，是指除银行以外的各种开展金融业务的机构，如证券、保险、期货、外汇、融资租赁、信托投资公司等。“贷款”，是指贷款人向借款人提供的、按照借款合同的约定还本付息的货币资金。“信用证”，是指开证银行根据客户（申请开证人）的请求或者自己主动向一方（受益人）所签发的一种书面约定，如果受益人满足了该书面约定的各项条款，开证银行即向受益人支付该书面约定的款项的凭证。实际上，信用证就是开证行有条件地向受益人付款的书面凭证。“票据承兑”，是指汇票付款人承诺在汇票到期日支付汇票金额的票据行为，其目的在于使承兑人依票据载明的义务承担支付票据金额的义务。“保函”，是指银行以自身的信用为他人承担责任的担保文件，是重要的银行资信文件。4. 给银行或者其他金融机构造成重大损失，这是区分是否构成本罪的界限。刑法修正案（十一）对本罪入罪门槛作了修改，删去了原规定的“其他严重情节”，规定为“造成重大损失”的条件。因此，一般来说，对于并非出于诈骗银行资金目的，在向银行等金融机构融资过程中存在违规行为，使用了“欺骗手段”获得资金，但归还了银行资金，未给银行造成重大损失的，不作为犯罪处理。“给银行或者其他金融机构造成重大损失”是一个客观标准，指的是上述行为直接造成的经济损失，如贷款无法追回，银行由于出具的信用所承担的还款或者付款等实际经济损失。2010 年《最高人民检察院、公安部关于公安机关管辖的刑事案件立案追诉标准的规定（二）》第二十七条对修改前本条的“造成重大损失”作了规定，“以欺骗手段取得贷款、票据承兑、信用证、保函等，给银行或者其他金融机构造成直接经济损失数额在二十万元以上的”，应予立案追诉。“直接经济损失”是指侦查机关立案时逾期未偿还银行或者其他金融机构的信贷资金。实践中对于偿还了银行贷款，或者提供了足额真实担保，未给银行造成直接损失的，一般不应追究骗取贷款、票据承兑、金融票证罪的刑事责任。需要注意的是，实践中对是否造成“重大损失”的判断时点和标准不能过于拘泥，不能要求穷尽一切法律手段后才确定是否造成损失，如行为采取欺骗手段骗取贷款，不能按期归还资金，也没有提供有效担保，就应认定给银行等金融机构造成重大损失，而不能要求银行等在采取诉讼等法律手段追偿行为人房产等财产不能清偿之后，才判定其遭到重大损失。对于后期在判决前通过法律手段获得清偿的，可酌定从宽处罚。

对于构成本罪的，本款规定了两档刑，即：给银行或者其他金融机构造成重大损失的，处三年以下有期徒刑或者拘役，并处或者单处罚金；给银行或者其他金融机构造成特别重大损失或者有其他特别严重情节的，处三年以上七年以下有期徒刑，并处罚金。需要注意的是，本条第二档刑罚中保留了“特别严重情节”的规定。这种立法体例在刑法其他条文规定中也是有的，如诈骗罪、贷款诈骗罪等。“其他特别严重情节”一般也应当以“造成重大损失”为条件，如果具有欺骗手段特别严重或者涉嫌数额极其巨大，给国家金融安全造成特别重大风险的，也可依法追究刑事责任。

第二款是对单位从事第一款的行为追究刑事责任的规定。根据本款的规定，单位犯前款罪的，对单位判处罚金，并对其直接负责的主管人员和其他直接责任人员，依照前款的规定处罚。

实践执行中应当注意的是，本条的规定是立法机关针对实践中出现的新情况，为保障我国金融安全，维护社会稳定，而新增加的一种犯罪。同时根据有关方面意见和实践情况，在定罪量刑上又作了进一步调整完善，更好把握犯罪界限，防止走偏，因此在适用这一条款惩治此类犯罪活动时，要注意以下几个问题：

1. 刑法修正案（六）增加了骗取贷款罪，刑法修正案（十一）对定罪标准作了适当调整，并非意味着放松对骗取银行贷款等行为的惩治，在贷款等融资过程中采取欺骗手段，给银行等金融机构造成重大损失的，仍应当依法追究刑事责任。同时，在办理骗取贷款等犯罪案件时，在涉及企业生产经营领域，要充分考虑企业“融资难”、“融资贵”的实际情况，注意从借款人采取的欺骗手段是否属于明显虚构事实或者隐瞒真相，是否与银行工作人员合谋、受其指使，是否非法影响银行放贷决策、危及信贷资金安全，是否造成重大损失等方面，合理判断其行为危害性，不苛求企业等借款人。对于借款人因生产经营需要，在贷款过程中虽有违规行为，但未造成实际损失的，一般不作为犯罪处理。另外需要注意的是，对并非出于生产经营需要融资，而是具有非法占有资金目的，采取诈骗手段骗取银行贷款等资金的，无论是否给银行造成损失，都应当按照贷款诈骗罪、票据诈骗罪、信用证诈骗罪等依法追究刑事责任。

2. 与刑法第一百九十三条贷款诈骗罪的关系。本罪与刑法第一百九十三条规定的贷款诈骗罪是两个不同的独立的罪。本条所规定的骗取贷款罪，在构成要件上与刑法第一百九十三条的贷款诈骗罪有很大的区别，构成本罪不要求行为人以“非法占有为目的”，降低了打击这类犯罪的门槛。需要注意的是，不能因此忽视对以非法占有为目的，诈骗银行或者其他金融机构贷款行为的打击。对在司法实践中能够认定的行为人的以“非法占有为目的”的诈骗贷款行为，应依照刑法第一百九十三条贷款诈骗罪追究其刑事责任。且两个罪在法定最高刑上也是不同的，贷款诈骗罪最高可以判处无期徒刑，而骗取贷款罪最高法定刑仅为七年有期徒刑。

3. 准确认定和惩治有关共同犯罪。一是关于银行等金融机构人员明知他人实施骗取贷款等行为，仍为其提供帮助或者合谋、指导等，构成犯罪的，依法追究刑事责任。在常委会审议和调研过程中，有意见提出，在本罪中增加“银行或者其他金融机构人员明知行为人采取欺骗手段，仍为其贷款、票据承兑、开具信用证保函等，依照前款处罚”的规定。刑法第一百八十六规定了违法发放贷款罪，第一百八十八条规定了违规出具金融票证罪，第一百八十九条规定了对违法票据承兑、付款、保证罪等，银行等金融机构工作人员构成上述犯罪的，应依法追究刑事责任。二是担保人明知他人实施骗取贷款、票据承兑、金融票证行为而为其提供虚假担保，不履行担保责任，给银行等金融机构造成损失的，可以按照共同犯罪处理。保证人明知他人有采取欺骗手段骗取贷款等行为，仍为其担保的，甚至担保人为免除其担保责任而故意举报行为人骗取贷款的，并不必然免除其担保责任，担保合同、担保责任是否有效依照民法有关规定处理。

相关规定

《中华人民共和国商业银行法》第八十二条、第八十三条；《最高人民检察院、公安部关于公安机关管辖的刑事案件立案追诉标准的规定（二）》第二十七条；《贷款通则》第二十条、第六十九条

十二、将刑法第一百七十六条[①]修改为：“非法吸收公众存款或者变相吸收公众存款，扰乱金融秩序的，处三年以下有期徒刑或者拘役，并处或者单处罚金；数额巨大或者有其他严重情节的，处三年以上十年以下有期徒刑，并处罚金；数额特别巨大或者有其他特别严重情节的，处十年以上有期徒刑，并处罚金。

“单位犯前款罪的，对单位判处罚金，并对其直接负责的主管人员和其他直接责任人员，依照前款的规定处罚。

“有前两款行为，在提起公诉前积极退赃退赔，减少损害结果发生的，可以从轻或者减轻处罚。”

条文主旨

本条是关于修改非法吸收公众存款罪的规定。

立法背景

1. 1997 年刑法修订前的立法情况。改革开放以来，随着经济的发展，社会各方面对资金的需求不断扩大，产生了建设规模扩大与资金供应不足的矛盾。一些单位或者个人为了筹集资金，违反国家规定，采用发行内部股票、集资入股，或者擅自提高利

① 根据 2020 年 12 月 26 日第十三届全国人民代表大会常务委员会第二十四次会议通过的《中华人民共和国刑法修正案（十一）》修改，《刑法修正案（十一）》修改的内容自 2021 年 3 月 1 日起施行。1997 年刑法第一百七十六条条文是：“非法吸收公众存款或者变相吸收公众存款，扰乱金融秩序的，处三年以下有期徒刑或者拘役，并处或者单处二万元以上二十万元以下罚金；数额巨大或者有其他严重情节的，处三年以上十年以下有期徒刑，并处五万元以上五十万元以下罚金。

“单位犯前款罪的，对单位判处罚金，并对其直接负责的主管人员和其他直接责任人员，依照前款的规定处罚。”

率等手段吸收社会公众资金。这种行为，既不利于国家集中有限资金用于大规模急需项目的建设，又破坏了利率的统一，严重妨碍了国家利用这些手段进行宏观调控的作用与效果，并可能诱发通货膨胀，影响金融安全。同时非法吸收公众存款行为缺乏监管机制，行为人的风险承担能力亦缺乏保障，无法确保投资者的资金安全。这种行为通常所涉金额特别巨大，受害人员范围广，易给公民、法人以及其他组织造成巨额财产损失，由此引发的群体性事件屡有发生，严重影响社会稳定。为打击非法吸收公众存款的行为，维护正常的金融秩序，1995 年 6 月 30 日第八届全国人民代表大会常务委员会第十四次会议通过的《全国人民代表大会常务委员会关于惩治破坏金融秩序犯罪的决定》将非法吸收公众存款或者变相吸收公众存款，扰乱金融秩序的行为规定为犯罪。该《决定》第七条规定，非法吸收公众存款或者变相吸收公众存款，扰乱金融秩序的，处三年以下有期徒刑或者拘役，并处或者单处二万元以上二十万元以下罚金；数额巨大或者有其他严重情节的，处三年以上十年以下有期徒刑，并处五万元以上五十万元以下罚金。单位犯前款罪的，对单位判处罚金，并对直接负责的主管人员和其他直接责任人员，依照前款的规定处罚。

2. 1997 年修订刑法的情况。1997 年 3 月 14 日第八届全国人民代表大会第五次会议修订刑法时对本条作了个别文字修改。

3. 2020 年 12 月 26 日第十三届全国人民代表大会常务委员会第二十四次会议通过的《中华人民共和国刑法修正案（十一)》对本条作了修改。为了进一步化解金融风险，保障金融改革，维护金融秩序，保护人民群众切身利益，针对实践中不法分子借互联网金融名义从事网络非法集资，严重扰乱经济金融秩序和极大危害人民群众财产的情况，同时注重区别不同情形，贯彻宽严相济的刑事政策，减少对受害群众财产的损害，刑法修正案（十一）对本条作了修改：一是将非法吸收公众存款罪的法定最高刑由十年有期徒刑提高到十五年有期徒刑，删去罚金具体数额的规定，加大惩处力度；二是增加在提起公诉前积极退赃退赔，减少损害结果发生的，可以从轻或者减轻处罚的规定。

条文解读

本条共分三款。第一款是关于非法吸收公众存款和变相吸收公众存款的犯罪及其处罚的规定。“非法吸收公众存款”，是指行为人违反国家法律、法规的规定在社会上以存款的形式公开吸收公众资金的行为。广义的非法吸收公众存款，包含两种情况：一是行为人不具有吸收存款的主体资格而吸收公众存款，破坏金融秩序。二是行为人具有吸收存款的主体资格，但是，其吸收公众存款所采用的方法是违法的。例如，有的银行或其他金融机构为争揽储户，违反中国人民银行关于利率的规定，采用擅自提高利率的方式吸收存款，进行恶意竞争，破坏了国家的利率政策，扰乱了金融秩序。对后一种情况，商业银行法已具体规定了行政处罚，一般不宜作为犯罪处理。

通常所说的“存款”，是指存款人将资金存入银行或者其他金融机构，银行或者其他金融机构向存款人支付利息，使其得到收益的一种经济活动。“公众存款”，指的是存款人是不特定的群体的存款，如果存款人只是少数个人或者属于特定的范围，如仅限本单位的人员等，不能认为是公众存款。

本款所说的“变相吸收公众存款”，是指行为人不以存款的名义而是通过其他形式吸收公众资金，从而达到吸收公众存款的目的的行为。例如，有些单位和个人，未经批准成立各种基金会吸收公众的资金，或者以投资、集资入股等名义吸收公众资金，但并不按正常投资的形式分配利润、股息，而是以一定的利息进行支付的行为。变相吸收公众存款规避国家对吸收公众存款的监督管理，其危害和犯罪的性质与非法吸收公众存款是相同的。根据本条的规定，构成非法吸收公众存款罪应符合以下条件：1. 非法吸收公众存款罪的主体可以是自然人，也可以是单位。2. 行为人在主观上具有非法吸收公众存款或者变相吸收公众存款的故意。行为人一般都要千方百计冒充银行或者其他金融机构，或者谎称金融机构授权，或者变换手法、巧立名目，变相地吸收公众存款，以逃避法律的追究。3. 在客观方面，行为人实施了非法向公众吸收存款或者变相吸收存款的行为。实践中，行为人吸收存款的手段可能是多种多样的，无论其采取什么方法，只要其行为具有非法吸收公众存款的特征，即符合本条规定的条件。至于采取什么样的手段、吸收的存款的人数、存款的数量，均不影响本罪的构成。特别是随着互联网的发展，互联网金融成为新型的金融业务模式。互联网金融涉及 P2P 网络借贷、股权众筹、第三方支付、互联网保险以及通过互联网开展资产管理及跨界从事金融业务等多个金融领域，行为方式多样，所涉法律关系复杂。部分机构、业态偏离了正确方向，有些甚至打着“金融创新”的幌子进行非法集资等违法犯罪活动，严重扰乱了金融管理秩序，侵害了人民群众合法权益。根据 2017 年 6 月《最高人民检察院关于办理涉互联网金融犯罪案件有关问题座谈会纪要》，对于涉互联网金融活动在未经有关部门依法批准的情形下，公开宣传并向不特定公众吸收资金，承诺在一定期限内还本付息的，应当依法追究刑事责任。其中，应重点审查互联网金融活动相关主体是否存在归集资金、沉淀资金，致使投资人资金存在被挪用、侵占等重大风险等情形，以准确适用法律。4. 本罪侵犯了国家的金融管理秩序。非法吸收公众存款或者变相吸收公众存款的行为，一般都是通过采取提高利率的方式或手段，将大量的资金集中到自己手中，从而造成大量社会闲散资金失控。同时，行为人任意提高利率，形成在吸收存款上的不正当竞争，破坏了利率的统一，影响币值的稳定，严重扰乱国家金融秩序。

根据本款规定，对非法吸收公众存款或者变相吸收公众存款、扰乱金融秩序的，处三年以下有期徒刑或者拘役，并处或者单处罚金；数额巨大或者有其他严重情节的，处三年以上十年以下有期徒刑，并处罚金；数额特别巨大或者有其他特别严重情节的，处十年以上有期徒刑，并处罚金。这里所说的“数额巨大”“数额特别巨大”的具体数额和“其他严重情节”“其他特别严重情节”的具体情节，可由最高人民法院、最高人民检察院通过司法解释明确。“其他严重情节”一般是指：吸收公众存款或者变相吸收公众存款的犯罪手段恶劣的；屡教不改的；吸收的公众存款用于违法活动；或者给储户造成重大损失的；以及具有其他属于严重危害国家金融秩序的情况。

第二款是关于单位非法吸收公众存款和变相吸收公众存款犯罪及其处罚的规定。本款规定对于单位犯前款罪的，采取双罚原则，即对单位判处罚金，对单位直接负责的主管人员和其他直接责任人员根据犯罪的不同情节，分别依照第一款规定的刑罚处罚。

第三款是关于在提起公诉前积极退赃退赔可以从轻处理的规

定。本款是刑法修正案（十一）在加大对非法吸收公众存款罪惩治力度的同时，为贯彻宽严相济形势政策，促使犯非法吸收公众存款罪的人员积极退赃退赔，减少和挽回社会公众损失增加的规定。根据本款规定，对非法吸收公众存款犯罪从宽处理必须同时符合以下条件：一是，在提起公诉前。“提起公诉”是人民检察院对公安机关移送起诉的非法吸收公众存款案件，经全面审查，对事实清楚，证据确实充分，依法应当判处刑罚的，提交人民法院审判的诉讼活动。二是，行为人必须积极退赃退赔。“退赃”是指将非法吸收的存款退回原所有人。“退赔”是指在非法吸收的存款无法直接退回的情况下，赔偿等值财产。三是，减少损害结果的发生。行为人积极退赃退赔的表现，必须要达到避免或者减少损害结果发生的实际效果。在同时具备以上前提的条件下，对犯非法吸收公众存款罪的行为人，可以根据不同情形，从轻或者减轻处罚。

实践中执行本条规定应当注意，刑法修正案（十一）为依法惩治金融乱象，从严惩治非法集资犯罪，对本条规定的非法吸收公众存款罪和刑法第一百九十二条规定的集资诈骗罪都加大了惩处力度。特别是本条规定的非法吸收公众存款罪法定刑提高后，除不能判处无期徒刑外，与集资诈骗罪的最高刑差别不大了。实践中，司法机关对于非法集资类犯罪，还是应当根据犯罪事实和是否具有非法占有目的等情节准确定性，做到罚当其罪。

相关规定

《中华人民共和国商业银行法》第八十一条；《最高人民检察院、公安部关于公安机关管辖的刑事案件立案追诉标准的规定（二）》第二十八条；《最高人民法院关于审理非法集资刑事案件具体应用法律若干问题的解释》第一条至第三条；《非法金融机构和非法金融业务活动取缔办法》；《最高人民法院、最高人民检察院、公安部关于办理非法集资刑事案件适用法律若干问题的意见》

十三、将刑法第一百八十二条[①]第一款修改为："有下

---

① 本条经全国人民代表大会常务委员会三次修改。根据1999年12月25日第九届全国人民代表大会常务委员会第十三次会议通过的《中华人民共和国刑法修正案》第一次修改，修正案修改的内容自1999年12月25日起施行。1997年刑法第一百八十二条条文是："有下列情形之一，操纵证券交易价格，获取不正当利益或者转嫁风险，情节严重的，处五年以下有期徒刑或者拘役，并处或者单处违法所得一倍以上五倍以下罚金：

"（一）单独或者合谋，集中资金优势、持股优势或者利用信息优势联合或者连续买卖，操纵证券交易价格的；

"（二）与他人串通，以事先约定的时间、价格和方式相互进行证券交易或者相互买卖并不持有的证券，影响证券交易价格或者证券交易量的；

"（三）以自己为交易对象，进行不转移证券所有权的自买自卖，影响证券交易价格或者证券交易量的；

"（四）以其他方法操纵证券交易价格的。

"单位犯前款罪的，对单位判处罚金，并对其直接负责的主管人员和其他直接责任人员，处五年以下有期徒刑或者拘役。"

根据2006年6月29日第十届全国人民代表大会常务委员会第二十二次会议通过的《中华人民共和国刑法修正案（六）》第二次修改，刑法修正案（六）修改的内容自2006年6月29日起施行。刑法修正案修改后的第一百八十二条条文是："有下列情形之一，操纵证券、期货交易价格，获取不正当利益或者转嫁风险，情节严重的，处五年以下有期徒刑或者拘役，并处或者单处违法所得一倍以上五倍以下罚金：

"（一）单独或者合谋，集中资金优势、持股或者持仓优势或者利用信息优势联合或者连续买卖，操纵证券、期货交易价格的；

"（二）与他人串通，以事先约定的时间、价格和方式相互进行证券、期货交易，或者相互买卖并不持有的证券，影响证券、期货交易价格或者证券、期货交易量的；

"（三）以自己为交易对象，进行不转移证券所有权的自买自卖，或者以自己为交易对象，自买自卖期货合约，影响证券、期货交易价格或者证券、期货交易量的；

"（四）以其他方法操纵证券、期货交易价格的。

"单位犯前款罪的，对单位判处罚金，并对其直接负责的主管人员和其他直接责任人员，处五年以下有期徒刑或者拘役。"

根据2020年12月26日第十三届全国人民代表大会常务委员会第二十四次会议通过的《中华人民共和国刑法修正案（十一）》第三次修改，刑法修正案（十一）修改的内容自2021年3月1日起施行。刑法修正案（六）修改后的第一百八十二条条文是："有下列情形之一，操纵证券、期货市场，情节严重的，处五年以下有期徒刑或者拘役，并处或者单处罚金；情节特别严重的，处五年以上十年以下有期徒刑，并处罚金：

"（一）单独或者合谋，集中资金优势、持股或者持仓优势或者利用信息优势联合或者连续买卖，操纵证券、期货交易价格或者证券、期货交易量的；

"（二）与他人串通，以事先约定的时间、价格和方式相互进行证券、期货交易，影响证券、期货交易价格或者证券、期货交易量的；

"（三）在自己实际控制的帐户之间进行证券交易，或者以自己为交易对象，自买自卖期货合约，影响证券、期货交易价格或者证券、期货交易量的；

"（四）以其他方法操纵证券、期货市场的。

"单位犯前款罪的，对单位判处罚金，并对其直接负责的主管人员和其他直接责任人员，依照前款的规定处罚。"

列情形之一，操纵证券、期货市场，影响证券、期货交易价格或者证券、期货交易量，情节严重的，处五年以下有期徒刑或者拘役，并处或者单处罚金；情节特别严重的，处五年以上十年以下有期徒刑，并处罚金：

“（一）单独或者合谋，集中资金优势、持股或者持仓优势或者利用信息优势联合或者连续买卖的；

“（二）与他人串通，以事先约定的时间、价格和方式相互进行证券、期货交易的；

“（三）在自己实际控制的帐户之间进行证券交易，或者以自己为交易对象，自买自卖期货合约的；

“（四）不以成交为目的，频繁或者大量申报买入、卖出证券、期货合约并撤销申报的；

“（五）利用虚假或者不确定的重大信息，诱导投资者进行证券、期货交易的；

“（六）对证券、证券发行人、期货交易标的公开作出评价、预测或者投资建议，同时进行反向证券交易或者相关期货交易的；

“（七）以其他方法操纵证券、期货市场的。”

条文主旨

本条是关于修改操纵证券、期货市场罪的规定。

立法背景

2020 年 12 月 26 日第十三届全国人民代表大会常务委员会第二十四次会议通过的刑法修正案（十一）对本条作了修改。一是，完善了本罪的罪状表述，对原来分散在各项中规定的“影响证券、期货交易价格或者证券、期货交易量”的入罪条件在本条罪状中作统一规定。二是，将“虚假申报操纵”、“蛊惑交易操纵”、“抢帽子交易操纵”等三种操纵证券、期货市场的行为明确规定为犯罪。作出这些修改主要的考虑是，有的部门提出，操纵证券、期货市场犯罪行为具有专业性强、犯罪手段隐蔽、操纵方法多样等特点。刑法原第一百八十二条有关操纵证券、期货市场犯罪所列举的三类操纵情形是较为传统的犯罪形态。一些新型操纵证券、期货市场犯罪，在刑法上没有规定，一般需要适用“以其他方法操纵证券、期货市场的”兜底规定予以惩治。建议对一些新型操纵证券、期货市场的行为予以明确。经研究，证券、期货市场发展迅速，操纵证券、期货市场的行为也在发生变化，对一些新型操纵证券、期货市场行为在刑法上作出明确，有利于更好地惩治此类犯罪，维护证券、期货市场秩序。同时，考虑到证券、期货市场会进一步发展，对以后再出现的新型操纵证券、期货市场的行为仍然可以通过本条规定的“兜底”条款予以惩治，因此刑法修正案（十一）在对本条修改时，将“虚假申报操纵”、“蛊惑交易操纵”、“抢帽子交易操纵”等三种操纵证券、期货市场的行为明确规定为犯罪。

修改后的刑法第一百八十二条规定：“有下列情形之一，操纵证券、期货市场，影响证券、期货交易价格或者证券、期货交易量，情节严重的，处五年以下有期徒刑或者拘役，并处或者单处罚金；情节特别严重的，处五年以上十年以下有期徒刑，并处罚金：

“（一）单独或者合谋，集中资金优势、持股或者持仓优势或者利用信息优势联合或者连续买卖的；

“（二）与他人串通，以事先约定的时间、价格和方式相互进行证券、期货交易的；

“（三）在自己实际控制的帐户之间进行证券交易，或者以自己为交易对象，自买自卖期货合约的；

“（四）不以成交为目的，频繁或者大量申报买入、卖出证券、期货合约并撤销申报的；

“（五）利用虚假或者不确定的重大信息，诱导投资者进行证券、期货交易的；

“（六）对证券、证券发行人、期货交易标的公开作出评价、预测或者投资建议，同时进行反向证券交易或者相关期货交易的；

“（七）以其他方法操纵证券、期货市场的。

“单位犯前款罪的，对单位判处罚金，并对其直接负责的主管人员和其他直接责任人员，依照前款的规定处罚。”

历史沿革

1. 1997 年修订刑法的情况。1997 年修订刑法时增加了本条规定。为了使证券交易市场健康有序地发展，一方面需要建立健全证券交易规则和各项证券交易规章制度，采取加强行政干预手段管理和规范证券交易行为。另一方面，还需要采取刑事处罚手段。所以惩治各类发生在证券交易过程中的犯罪，保障证券交易秩序，就成为增加这方面内容规定的客观要求。操纵证券市场行为属于最为严重的破坏证券交易秩序的行为之一，需要刑法对此作出专门规定。

2. 刑法修正案对本条作了第一次修改。将操纵期货交易价格，情节严重的行为规定为犯罪。1997 年修改刑法时，由于期货市场建立不久，情况比较复杂，而且各种规章制度不健全，期货业存在的违规违法现象也没有充分显露出来，所以 1997 年刑法原第一百八十二条只将操纵证券交易价格的行为规定为犯罪，对操纵期货交易价格的行为未作规定。1999 年国务院颁布了《期货交易管理暂行条例》，为了使期货交易市场健康有序地发展，一方面需要建立健全期货交易规则和各项期货交易规章制度，采取加强行政干预手段管理和规范期货交易行为；另一方面还需要采取刑事处罚手段，惩治期货交易过程中的犯罪行为，保障期货交易正常秩序。为此，1999 年 12 月 25 日第九届全国人民代表大会常务委员会第十三次会议通过的刑法修正案对本条作了修改完善，将操纵期货交易价格，情节严重的行为规定为犯罪。

3. 刑法修正案（六）对本条作了第二次修改。一是，将本罪罪状规定的“操纵证券、期货交易价格，获取不正当利益或者转嫁风险”修改为“操纵证券、期货交易市场”。二是，提高了一档刑，即情节特别严重的，处五年以上十年以下有期徒刑，并处罚金。三是，完善了罚金刑，将原本条第一款中规定的“一倍以上五倍以下罚金”修改为“罚金”。四是，调整了相关罪状的表述，以与 2005 年修订后的证券法的有关规定作衔接，删去了原第（二）项中的“或者相互买卖并不持有的证券”的规定；在原第（三）项中增加了“在自己实际控制的帐户之间进行证券交易”，同时，删去了“以自己为交易对象，进行不转移证券所有权的自买自卖”行为的规定。五是，将第二款对单位犯罪的直接负责的主管人员和其他直接责任人员的处罚，由原来直接规定的处自由刑修改为依照自然人犯罪的规定处罚，既处自由刑也处财产刑。作出上述修改主要有以下考虑：

一是，有关部门提出，刑法原第一百八十二条罪状中规定，操纵证券、期货交易价格，获得不正当利益或者转嫁风险，情节严重的，才构成犯罪。但考虑到操纵者能否实际获利取决于市场等多方面因素。操纵行为对证券、期货市场秩序和其他投资者的危害，不在于操纵者本人是否能从操纵行为中获利，而在于人为操纵的、扭曲的证券、期货价格欺骗了公众投资者，扰乱了证券、期货市场秩序。因此，刑法修正案（六）将本罪原规定的“操纵证券、期货交易价格，获取不正当利益或者转嫁风险”修改为“操纵证券、期货交易市场”。

二是，进一步加大对操纵证券、期货市场行为的惩处力度。随着证券、期货交易市场的不断成熟，刑法的有些规定已不能适应市场的发展形势，有必要加大对操纵证券、期货市场行为的惩处力度。为此，刑法修正案（六）对本条的修改增加了一档刑，将法定最高刑提高至十年有期徒刑。同时，司法实践中对“违法所得一倍以上五倍以下罚金”的规定有一些误解，认为操纵证券、期货市场的行为必须要以获利为前提，如果没有获利，就不构成犯罪。司法机关和有关部门还提出，根据条文规定，按违法所得的倍数处罚金，而实际执行中违法所得的数额往往难以查处和计算。为了灵活地掌握和有利地打击操纵证券、期货市场的犯罪行为，规范证券、期货市场秩序，建议笼统规定为好，具体可由司法机关根据案件的不同情况作出司法解释。经研究，将“一倍以上五倍以下罚金”修改为“罚金”，并对单位犯罪中直接负责的主管人员和其他直接责任人员的处罚增加罚金刑。

三是，为了与修订后的证券法相衔接。2005 年证券法作了全面的修订。为了更好地适应不断发展的证券、期货交易市场，刑法修正案（六）对本条修改时，在操纵行为的规定上与修订后的证券法中相关规定的表述相衔接。

修改后的刑法第一百八十二条规定：“有下列情形之一，操纵证券、期货市场，影响证券、期货交易价格或者证券、期货交易量，情节严重的，处五年以下有期徒刑或者拘役，并处或者单处罚金；情节特别严重的，处五年以上十年以下有期徒刑，并处罚金：

（一）单独或者合谋，集中资金优势、持股或者持仓优势或者利用信息优势联合或者连续买卖的；

（二）与他人串通，以事先约定的时间、价格和方式相互进行证券、期货交易的；

（三）在自己实际控制的帐户之间进行证券交易，或者以自己为交易对象，自买自卖期货合约的；

（四）不以成交为目的，频繁或者大量申报买入、卖出证券、期货合约并撤销申报的；

（五）利用虚假或者不确定的重大信息，诱导投资者进行证券、期货交易的；

（六）对证券、证券发行人、期货交易标的公开作出评价、预测或者投资建议，同时进行反向证券交易或者相关期货交易的；

（七）以其他方法操纵证券、期货市场的。

单位犯前款罪的，对单位判处罚金，并对其直接负责的主管人员和其他直接责任人员，依照前款的规定处罚。”

条文解读

修改后的刑法第一百八十二条共分两款。第一款是关于个人操纵证券、期货市场的犯罪及其处罚的规定。惩治操纵证券、期货市场的犯罪行为，既是我国证券、期货市场规范化建设的一个重要内容，也是我国证券、期货市场健康发展的客观需要。“操纵证券、期货交易市场”的行为，是背离市场自由竞争和供求关系原则，人为地操纵证券、期货交易价格，或者制造证券、期货交易的虚假价格或者交易量，引诱他人参与证券、期货交易，为自己牟取不正当利益或者转嫁风险的市场欺诈行为。这种行为既损害投资者的利益，同时也对证券、期货市场的秩序造成极大的危害，所以必须严厉打击。

根据本款规定，构成操纵证券、期货市场罪，必须同时具备以下条件：

一是，具有操纵证券、期货市场的行为。本款具体列举了七种操纵证券、期货交易市场的行为，只要实施了七种行为之一，影响证券、期货交易价格或者证券、期货交易量，情节严重的，就构成操纵证券、期货市场的犯罪。七种行为分别是：

（1）单独或者合谋，集中资金优势、持股或者持仓优势或者利用信息优势联合或者连续买卖。所谓“单独或者合谋”，是指操纵证券、期货交易价格的行为人既可以是买方也可以是卖方，甚至既是买方又是卖方，可以是一个人所为也可以是多人联合所为。“集中资金优势、持股或者持仓优势或者利用信息优势”，是指证券、期货的投资大户、会员单位等利用手中持有的大量资金、股票、期货合约或者利用了解某些内幕信息等优势，进行证券、期货交易。“联合买卖”，是指行为人在一段时间内共同对某种股票或者期货合约进行买进或者卖出的行为。“连续买卖”即连续交易，是指行为人在短时间内对同一股票或者期货合约反复进行买进又卖出的行为。这种操纵方式一般是行为人先筹足一大笔资金，并锁定某种具有炒作潜力且易操作的股票或者期货合约，暗中利用不同账户在市场上吸足筹码，然后配合各式炒作题材连续拉抬股价或期货价格，制造多头行情，以诱使投资人跟进追小涨，使股价或期货价格一路攀升，等股价或期货价格上涨到一定高度时，暗中释放出手中所持股票或期货合约，甚至融券卖空，此时交易量明显放大，价格出现剧烈震荡，行为人出清所持股票或期货合约后，交易量萎缩，股票或期货价格丧失支撑旋即暴跌，等价格回跌再乘低补进，以便为下次操作准备筹码，以此方式循环操作，操纵证券、期货交易价格，从上涨和下跌中两面获利。

（2）与他人串通，以事先约定的时间、价格和方式相互进行证券、期货交易。这种操纵证券价格的方式又称为“对敲”，主要表现为行为人与他人通谋，在事先以约定的时间、约定的价格在自己卖出或者买入股票或者期货合约时，另一约定人同时实施买入或者卖出股票或者期货合约，或者相互买卖证券或者期货合约，通过几家联手反复实施买卖行为，目的在于虚假造势，从而可能抬高或者打压某种股票或者期货的价格，最后，行为人乘机建仓或者平仓，以获取暴利或者转嫁风险。这种行为会使其他投资者对证券、期货市场产生极大误解，导致错误判断而受损，对证券、期货市场的破坏力很大。这种操纵行为方式主要表现为相互交易，即与他人串通，以事先约定的时间、价格和方式相互进行证券、期货交易。在现行集中交易市场电脑竞价撮合成交的交易状态下，串通者所买进与卖出的证券、期货要完全相同，几乎是不可能的。只要串通双方的委托在时间上和价格上具有相似性，数量上具有一致性，即可成立。也不要求必须以整个市场价格为对象，只要影响了某种股票或者期货品种的交易价格即可。

（3）在自己实际控制的帐户之间进行证券交易，或者以自己为交易对象，自买自卖期货合约。“在自己实际控制的帐户之间进行证券交易”，是指将预先配好的委托分别下达给两个证券公司，由一个证券公司买进，另一个证券公司卖出，实际上是自买自卖证券的行为，其所有权并没有发生转移。这种行为实际上也对证券的交易价格和交易量产生着很大的影响。“以自己为交易对象，自买自卖期货合约”，主要是指以不转移期货合约形式进行虚假买卖。这种情况也称为虚假交易，主要包括两种情况：一种是自我买卖，即会员单位或者客户在期货交易中既作卖方又作买方，形式上买进卖出，实际上期货合约的所有人并没有发生变化，实践中这种人往往在开设帐户时一客多户，或假借他人帐户，或用假名虚设帐户，在买卖期货过程中，形式上是多个客户在交易，实质为同一客户；另一种是不同行为人之间进行的交易，他们事先合谋，相互买卖期货合约，但事后买进的一方，返还给另一方。这种不转移合约所有权形式的虚假交易行为，显然会影响期货行情，制造出虚假价格。例如，行为人通过反复的虚假买卖，引发期货价格的波动，蒙蔽其他投资者入市，当期货价格上涨或下跌到一定价位后，操纵者乘机建仓或平仓，牟取不法利益。所谓“期货合约”，是指由期货交易所统一制定的、规定在将来某一特定的时间和地点交割一定数量和质量商品的标准化合约。行为人实施了以自己为交易对象，进行不转移证券所有权的自买自卖。

（4）不以成交为目的，频繁或者大量申报买入、卖出证券、期货合约并撤销申报。这种操纵方式通常称为“虚假申报操纵”或者“恍骗交易操纵”，具体包括分层挂单、反向交易等行为，其核心特征是通过不以成交为目的的挂单，诱骗其他投资者交易或者放弃交易，从而实现对证券、期货交易价格或者交易量的影响。随着计算机程序交易的普及，通过计算机程序快速下单和撤单已经具备了可能性。该种操纵方式多利用程序化交易等技术手段进行，以实现高频交易或者大量申报但最终不成交，进而影响证券交易的数据，从而抬高股价，牟取非法利益。

（5）利用虚假或者不确定的重大信息，诱导投资者进行证券、期货交易。这种操纵证券、期货市场的行为通常称为“蛊惑交易操纵”。实践中，该种行为通过公开传播虚假、重大误导性信息来影响投资者的判断和交易，并进而影响特定证券、期货交易的价格、交易量。实施该类操纵行为的犯罪行为人利用许多投资者存在迷信内部消息、追捧热点信息的心理，通过“编故事、画大饼”等方式，传播公司重组意图、投资意向、行业信息等所谓重大信息，引起证券、期货市场关注和反应，吸引大量投资者跟风交易，以达到行为人操纵证券、期货市场的目的。

（6）对证券、证券发行人、期货交易标的公开作出评价、预测或者投资建议，同时进行反向证券交易或者相关期货交易。这种操纵证券、期货市场的行为通常称为“抢帽子交易操纵”。这里作出公开评价、预测或者投资建议的主体是不特定主体，既有证券公司、证券咨询机构、专业中介机构及其工作人员等，也有各种所谓炒股专家、专业分析师等，其往往预先买入证券、期货合约，然后利用其身份在互联网、电视等平台对其买入的股票、证券发行人、期货标的进行公开评价、预测及推荐，影响股票、期货的价格以及交易量，并通过操作以获利。需要注意的是，这里行为人所进行的交易对于证券要求是“反向证券交易”，即“言行不一致”从中获取不法利益；而对期货交易没有相关要求，这是因为期货为双向交易，既可以买入开仓以看涨，也可以卖出开仓以看跌，同时各种期货品种之间具有一定的关联性，行为人实施操纵行为后获利的方式多样，例如可能暗中开仓，公开作出对自己市场有利的评价，诱导他人对其进行相同方向的交易，影响期货价格或者交易量，最后通过实际交割或者行权了结获利，因此这里规定的是行为人进行“相关”期货交易。

（7）以其他方法操纵证券、期货市场，即除上述六种情形以外其他操纵证券、期货市场的方法。行为人不管采用什么手法，也不问其主观动机是什么，只要客观上造成了操纵证券、期货市场的结果，就属于操纵证券、期货市场的行为。这样规定主要是考虑在上述六种操纵证券、期货市场的形式以外，操纵者还会采用许多新的手法，法律难以一一列全，作出这一概括性的规定，可以适应复杂的实际情况，有利于严厉打击操纵证券、期货市场的行为。以其他方法操纵证券、期货市场的行为，目前有利用职务便利操纵证券、期货市场，主要是证券交易所、期货交易所、证券公司、期货经纪公司及其从业人员，利用手中掌握的证券、期货委托、报价交易等职务便利，人为地压低或者抬高证券、期货价格，从中牟取暴利，其表现形式包括：擅自篡改证券、期货行情记录，引起证券、期货价格波动；在委托交易中，利用时间差，进行强买强卖故意引起价格波动；串通客户共同操纵证券、期货价格；在证券、期货代理过程中，违反规定取得多个客户的全权委托，并实际操作客户账户，实施操纵交易；会员单位或客户利用多个会员或客户的账户与注册编码，规避交易所持股、持仓量或交易头寸的限制超量持股、持仓以及借股、借仓交易等操纵价格的行为；交易所会员或客户在现货市场上超越自身经营范围或实际需求，囤积居奇，企图或实际严重影响期货市场价格的；交易所会员或客户超越自身经营范围或实际要求，控制大量交易所指定仓库标准仓单，企图或实际严重影响期货市场价格的；交易所会员故意阻止、延误或改变客户某一方向的交易指令，或擅自下达交易指令或诱导、强制客户按照自己的意志进行交易，操纵证券、期货交易价格的，等等。

二是，操纵行为要符合“影响证券、期货交易价格或者证券、期货交易量”的要求。操纵行为必然表现为影响了证券、期货交易价格或者证券、期货交易量。实践中，对认定构成操纵证券、期货市场犯罪的，一般都需要从“证券、期货交易价格或者证券、期货交易量”是否被影响的角度固定证据，如持有或者实际控制证券的流通股份数量、数个交易日总成交量等。

三是，行为人有操纵证券、期货市场的行为，情节严重的才构成犯罪。“情节严重”，主要是指行为人获取不正当利益巨大的；多次操纵证券、期货市场的；造成恶劣社会影响的；造成股票、期货价格暴涨暴跌，严重影响证券、期货市场交易秩序的；给其他投资者造成巨大经济损失的等。

根据本款规定，构成操纵证券、期货市场罪的，处五年以下有期徒刑或者拘役，并处或者单处罚金；情节特别严重的，处五年以上十年以下有期徒刑，并处罚金。

第二款是关于单位操纵证券、期货市场的犯罪及其处罚的规定。根据本款规定，单位有前款行为的，对单位判处罚金，并对其直接负责的主管人员和其他直接责任人员，依照前款的规定处罚，即采取了双罚制原则。这样，单位操纵证券、期货市场，情节严重的，对单位判处罚金，并对单位直接负责的主管人员和其他直接责任人员，处五年以下有期徒刑或者拘役，并处或者单处罚金；情节特别严重的，处五年以上十年以下有期徒刑，并处罚金。

实践执行中应当注意的是：

2019年《最高人民法院、最高人民检察院关于办理操纵证券、期货市场刑事案件适用法律若干问题的解释》对本条规定中的一些内容作了进一步细化，具有一定的参考价值。如该《解释》第二条对本条第一款中“情节严重”作了列举，包括：（一）持有或者实际控制证券的流通股份数量达到该证券的实际流通股份总量百分之十以上，实施刑法第一百八十二条第一款第一项操纵证券市场行为，连续十个交易日的累计成交量达到同期该证券总成交量百分之二十以上的；（二）实施刑法第一百八十二条第一款第二项、第三项操纵证券市场行为，连续十个交易日的累计成交量达到同期该证券总成交量百分之二十以上的；（三）实施本解释第一条第一项至第四项操纵证券市场行为，证券交易成交额在一千万元以上的；（四）实施刑法第一百八十二条第一款第一项及本解释第一条第六项操纵期货市场行为，实际控制的账户合并持仓连续十个交易日的最高值超过期货交易所限仓标准的二倍，累计成交量达到同期该期货合约总成交量百分之二十以上，且期货交易占用保证金数额在五百万元以上的；（五）实施刑法第一百八十二条第一款第二项、第三项及本解释第一条第一项、第二项操纵期货市场行为，实际控制的账户连续十个交易日的累计成交量达到同期该期货合约总成交量百分之二十以上，且期货交易占用保证金数额在五百万元以上的；（六）实施该解释第一条第五项操纵证券、期货市场行为，当日累计撤回申报量达到同期该证券、期货合约总申报量百分之五十以上，且证券撤回申报额在一千万元以上、撤回申报的期货合约占用保证金数额在五百万元以上的；（七）实施操纵证券、期货市场行为，违法所得数额在一百万元以上的。该《解释》第三条对本条第一款规定的"情节严重"作了进一步列举，包括：（一）发行人、上市公司及其董事、监事、高级管理人员、控股股东或者实际控制人实施操纵证券、期货市场行为的；（二）收购人、重大资产重组的交易对方及其董事、监事、高级管理人员、控股股东或者实际控制人实施操纵证券、期货市场行为的；（三）行为人明知操纵证券、期货市场行为被有关部门调查，仍继续实施的；（四）因操纵证券、期货市场行为受过刑事追究的；（五）二年内因操纵证券、期货市场行为受过行政处罚的；（六）在市场出现重大异常波动等特定时段操纵证券、期货市场的；（七）造成恶劣社会影响或者其他严重后果的。该《解释》第四条对本条第一款规定的"情节特别严重"作了具体列举，包括：（一）持有或者实际控制证券的流通股份数量达到该证券的实际流通股份总量百分之十以上，实施刑法第一百八十二条第一款第一项操纵证券市场行为，连续十个交易日的累计成交量达到同期该证券总成交量百分之五十以上的；（二）实施刑法第一百八十二条第一款第二项、第三项操纵证券市场行为，连续十个交易日的累计成交量达到同期该证券总成交量百分之五十以上的；（三）实施本解释第一条第一项至第四项操纵证券市场行为，证券交易成交额在五千万元以上的；（四）实施刑法第一百八十二条第一款第一项及本解释第一条第六项操纵期货市场行为，实际控制的账户合并持仓连续十个交易日的最高值超过期货交易所限仓标准的五倍，累计成交量达到同期该期货合约总成交量百分之五十以上，且期货交易占用保证金数额在二千五百万元以上的；（五）实施刑法第一百八十二条第一款第二项、第三项及本解释第一条第一项、第二项操纵期货市场行为，实际控制的账户连续十个交易日的累计成交量达到同期该期货合约总成交量百分之五十以上，且期货交易占用保证金数额在二千五百万元以上的；（六）实施操纵证券、期货市场行为，违法所得数额在一千万元以上的。实施操纵证券、期货市场行为，违法所得数额在五百万元以上，并具有该解释第三条规定的七种情形之一的，应当认定为“情节特别严重”。此外，该《解释》还注意到了市场间的差别，其第十条规定，对于在全国中小企业股份转让系统中实施操纵证券市场行为，社会危害性大，严重破坏公平公正的市场秩序的，比照该解释的规定执行，但该解释第二条第一项、第二项和第四条第一项、第二项除外。因此，在具体适用中，需要注意不同市场间的差异性，以准确认定操纵证券、期货市场的犯罪行为。

相关规定

《中华人民共和国证券法》第五十五条、第一百九十二条；《最高人民检察院、公安部关于公安机关管辖的刑事案件立案追诉标准的规定（二）》第三十九条；《最高人民法院、最高人民检察院关于办理操纵证券、期货市场刑事案件适用法律若干问题的解释》

十四、将刑法第一百九十一条①修改为："为掩饰、隐瞒毒品犯罪、黑社会性质的组织犯罪、恐怖活动犯罪、走

① 本条经全国人民代表大会常务委员会三次修改。根据2001年12月29日第九届全国人民代表大会常务委员会第二十五次会议通过的《中华人民共和国刑法修正案(三)》第一次修改，刑法修正案（三）修改的内容自2001年12月29日起施行。1997年刑法第一百九十一条条文是："明知是毒品犯罪、黑社会性质的组织犯罪、走私犯罪的违法所得及其产生的收益，为掩饰、隐瞒其来源和性质，有下列行为之一的，没收实施以上犯罪的违法所得及其产生的收益，处五年以下有期徒刑或者拘役，并处或者单处洗钱数额百分之五以上百分之二十以下罚金；情节严重的，处五年以上十年以下有期徒刑，并处洗钱数额百分之五以上百分之二十以下罚金：

"（一）提供资金账户的；

"（二）协助将财产转换为现金或者金融票据的；

"（三）通过转账或者其他结算方式协助资金转移的；

"（四）协助将资金汇往境外的；

"（五）以其他方法掩饰、隐瞒犯罪的违法所得及其收益的性质和来源的。

"单位犯前款罪的，对单位判处罚金，并对其直接负责的主管人员和其他直接责任人员，处五年以下有期徒刑或者拘役。"

根据2006年6月29日第十届全国人民代表大会常务委员会第二十二次会议通过的《中华人民共和国刑法修正案（六）》第二次修改，刑法修正案（六）修改的内容自2006年6月29日起施行。刑法修正案（三）修改后的第一百九十一条条文是："明知是毒品犯罪、黑社会性质的组织犯罪、恐怖活动犯罪、走私犯罪的违法所得及其产生的收益，为掩饰、隐瞒其来源和性质，有下列行为之一的，没收实施以上犯罪的违法所得及其产生的收益，处五年以下有期徒刑或者拘役，并处或者单处洗钱数额百分之五以上百分之二十以下罚金；情节严重的，处五年以上十年以下有期徒刑，并处洗钱数额百分之五以上百分之二十以下罚金：

"（一）提供资金帐户的；

"（二）协助将财产转换为现金或者金融票据的；

"（三）通过转帐或者其他结算方式协助资金转移的；

"（四）协助将资金汇往境外的；

"（五）以其他方法掩饰、隐瞒犯罪的违法所得及其收益的来源和性质的。

"单位犯前款罪的，对单位判处罚金，并对其直接负责的主管人员和其他直接责任人员，处五年以下有期徒刑或者拘役；情节严重的，处五年以上十年以下有期徒刑。"

根据2020年12月26日第十三届全国人民代表大会常务委员会第二十四次会议通过的《中华人民共和国刑法修正案（十一）》第三次修改，刑法修正案（十一）修改的内容自2021年3月1日起施行。刑法修正案（六）修改后的第一百九十一条条文是："明知是毒品犯罪、黑社会性质的组织犯罪、恐怖活动犯罪、走私犯罪、贪污贿赂犯罪、破坏金融管理秩序犯罪、金融诈骗犯罪的所得及其产生的收益，为掩饰、隐瞒其来源和性质，有下列行为之一的，没收实施以上犯罪的所得及其产生的收益，处五年以下有期徒刑或者拘役，并处或者单处洗钱数额百分之五以上百分之二十以下罚金；情节严重的，处五年以上十年以下有期徒刑，并处洗钱数额百分之五以上百分之二十以下罚金：

"（一）提供资金帐户的；

"（二）协助将财产转换为现金、金融票据、有价证券的；

"（三）通过转帐或者其他结算方式协助资金转移的；

"（四）协助将资金汇往境外的；

"（五）以其他方法掩饰、隐瞒犯罪所得及其收益的来源和性质的。

"单位犯前款罪的，对单位判处罚金，并对其直接负责的主管人员和其他直接责任人员，处五年以下有期徒刑或者拘役；情节严重的，处五年以上十年以下有期徒刑。"

私犯罪、贪污贿赂犯罪、破坏金融管理秩序犯罪、金融诈骗犯罪的所得及其产生的收益的来源和性质，有下列行为之一的，没收实施以上犯罪的所得及其产生的收益，处五年以下有期徒刑或者拘役，并处或者单处罚金；情节严重的，处五年以上十年以下有期徒刑，并处罚金：

“（一）提供资金帐户的；

“（二）将财产转换为现金、金融票据、有价证券的；

“（三）通过转帐或者其他支付结算方式转移资金的；

“（四）跨境转移资产的；

“（五）以其他方法掩饰、隐瞒犯罪所得及其收益的来源和性质的。

“单位犯前款罪的，对单位判处罚金，并对其直接负责的主管人员和其他直接责任人员，依照前款的规定处罚。”

条文主旨

本条是关于修改洗钱罪的规定。

立法背景

（一）立法相关背景及历次修改情况

1. 1979 年之后至 1997 年刑法修订前的立法情况。1990 年 12 月 28 日，第七届全国人民代表大会常务委员会第十七次会议通过的《关于禁毒的决定》第四条规定，包庇走私、贩卖、运输、制造毒品的犯罪分子的，为犯罪分子窝藏、转移、隐瞒毒品或者犯罪所得的财物的，掩饰、隐瞒出售毒品获得财物的非法性质和来源的，处七年以下有期徒刑、拘役或者管制，可以并处罚金。

犯前款罪事先通谋的，以走私、贩卖、运输、制造毒品罪的共犯论处。这是我国首次在刑事法律中规定洗钱罪。

2. 1997 年修订刑法的情况。关于禁毒的决定对洗钱行为作出规定后，从司法实践看，洗钱已不限于毒品犯罪。为了遏制洗钱行为，防止罪犯逃避法律制裁，维护金融管理秩序，有必要对此予以专门规定。1997 年修订刑法时，将洗钱犯罪单独规定为犯罪，洗钱犯罪的上游犯罪规定为毒品犯罪、黑社会性质的组织犯罪和走私罪。1997 年刑法第一百九十一条规定，明知是毒品犯罪、黑社会性质的组织犯罪、走私犯罪的违法所得及其产生的收益，为掩饰、隐瞒其来源和性质，有下列行为之一的，没收实施以上犯罪的违法所得及其产生的收益，处五年以下有期徒刑或者拘役，并处或者单处洗钱数额百分之五以上百分之二十以下罚金；情节严重的，处五年以上十年以下有期徒刑，并处洗钱数额百分之五以上百分之二十以下罚金：（一）提供资金账户的；（二）协助将财产转换为现金或者金融票据的；（三）通过转账或者其他结算方式协助资金转移的；（四）协助将资金汇往境外的；（五）以其他方法掩饰、隐瞒犯罪的违法所得及其收益的性质和来源的。单位犯前款罪的，对单位判处罚金，并对其直接负责的主管人员和其他直接责任人员，处五年以下有期徒刑或者拘役。

3. 2001 年刑法修正案（三）对本条作了修改：一是将恐怖活动犯罪纳入该罪的“上游犯罪”，二是加重了单位犯罪中直接责任人员的法定刑，即增加规定“情节严重的，处五年以上十年以下有期徒刑”。这样修改主要是为了适应打击恐怖活动犯罪的需要。事实表明，国际恐怖组织与洗钱有着密切联系，为加大对恐怖活动组织的打击力度，2001年刑法修正案（三）将恐怖活动犯罪增加为洗钱罪的上游犯罪，同时考虑到洗钱行为很多是单位实施的，因此提升了单位犯罪中直接责任人员的法定刑。修改后的刑法第一百九十一条规定：明知是毒品犯罪、黑社会性质的组织犯罪、恐怖活动犯罪、走私犯罪的违法所得及其产生的收益，为掩饰、隐瞒其来源和性质，有下列行为之一的，没收实施以上犯罪的违法所得及其产生的收益，处五年以下有期徒刑或者拘役，并处或者单处洗钱数额百分之五以上百分之二十以下罚金；情节严重的，处五年以上十年以下有期徒刑，并处洗钱数额百分之五以上百分之二十以下罚金：（一）提供资金帐户的；（二）协助将财产转换为现金或者金融票据的；（三）通过转帐或者其他结算方式协助资金转移的；（四）协助将资金汇往境外的；（五）以其他方法掩饰、隐瞒犯罪的违法所得及其收益的来源和性质的。单位犯前款罪的，对单位判处罚金，并对其直接负责的主管人员和其他直接责任人员，处五年以下有期徒刑或者拘役；情节严重的，处五年以上十年以下有期徒刑。

4. 2006年刑法修正案（六）对本条作了第二次修改。一段时期以来，对贪污贿赂犯罪、破坏金融管理秩序犯罪和金融诈骗犯罪的所得及其收益进行洗钱的犯罪活动日益频繁，不仅破坏了我国金融秩序，而且危害到经济安全和社会稳定。同时，在经济全球化和资本流动国际化的背景下，洗钱活动具有跨国（境）性，国际社会也加强了反洗钱的国际合作。我国已经批准加入的《联合国禁止非法贩运麻醉药品和精神药物公约》《联合国打击跨国有组织犯罪公约》《联合国反腐败公约》等，均明确要求各成员国将对毒品犯罪、腐败犯罪以及一些严重犯罪的所得及收益进行掩饰、隐瞒的行为在国内法中列为犯罪予以惩处。为了适应打击洗钱犯罪的需要，更好地承担国际义务，刑法修正案（六）将贪污贿赂犯罪、破坏金融管理秩序犯罪、金融诈骗犯罪规定为洗钱罪的上游犯罪，加大了对这些洗钱犯罪的打击力度。同时，在本条第一款第二项中明确地将“协助将财产转换为……有价证券”的行为列为洗钱方式之一。原刑法第一百九十一条只是将“协助将财产转换为现金或者金融票据”列为洗钱的行为之一，而刑法中规定的金融票据一般特指汇票、本票、支票这三种银行票据，在司法实践中对于协助将财产转换为股票、债券等有价证券的行为是否属于洗钱行为的认识不一致，本条进一步予以明确。修改后的刑法第一百九十一条规定，明知是毒品犯罪、黑社会性质的组织犯罪、恐怖活动犯罪、走私犯罪、贪污贿赂犯罪、破坏金融管理秩序犯罪、金融诈骗犯罪的所得及其产生的收益，为掩饰、隐瞒其来源和性质，有下列行为之一的，没收实施以上犯罪的所得及其产生的收益，处五年以下有期徒刑或者拘役，并处或者单处洗钱数额百分之五以上百分之二十以下罚金；情节严重的，处五年以上十年以下有期徒刑，并处洗钱数额百分之五以上百分之二十以下罚金：（一）提供资金帐户的；（二）协助将财产转换为现金、金融票据、有价证券的；（三）通过转帐或者其他结算方式协助资金转移的；（四）协助将资金汇往境外的；（五）以其他方法掩饰、隐瞒犯罪所得及其收益的来源和性质的。单位犯前款罪的，对单位判处罚金，并对其直接负责的主管人员和其他直接责任人员，处五年以下有期徒刑或者拘役；情节严重的，处五年以上十年以下有期徒刑。

5. 2020 年 12 月 26 日第十三届全国人民代表大会常务委员会

第二十四次会议通过的刑法修正案（十一）对本条作了修改。一是将行为人“明知”上游犯罪的规定和“为掩饰、隐瞒犯罪所得及其产生的收益的来源和性质”的行为目的在表述上一并作了修改完善。将“明知是……犯罪的所得及其产生的收益，为掩饰、隐瞒其来源和性质”修改为“为掩饰、隐瞒……犯罪的所得及其产生的收益的来源和性质”。二是删去了本条第一款第二项、第三项、第四项中规定的“协助”，通过修改，将行为人自己实施特定上游犯罪并掩饰、隐瞒其犯罪所得及产生的收益的来源和性质的行为规定为犯罪，即将“自洗钱”行为规定为犯罪。三是在本条第一款第三项规定中增加以“支付”方式转移资金的犯罪行为，以加大对“地下钱庄”的惩处。四是将本条第一款第四项“将资金汇往境外”修改为“跨境转移资产”。五是将比例罚金刑“洗钱数额百分之五以上百分之二十以下罚金”修改为不定额罚金刑。六是对单位犯罪中直接责任人员的处罚增加规定了罚金刑。

刑法修正案（十一）对本条作出修改，主要有以下考虑：

一是，有关部门反映，行为人对特定上游犯罪具备“明知”是认定洗钱罪的一个重要要件。然而证明行为人对某一具体上游犯罪具备“明知”，在司法实践中有难度。从事洗钱的犯罪行为人常抗辩其不深究经手资金的来源，以此否认对某一种具体上游犯罪具备“明知”。司法机关在能够认定犯罪嫌疑人具有掩饰、隐瞒犯罪所得及其收益的行为，但是难以认定行为人“明知”某一具体上游犯罪的时候，常以刑法第三百一十二条“掩饰、隐瞒犯罪所得、犯罪所得收益罪”定罪处罚。如果犯罪所得及其收益确实来源于恐怖活动犯罪、走私犯罪、贪污贿赂犯罪等特定上游犯罪，最终不能以洗钱罪定罪处罚，不能充分体现罚当其罪，与罪责刑相适应原则也不一致。此外，“掩饰、隐瞒”行为本身就带有故意实施相关行为的意思，在具体认定上，与“明知”要件存在一定程度的重复。经研究，采纳了有关意见。此次修改将原规定“明知是……犯罪的所得及其产生的收益，为掩饰、隐瞒其来源和性质”修改为“为掩饰、隐瞒……犯罪的所得及其产生的收益的来源和性质”。

二是，有的全国人大代表和有关部门提出，司法实践反映，洗钱案件不仅有为他人进行洗钱，而且有为自己的犯罪行为进行洗钱的情况。在行为性质上，为自己的上游犯罪进行洗钱，属于实施上游犯罪后的额外行为，不仅放大了上游犯罪的危害后果，而且对国家的金融稳定等产生了额外伤害。对于这种行为应当单独认定，即将行为人自己实施上游犯罪并掩饰、隐瞒其犯罪所得及产生的收益的来源和性质的行为单独规定为犯罪，也就是对“自洗钱”行为追究刑事责任。还有的意见提出，我国是反洗钱金融行动特别工作组（FATF）的成员，该组织的《四十项建议》中规定，“除非有悖于该国的基本法律原则，洗钱罪应适用于实施上游犯罪的人”，这里涵盖了将“自洗钱”行为认定构成洗钱犯罪的建议。一些 FATF 成员国（如德国），近些年也通过修改法律将“自洗钱”行为规定为犯罪。我国若将“自洗钱”行为规定为犯罪，与世界上其他国家在惩治洗钱犯罪上的立场一致，将更有利于我国依法惩治洗钱违法犯罪，开展国际刑事司法协助，推动境外追逃追赃工作。经研究，此次修改删去了本条原第一款第二项、第三项、第四项中规定的“协助”，在行为方式上将为他人从事洗钱行为修改为既可以为他人，也可以为行为人自己进行洗钱。从而将实施一些严重犯罪后的“自洗钱”行为规定为洗钱罪。

三是，有的部门和地方提出，实践中一些地方从事“地下钱庄”的非法活动较为猖獗，且经常涉及洗钱行为。“地下钱庄”如果通过转帐、汇兑、委托收款等方式进行资金结算，协助资金转移的，可以依法按照洗钱罪惩处。但是当“地下钱庄”提供支付工具协助资金转移的，则较难予以惩处。有的部门反映，涉嫌洗钱犯罪的支付工具和方式既有传统模式，如搬运现金货币、运输现金货币出入境等，也有通过信息网络进行的网络支付。经研究，此次修改在本条原第三项中增加以其他“支付”方式协助资金转移的规定，将该种行为认定构成洗钱罪。

四是，有的部门反映，实践中不仅有将资金汇往境外的洗钱行为，也有将资金从境外汇往境内进行洗钱的情况。在洗钱的对象上，不仅限于资金，也出现有价证券、珠宝、艺术品、不动产等资产。经研究，此次修改将本条原第四项规定的“协助将资金汇往境外”修改为“跨境转移资产”。

五是，有的部门提出，洗钱罪原来规定了比例罚金刑，即“洗钱数额百分之五以上百分之二十以下罚金”。实践中，当上游犯罪的所得及其收益是资金时，可以根据比例直接确定罚金；当属于非资金形式的其他资产时，需要估算后再按照比例确定罚金。在诉讼过程中，相关资产的估算价格随着时间变化也会产生变化，往往不利于罚金的最终确定。经研究，此次修改将本罪原来规定的比例罚金修改为不定额罚金。司法机关可以根据案件的实际情况，自主确定罚金数额，做到罪责刑相适应。

六是，有的部门和地方提出，原来本条规定的单位犯罪，对单位判处罚金，并对其直接负责的主管人员和其他直接责任人员判处自由刑，没有规定罚金刑。实践中，单位犯洗钱罪的情况越来越多，洗钱罪属于破坏金融管理秩序的犯罪，有必要对单位的相关责任人员也处以罚金刑。经研究，此次对单位犯罪的直接负责的主管人员和其他直接责任人员增加了罚金刑，以加大对洗钱犯罪的惩处力度。

（二）立法时争议的主要问题

关于本条规定的上游犯罪的范围，在研究起草刑法修正案（六）时，曾进行过讨论。1997 年修订刑法时，本条规定的上游犯罪为三类：毒品犯罪、黑社会性质的组织犯罪和走私犯罪。2001 年通过的刑法修正案（三）将恐怖活动犯罪增加规定为洗钱罪的上游犯罪。2006 年通过的刑法修正案（六）又增加规定贪污贿赂犯罪、破坏金融管理秩序犯罪、金融诈骗犯罪三类犯罪为洗钱罪的上游犯罪。有的意见提出，反洗钱金融行动特别工作组（FATF）的《四十条建议》要求成员国应当将洗钱罪适用于所有的严重罪行，以涵盖最广泛的上游犯罪，建议扩大我国刑法洗钱罪的上游犯罪至所有犯罪。也有的意见提出，调整洗钱罪上游犯罪的范围应符合实际需要，洗钱罪还是适宜突出惩治重点，集中在一些最突出、最严重的犯罪所得的洗钱活动上。立法部门经会同有关部门研究后一致认为，立法应当从我国惩治洗钱犯罪的实际和有利于加强惩治洗钱犯罪的国际合作需要出发。我国洗钱罪的罪名和罪类设定没有必要与国际公约和反洗钱金融行动特别工作组《四十条建议》规定的犯罪类别一一对应，将谋杀、重伤、抢劫等犯罪作为洗钱犯罪的上游犯罪与我国的立法例和人们的接受程度相距甚远。我国刑法关于洗钱犯罪的上游犯罪的规定，应当既有利于我国承担的国际义务，又有利于惩治毒品犯罪、走私犯罪、恐怖活动犯罪、黑社会性质的组织犯罪、贪污贿赂犯罪、破坏金融管理秩序犯罪、金融诈骗犯罪的实际需要，对这些犯罪以及一些通常可能有巨大犯罪所得的严重犯罪而为其洗钱的行为，作出特别规定。同时，对于掩饰隐瞒其他犯罪所得的，也应追究刑事责任。对此刑法修正案（六）对原刑法第三百一十二条“窝藏、转移、收购、销售赃物罪”进行了修改，将窝藏、转移、收购、销售犯罪所得的赃物扩大到对明知是任何犯罪的所得而予以掩饰、隐瞒的，都可以按犯罪追究刑事责任，从而将赃物犯罪修改为洗钱犯罪。2009 年通过的刑法修正案（七）对刑法第三百一十二条又作了进一步修改，增加了单位犯罪，以适应惩治洗钱犯罪的需要。通过刑法修正案（三）、刑法修正案（六）、刑法修正案（七）对本条洗钱罪和第三百一十二条掩饰、隐瞒犯罪所得、犯罪所得收益罪的修改，我国刑法形成了以第一百九十一条“洗钱罪”为核心，第三百四十九条“窝藏、转移、隐瞒毒品、毒赃罪”为补充，第三百一十二条“掩饰、隐瞒犯罪所得、犯罪所得收益罪”为兜底的较为完备的洗钱犯罪体系，可以将所有犯罪都纳入广义的洗钱犯罪的上游犯罪范围。这样既符合国际公约、国际反洗钱组织要求各国对明知是严重犯罪的所得，进行转移、转换或者以其他方式掩饰、隐瞒其性质和来源的行为，都规定为犯罪的要求，也将我国刑法洗钱罪的打击重点始终集中在一些对最突出、最严重的犯罪所得的洗钱活动上。

二是，关于是否要对数罪并罚作出明确规定。刑法修正案（十一）研究起草过程中，有的意见提出，洗钱罪应单独增加一款关于数罪并罚的规定。多数意见提出，不必对此作出明确规定，规定数罪并罚会对我国司法实践造成较大冲击。因此，在对本条修改时未就数罪并罚作出明确规定。

条文解读

本条共分两款。第一款是关于个人犯洗钱罪的处罚规定。根据本条第一款的规定，构成洗钱罪必须具备以下条件：

一是，主观上是为掩饰、隐瞒上游犯罪的所得及其产生的收益的来源和性质。这里的“掩饰、隐瞒”是指行为人以窝藏、转移、转换、收购等方法将自己或者他人实施上游犯罪的所得及其产生的收益予以掩盖或洗白，本条对“掩饰、隐瞒”的方法作了具体列举。行为人的主观方面，可以通过行为人的认知能力，接触和掌握上游犯罪及其犯罪所得和收益的情况，犯罪所得及其收益的种类、数额，掩饰、隐瞒犯罪所得及其收益的方式等，结合客观实际情况与犯罪意图综合判断。本条规定的上游犯罪，为“毒品犯罪、黑社会性质的组织犯罪、恐怖活动犯罪、走私犯罪、贪污贿赂犯罪、破坏金融管理秩序犯罪、金融诈骗犯罪”。这里规定的是某一类犯罪，例如“贪污贿赂犯罪”是指刑法分则第八章“贪污贿赂罪”一章中的所有犯罪；“破坏金融管理秩序犯罪”和“金融诈骗犯罪”包括刑法分则第三章第四节“破坏金融管理秩序罪”和第五节“金融诈骗罪”两节中规定的所有犯罪。这里的类罪也应包括基于实施“毒品犯罪”等七类犯罪的目的而实施其他犯罪的情况，具体确定的罪名不一定是这七类罪。如为参加恐怖活动组织、接受恐怖活动培训或者实施恐怖活动，偷越国（边）境的，当行为人因涉恐怖活动而触犯刑法第三百三十二条“偷越国（边）境罪”时，该罪也应属于本罪规定的“恐怖活动犯罪”。这里的犯罪“所得及其产生的收益的来源和性质”，是指上游犯罪行为人犯罪所获得的非法利益以及利用犯罪所得的非法利益所生产的孳息或者进行经营活动所产生的经济利益的来源和性质。

二是，行为人实施了掩饰、隐瞒毒品犯罪、黑社会性质的组织犯罪、恐怖活动犯罪、走私犯罪、贪污贿赂犯罪、破坏金融管理秩序犯罪、金融诈骗犯罪的所得及其产生收益的来源和性质的行为。洗钱罪的本质在于为特定上游犯罪的犯罪所得披上合法外衣，消灭犯罪线索和证据，逃避法律追究和制裁，实现犯罪所得的安全循环使用。本条列举了五种洗钱行为：（1）提供资金账户，是指为犯罪行为人提供金融机构账户等的行为，包括提供各种真名账户、匿名账户、假名账户等，为其转移犯罪所得及其收益提供方便。（2）将财产转换为现金、金融票据或者有价证券，是指犯罪行为人本人或者协助他人将犯罪所得及其收益的财产通过交易等方式转换为现金或者汇票、本票、支票等金融票据或者股票、债券等有价证券，以掩饰、隐瞒犯罪所得财产的真实所有权关系。（3）通过转账或者其他支付结算方式转移资金。这种行为的目的是犯罪行为人为自己或者为他人掩盖犯罪所得资金的来源、去向。这里的支付结算方式包括转帐、票据承兑和贴现等资金支付结算业务。（4）跨境转移资产，是指以各种方式将犯罪所得的资产转移到境外的国家或地区，兑换成外币、动产、不动产等；或者将犯罪所得的资产从境外转移到境内，兑换成人民币、动产、不动产等。实践中，跨境转移资产有直接跨境实施的，如通过运输、邮寄、携带等方式跨越国（边）境实现资产转移，以投资等方式购买境外资产等；也有间接跨境实施的，如犯罪集团控制境内、境外分别设立的两个资金池，当境内完成收款后，通知境外资金向外放款，实现跨境转移资产。（5）以其他方法掩饰、隐瞒犯罪所得及其收益的来源和性质，是一个兜底性规定，包括将犯罪所得投资于各种行业进行合法经营，将非法获得的收入注入合法收入中，或者用犯罪所得购买不动产等各种手段，掩饰、隐瞒犯罪所得及其收益的来源和性质的行为。2009年《最高人民法院关于审理洗钱等刑事案件具体应用法律若干问题的解释》第二条对该款原规定又作了进一步细化，包括：（一）通过典当、租赁、买卖、投资等方式，协助转移、转换犯罪所得及其收益的；（二）通过与商场、饭店、娱乐场所等现金密集型场所的经营收入相混合的方式，协助转移、转换犯罪所得及其收益的；（三）通过虚构交易、虚设债权债务、虚假担保、虚报收入等方式，协助将犯罪所得及其收益转换为“合法”财物的；（四）通过买卖彩票、奖券等方式，协助转换犯罪所得及其收益的；（五）通过赌博方式，协助将犯罪所得及其收益转换为赌博收益的；（六）协助将犯罪所得及其收益携带、运输或者邮寄出入境的；（七）通过前述规定以外的方式协助转移、转换犯罪所得及其收益的。

对于个人犯洗钱罪的处罚，本款根据情节轻重规定了两档刑罚：构成洗钱犯罪的，没收犯罪的所得及其产生的收益，处五年以下有期徒刑或者拘役，并处或者单处罚金；情节严重的，没收犯罪的所得及其产生的收益，处五年以上十年以下有期徒刑，并处罚金。

本条第二款是关于单位犯洗钱罪的处罚规定。对单位犯洗钱罪，本条规定实行双罚制原则，既处罚单位又处罚有关的责任人员。本条根据犯罪情节规定了两档刑罚：对于单位实施洗钱行为构成犯罪的，对单位判处罚金，并对其直接负责的主管人员和其他直接责任人员，没收犯罪的所得及其产生的收益，处五年以下有期徒刑或者拘役，并处或者单处罚金。情节严重的，除对单位判处罚金外，对其直接负责的主管人员和其他直接责任人员，没收犯罪的所得及其产生的收益，处五年以上十年以下有期徒刑，并处罚金。

实践执行中应当注意的是：

一是，关于洗钱罪是否需要在上游犯罪判决之后才能认定的问题。对此，《最高人民法院关于审理洗钱等刑事案件具体应用法律若干问题的解释》第四条规定了下述三种情形不影响洗钱犯罪的审判和认定：（1）上游犯罪尚未依法裁判，但查证属实的；（2）上游犯罪事实可以确认，因行为人死亡等原因依法不予追究刑事责任的；（3）上游犯罪事实可以确认，依法以其他罪名定罪处罚的。

二是，关于修改刑法第一百九十一条后，“自洗钱”可以独立定罪，刑法第三百一十二条“掩饰、隐瞒犯罪所得、犯罪所得收益罪”是否也适用“自洗钱”独立定罪的问题。根据刑法修正案（十一）对洗钱罪的修改，“自洗钱”行为可以按照刑法第一百九十一条洗钱罪定罪处罚。同样，作为广义的洗钱犯罪，刑法第三百一十二条“掩饰、隐瞒犯罪所得、犯罪所得收益罪”也适用“自洗钱”行为可以独立定罪。从文意表述看，刑法第三百一十二条“掩饰、隐瞒犯罪所得、犯罪所得收益罪”的规定与“自洗钱”单独定罪并不存在矛盾。因此，刑法修正案（十一）没有对其进行修改。“自洗钱”行为可以按照洗钱罪定罪处罚后，“自洗钱”独立定罪处罚也一并适用于刑法第三百一十二条“掩饰、隐瞒犯罪所得、犯罪所得收益罪”。对此，十三届全国人民代表大会常务委员会第二十二次会议《全国人民代表大会宪法和法律委员会关于〈中华人民共和国刑法修正案（十一）（草案）〉修改情况的汇报》对此作了明确规定：“宪法和法律委员会经同有关方面研究，建议对草案作以下修改补充……修改洗钱罪，将实施一些严重犯罪后的‘自洗钱’明确为犯罪，同时完善有关洗钱行为方式，增加地下钱庄通过‘支付’结算方式洗钱等。作上述修改以后，我国刑法第一百九十一条、第三百一十二条等规定的洗钱犯罪的上游犯罪包含所有犯罪，‘自洗钱’也可单独定罪，为有关部门有效预防、惩治洗钱违法犯罪以及境外追逃追赃提供充足的法律保障。”

相关规定

《中华人民共和国反洗钱法》第二条；《最高人民法院关于审理洗钱等刑事案件具体应用法律若干问题的解释》；《最高人民检察院、公安部关于公安机关管辖的刑事案件立案追诉标准的规定（二）》第四十八条

十五、将刑法第一百九十二条[①]修改为：“以非法占有为目的，使用诈骗方法非法集资，数额较大的，处三年以

---

① 根据2020年12月26日第十三届全国人民代表大会常务委员会第二十四次会议通过的《中华人民共和国刑法修正案（十一）》修改，修正案（十一）修改的内容自2021年3月1日起施行。1997年刑法第一百九十二条条文是：“以非法占有为目的，使用诈骗方法非法集资，数额较大的，处五年以下有期徒刑或者拘役，并处二万元以上二十万元以下罚金；数额巨大或者有其他严重情节的，处五年以上十年以下有期徒刑，并处五万元以上五十万元以下罚金；数额特别巨大或者有其他特别严重情节的，处十年以上有期徒刑或者无期徒刑，并处五万元以上五十万元以下罚金或者没收财产。”

上七年以下有期徒刑，并处罚金；数额巨大或者有其他严重情节的，处七年以上有期徒刑或者无期徒刑，并处罚金或者没收财产。

“单位犯前款罪的，对单位判处罚金，并对其直接负责的主管人员和其他直接责任人员，依照前款的规定处罚。”

条文主旨

本条是关于修改集资诈骗罪的规定。

立法背景

我国金融诈骗犯罪相关刑事立法的发展完善，是随着我国刑法的发展完善不断变迁的。我国关于打击金融诈骗犯罪活动的立法，大致可以分为以下几个阶段：第一阶段：囿于当时的立法条件和经济发展水平，特别是当时实践中此类犯罪的实际情况，1979 年刑法没有就金融诈骗犯罪问题作出专门规定。对于金融诈骗犯罪行为，是依照诈骗罪定罪处罚的；第二阶段：1995 年 6 月 30 日第八届全国人民代表大会常务委员会第十四次会议通过的关于惩治破坏金融秩序犯罪的决定，明确列举出六种金融诈骗犯罪形式，即集资诈骗、贷款诈骗、票据诈骗、信用证诈骗、信用卡诈骗和保险诈骗，并且将集资诈骗罪、票据诈骗罪、信用证诈骗罪的法定最高刑规定为死刑。这主要是针对当时金融领域违法犯罪活动严重的实际情况，为依法治理金融“三乱”，严厉惩治金融领域内的诈骗犯罪活动提供有力法律武器；第三阶段：1997 年刑法在分则第三章第五节专门规定了金融诈骗罪，在基本保留 1995 年决定有关内容的基础上，又增加规定了金融凭证诈骗罪、有价证券诈骗罪两种新型诈骗犯罪；第四阶段：根据适当减少死刑罪名的要求，通过2011年刑法修正案（八）、2015年刑法修正案（九）逐步废除了金融诈骗罪这一节所有罪名的死刑，从而在我国刑法中总体上对于经济犯罪不再保留死刑。

总体上来看，我国惩治金融诈骗犯罪的刑事立法不断适应经济社会发展和建设社会主义法治国家的需要，在保障金融安全，防范和化解金融风险中发挥了重要作用。近年来，我国经济持续快速发展、改革不断深化、对外开放进一步扩大，但是，包括集资诈骗在内的各种金融诈骗犯罪情况依然严峻：主要是案件数量居高不下；涉案金额越来越大；金融机构工作人员作案和内外勾结共同作案的现象突出；单位犯罪和跨国（境）、跨区域作案增多；犯罪手段趋向专业化、智能化，其利用金融监管漏洞和各种新型金融工具进行犯罪活动，极具隐蔽性和欺骗性；犯罪分子作案后大肆挥霍、转移赃款或携款外逃的情况时有发生，危害后果越来越严重等等。因此，依法严厉惩处各种金融犯罪依然是我国一项长期重要任务，对金融诈骗犯罪活动必须保持高度警惕。

随着实践中集资诈骗犯罪出现的犯罪多发、数额特别巨大、涉及人数众多，严重影响金融安全和社会稳定等新情况，为了严厉惩处集资诈骗犯罪，根据各方面提出的加大集资诈骗惩处力度的意见，刑法修正案（十一）对本条作了进一步的修改：一是，为体现对集资诈骗犯罪从严惩处，将本罪的法定刑由原来的三档调整为两档，对于数额较大的，由原来的五年以下有期徒刑或者拘役，调整为“三年以上七年以下有期徒刑”；对于数额巨大或者有其他情节严重的，调整为“七年以上有期徒刑或者无期徒刑”，这样就提高了本罪刑罚的严厉程度。二是，由于不同案件间涉案金额差距较大，可供执行的财产状况不同，在实践中根据不同案情确定具体罚金数额更为合理和具可操作性，故删除了罚金刑的罚金数额标准，改为原则规定并处罚金。三是，增加一款作为第二款，对本条单位犯罪的内容专门作出规定，不再与金融诈骗罪一节中其他几种金融诈骗罪的单位犯罪，共同在第二百条中作规定。

条文解读

集资诈骗犯罪本质上属于诈骗犯罪的一种，之所以在破坏社会主义市场经济秩序罪一章中加以规定，是考虑到这类犯罪一方面严重侵犯了公众财产的所有权；另一方面还严重扰乱国家正常的金融秩序。对于本条的含义，主要可以从以下几个方面加以理解和把握：

首先，本罪行为人在主观上具有“非法占有”目的。非法占有目的是成立集资诈骗罪的法定要件，是区分集资诈骗罪与其他非法集资类犯罪的关键所在，同时又是集资诈骗罪司法认定当中的难点。这里的“非法占有”是广义的，通常是指将非法募集的资金的所有权转归为自己所有，或任意挥霍，或占有资金后携款潜逃等。在司法实践中，认定是否具有非法占有目的，应当坚持主客观相一致的原则，既要避免单纯根据损失结果客观归罪，也不能仅凭被告人自己的供述，而应当根据案件具体情况具体分析。根据2010年发布的《最高人民法院关于审理非法集资刑事案件具体应用法律若干问题的解释》第四条，具有下列情形之一的，可以认定为具有非法占有的目的：1. 集资后不用于生产经营活动或者用于生产经营活动与筹集资金规模明显不成比例，致使集资款不能返还的；2. 肆意挥霍集资款，致使集资款不能返还的；3. 携带集资款逃匿的；4. 将集资款用于违法犯罪活动的；5. 抽逃、转移资金、隐匿财产，逃避返还资金的；6. 隐匿、销毁账目，或者搞假破产、假倒闭，逃避返还资金的；7. 拒不交代资金去向，逃避返还资金的；8. 其他可以认定非法占有目的的情形。此外，考虑到非法集资犯罪活动往往持续时间较长，有的行为人在非法集资之初，不一定具有非法占有目的；非法集资犯罪活动参与实施人员众多，实践中部分参与非法集资活动的人员，主观上不一定具有非法占有目的。因此，集资诈骗罪中的非法占有目的，需要区分情形进行具体认定。行为人部分非法集资行为具有非法占有目的的，对该部分非法集资行为所涉集资款以集资诈骗罪定罪处罚；非法集资共同犯罪中部分行为人具有非法占有目的，其他行为人没有非法占有集资款的共同故意和行为的，对具有非法占有目的的行为人以集资诈骗罪定罪处罚。

其次，行为人实施了“使用诈骗方法非法集资”的行为。本条所规定的“使用诈骗方法”是指行为人以非法占有为目的，通过编造谎言、捏造或者隐瞒事实真相等欺骗的方法，骗取他人资金的行为。不论其采取什么欺骗手段，实质都是为了隐瞒事实真相，诱使公众信以为真，错误地相信非法集资者的谎言，以达到其进行非法集资进而非法占有集资款的目的。“非法集资”，是指违反国家金融管理法规，向社会公众（包括单位和个人）吸收资金的行为。一般来说，应同时具备下列四个条件：1. 未经有关部门依法批准，或者以合法经营的形式掩盖非法吸收资金的实质；2. 通过媒体、推介会、传单、手机短信等途径向社会公开宣传；3. 承诺在一定期限内以货币、实物、股权等方式还本付息或者给付回报；4. 向社会公众即社会不特定对象吸收资金。本条关于非法集资的“非法性”认定，即违反国家金融管理法规，包括未经有关部门依法批准和以合法经营的形式掩盖非法吸收资金的实质两种。对于实践中形式复杂且国家金融管理法规仅作原则性规定的，可以根据金融管理法规的精神，并结合中国人民银行、中国银行保险监督管理委员会、中国证券监督管理委员会等金融监管部门依照国家金融管理法律法规制定的部门规章或者国家有关金融管理的规定、办法、实施细则等规范性文件的规定予以认定。根据本条的规定，行为人在客观方面缺少上述任何一个条件，都不符合该罪行为的特征。至于行为人是否已实际将他人的资金占为己有，并不影响本罪的成立。

最后，本罪的犯罪主体既包括自然人，也包括公司、企业等单位。从司法实践的情况看，集资诈骗行为多是以单位的名义实施的，即使是自然人作为犯罪主体时，很多也都以公司、企业或其他组织的名义进行。究其原因，主要是以单位名义实施，更具有可信性、资金筹措规模更大、更容易使人受骗上当。司法实践中正确认定案件的主体，关键在于准确认定犯罪行为所体现出的是个人的意志，还是单位的意志。对于受个人意志支配而实施的集资诈骗行为，应当按照刑法中有关自然人犯罪的规定处理；对于受单位意志支配而实施的集资诈骗行为，则应当按照刑法关于单位犯罪的规定处理。在 2019 年 1 月 30 日最高人民法院、最高人民检察院、公安部联合印发的《关于办理非法集资刑事案件若干问题的意见》中，司法机关认为，单位实施非法集资犯罪活动，全部或者大部分违法所得归单位所有的，应当认定为单位犯罪。个人为进行非法集资犯罪活动而设立的单位实施犯罪的，或者单位设立后，以实施非法集资犯罪活动为主要活动的，不以单位犯罪论处，对单位中组织、策划、实施非法集资犯罪活动的人员应当以自然人犯罪依法追究刑事责任。判断单位是否以实施非法集资犯罪活动为主要活动，应当根据单位实施非法集资的次数、频度、持续时间、资金规模、资金流向、投入人力物力情况、单位进行正当经营的状况以及犯罪活动的影响、后果等因素综合考虑认定。

综上所述，认定非法集资的行为是否构成本条规定的犯罪，应当从行为人的主观目的、行为方式、后果等方面的具体情节综合研究确定。

本条第一款对集资诈骗罪规定了两个档次的处刑：数额较大的，处三年以上七年以下有期徒刑，并处罚金；对诈骗数额巨大或者有其他严重情节的，处七年以上有期徒刑或者无期徒刑，并处罚金或者没收财产。根据2010年《最高人民检察院、公安部关于公安机关管辖的刑事案件立案追诉标准的规定（二）》第四十九条的规定，个人集资诈骗数额在十万元以上的，应予立案追诉。另外，由于这类犯罪案件情况较为复杂，从实际发生的案例来看，涉案数额一般都很大，有的数额在数千万、数亿元，有的甚至达到数十亿、数百亿元。实践中对集资诈骗数额的认定，在新司法解释出台前，可参考2010年《最高人民法院关于审理非法集资刑事案件具体应用法律若干问题的解释》第五条的规定，集资诈骗的数额以行为人实际骗取的数额计算，案发前已归还的数额应予扣除。行为人为实施集资诈骗活动而支付的广告费、中介费、手续费、回扣，或者用于行贿、赠与等费用，不予扣除。

行为人为实施集资诈骗活动而支付的利息，除本金未归还可予折抵本金以外，应当计入诈骗数额。”

本条第二款是关于单位犯罪的规定。根据本款规定，单位犯第一款罪的，对单位判处罚金，并对其直接负责的主管人员和其他直接责任人员，依照第一款的规定处罚。具体分为两档刑：集资诈骗数额较大的，处三年以上七年以下有期徒刑；数额巨大或者有其他严重情节的，处七年以上有期徒刑或者无期徒刑。根据《最高人民检察院、公安部关于公安机关管辖的刑事案件立案追诉标准的规定（二）》第四十九条的规定，单位集资诈骗数额在五十万元以上的，应予立案追诉。

实际执行中应当注意以下两个方面的问题：

1. 本罪与非法吸收公众存款罪的区别。二者均属于非法集资类犯罪，其根本区别在于对筹集的资金是否具有“非法占有”的目的。前文对“非法占有”目的的认定作了说明，司法解释也对具体情形作出了列举，实践中需要结合行为人非法集资时的主观目的和集资后资金使用情况等加以确定。

在客观行为方面，非法吸收公众存款罪，通常表现为违反法律法规，以存款的形式吸收公众资金；未经过中国人民银行或者国务院批准，擅自以“基金”或“基金会”等名义吸收公众资金；以投资、集资入股名义吸收公众资金，但并不按正常投资的形式分配利润、股息，而是支付一定利息的行为。非法吸收公众存款罪，不以使用欺骗方法作为犯罪的构成要件，欺骗手段一般仅是行为人为了保证非法吸收公众资金能够顺利进行，伪造的一些资质、证明文件或者虚假陈述等。而集资诈骗罪是以使用诈骗方法为犯罪构成要件的，包括使用虚假的身份信息、虚假合同、虚假宣传、虚构资金用途等，是骗取集资额的一种非法手段。

刑法第一百七十六条规定了非法吸收公众存款罪，对于非法吸收或者变相吸收公众存款，扰乱金融秩序的，处三年以下有期徒刑或者拘役，并处或者单处二万元以上二十万元以下罚金；数额巨大或者有其他严重情节的，处三年以上十年以下有期徒刑，并处五万元以上五十万元以下罚金。单位犯非法吸收公众存款罪的，对单位判处罚金，并对其直接负责的主管人员和其他直接责任人员，依照自然人犯罪的规定处罚。可以看到，经刑法修正案（十一）修改后的集资诈骗罪与非法吸收公众存款罪在法定刑上形成了较为明显的差异，集资诈骗罪的第一档刑罚为三年以上七年以下有期徒刑，而非法吸收公众存款罪的第一档刑罚为三年以下有期徒刑或者拘役，且集资诈骗罪不再限定具体的罚金数额标准。比较而言，非法吸收公众存款罪的量刑较轻，准确区分和认定二者具有重要的现实意义。

2. 刑事诉讼中集资参与人的权利保护。根据 2019 年《最高人民法院、最高人民检察院、公安部关于办理非法集资刑事案件若干问题的意见》中有关规定，集资参与人，是指向非法集资活动投入资金的单位和个人。不包括为非法集资活动提供帮助并获取经济利益的单位和个人。从实践中的情况看，集资参与人往往人数众多，有的集资参与人为了追回损失，不惜采取各种极端方式，造成社会不稳定。因此，对这种涉众型犯罪，在惩治罪犯的同时，如何妥善处理与集资参与人有关的追缴和责令退赔工作，也是处理集资诈骗罪中较为重要并具有一定复杂性的实务性问题。

一是在程序选择上，根据 2012 年《最高人民法院关于适用

〈中华人民共和国刑事诉讼法〉的解释》第一百三十八条、第一百三十九条和2014年《最高人民法院关于审理非法集资刑事案件具体应用法律若干问题的解释》第七条等规定，集资参与人的损害赔偿应当通过刑事追赃、退赔的方式解决。对于提起附带民事诉讼，或者另行提起民事诉讼请求返还被非法占有、处置的财产的，人民法院不予受理。上述规定有利于含集资参与人在内的涉众型经济犯罪案件受害人统一受偿，避免个别清偿导致的与刑事诉讼法关于财产保全和执行规定的冲突和结果上的不公正。

二是在追缴范围上，根据2014年《最高人民法院关于刑事裁判涉财产部分执行的若干规定》第十条、第十一条规定，判处追缴或者责令退赔的，人民法院应当明确追缴或者退赔的金额或财物的名称、数量等相关情况。对赃款赃物及其收益，赃款赃物投资或者置业后形成的财产及其收益，人民法院应当予以追缴。第三人明知是涉案财物、无偿或者以不合理低价取得涉案财物、通过非法手段等恶意方式取得涉案财物的，人民法院也应当予以追缴。

三是在诉讼过程中，人民法院、人民检察院、公安机关应当通过及时公布案件进展、涉案资产处置情况等方式，依法保障集资参与人的知情权。集资参与人可以推选代表人向人民法院提出相关意见和建议；推选不出代表人的，人民法院可以指定代表人。人民法院可以视案件情况决定集资参与人代表人参加或者旁听庭审，以有利于集资参与人原则保障其参与权。对审判时尚未追缴到案或者尚未足额退赔的违法所得，人民法院应当判决继续追缴或者责令退赔，并由人民法院负责执行，人民检察院、公安机关、国家安全机关、司法行政机关等应当予以配合，退赔集资参与人的损失一般优先于其他民事债务以及罚金、没收财产的执行，从程序机制上保障集资参与人的求偿权。

四是在权利救济上，集资参与人对判决中涉案财物处理决定不服的，可以请求人民检察院抗诉。在执行中认为有关财物应当认定为赃款赃物而实际未予认定的，可以向执行法院提出书面异议；可以通过裁定补正的，执行机构应当将异议材料移送刑事审判部门处理；无法通过裁定补正的，应当告知异议人通过审判监督程序处理。人民法院、人民检察院、公安机关、国家安全机关应当建立有效的权利救济机制，对集资参与人提出异议、复议、申诉、投诉或者举报的，应当依法及时受理并反馈处理结果。

相关规定

《最高人民法院关于适用〈中华人民共和国刑事诉讼法〉的解释》第一百三十八条、第一百三十九条；《最高人民法院关于审理非法集资刑事案件具体应用法律若干问题的解释》第一条、第二条、第四条、第五条、第七条；《最高人民法院、最高人民检察院、公安部关于办理非法集资刑事案件若干问题的意见》；《最高人民法院关于刑事裁判涉财产部分执行的若干规定》第六条、第十条、第十一条、第十五条；《最高人民检察院、公安部关于公安机关管辖的刑事案件立案追诉标准的规定（二）》第四十九条

十六、将刑法第二百条[①]修改为：“单位犯本节第一百九十四条、第一百九十五条规定之罪的，对单位判处罚金，并对其直接负责的主管人员和其他直接责任人员，处五年以下有期徒刑或者拘役，可以并处罚金；数额巨大或者有其他严重情节的，处五年以上十年以下有期徒刑，并处罚金；数额特别巨大或者有其他特别严重情节的，处十年以上有期徒刑或者无期徒刑，并处罚金。”

条文主旨

本条是关于修改单位犯票据诈骗罪、金融凭证诈骗罪和信用证诈骗罪的刑事处罚的规定。

立法背景

本条是1997年修订刑法时作的规定。1995年6月30日，针

---

① 本条经过全国人民代表大会常务委员会两次修改。根据2011年2月25日第十一届全国人民代表大会常务委员会第十九次会议通过的《中华人民共和国刑法修正案(八)》第一次修改，刑法修正案（八）修改的内容自2011年5月1日起施行。1997年刑法第二百条条文是：“单位犯本节第一百九十二条、第一百九十四条、第一百九十五条规定之罪的，对单位判处罚金，并对其直接负责的主管人员和其他直接责任人员，处五年以下有期徒刑或者拘役；数额巨大或者有其他严重情节的，处五年以上十年以下有期徒刑；数额特别巨大或者有其他特别严重情节的，处十年以上有期徒刑或者无期徒刑。”

根据2020年12月26日第十三届全国人民代表大会常务委员会第二十四次会议通过的《中华人民共和国刑法修正案（十一)》第二次修改，刑法修正案（十一）修改的内容自2021年3月1日起施行。刑法修正案（八）修改后的第二百条条文是：“单位犯本节第一百九十二条、第一百九十四条、第一百九十五条规定之罪的，对单位判处罚金，并对其直接负责的主管人员和其他直接责任人员，处五年以下有期徒刑或者拘役，可以并处罚金；数额巨大或者有其他严重情节的，处五年以上十年以下有期徒刑，并处罚金；数额特别巨大或者有其他特别严重情节的，处十年以上有期徒刑或者无期徒刑，并处罚金。”

对金融领域诈骗犯罪活动的情况，第八届全国人民代表大会常务委员会第十四次会议通过了关于惩治破坏金融秩序犯罪的决定。当时考虑到实践中集资诈骗、票据诈骗、金融凭证诈骗和信用证诈骗的犯罪行为，除了个人实施的情形外，单位实施该类犯罪的现象也较为突出，为稳定金融市场秩序，对上述四种犯罪行为规定了单位犯罪。1997 年修订刑法时，吸收了 1995 年决定的规定，并从立法技术上考虑，将单位犯这四种罪的处罚在本条专门作出规定。2011 年刑法修正案（八）草案研究起草过程中，考虑到在单位实施经济犯罪的情况下，直接负责的主管人员或者直接责任人员不仅是单位犯罪的实施者，在为单位获取非法利益的同时，往往本人也获得非法利益。因此，对这种单位犯罪中直接负责的主管人员和其他直接责任人员除了规定处以自由刑以外，也有必要规定处以罚金刑。因此，刑法修正案（八）增加了单位犯第一百九十二条、第一百九十四条、第一百九十五条规定之罪情况下，对直接负责的主管人员和其他直接责任人员“并处罚金”的规定。

2020 年刑法修正案（十一）修改时，根据实践中集资诈骗犯罪的实际情况和各方面提出的加大对集资诈骗犯罪惩处力度的意见，刑法修正案（十一）对第一百九十二条作出了修改，调整了法定刑，对于单位犯集资诈骗罪的，其直接负责的主管人员和直接责任人员也调整为与自然人犯该罪适用同样的刑罚。这样，单位犯集资诈骗罪时相关责任人的刑罚，与第一百九十四条、第一百九十五条的规定不完全一致，立法技术上不宜再统一规定。因此，刑法修正案（十一）删除了本条关于单位犯第一百九十二条犯罪的规定，而是将该内容单独规定在第一百九十二条之中。

条文解读

本条是关于单位犯罪的处罚规定。其中，“直接负责的主管人员”，是在单位实施的犯罪中起决定、批准、授意、指挥等作用的人员，一般是单位的主管负责人，包括法定代表人。“其他直接责任人员”，是在单位犯罪中具体实施犯罪并起较大作用的人员。

根据本条的规定，对于单位犯票据诈骗罪、金融凭证诈骗罪和信用证诈骗罪的，采用双罚制原则，即对单位判处罚金，并对其直接负责的主管人员和其他直接责任人员，处五年以下有期徒刑或者拘役，可以并处罚金；数额巨大或者有其他严重情节的，处五年以上十年以下有期徒刑，并处罚金；数额特别巨大或者有其他特别严重情节的，处十年以上有期徒刑或者无期徒刑，并处罚金。

对个人犯票据诈骗罪、金融凭证诈骗罪和信用证诈骗罪的，根据刑法第一百九十四条和第一百九十五条的规定，罚金刑有明确的数额限制。起刑点为二万元以上二十万元以下罚金；数额巨大或者有其他严重情节的，为五万元以上五十万元以下罚金；数额特别巨大或者有其他特别严重情节的，为五万元以上五十万元以下罚金或者没收财产。而本条规定的单位犯罪的罚金刑，无论是对单位判处罚金，还是对其直接负责的主管人员和其他直接责任人员，罚金刑都没有具体数额限制，需要在实践中根据犯罪情节依法裁量决定。

实践中要注意正确认定单位犯罪。我国刑法第三十条规定：“公司、企业、事业单位、机关、团体实施的危害社会的行为，法律规定为单位犯罪的，应当负刑事责任。”2019 年《最高人民法院、最高人民检察院、公安部关于办理非法集资刑事案件若干问题的意见》“关于单位犯罪的认定问题”中提到，单位实施非法集资犯罪活动，全部或者大部分违法所得归单位所有的，应当认定为单位犯罪。个人为进行非法集资犯罪活动而设立的单位实施犯罪的，或者单位设立后，以实施非法集资犯罪活动为主要活动的，不以单位犯罪论处，对单位中组织、策划、实施非法集资犯罪活动的人员应当以自然人犯罪依法追究刑事责任。判断单位是否以实施非法集资犯罪活动为主要活动，应当根据单位实施非法集资的次数、频度、持续时间、资金规模、资金流向、投入人力物力情况、单位进行正当经营的状况以及犯罪活动的影响、后果等因素综合考虑认定。

相关规定

《中华人民共和国刑法》第三十一条、第五十二条、第一百九十二条、第一百九十四条、第一百九十五条；《最高人民法院、最高人民检察院、公安部关于办理非法集资刑事案件若干问题的意见》

十七、将刑法第二百一十三条[①]修改为：“未经注册商标所有人许可，在同一种商品、服务上使用与其注册商标

---

① 根据2020年12月26日第十三届全国人民代表大会常务委员会第二十四次会议通过的《中华人民共和国刑法修正案（十一）》修改，刑法修正案（十一）修改的内容自2021年3月1日起施行。1997年刑法第二百一十三条条文是：“未经注册商标所有人许可，在同一种商品上使用与其注册商标相同的商标，情节严重的，处三年以下有期徒刑或者拘役，并处或者单处罚金；情节特别严重的，处三年以上七年以下有期徒刑，并处罚金。”

相同的商标，情节严重的，处三年以下有期徒刑，并处或者单处罚金；情节特别严重的，处三年以上十年以下有期徒刑，并处罚金。”

条文主旨

本条是关于修改假冒注册商标罪的规定。

立法背景

1. 1979 年立法的情况。1979 年刑法对工商企业假冒其他企业已经注册的商标的犯罪作了规定。1979 年刑法第一百二十七条规定：“违反商标管理法规，工商企业假冒其他企业已经注册的商标的，对直接责任人员，处三年以下有期徒刑、拘役或者罚金。”

2. 1979 年之后至 1997 年刑法修订前的立法情况。1993 年 2 月全国人大常委会通过了《关于惩治假冒注册商标犯罪的补充规定》，补充规定第一条第一款对假冒他人注册商标的犯罪作了规定，具体内容为：“未经注册商标所有人许可，在同一种商品上使用与其注册商标相同的商标，违法所得数额较大或者有其他严重情节的，处三年以下有期徒刑或者拘役，可以并处或者单处罚金；违法所得数额巨大的，处三年以上七年以下有期徒刑，并处罚金。”商标是商品或者服务的标记，企业为了区分自己的商品或者服务，维护自己商品或者服务的声誉，依法使用文字、图形等形成商标，并向国家商标管理机关申请注册，取得商标专用权。凡经国家商标管理机关注册登记的商标，享有商标专用权，受法律保护。假冒他人注册商标的行为，一方面侵害注册商标权利人的商标专用权，损害他人商品或者服务的声誉，另一方面也侵害了消费者的合法权益，破坏了社会主义市场经济条件下正常的竞争秩序，应当依法予以惩处。同时，考虑到当时经济社会发展的实际情况，对于与服务商标相关的商标侵权行为，主要是依照民事和行政程序处理的。

3. 1997 年修订刑法的情况。1997 年修订刑法时将 1993 年补充规定的相关内容修改后纳入刑法，主要修改是，将入罪和量刑的条件由原来的“违法所得数额较大或者有其他严重情节”和“违法所得数额巨大”，分别修改为“情节严重”和“情节特别严重”。这主要是考虑到商标侵权案件情况差别很大，有的案件侵权行为比较严重，但是违法所得有时难以计算，而有些情况下，侵权者实际获得的违法所得虽然不多，但给商标权利人造成的损失却可能很大，有的甚至可能因为假冒商品质量低劣造成消费者人身财产损失等，严重影响权利人的商品信誉，导致著名商标信誉受到无法挽回的损害，企业亏损、倒闭等。对这些情节严重的情况，需要在立法上予以考虑。同时，商标侵权行为也侵害消费者的合法权益，破坏社会主义市场经济条件下正常的竞争秩序，修改后，有利于更全面地体现该行为的社会危害性。

4. 2020 年刑法修正案（十一）对本条作了修改。1997 年刑法关于本条的规定实施二十多年以来，我国经济社会取得了很大的发展，知识产权保护和侵犯知识产权犯罪方面也出现了一些新情况和新问题。一方面，随着经济转型升级和创新驱动战略深入实施，我国在从知识产权引进大国向知识产权创造大国转变，知识产权工作正在由追求数量向提高质量转变。与之相适应，我国知识产权保护需要适应新时代的新情况新要求。另一方面，全社会尊重创新劳动，保护知识产权的意识不断增强，各方面对于加大知识产权保护力度的需求也越来越强烈。为适应实践中的新情况，与近年来商标法的修改相衔接，根据各方面的意见，2020年12月通过的《刑法修正案（十一）》对本条作了修改，一是，将假冒注册服务商标的行为规定为假冒注册商标罪的行为类型，以加大对服务商标的保护力度。据统计，2019年我国服务业占国内生产总值的比重已经为53.9%，随着快递、旅游、交通运输、教育文化、通讯、金融等服务业的快速发展，也产生了很多具有较高价值的品牌，服务商标作为这些品牌的标志，其重要性与商品商标同样重要。从商标法的规定看，也是将服务商标和商品商标进行同等保护的，服务商标关系服务品牌的信誉和服务商的商誉。服务商标侵权行为一方面会给商标权利人带来经济损失，另一方面会扰乱市场经济秩序。对于其中社会危害性大，情节严重的，有必要与侵犯商品商标的侵权行为一样，通过刑法予以惩治。

二是，为进一步加大知识产权刑事保护力度，提高侵权行为的违法犯罪成本，发挥法律的威慑作用，保护合法企业公平有序竞争和守法经营，营造良好的创新法治环境和营商环境，根据各方面的意见，提高了本罪的刑罚，将第一档刑罚由“三年以下有期徒刑或者拘役，并处或者单处罚金”修改为“三年以下有期徒刑，并处或者单处罚金”，最高刑罚由七年有期徒刑修改为十年有期徒刑。

条文解读

根据本条规定，构成本罪应具备以下条件：

1. 行为人使用他人注册商标未经注册商标所有人许可。“注册商标所有人”，即商标注册人。在我国，凡依法提出商标注册申请，并经商标局核准的商标注册申请人即成为注册商标所有人。本条规定的“未经注册商标所有人许可”，是指行为人使用他人注册商标时，未经注册商标所有人同意。这是构成本罪的前提条件，根据商标法第四十三条的规定，商标注册人可以通过签订商标使用许可合同的方式，许可他人使用其注册商标。如果行为人已得到注册商标所有人的许可，而只是未按法定程序办理有关手续，不能认为构成犯罪。

2. 行为人在客观上实施了在同一种商品、服务上使用与他人注册商标相同的商标的行为，即商标相同，使用该商标的商品、服务为同一种类，这两个条件必须同时具备。这里所称的“同一种商品、服务”是指与注册商标核定使用的商标、服务相同的商品、服务；“相同的商标”是指违法行为人使用的商标与权利人注册商标高度一致。当然，毕竟是假冒商标行为，很多情况下二者之间不可能完全一样，没有任何差别。有些假冒者会有意通过细微改变注册商标的字体、字母大小写或者文字横竖排列、间距等，以图规避法律追究。对此，应当结合假冒商标和注册商标的具体情况，从二者在视觉上的差别大小、社会公众看到假冒商标是不是足以被误导等综合判断。同时，需要注意的是，虽有细微差别但不失为“相同”程度的商标，与“类似”程度的商标，应当是有明显区别的，对于二者不能够混淆。如果行为人在同一种商品、服务上使用与他人注册商标近似的商标，或者在类似商品、服务上使用与他人注册商标相同的商标，或者在类似商品、服务上使用与他人注册商标近似的商标，也属于商标侵权行为，但不构成本罪。

根据2011年《最高人民法院、最高人民检察院、公安部关于办理侵犯知识产权刑事案件适用法律若干问题的意见》第五条的规定，名称相同的商品以及名称不同但指同一事物的商品，可以认定为“同一种商品”。“名称”是指国家注册商标主管部门在商标注册工作中对商品使用的名称，通常即《商标注册用商品和服务国际分类》中规定的商品名称。“名称不同但指同一事物的商品”是指在功能、用途、主要原料、消费对象、销售渠道等方面相同或者基本相同，相关公众一般认为是同一种事物的商品。认定“同一种商品”，应当在权利人注册商标核定使用的商品和行为人实际生产销售的商品之间进行比较。关于“与其注册商标相同的商标”的认定问题，根据2020年8月《最高人民法院、最高人民检察院关于办理侵犯知识产权刑事案件具体应用法律若干问题的解释（三）》第一条的规定，具有下列情形之一，可以认定为“与其注册商标相同的商标”：（1）改变注册商标的字体、字母大小写或者文字横竖排列，与注册商标之间基本无差别的；（2）改变注册商标的文字、字母、数字等之间的间距，与注册商标之间基本无差别的；（3）改变注册商标颜色，不影响体现注册商标显著特征的；（4）在注册商标上仅增加商品通用名称、型号等缺乏显著特征要素，不影响体现注册商标显著特征的；（5）与立体注册商标的三维标志及平面要素基本无差别的；（6）其他与注册商标基本无差别、足以对公众产生误导的商标。

3. 根据本条规定，行为人的上述行为，情节严重的才构成犯罪，这是区分罪与非罪的界限。根据2004年《最高人民法院、最高人民检察院关于办理侵犯知识产权刑事案件具体应用法律若干问题的解释》第一条的规定，未经注册商标所有人许可，在同一种商品上使用与其注册商标相同的商标，具有下列情形之一的，属于本条规定的“情节严重”：（1）非法经营数额在五万元以上或者违法所得数额在三万元以上的；（2）假冒两种以上注册商标，非法经营数额在三万元以上或者违法所得数额在二万元以上的；（3）其他情节严重的情形。这里规定的“情节严重”的情形与2010年5月《最高人民检察院、公安部关于公安机关管辖的刑事案件立案追诉标准的规定（二）》第六十九条的立案追诉情形是一致的。本条对假冒他人注册商标犯罪的处罚分为两个档次：情节严重的，处三年以下有期徒刑，并处或者单处罚金；情节特别严重的，处三年以上十年以下有期徒刑，并处罚金。根据2004年《最高人民法院、最高人民检察院关于办理侵犯知识产权刑事案件具体应用法律若干问题的解释》第一条的规定，这里的“情节特别严重”包括下列情形：（1）非法经营数额在二十五万元以上或者违法所得数额在十五万元以上的；（2）假冒两种以上注册商标，非法经营数额在十五万元以上或者违法所得数额在十万元以上的；（3）其他情节特别严重的情形。

实践执行中应当注意的是：

1. 关于假冒服务商标行为构成犯罪的定罪量刑标准。目前有关司法解释规定的定罪量刑标准都是针对假冒商品商标的行为进行规定的，对于假冒他人服务商标的行为的定罪量刑标准问题，可以参照假冒商品商标的规定，并根据服务商标侵权行为的特点，进一步总结实践经验予以确定。在确定具体量刑时应当综合考虑侵权行为持续时间的长短、侵权范围和规模的大小、非法经营数额或违法所得数额的大小、对权利人造成的损害程度等因素予以确定。

2. 关于未经处理的假冒注册商标行为的处理。对于多次实施假冒注册商标行为，未经行政处理或者刑事处罚的，非法经营的数额应当累计计算。根据 2011 年《最高人民法院、最高人民检察院、公安部关于办理侵犯知识产权刑事案件适用法律若干问题的意见》第十四条的规定，数额进行累计计算限定在二年内。对于尚不构成犯罪的假冒注册商标行为，可以依法追究其民事和行政责任，对此，商标法第五十七条和第六十条也作了规定。

3. 对于尚不构成犯罪的假冒注册商标的违法行为，根据商标法第五十七条和第六十条的规定，市场监督管理部门可以责令停止侵权行为，没收、销毁侵权商品，违法经营额五万元以上的，可以处违法经营额五倍以下的罚款，没有违法经营额或者违法经营额不足五万元的，可以处二十五万元以下的罚款。此外，根据海关法和知识产权海关保护条例等法律法规的规定，海关在执法过程中发现侵犯知识产权货物的，可以依法予以没收并作出处理。

4. 关于缓刑的适用。为进一步明确缓刑适用条件，2011 年 2 月十一届全国人大常委会第十九次会议通过的刑法修正案（八）对缓刑条件作了进一步细化，规定为：“（一）犯罪情节较轻；（二）有悔罪表现；（三）没有再犯罪的危险；（四）宣告缓刑对所居住社区没有重大不良影响。”同时规定，宣告缓刑，可以根据犯罪情况，同时禁止犯罪分子在缓刑考验期限内从事特定活动，进入特定区域、场所，接触特定的人。在办理假冒注册商标刑事案件中，对于犯罪人是否适用缓刑，应当根据刑法上述规定作出判断。同时，关于侵犯知识产权犯罪案件缓刑适用，最高人民法院、最高人民检察院相关的司法解释中也作了规定。如2020年8月《最高人民法院、最高人民检察院关于办理侵犯知识产权刑事案件具体应用法律若干问题的解释（三）》第八条规定："具有下列情形之一的，可以酌情从重处罚，一般不适用缓刑：（一）主要以侵犯知识产权为业的；（二）因侵犯知识产权被行政处罚后再次侵犯知识产权构成犯罪的；（三）在重大自然灾害、事故灾难、公共卫生事件期间，假冒抢险救灾、防疫物资等商品的注册商标的；（四）拒不交出违法所得的。"因此，司法机关在具体适用缓刑时，应当严格执行现有法律、司法解释的规定，切实加强对知识产权的保护力度。

5. 关于判处罚金的数额。本条对判处罚金只是原则规定并处或者单处罚金，没有对罚金数额的具体标准作明确规定。因此，在具体案件中判处罚金时，需要根据案件的具体情况量定适当的罚金。为了指导此类案件罚金适用，提高罚金刑量刑规范化程度，2020年《最高人民法院、最高人民检察院关于办理侵犯知识产权刑事案件具体应用法律若干问题的解释（三）》第十条对确定罚金数额的原则和具体要求作了规定，即应当综合考虑犯罪违法所得数额、非法经营数额、给权利人造成的损失数额、侵权假冒物品数量及社会危害性等情节，依法判处罚金。罚金数额一般在违法所得数额的一倍以上五倍以下确定。违法所得数额无法查清的，罚金数额一般按照非法经营数额的百分之五十以上一倍以下确定。违法所得数额和非法经营数额均无法查清，判处三年以下有期徒刑、拘役、管制或者单处罚金的，一般在三万元以上一百万元以下确定罚金数额；判处三年以上有期徒刑的，一般在十五万元以上五百万元以下确定罚金数额。

6. 关于单位构成本罪的入刑标准。构成本条规定的假冒注册商标罪的主体包括个人，也包括单位。根据刑法第二百二十条的规定，单位犯本条规定之罪的，对单位判处罚金，并对其直接负责的主管人员和其他责任人员，依照本条的规定处罚。关于单位犯本罪的定罪量刑标准，根据 2007 年《最高人民法院、最高人民检察院关于办理侵犯知识产权刑事案件具体应用法律若干问题的解释（二）》第六条的规定，单位实施本节规定的侵犯知识产权犯罪的，按照个人犯罪的定罪量刑标准定罪处罚。

7. 关于本罪与相关罪名的适用。一般来说，行为人既实施本条规定的假冒注册商标罪，又进而销售该假冒注册商标的商品，构成犯罪的，属于一个犯罪行为，应当依照本条的规定，以假冒注册商标罪定罪处罚。如果行为人既有实施本条规定的犯罪的行为，又有明知而销售他人所假冒的注册商标商品的行为，构成犯罪的，属于分别实施了两个不同的犯罪，应当以本罪和销售假冒注册商标的商品罪数罪并罚。实践中，如果行为人假冒他人注册商标的行为所生产、销售的商品属于伪劣商品，构成生产销售伪劣商品类相关犯罪的，则属于同时触犯数个罪名，应按照刑法规定的处罚较重的规定处罚，即按照择一重罪处理的原则定罪量刑。

8. 关于帮助行为的处理。假冒注册商标犯罪和其他侵犯知识产权犯罪类似，往往形成一个从伪造、提供商标标识，生产假冒商品，到销售、转移非法所得等完整的犯罪利益链条，因此，对于此类犯罪的惩处，要结合案件的实际情况，对整个犯罪相互联系、相互配套支持的各个环节实施全链条打击，才能够收到成效。同时，与传统犯罪中帮助犯等共同犯罪的情形不同，这类同一犯罪利益链条中的各个犯罪人之间，可能不像传统犯罪中主犯与帮助犯之间，往往有很密切的人身关系、行为协调配合关系等，而只是类似于产业链上下游之间的“生意”来往，行为人之间甚至可能从未谋面，互不相识。因此，在具体认定是否属于共同犯罪时，往往存在一些困难或者不同认识。为此，有关司法解释针对这些情况，明确了一些适用的情形。根据2011年《最高人民法院、最高人民检察院、公安部关于办理侵犯知识产权刑事案件适用法律若干问题的意见》第十五条的规定，明知他人实施侵犯知识产权犯罪，而为其提供生产、制造侵权产品的主要原材料、辅助材料、半成品、包装材料、机械设备、标签标识、生产技术、配方等帮助，或者提供互联网连入、服务器托管、网络存储空间、通讯传输通道、代收费、费用结算等服务的，以侵犯知识产权犯罪的共犯论处。根据2004年《最高人民法院、最高人民检察院关于办理侵犯知识产权刑事案件具体应用法律若干问题的解释》第十六条的规定，明知他人实施侵犯知识产权犯罪，而为其提供贷款、资金、账号、发票、证明、许可证件，或者提供生产、经营场所或者运输、储存、代理进出口等便利条件、帮助的，可以以侵犯知识产权犯罪的共犯论处。值得注意的是，在具体适用时，若帮助行为同时构成刑法第三百一十二条规定的掩饰、隐瞒犯罪所得、犯罪所得收益罪的，应当依照处罚较重的规定处罚。

9. 关于行政处罚与刑事处罚的衔接程序。根据我国商标法、著作权法、反不正当竞争法等法律的规定，对尚不构成犯罪的侵犯知识产权的违法行为，依法给予行政处罚，构成犯罪的，依法追究刑事责任。为了做好行政处罚与刑事处罚的衔接，2020 年修订的国务院《行政执法机关移送涉嫌犯罪案件的规定》对有关程序问题作了规定，其中明确知识产权领域的违法案件，行政执法机关根据调查收集的证据和查明的案件事实，认为存在犯罪的合理嫌疑，需要公安机关采取措施以进一步获取证据以判断是否达到刑事立案追诉标准的，应当向公安机关移送。

相关规定

《中华人民共和国商标法》第三条、第四条、第四十三条、第五十七条、第六十条、第六十七条；《最高人民法院、最高人民检察院关于办理侵犯知识产权刑事案件具体应用法律若干问题的意见》第一条、第八条、第十三条、第十四条、第十六条；《最高人民法院、最高人民检察院关于办理侵犯知识产权刑事案件具体应用法律若干问题的解释（二）》第三条、第四条、第六条；《最高人民检察院、公安部关于公安机关管辖的刑事案件立案追诉标准的规定（二）》第六十九条；《最高人民法院、最高人民检察院关于办理非法生产、销售烟草专卖品等刑事案件具体应用法律若干问题的解释》第一条；《最高人民法院、最高人民检察院关于办理侵犯知识产权刑事案件具体应用法律若干问题的解释（三）》第一条、第八条；《行政执法机关移送涉嫌犯罪案件的规定》第三条；《知识产权海关保护条例》第二十七条

十八、将刑法第二百一十四条[①]修改为："销售明知是假冒注册商标的商品，违法所得数额较大或者有其他严重情节的，处三年以下有期徒刑，并处或者单处罚金；违法所得数额巨大或者有其他特别严重情节的，处三年以上十年以下有期徒刑，并处罚金。"

条文主旨

本条是关于修改销售假冒注册商标的商品罪的规定。

立法背景

（一）立法相关背景及历次修改情况

1. 1979 年之后至 1997 年刑法修订前的立法情况。1979 年刑法对销售假冒注册商标的商品罪未作专门规定。随着我国商品经济的不断发展，销售假冒注册商标商品的情况日益突出，严重损害了注册商标权利人的权利，大量伪、劣产品进入市场，对合法经营者的正当竞争造成冲击，也严重损害了消费者的合法权益。为了更加准确、及时、有效地打击这种犯罪，1993 年 2 月全国人大常委会通过了《关于惩治假冒注册商标犯罪的补充规定》，该补充规定第一条第二款对销售假冒注册商标的商品罪作了专门规定，具体内容为："销售明知是假冒注册商标的商品，违法所得数额较大的，处三年以下有期徒刑或者拘役，可以并处或者单处

① 根据 2020 年 12 月 26 日第十三届全国人民代表大会常务委员会第二十四次会议通过的《中华人民共和国刑法修正案（十一）》修改，刑法修正案（十一）修改的内容自 2021 年 3 月 1 日起施行。1997 年刑法第二百一十四条条文是："销售明知是假冒注册商标的商品，销售金额数额较大的，处三年以下有期徒刑或者拘役，并处或者单处罚金；销售金额数额巨大的，处三年以上七年以下有期徒刑，并处罚金。"

罚金；违法所得数额巨大的，处三年以上七年以下有期徒刑，并处罚金。”

2. 1997年修订刑法的情况。1997年修改刑法时将该规定的上述内容修改后纳入刑法，主要是将作为定罪量刑标准的“违法所得”修改为“销售金额”，以进一步明确犯罪构成的数额界限，便于司法机关查处和认定犯罪事实。

3. 2020年刑法修正案（十一）对本条作了修改。为加大知识产权保护力度，提高违法犯罪成本，进一步对知识产权违法犯罪行为形成威慑，根据各方面意见，2020年12月通过的刑法修正案（十一）对本条作了以下修改：一是，将定罪量刑标准由“销售金额数额较大”“销售金额数额巨大”，分别修改为“违法所得数额较大或者有其他严重情节”“违法所得数额巨大或者有其他特别严重情节”。将“销售金额”修改为“违法所得”，主要是为了与本节第二百一十七条侵犯著作权罪和第二百一十八条销售侵权复制品罪的有关规定相一致。增加“有其他严重情节”，主要是考虑到司法实践中此类犯罪往往持续一定时间，商品销售去向涉及的地方和人员可能比较广，要一一查清其所有的违法所得，在有的案件中往往比较困难。另外，有的销售假冒注册商标的商品案件，行为人违法所得金额可能并不大，但可能具有长期从事非法经营活动、销售金额很大、给权利人造成的损失很大、严重扰乱市场秩序等情节，也需要给予刑事处罚。因此，对于通过对违法所得金额之外的，其他有助于准确衡量和揭示犯罪行为危害性的情节的认定，能够更准确地做到罪责刑相适应。

二是，加大了刑事打击力度，提高了本罪的刑罚，将第一档刑罚由“三年以下有期徒刑或者拘役，并处或者单处罚金”修改为“三年以下有期徒刑，并处或者单处罚金”，将最高刑罚由七年有期徒刑修改为十年有期徒刑。

（二）有关国家的规定

美国关于贩卖假冒商标的商品、服务的规定。美国法典第18编第2320条规定，任何人故意、尝试或与他人共谋实施以下两种行为的，构成犯罪：一是，明知假冒的商标用于商品、服务或者用于相关的商品、服务，故意贩卖该种商品、服务的；二是，明知假冒的商标用于标签、印章、贴纸、徽章、图饰、符号、包装、容器、手袋、收纳袋或者其他任何材质的包装标示，其会导致他人迷惑、误认或被骗，贩卖这些物品的。有上述犯罪行为的，处200万美元以下罚金或10年以下监禁，或者两者并罚；再犯的，处500万美元以下罚金或20年以下监禁，或者两者并罚。法人或其他组织构成犯罪的，处500万美元以下罚金；法人或其他组织再犯的，处1500万美元以下罚金。

条文解读

构成本条规定的犯罪，应具备以下条件：

1. 行为人主观上必须是明知，即明知是假冒他人注册商标的商品仍然销售，从中牟取非法利益。行为人是否明知，是本罪罪与非罪的重要界限。适用本条规定时，必须有证据证明行为人明知其销售的商品是假冒他人注册商标的商品，如果行为人不知是假冒注册商标的商品而销售，不构成本罪。我国商标法第六十四条规定，销售不知道是侵犯注册商标专有权的商品，能证明该商品是自己合法取得并说明提供者的，不承担赔偿责任。实践中，主要从以下几个方面判断行为人是否明知：（1）根据行为人所销售商品的来源、渠道、本人的经验和知识，能够知道自己销售的是假冒注册商标的商品；（2）销售商品进货价格和质量明显低于市场上被假冒的注册商标商品的进货价格和质量；（3）行为人是否曾被告知所销售的商品是假冒注册商标的商品。根据2004年《最高人民法院、最高人民检察院关于办理侵犯知识产权刑事案件具体应用法律若干问题的解释》第九条的规定，具有下列情形之一的，应当认定为属于刑法第二百一十四条规定的"明知"：（一）知道自己销售的商品上的注册商标被涂改、调换或者覆盖的；（二）因销售假冒注册商标的商品受到过行政处罚或者承担过民事责任、又销售同一种假冒注册商标的商品的；（三）伪造、涂改商标注册人授权文件或者知道该文件被伪造、涂改的；（四）其他知道或者应当知道是假冒注册商标的商品的情形。

2. 行为人在客观上实施了销售明知是假冒注册商标的商品的行为。这里的"销售"应是广义的，包括批发、零售、代售、贩卖等各个销售环节。"假冒注册商标"是指假冒他人已经注册了的商标。如果将还未有人注册过的商标冒充已经注册的商标在商品上使用，不构成本条规定的犯罪，而是属于违反注册商标管理的行为。

3. 违法所得必须达到数额较大或者有其他严重情节的，才构成犯罪，这也是罪与非罪的重要界限。这里规定的"其他严重情节"，主要是指违法所得金额较大之外的情形，其他如销售金额数额较大、销售侵权商品持续时间长、数量大，给权利人造成的损失大，给消费者造成了人身、财产等方面较大的损失等。具体认定时，可以根据侵权行为持续的时间长短、销售能力和销售规模的大小、犯罪的组织化程度等因素综合进行判断。

需要注意的是，虽然刑法修正案（十一）将入罪标准由“销售金额数额较大”修改为“违法所得数额较大或者有其他严重情节”，但由于新的入罪标准增加了“其他严重情节”作为兜底性规定，因此，销售金额本身的大小仍然应当属于衡量行为人所实施的犯罪行为的情节是否达到了严重的重要参照。所以，此前司法解释关于“销售金额数额较大”的规定，依然可以作为认定行为人犯罪行为情节严重程度的参考标准。根据2004年《最高人民法院、最高人民检察院关于办理侵犯知识产权刑事案件具体应用法律若干问题的解释》第二条的规定，销售金额在五万元以上的，可以构成本罪。根据2011年《最高人民法院、最高人民检察院、公安部关于办理侵犯知识产权刑事案件适用法律若干问题的意见》第八条的规定，假冒注册商标的商品尚未销售，货值金额在十五万元以上的；或者已销售金额不满5万元，但已销售金额与尚未销售的货值金额合计在15万元以上的，应当以销售假冒注册商标的商品罪（未遂）定罪处罚。这与2010年《最高人民检察院、公安部关于公安机关管辖的刑事案件立案追诉标准的规定（二）》第七十条规定的立案追诉标准是一致的。

本条对销售明知是假冒注册商标商品的犯罪，规定了两档刑：即违法所得数额较大或者有其他严重情节的，处三年以下有期徒刑，并处或者单处罚金；违法所得数额巨大或者有其他特别严重情节的，处三年以上十年以下有期徒刑，并处罚金。这里的“其他特别严重情节”也需根据侵权行为持续的时间长短、销售能力和销售规模的大小、犯罪的组织化程度、违法所得的大小等因素综合进行判断。根据2004年《最高人民法院、最高人民检察院关于办理侵犯知识产权刑事案件具体应用法律若干问题的解释》第二条的规定，销售金额在二十五万元以上的，属于“有其他特别严重情节”。

实践执行中应当注意的是：

1. 关于销售假冒注册商标的商品犯罪案件中尚未销售或者部分销售情形的定罪量刑问题。2011年《最高人民法院、最高人民检察院、公安部关于办理侵犯知识产权刑事案件适用法律若干问题的意见》第八条的规定：（1）销售明知是假冒注册商标的商品，具有下列情形之一的，依照刑法第二百一十四条的规定，以销售假冒注册商标的商品罪（未遂）定罪处罚：（一）假冒注册商标的商品尚未销售，货值金额在十五万元以上的；（二）假冒注册商标的商品部分销售，已销售金额不满五万元，但与尚未销售的假冒注册商标的商品的货值金额合计在十五万元以上的。（2）假冒注册商标的商品尚未销售，货值金额分别达到十五万元以上不满二十五万元、二十五万元以上的，分别依照本条规定的各法定刑幅度定罪处罚。（3）销售金额和未销售货值金额分别达到不同的法定刑幅度或者均达到同一法定刑幅度的，在处罚较重的法定刑或者同一法定刑幅度内酌情从重处罚。

2. 关于本罪与相关罪名的适用。如果行为人销售的假冒注册商标的商品，是其本人实施假冒注册商标行为而来的商品，构成犯罪的，以假冒注册商标罪定罪处罚。如果行为人既有销售本人假冒注册商标的商品的行为，又有销售他人的假冒注册商标的商品的行为，分别构成犯罪的，应当以假冒注册商标罪和本罪数罪并罚。另外，如果行为人销售的商品假冒了他人的注册商标，同时商品本身是伪劣产品，构成生产、销售伪劣商品罪的，应依照刑法规定的处罚较重的规定处罚。

3. 对于尚不构成犯罪的销售假冒注册商标的商品的违法行为，根据商标法第五十七条和第六十条的规定，市场监督管理部门可以责令停止侵权行为，没收、销毁侵权商品，违法经营额五万元以上的，可以处违法经营额五倍以下的罚款，没有违法经营额或者违法经营额不足五万元的，可以处二十五万元以下的罚款。此外，知识产权海关保护条例第二十七条对海关扣留的侵犯知识产权货物的处理也作了规定。

此外，关于未经处理的销售假冒注册商标的商品行为的处理、缓刑的适用、判处罚金的数额、单位构成犯罪的入罪标准、帮助行为的处理、行政处罚与刑事处罚的衔接程序等问题，第二百一十三条的解读部分对此已有阐述，这里不再重复。

相关规定

《中华人民共和国商标法》第五十七条、第六十四条、第六十七条；《最高人民法院、最高人民检察院关于办理侵犯知识产权刑事案件具体应用法律若干问题的解释》第二条、第九条、第十条、第十二条；《最高人民法院、最高人民检察院、公安部关于办理侵犯知识产权刑事案件适用法律若干问题的意见》第八条；《最高人民法院、最高人民检察院关于办理非法生产、销售烟草专卖品等刑事案件具体应用法律若干问题的解释》第一条；《知识产权海关保护条例》第二十七条

十九、将刑法第二百一十五条[①]修改为："伪造、擅自制造他人注册商标标识或者销售伪造、擅自制造的注册商标标识，情节严重的，处三年以下有期徒刑，并处或者单处罚金；情节特别严重的，处三年以上十年以下有期徒刑，并处罚金。"

条文主旨

本条是关于修改非法制造、销售非法制造的注册商标标识罪的规定。

立法背景

（一）立法相关背景及历次修改情况

1. 1979 年之后至 1997 年刑法修订前的立法情况。1979 年刑法对伪造、擅自制造他人注册商标标识或者销售伪造、擅自制造的注册商标标识的行为没有专门规定。1993 年 2 月全国人大常委会通过了《关于惩治假冒注册商标犯罪的补充规定》，该规定第二条对伪造、擅自制造他人注册商标标识或者销售伪造、擅自制造的注册商标标识的行为作了规定，具体内容为："伪造、擅自制造他人注册商标标识或者销售伪造、擅自制造的注册商标标识，违法所得数额较大或者有其他严重情节的，依照第一条第一

① 根据 2020 年 12 月 26 日第十三届全国人民代表大会常务委员会第二十四次会议通过的《中华人民共和国刑法修正案（十一）》修改，刑法修正案（十一）修改的内容自 2021 年 3 月 1 日起施行。1997 年刑法第二百一十五条条文是："未伪造、擅自制造他人注册商标标识或者销售伪造、擅自制造的注册商标标识，情节严重的，处三年以下有期徒刑、拘役或者管制，并处或者单处罚金；情节特别严重的，处三年以上七年以下有期徒刑，并处罚金。"

款的规定处罚。”即依照第一条第一款关于假冒注册商标罪的规定处罚。

2. 1997年修订刑法的情况。1997年修订刑法时将补充规定的上述内容修改后纳入刑法，并主要作了两处修改。一是单独作为一条作了规定，这主要是考虑到，实践中假冒注册商标的行为逐渐出现链条化的情况，有的造假人员专门进行注册商标标识的假冒、仿制、销售活动，有必要进一步将其作为独立的罪名加以惩处。二是将本罪的构罪要件由“违法所得数额较大或者有其他严重情节”修改为“情节严重”。这是统筹第二百一十三条假冒注册商标罪的规定，一并作出的修改。主要是考虑到伪造、擅自制造、销售伪造、擅自制造的注册商标标识的侵权案件，情况比较复杂，有的案件侵权行为持续很长时间，危害严重但违法所得不好计算，有的违法所得虽然不多，但给商标权利人造成的损失可能很大，有的可能还会给消费者带来大的人身财产损失等，对于这些情节严重的情况，需要在立法上予以考虑。

3. 2020年刑法修正案（十一）对本条作了修改。为了进一步加大知识产权刑事保护力度，提高违法犯罪成本，发挥法律的威慑作用，保护合法企业公平有序竞争和守法经营，营造良好的创新法治环境和营商环境，根据各方面的意见，2020年12月通过的刑法修正案（十一）对本条作了进一步修改，主要是提高了本罪的刑罚，将第一档刑罚由“三年以下有期徒刑、拘役或者管制，并处或者单处罚金”修改为“三年以下有期徒刑，并处或者单处罚金”，将最高刑罚由七年有期徒刑修改为十年有期徒刑。

（二）有关国家的规定

意大利刑法的有关规定。根据意大利刑法第473条第一款的规定，伪造、变造国内或者国外的产品的商标、标识的，或者虽未伪造、变造，但使用伪造、变造的上述商标、标识的，处三年以下有期徒刑，并处罚金。根据第473条第二款的规定，伪造、变造国内或者国外的工业专利、图案、模型的，或者虽未伪造、变造，但使用伪造、变造的上述专利、图案、模型的，处三年以下有期徒刑，并处罚金。根据第474条的规定，将带有伪造、变造的国内外商标、标识的产品进口、为进口而持有、进行销售，或者以其他方式投入流通的，处二年以下有期徒刑，并处罚金。根据第517条的规定，出售带有足以使购买者在产品来源、产地或者质量等方面受到欺骗的名称、商标、标识的国内外产品，或者以其他方式投入流通的，如果未构成法律规定的其他犯罪，处一年以下有期徒刑或者罚金。

条文解读

本条规定了两种行为。第一种行为是伪造、擅自制造他人注册商标标识的行为。构成这一犯罪，行为人必须实施了伪造、擅自制造他人注册商标标识的行为。商标作为区别商品、服务来源的标识，它的有形载体是商标标识，“商标标识”，是指在商品、商品的包装上，或者在服务场所、招牌、广告及其他宣传用品中使用的附有商标图案的物质实体，具体包括带有商标的包装物、标签、封签、说明书、合格证等物品。“伪造”，是指未经商标注册人许可而仿照他人注册商标的图样及物质实体制造出的与该注册商标标识相同的商标标识，商标标识本身就是假的。“擅自制造”，是指未经商标注册人许可在商标印制合同规定的印数之外，又私自加印商标标识的行为，商标标识本身是真的。第二种行为是销售伪造、擅自制造的注册商标标识的行为。这里的“销售”包括批发、零售、代售、贩卖等各个销售环节，既包括在内部销售，也包括在市场上销售。

伪造他人注册商标标识、销售伪造的他人注册商标标识，这些行为都是进一步实施假冒他人注册商标商品的前提条件。近年来，随着经济社会发展和情况的变化，假冒他人注册商标商品的犯罪活动也出现了新的情况。针对注册商标权利人越来越注意对商标权益保护，不断提高商标印制防伪措施的情况，一些不法分子专门从事假冒商标标识的印制、销售等活动，形成制假贩假一条龙。由于这种“专业化分工”的出现，假冒注册商标标识“以假乱真”的程度越来越高，制假者制假成本降低，逃避打击能力增强，给权利人维权、消费者辨识假冒伪劣产品、执法机关依法查处带来更大困难。针对这种情况，有必要采取更为有力和更具针对性的措施给予惩处。

上述行为，必须达到“情节严重”的程度才构成犯罪，这是罪与非罪的重要界限。根据2004年《最高人民法院、最高人民检察院关于办理侵犯知识产权刑事案件具体应用法律若干问题的解释》第三条的规定，伪造、擅自制造他人注册商标标识或者销售伪造、擅自制造的注册商标标识，具有下列情形之一的，属于本条规定的“情节严重”：（1）伪造、擅自制造或者销售伪造、擅自制造的注册商标标识数量在二万件以上，或者非法经营数额在五万元以上，或者违法所得数额在三万元以上的；（2）伪造、擅自制造或者销售伪造、擅自制造两种以上注册商标标识数量在一万件以上，或者非法经营数额在三万元以上，或者违法所得数额在二万元以上的；（3）其他情节严重的情形。这里规定的“情节严重”的情形与2010年5月《最高人民检察院、公安部关于公安机关管辖的刑事案件立案追诉标准的规定（二）》第七十一条规定的立案追诉情形是一致的。

对非法制造、销售非法制造的注册商标标识的犯罪，本条规定了两个处罚档次：对情节严重的，处三年以下有期徒刑，并处或者单处罚金；情节特别严重的，处三年以上十年以下有期徒刑，并处罚金。根据2004年《最高人民法院、最高人民检察院关于办理侵犯知识产权刑事案件具体应用法律若干问题的解释》第三条的规定，这里的“情节特别严重”包括下列情形：（1）伪造、擅自制造或者销售伪造、擅自制造的注册商标标识数量在十万件以上，或者非法经营数额在二十五万元以上，或者违法所得数额在十五万元以上的；（2）伪造、擅自制造或者销售伪造、擅自制造两种以上注册商标标识数量在五万件以上，或者非法经营数额在十五万元以上，或者违法所得数额在十万元以上的；（3）其他情节特别严重的情形。

实践执行中应当注意的是：

1. 关于销售他人非法制造的注册商标标识犯罪案件中，尚未销售或者部分销售情形的定罪问题。根据2011年《最高人民法院、最高人民检察院、公安部关于办理侵犯知识产权刑事案件适用法律若干问题的意见》第九条的规定，销售他人伪造、擅自制造的注册商标标识，具有下列情形之一的，以销售非法制造的注册商标标识罪（未遂）定罪处罚：（一）尚未销售他人伪造、擅自制造的注册商标标识数量在六万件以上的；（二）尚未销售他人伪造、擅自制造的两种以上注册商标标识数量在三万件以上的；（三）部分销售他人伪造、擅自制造的注册商标标识，已销售标识数量不满二万件，但与尚未销售标识数量合计在六万件以上的；（四）部分销售他人伪造、擅自制造的两种以上注册商标标识，已销售标识数量不满一万件，但与尚未销售标识数量合计在三万件以上的。

2. 对于尚不构成犯罪的非法制造、销售非法制造的注册商标标识的违法行为，根据商标法第五十七条和第六十条的规定，市场监督管理部门可以责令停止侵权行为，没收、销毁主要用于制造侵权商品、伪造注册商标标识的工具，违法经营额五万元以上的，可以处违法经营额五倍以下的罚款，没有违法经营额或者违法经营额不足五万元的，可以处二十五万元以下的罚款。此外，我国知识产权海关保护条例第二十七条对海关扣留的侵犯知识产权货物的处理也作了规定。

3. 关于未经处理的非法制造、销售非法制造的注册商标标识行为的处理、缓刑的适用、判处罚金的数额、单位构成犯罪的入罪标准、帮助行为的处理、行政处罚与刑事处罚的衔接程序等问题，第二百一十三条的解读部分对此已有阐述，这里不再重复。

相关规定

《中国人民共和国商标法》第五十七条、第六十条；《最高人民法院、最高人民检察院关于办理侵犯知识产权刑事案件具体应用法律若干问题的解释》第三条、第十六条；《最高人民检察院、公安部关于公安机关管辖的刑事案件立案追诉标准的规定（二）》第七十一条；《最高人民法院、最高人民检察院、公安部关于办理侵犯知识产权刑事案件适用法律若干问题的意见》第九

条；《最高人民法院、最高人民检察院关于办理非法生产、销售烟草专卖品等刑事案件具体应用法律若干问题的解释》第一条

二十、将刑法第二百一十七条①修改为：“以营利为目的，有下列侵犯著作权或者与著作权有关的权利的情形之一，违法所得数额较大或者有其他严重情节的，处三年以下有期徒刑，并处或者单处罚金；违法所得数额巨大或者有其他特别严重情节的，处三年以上十年以下有期徒刑，并处罚金：

“（一）未经著作权人许可，复制发行、通过信息网络向公众传播其文字作品、音乐、美术、视听作品、计算机软件及法律、行政法规规定的其他作品的；

“（二）出版他人享有专有出版权的图书的；

“（三）未经录音录像制作者许可，复制发行、通过信息网络向公众传播其制作的录音录像的；

“（四）未经表演者许可，复制发行录有其表演的录音

---

① 根据2020年12月26日第十三届全国人民代表大会常务委员会第二十四次会议通过的《中华人民共和国刑法修正案（十一）》修改，刑法修正案（十一）修改的内容自2021年3月1日起施行。1997年刑法第二百一十七条条文是：“以营利为目的，有下列侵犯著作权情形之一，违法所得数额较大或者有其他严重情节的，处三年以下有期徒刑或者拘役，并处或者单处罚金；违法所得数额巨大或者有其他特别严重情节的，处三年以上七年以下有期徒刑，并处罚金：

“（一）未经著作权人许可，复制发行其文字作品、音乐、电影、电视、录像作品、计算机软件及其他作品的；

“（二）出版他人享有专有出版权的图书的；

“（三）未经录音录像制作者许可，复制发行其制作的录音录像的；

“（四）制作、出售假冒他人署名的美术作品的。”

录像制品，或者通过信息网络向公众传播其表演的；

“（五）制作、出售假冒他人署名的美术作品的；

“（六）未经著作权人或者与著作权有关的权利人许可，故意避开或者破坏权利人为其作品、录音录像制品等采取的保护著作权或者与著作权有关的权利的技术措施的。”

条文主旨

本条是关于修改侵犯著作权罪的规定。

立法背景

（一）立法相关背景及历次修改情况

1. 1979 年之后至 1997 年刑法修订前的立法情况。1979 年刑法没有将侵犯他人著作权的行为规定为犯罪。1994 年 7 月全国人大常委会通过了《关于惩治侵犯著作权的犯罪的决定》，该决定第一条规定了侵犯著作权罪，具体规定为：“以营利为目的，有下列侵犯著作权情形之一，违法所得数额较大或者有其他严重情节的，处三年以下有期徒刑、拘役，单处或者并处罚金；违法所得数额巨大或者有其他特别严重情节的，处三年以上七年以下有期徒刑，并处罚金：（一）未经著作权人许可，复制发行其文字作品、音乐、电影、电视、录像作品、计算机软件及其他作品的；（二）出版他人享有专有出版权的图书的；（三）未经录音录像制作者许可，复制发行其制作的录音录像的；（四）制作、出售假冒他人署名的美术作品的。”

2. 1997 年修订刑法的情况。1997 年修订刑法时，将上述规定的内容纳入到刑法规定中。著作权是法律赋予作者因创作文学、艺术和科学作品而享有的专有权利。这项权利既包括人身权，也包括财产权。20 世纪 90 年代初，我国的文化事业发展很快，图书音像市场不断繁荣，出版活动十分活跃。与此同时，一些犯罪分子为牟取非法利益，侵犯他人著作权的行为也越来越严重，这些行为不仅侵犯了著作权人的合法权益，同时也破坏了国家对文化市场的管理秩序。一般来说，民事主体因著作权问题产生的纠纷，主要是通过民事法律调整，有一些侵犯著作权行为，需依法追究行政法律责任，对其中一些情节严重，社会危害性大的行为，也有必要依法追究刑事责任。

3. 2020 年刑法修正案（十一）对本条作了修改。1997 年刑法关于本条的规定实施二十多年以来，我国经济社会持续快速发展，知识产权的重要性和全社会对于知识产权保护的意识和需求大为提升，需要进一步强化知识产权保护。随着以网络化、数字化为代表的新技术的高速发展和应用，知识产权保护和侵犯知识产权犯罪方面出现了一些新情况和新问题，为营造良好创新法治环境和营商环境，并适应实践中的新情况，与著作权法的修改相衔接，根据各方面的意见，2020 年 12 月通过的刑法修正案（十一）对本条作了修改，一是与著作权法相衔接，增加了与著作权有关的权利的表述，完善了作品的类型，在犯罪情形中增加了侵犯表演者权利，以及避开或者破坏技术保护措施的两种侵权行为方式，并增加了通过信息网络向公众传播作品、录音录像制品、表演的规定。从实践中的情况看，随着信息技术的发展和普及，越来越多的作品、录音录像、表演等通过信息网络传播，与之相伴生的是，通过信息网络传播这种方式侵权的行为也越来越多，需要予以重视。另外，很多权利人为了保护著作权及相关权利，对作品采取了技术加密等保护措施，实践中通过避开、破坏技术保护措施，侵犯著作权或者与之有关的权利的行为，也越来越多，需要予以重视。为此，刑法修改对上述情况专门作出规定，明确可以依照本条的规定予以惩治。

二是，知识产权是公司企业发展的重要资源和竞争力的核心要素，为了激励创新，加大知识产权保护力度，提高侵权代价和违法犯罪成本，对知识产权犯罪形成威慑，根据各方面的意见，加大了刑事打击力度，提高了本罪的刑罚，将第一档刑罚由“三年以下有期徒刑或者拘役，并处或者单处罚金”修改为“三年以下有期徒刑，并处或者单处罚金”，将最高刑罚由七年有期徒刑修改为十年有期徒刑。

（二）有关公约和国家的规定

1.《与贸易有关的知识产权协议》即“TRIPS”协议第61条规定，各成员应规定至少将适用于具有商业规模的蓄意假冒商标或盗版案件的刑事程序和处罚。可使用的救济应包括足以起到震慑作用的监禁或罚金，并应与适用于同等严重性的犯罪所受到的处罚水平一致。在适当的情况下，可使用的救济还应包括扣押、没收和销毁侵权货物和主要用于侵权活动的任何材料和工具。各成员可规定适用于其他知识产权侵权案件的刑事程序和处罚，特别是蓄意并具有商业规模的侵权案件。

2. 美国有关侵犯版权的刑事责任规定

美国法典第17编第506条、第1204条及第18编第2319条第2款、第2319条之一、之二条对侵犯版权、侵犯与版权有关的涉及音像的权益和侵犯版权保护与管理制度的行为规定了刑事责任。

（1）美国法典将三种侵犯版权的行为规定为犯罪。一是以获取商业利益或私人财产利益为目的，侵犯他人版权的行为。二是不需要证明行为人是否有获取商业、财产利益的目的，只要在180日内复制、发行（包括以电子方式复制、发行）他人版权作品，形成复制品或录音制品1件及以上，零售总价超过1000美元的，即构成犯罪。三是行为人明知或应知作品即将商业发布，通过信息网络提前将该作品向公众发布的行为。

（2）关于侵犯与版权有关的表演及音像相关权益的规定。美国法典规定，未经表演者或表演参与者的同意，故意或者以获取商业利益或个人财产利益为目的，进行以下三种行为的，构成犯罪：一是，灌录音乐现场表演的声音图像形成复制品或录音制品，或超越灌录授权重制演出的复制品或录音制品的；二是，向公众传播音乐现场表演的声音、音像的；三是，发行、预发行、出售、预售、出租、预出租以及传播前款所述的任何复制品或录音制品（上述非法灌录的行为不论是否发生在美国境内）。具有以上行为的，处5年以下监禁，并处或者单处罚金；构成再犯的，处10年以下监禁，并处或者单处罚金。

（3）关于破解、规避版权技术保护措施，篡改版权管理信息的规定。美国法典规定，任何人为获取商业利益或私人财产利益，违反美国法典第17编第1201条（关于规避版权保护技术措施的规定）、第1202条（关于保障版权管理信息真实性的规定）规定的，处50万美元以下罚金或5年以下监禁，或者两者并罚；构成再犯的，处100万美元以下罚金或10年以下监禁，或者两者并罚。该规定不适用于非商业性的图书馆、档案馆、教育机构或教育性广播站。

3. 意大利有关侵犯著作权和邻接权的刑事责任规定

意大利著作权和邻接权法第171条对侵犯著作权和邻接权的犯罪作了规定。根据该条规定，具有复制、改编、公开朗诵、播放、销售或者以其他商业方式发行作者作品，公开他人未发表作品的内容，进口、销售违反意大利法律规定的复制品，或者复制、演出的数量超出约定数量等侵犯权利人经济权利行为之一的，处罚金；具有公开他人不愿公开发表的作品，侵害作者身份权，对作品进行有损作者荣誉或者声誉的歪曲、删改或者其他修改等侵犯作者人格权行为之一的，处一年以下有期徒刑或者罚金。

著作权和邻接权法第172条对过失侵犯著作权和邻接权的行政处罚作了规定。根据该条规定，因过失实施第171条规定的行为的，处行政罚款。

条文解读

根据本条规定，构成侵犯著作权罪必须具备以下条件：

1. 行为人在主观上是故意的，并且以营利为目的。这是罪与非罪的界限。“以营利为目的”，是指行为人侵犯他人权利的行为是为了获取非法利益。本条规定的以营利为目的，主要区别于其他目的，如我国著作权法第二十四条规定了合理使用作品的十三种情形，包括有些教学科研单位未经权利人许可少量复制他人作品供教学、科研之用；图书馆、档案馆、纪念馆等为了陈列或保存版本的需要，复制本馆收藏的作品；为个人学习、研究或者欣赏，使用他人已经发表的作品等，这些情形都是作品的合理使用，属于非以营利为目的，不构成犯罪。判断行为人是否是以营利为目的，需要根据行为人的具体行为表现、实际意图等因素进行综合判断。需要注意的是，是否以营利为目的，是就行为人相关行为的目的和性质而言的，并不意味着行为人的行为一定要有即期获利或者直接从中取得经济收入。如有的行为人虽然出于商业目的实施侵权行为，但开始阶段可能因为吸引“流量”、“促销”等原因，并没有实现盈利，甚至“赔本赚吆喝”，但就其行为的实质来看，属于为了远期营利，而以营利为目的实施侵犯他人著作权的行为，这不影响其行为被认定为“以营利为目的”。还有的行为人虽然表面上并没有直接从被侵权作品获得经济利益，但是，通过广告等其他方式间接获得收益，这也是以营利为目的侵犯他人著作权的一种情况。

根据2011年《最高人民法院、最高人民检察院、公安部关于办理侵犯知识产权刑事案件适用法律若干问题的意见》第十条的规定，除销售外，具有下列情形之一的，可以认定为“以营利为目的”：（一）以在他人作品中刊登收费广告、捆绑第三方作品等方式直接或者间接收取费用的；（二）通过信息网络传播他人作品，或者利用他人上传的侵权作品，在网站或者网页上提供刊登收费广告服务，直接或者间接收取费用的；（三）以会员制方式通过信息网络传播他人作品，收取会员注册费或者其他费用的；（四）其他利用他人作品牟利的情形。

2. 行为人在客观上实施了本条规定的侵犯他人著作权的行为。本条对侵犯他人著作权的行为具体规定为以下六种情形：

（1）未经著作权人许可，复制发行、通过信息网络向公众传播其文字作品、音乐、美术、视听作品、计算机软件及法律、行政法规规定的其他作品。“著作权人”，是指著作权的主体，即著作权权利义务的承受者。根据著作权法的规定，著作权人可以是作者本人，也可以是其他依照著作权法享有著作权的公民、法人或者其他组织。“未经著作权人许可”，是指没有得到著作权人授权，或者伪造、涂改著作权人授权许可文件或者超出授权许可范围的情形。一般来说，只有经过著作权人的许可，才能以复制发行等方式使用其作品，著作权法第二十四条规定的合理使用情形除外。“复制”，是指以印刷、复印、拓印、录音、录像、翻录、翻拍等方式将作品制作一份或多份的行为。“发行”是指以出售或者赠与方式向公众提供作品的原件或者复制件的行为。“复制发行”，包括复制、发行或者既复制又发行的行为。随着侵权行为网络化，通过信息网络向公众传播作品也成为侵犯著作权的重要途径和方式。复制发行、通过信息网络向公众传播行为未得到著作权人的许可，是构成犯罪的必备条件。这里规定的“作品”包括法律、行政法规规定的所有作品类型，包括著作权法第三条规定的文字作品，口述作品，音乐、戏剧、曲艺、舞蹈、杂技艺术作品，美术、建筑作品；摄影作品，视听作品，工程设计图、产品设计图、地图、示意图等图形作品和模型作品，计算机软件等作品类型。本条选择性地明确规定了文字作品、音乐、美术、视听作品、计算机软件等几种常见的作品类型，并作了“法律、行政法规规定的其他作品”的兜底规定。

（2）出版他人享有专有出版权的图书。“出版”，是指将作品编辑加工后，通过复制向公众发行。“专有出版权”，是指图书出版者依据其与著作权人之间订立的出版合同而享有独家出版权，著作权法第三十三条对此作了规定。擅自出版他人享有专有出版权的图书的行为，既损害了享有专有出版权的图书出版者和著作权人的合法权益，也会给文化市场造成混乱，情节严重的，需要给予刑事处罚。

（3）未经录音录像制作者许可，复制发行、通过信息网络向公众传播其制作的录音录像。录音录像制作者，通过对原著作品编辑加工，以声音图像直观感性的形式把抽象的原著作品再现出来，对再现出来的作品形式享有专有出版权。未经录音录像制作者许可，复制发行、通过信息网络向公众传播其制作的录音录像，是一种侵犯他人著作权的行为，需要予以处罚。一般来说，只有经过录音录像制作者许可，才能以复制发行等方式使用其制作的录音录像，但著作权法第四十二条作了除外规定，即录音制作者使用他人已经合法录制为录音制品的音乐作品制作录音制品，可以不经著作权人许可，但应当按照规定支付报酬。

（4）未经表演者许可，复制发行录有其表演的录音录像制品，或者通过信息网络向公众传播其表演。根据著作权法第三十九条第（五）项和第（六）项的规定，表演者有许可他人复制发行录有其表演的录音录像制品，通过信息网络向公众传播其表演，并获得报酬的权利，这是表演者的一项重要权利，行为人未经表演者许可，擅自复制发行录有其表演的录音录像制品，或者通过信息网络向公众传播其表演的，是一种严重的侵权行为，以营利为目的，违法所得数额较大或者有其他严重情节的，应当依照本条规定追究刑事责任。

（5）制作、出售假冒他人署名的美术作品。“美术作品”，是指以线条、色彩或其他方式构成的有审美意义的平面或立体的造型艺术作品，包括绘画、书法、雕塑、工艺美术等。制作出售假冒他人署名的美术作品，包括以下两种方式：一是把自己制作的美术作品署上他人的名，假冒他人的作品出售；二是将第三人的美术作品署上他人的姓名，假冒他人的作品出售，从中牟利。实践中，被假冒署名的人一般文学艺术水平较高，在社会上有一定的声望和影响，这种侵权行为，会损害被假冒署名的人的声誉，也会扰乱文化市场秩序，情节严重的，需要予以刑事处罚。

（6）未经著作权人或者与著作权有关的权利人许可，故意避开或者破坏权利人为其作品、录音录像制品等采取的保护著作权或者与著作权有关的权利的技术措施。这里的“技术措施”是指用于防止、限制未经权利人许可浏览、欣赏作品、表演、录音录像制品或者通过信息网络向公众提供作品、表演、录音录像制品的有效技术、装置或者部件。当前，通过信息网络向公众传播作品、录音录像已经成为普遍现象，行为人采取加密保护等技术措施，是为了防止、限制他人不经其许可的使用和传播。行为人为了实施侵犯他人著作权的行为，对于他人采取的加密保护技术措施，通过解密等方式加以避开或者破坏的行为，实际上为侵权行为清除了障碍，同样是损害权利人利益，扰乱市场秩序的违法行为。比如，实践中一些行为人开发聚合链接类盗版视频平台，就是典型的避开或者破坏权利人的技术保护措施，侵犯权利人的著作权，同时也占用权利人视频网站的带宽资源的违法行为。对于该类行为，以营利为目的，违法所得数额较大或者有其他严重情节的，明确规定可以依照本条规定追究刑事责任。值得一提的是，著作权法第五十条对可以避开技术措施的五种情形作了规定，包括为学校课堂教学或科学研究，无法通过正常途径获取；国家机关执行公务；进行加密研究或者计算机软件反向工程研究等，上述情形属于合理地避开，不属于违法行为。

3. 行为人的上述行为，必须是违法所得数额较大或者有其他严重情节的，才构成犯罪。对侵犯著作权罪，本条规定了两档处罚：即违法所得数额较大或者有其他严重情节的，处三年以下有期徒刑，并处或者单处罚金；违法所得数额巨大或者有其他特别严重情节的，处三年以上十年以下有期徒刑，并处罚金。根据2004年12月《最高人民法院、最高人民检察院关于办理侵犯知识产权刑事案件具体应用法律若干问题的解释》第五条的规定，违法所得数额在三万元以上的，属于“违法所得数额较大”；具有下列情形之一的，属于“有其他严重情节”：（1）非法经营数额在五万元以上的；（2）未经著作权人许可，复制发行其文字作品、音乐、电影、电视、录像作品、计算机软件及其他作品，复制品数量合计在一千张（份）以上的；（3）其他严重情节的情形。根据上述司法解释的规定，违法所得数额在十五万元以上的，属于“违法所得数额巨大”；具有下列情形之一的，属于“有其他特别严重情节”：（1）非法经营数额在二十五万元以上的；（2）未经著作权人许可，复制发行其文字作品、音乐、电影、电视、录像作品、计算机软件及其他作品，复制品数量合计在五千张（份）以上的；（3）其他特别严重情节的情形。之后，2007年《最高人民法院、最高人民检察院关于办理侵犯知识产权刑事案件具体应用法律若干问题的解释（二）》的第一条降低了复制发行侵权产品的数量标准，规定：以营利为目的，未经著作权人许可，复制发行其文字作品、音乐、电影、电视、录像作品、计算机软件及其他作品，复制品数量合计在五百张（份）以上的，属于刑法第二百一十七条规定的“有其他严重情节”；

复制品数量在二千五百张（份）以上的，属于刑法第二百一十七条规定的“有其他特别严重情节”。该解释自2007年4月5日实施以后，复制发行侵权复制品构成刑法第二百一十七条规定之罪的，应适用新解释规定的数量标准。上述入罪标准与2008年《最高人民检察院、公安部关于公安机关管辖的刑事案件立案追诉标准的规定（一）》第二十六条规定的立案追诉标准是一致的。2011年《最高人民法院、最高人民检察院、公安部关于办理侵犯知识产权刑事案件适用法律若干问题的意见》对通过信息网络传播侵权作品行为的定罪处罚作了进一步明确：以营利为目的，未经著作权人许可，通过信息网络向公众传播他人文字作品、音乐、电影、电视、美术、摄影、录像作品、录音录像制品、计算机软件及其他作品，具有下列情形之一的，属于刑法第二百一十七条规定的“其他严重情节”：（1）非法经营数额在五万元以上的；（2）传播他人作品的数量合计在五百件（部）以上的；（3）传播他人作品的实际被点击数达到五万次以上的；（4）以会员制方式传播他人作品，注册会员达到一千人以上的；（5）数额或者数量虽未达到第（1）项至第（4）项规定标准，但分别达到其中两项以上标准一半以上的；（6）其他严重情节的情形。实施上述行为，数额或者数量达到第（1）项至第（5）项规定标准五倍以上的，属于刑法第二百一十七条规定的“其他特别严重情节”。

实践执行中应当注意的是：

1. 关于本条第一项规定的“法律、行政法规规定的其他作品”的认定。这一规定属于兜底性规定，主要是考虑到随着文化和科学事业的发展，实践中可能还会出现一些新的思想表达形式，如果这些新的形式的作品属于著作权法规定的符合作品特征的智力成果，且有关法律、行政法规明确予以规定并加以保护的，就可以依法认定为属于本条规定的作品。著作权属于一种法定权利，如果一种所谓新的作品形式并不被著作权法、著作权法实施条例等法律、行政法规作为一种作品类型予以保护的，则不在本条规定的作品的保护范围。这样规定是为了依法明确作品的范围作，从而准确界定罪与非罪的界限，以防止刑事打击范围过于宽泛。

2. 关于本条第五项规定的“美术作品”的认定。刑法关于美术作品的范围，与著作权法的规定是一致的。根据著作权法等的有关规定，美术作品主要包括绘画、书法、雕塑、工艺美术等。值得一提的是，这里的工艺美术通常分为两类，一类是陈设工艺，即专供陈设欣赏用的工艺美术品，如象牙雕刻、泥塑等；另一类是日用工艺，即经过装饰加工可供人们日常生活用的实用艺术品，如家居工艺、陶瓷工艺中的碗、杯等。需要指出的是，著作权法所保护的工艺美术，只保护工艺美术品中具有创造性的造型或美术图案，不保护生产过程中的工艺，只保护具有创造性的造型艺术，不保护日常生活中使用的实用功能，首创的具有实用功能的实用品，可以受到其他有关法律的保护。

3. 关于“以营利为目的”的认定。当前，网络侵犯著作权行为的营利方式呈现出多样化的特点，营利可能仅体现在犯罪的某一阶段。如有的为了提高网站的知名度、吸引更多网民或者提高点击率，许可他人免费使用自己侵犯第三人著作权而得到的作品，有的以免费的形式将盗版作品通过网络进行分发，积累到一定的用户流量和会员数量后，便将网站或者 APP 打包出售以获取利益。此类行为在前期，不投放广告、不收取会员费，都完全是以免费、非营利的表象出现的，只有在打包出售时才能体现出其主观营利的目的。对于前期的侵犯著作权的行为，是否能认定为“以营利为目的”，应当结合行为人的行为表现、意图、远期目标等进行综合判断，行为人是为了远期获利的，即使当前尚未实际获利甚至亏损，但符合“以营利为目的”的条件的，可以依照本条规定的犯罪予以处罚。

4. 关于本罪与相关罪名的适用。实施本条规定的侵犯著作权的行为，又销售该侵权复制品，构成犯罪的，以侵犯著作权罪定罪处罚。实施本条规定的侵犯著作权的行为，又明知是他人的侵权复制品而予以销售，分别构成数个犯罪，依照刑法规定应当予以数罪并罚的，以销售侵权复制品罪和本罪数罪并罚。

5. 对于本条规定的侵权行为，尚不构成犯罪的，可以依法追究侵权人的民事和行政责任。著作权法第五十三条规定，有本条规定的侵权行为的，侵权人应当根据情况，承担停止侵害、消除影响、赔礼道歉、赔偿损失等民事责任；侵权行为同时损害公共利益的，由主管著作权的部门责令停止侵权行为，予以警告，没收违法所得，没收、无害化销毁处理侵权复制品以及主要用于制作侵权复制品的材料、工具、设备等，违法经营额五万元以上的，可以并处违法经营额一倍以上五倍以下的罚款；没有违法经营额、违法经营额难以计算或者不足五万元的，可以并处二十五万元以下的罚款。根据该规定，侵权行为损害公共利益的，才需要追究侵权人的行政责任。同理，只有损害公共利益，达到一定严重程度，构成犯罪的，才能追究刑事责任。

6. 关于未经处理的侵犯著作权的行为的处理、缓刑的适用、判处罚金的数额、单位构成犯罪的入罪标准、帮助行为的处理、行政处罚与刑事处罚的衔接程序等问题，第二百一十三条的解读部分对此已有阐述，这里不再重复。

相关规定

《中华人民共和国著作权法》第三条、第十条、第二十四条、第四十二条、第四十八条、第五十条、第五十二条、第五十三条；《最高人民法院关于审理非法出版物刑事案件具体应用法律若干问题的解释》第一条、第三条、第五条、第十五条；《最高人民法院、最高人民检察院关于办理侵犯知识产权刑事案件具体应用法律若干问题的解释》第五条、第十一条、第十二条；《最高人民法院、最高人民检察院关于办理侵犯知识产权刑事案件具体应用法律若干问题的解释（二）》第一条、第二条；《最高人民法院、最高人民检察院、公安部关于办理侵犯知识产权刑事案件适用法律若干问题的意见》第十三条；《最高人民检察院、公安部关于公安机关管辖的刑事案件立案追诉标准的规定（一）》第二十六条

二十一、将刑法第二百一十八条①修改为："以营利为目的，销售明知是本法第二百一十七条规定的侵权复制品，违法所得数额巨大或者有其他严重情节的，处五年以下有期徒刑，并处或者单处罚金。"

---

① 根据2020年12月26日第十三届全国人民代表大会常务委员会第二十四次会议通过的《中华人民共和国刑法修正案（十一）》修改，刑法修正案（十一）修改的内容自2021年3月1日起施行。1997年刑法第二百一十八条条文是："以营利为目的，销售明知是本法第二百一十七条规定的侵权复制品，违法所得数额巨大的，处三年以下有期徒刑或者拘役，并处或者单处罚金。"

条文主旨

本条是关于修改销售侵权复制品罪的规定。

立法背景

1. 1979 年之后至 1997 年刑法修订前的立法情况。1979 年刑法没有将销售侵权复制品的行为规定为犯罪。为更有力地打击侵犯知识产权犯罪，1994 年 7 月全国人大常委会通过了《关于惩治侵犯著作权的犯罪的决定》，该决定第二条规定了销售侵权复制品罪，具体内容为：“以营利为目的，销售明知是第一条规定的侵权复制品，违法所得数额较大的，处二年以下有期徒刑、拘役，单处或者并处罚金；违法所得数额巨大的，处二年以上五年以下有期徒刑，并处罚金。”

2. 1997 年修订刑法的情况。1997 年修订刑法时，将上述内容修改完善后纳入刑法中，主要是对刑罚幅度进行了调整，将“违法所得数额较大的，处二年以下有期徒刑、拘役，单处或者并处罚金”和“违法所得数额巨大的，处二年以上五年以下有期徒刑，并处罚金”修改为“违法所得数额巨大的，处三年以下有期徒刑或者拘役，并处或者单处罚金”。这样，本罪的刑罚由原来的两档调整为一档，最高刑罚由五年有期徒刑调整为三年有期徒刑。

3. 2020 年刑法修正案（十一）对本条作了修改。为加大知识产权保护力度，提高违法犯罪成本，进一步对知识产权违法犯罪行为形成威慑，根据各方面意见，2020 年 12 月通过的刑法修正案（十一）对本条作了以下修改：一是，将入罪门槛由“违法所得数额巨大”修改为“违法所得数额巨大或者有其他严重情节”。这主要是考虑在某些情况下，销售侵权复制品案件的侵权者获得的违法所得并不多，但可能具有非法经营数额、销售量、给权利人造成的损失很大，严重扰乱市场秩序等严重情节，需要给予刑事处罚。二是，加大了刑事打击力度，提高了销售侵权复制品罪的刑罚，将本罪的刑罚由“三年以下有期徒刑或者拘役，并处或者单处罚金”修改为“五年以下有期徒刑，并处或者单处罚金”。

条文解读

构成本条规定的犯罪，必须具备以下条件：

1. 行为人主观上必须：一是以营利为目的；二是明知是侵权复制品而销售，这是罪与非罪的重要界限。如果行为人不知其销售的是侵权复制品，不构成犯罪。

2. 行为人实施了销售侵权复制品的行为，并且其所销售的复制品必须是第二百一十七条规定的侵权复制品，即未经著作权人许可，复制发行、通过信息网络向公众传播其作品；出版他人享有专有出版权的图书；未经录音录像制作者许可，复制发行、通过信息网络向公众传播其制作的录音录像等六种情形产生的侵权复制品。这里的“销售”应当是广义的，包括批发、零售、代售、贩卖等各个销售环节。

3. 销售本条规定的侵权复制品必须是违法所得数额巨大或者有其他严重情节的，才构成犯罪。根据2004年《最高人民法院、最高人民检察院关于办理侵犯知识产权刑事案件具体应用法律若干问题的解释》第六条的规定，违法所得数额在十万元以上的，属于“违法所得数额巨大”。如果销售量很小，违法所得数额不大，不构成犯罪。此外，根据2008年《最高人民检察院、公安部关于公安机关管辖的刑事案件立案追诉标准的规定（一）》第二十七条的规定，违法所得数额未达到十万元，但尚未销售的侵权复制品货值金额达到三十万元的，也应予立案追诉。

这里的“其他严重情节”，可以包括非法经营数额巨大，销售金额巨大，销售的侵权复制品的数量多，给权利人造成很大的损失等情形，具体认定时，可以根据侵权行为持续的时间长短、销售能力和销售规模的大小、犯罪的组织化程度等综合进行判断。

根据本条规定，对销售侵权复制品违法所得数额巨大或者有其他严重情节，构成犯罪的，依法应当判处五年以下有期徒刑，并处或者单处罚金。

实践执行中应当注意的是：

1. 关于本罪与相关罪名的适用。实施本法第二百一十七条规定的侵犯著作权的行为，又销售该侵权复制品，构成犯罪的，以侵犯著作权罪定罪处罚。实施第二百一十七条规定的侵犯著作权的行为，又明知是他人的侵权复制品而予以销售，分别构成数个犯罪，依照刑法规定应当予以数罪并罚的，以侵犯著作权罪和本罪数罪并罚。

2. 对于本条规定的侵权行为，尚不构成犯罪的，可以依法追究侵权人的民事和行政责任。根据著作权法第五十三条的规定，侵权行为同时损害公共利益的，由主管著作权的部门责令停止侵权行为，予以警告，没收违法所得，没收、无害化销毁处理侵权复制品以及主要用于制作侵权复制品的材料、工具、设备等，违法经营额五万元以上的，可以并处违法经营额一倍以上五倍以下的罚款；没有违法经营额、违法经营额难以计算或者不足五万元的，可以并处二十五万元以下的罚款。

3. 关于未经处理的销售侵权复制品行为的处理、缓刑的适用、判处罚金的数额、单位构成犯罪的入罪标准、帮助行为的处理、行政处罚与刑事处罚的衔接程序等问题，第二百一十三条的解读部分对此已有阐述，这里不再重复。

相关规定

《最高人民法院、最高人民检察院关于办理侵犯知识产权刑事案件具体应用法律若干问题的解释》第六条、第十二条、第十五条、第十六条；《最高人民检察院、公安部关于公安机关管辖的刑事案件立案追诉标准的规定（一）》第二十七条

二十二、将刑法第二百一十九条①修改为："有下列侵犯商业秘密行为之一，情节严重的，处三年以下有期徒刑，

---

① 根据2020年12月26日第十三届全国人民代表大会常务委员会第二十四次会议通过的《中华人民共和国刑法修正案（十一）》修改，刑法修正案（十一）修改的内容自2021年3月1日起施行。1997年刑法第二百一十九条条文是："有下列侵犯商业秘密行为之一，给商业秘密的权利人造成重大损失的，处三年以下有期徒刑或者拘役，并处或者单处罚金；造成特别严重后果的，处三年以上七年以下有期徒刑，并处罚金：

"（一）以盗窃、利诱、胁迫或者其他不正当手段获取权利人的商业秘密的；

"（二）披露、使用或者允许他人使用以前项手段获取的权利人的商业秘密的；

"（三）违反约定或者违反权利人有关保守商业秘密的要求，披露、使用或者允许他人使用其所掌握的商业秘密的。

"明知或者应知前款所列行为，获取、使用或者披露他人的商业秘密的，以侵犯商业秘密论。

"本条所称商业秘密，是指不为公众所知悉，能为权利人带来经济利益，具有实用性并经权利人采取保密措施的技术信息和经营信息。

"本条所称权利人，是指商业秘密的所有人和经商业秘密所有人许可的商业秘密使用人。"

并处或者单处罚金；情节特别严重的，处三年以上十年以下有期徒刑，并处罚金：

“（一）以盗窃、贿赂、欺诈、胁迫、电子侵入或者其他不正当手段获取权利人的商业秘密的；

“（二）披露、使用或者允许他人使用以前项手段获取的权利人的商业秘密的；

“（三）违反保密义务或者违反权利人有关保守商业秘密的要求，披露、使用或者允许他人使用其所掌握的商业秘密的。

“明知前款所列行为，获取、披露、使用或者允许他人使用该商业秘密的，以侵犯商业秘密论。

“本条所称权利人，是指商业秘密的所有人和经商业秘密所有人许可的商业秘密使用人。”

条文主旨

本条是关于修改侵犯商业秘密罪的规定。

立法背景

（一）立法相关背景

1. 1979 年之后至 1997 年刑法修订前的立法情况。1979 年刑法没有将侵犯商业秘密的行为规定为犯罪。随着经济发展，有些企业采取盗窃、利诱、胁迫等不正当手段，非法获取竞争企业的商业秘密，以取得竞争优势的不正当竞争行为时有发生，有的给相关企业造成重大损失，同时，这种行为也严重违反公平竞争原则，扰乱市场秩序。针对这种情况，1993 年 9 月全国人大常委会通过了反不正当竞争法，该法对侵犯商业秘密的行为规定了行政处罚。该法第十条对侵犯商业秘密的具体行为作了规定，内容为："经营者不得采用下列手段侵犯商业秘密：（一）以盗窃、利诱、胁迫或者其他不正当手段获取权利人的商业秘密；（二）披露、使用或者允许他人使用以前项手段获取的权利人的商业秘密；（三）违反约定或者违反权利人有关保守商业秘密的要求，披露、使用或者允许他人使用其所掌握的商业秘密。第三人明知或者应知前款所列违法行为，获取、使用或者披露他人的商业秘密，视为侵犯商业秘密。本条所称的商业秘密，是指不为公众所知悉、能为权利人带来经济利益、具有实用性并经权利人采取保密措施的技术信息和经营信息。"该法第二十五条规定了对上述行为的行政处罚，内容为："违反本法第十条规定侵犯商业秘密的，监督检查部门应当责令停止违法行为，可以根据情节处以一万元以上二十万元以下的罚款。"

2. 1997 年修订刑法的情况。1997 年修订刑法时，为鼓励创新，维护社会主义市场经济条件下公平竞争的经济秩序，将反不正当竞争法上述内容纳入了刑法，对侵犯商业秘密的行为作出刑法上的规定，并对"权利人"的范围作出了明确规定。

3. 2020 年刑法修正案（十一）对本条作了修改。1997 年刑法关于本条的规定实施二十多年以来，我国经济社会取得了很大发展，随着我国市场经济的发展和各类市场主体的壮大，知识产权的重要性和全社会对于知识产权保护的意识和需求大为提升，需要进一步强化知识产权保护。其中，商业秘密是经营者知识和智慧的结晶，是企业无形资产的重要组成部分，商业秘密作为具有商业价值并经权利人采取相应保密措施的技术信息、经营信息等商业信息，对企业的生存和发展，在市场竞争中取得一定的优势地位和竞争力，是相当重要的，有的商业秘密甚至会影响到一个企业的生死存亡，需要在法律上给予严格的保护。为营造良好的创新法治环境和营商环境，并适应实践中的新情况，与近年来反不正当竞争法关于商业秘密条文的修改相衔接，进一步总结司法实践中的经验，根据各方面的意见，2020 年刑法修正案（十一）对本条作了修改，一是与反不正当竞争法关于商业秘密条文的修改相衔接，对有关侵权行为方式进行了完善，将第一款第（一）项中的“利诱”修改为“贿赂”，增加规定了“欺诈、电子侵入”的不正当手段，并将第（三）项中的“违反约定”修改为“违反保密义务”；在第二款中增加了允许他人使用商业秘密的情形。二是将第二款中的“明知或者应知前款所列行为”修改为“明知”，这主要是考虑到根据刑法规定，故意犯罪，行为人主观上都是出于明知，而所谓“应知”，实际上是指在认定行为人主观上是否处于“明知”状态时的一种推理依据和方法。这样修改后也与其他罪名的表述统一起来。三是删去了第三款关于商业秘密定义的表述，依照反不正当竞争法关于商业秘密的定义进行认定即可，这也是为了保持刑法条文稳定性的需要。四是根据进一步加大知识产权保护力度，提高侵权代价和违法犯罪成本，对知识产权犯罪形成威慑的需要以及各方面的意见，加大了刑事打击力度，修改了入罪门槛和判处第二档刑罚的情形，并提高了本罪的刑罚。具体包括：将入罪门槛由“给商业秘密的权利人造成重大损失的”修改为“情节严重的”，并将判处第二档刑罚的情形由“造成特别严重后果的”修改为“情节特别严重的”；还将第一档刑罚由“三年以下有期徒刑或者拘役，并处或者单处罚金”修改为“三年以下有期徒刑，并处或者单处罚金”，将最高刑罚由七年有期徒刑修改为十年有期徒刑。

（二）有关国家的规定

美国关于盗窃商业秘密犯罪的规定。美国法典规定，明知或故意将用于或预用于国内州贸易、跨国贸易的产品和服务的商业秘密转移给商业秘密所有人以外的其他的受益人，行为人明知该行为会使商业秘密所有人受到损失的，属于盗窃商业秘密的行为，构成犯罪。该条规定的五种行为方式与关于经济间谍的行为方式一致。法律规定构成盗窃商业秘密罪的，处10年以下监禁，并处或者单处罚金。组织机构从事犯罪的，处500万美元以下罚金或商业秘密所值金额（包括研发、设计以及弥补商业秘密损失等所有费用支出）3倍的罚金。

条文解读

本条共分三款。

第一款是关于侵犯他人商业秘密的行为的规定。本条具体列举了三种侵犯商业秘密的行为：（1）以盗窃、贿赂、欺诈、胁迫、电子侵入或者其他不正当手段获取权利人的商业秘密。实施这一行为的人，一般是享有商业秘密的权利人的竞争对手。“贿赂”是指通过给予因工作关系等而实际知悉商业秘密的人以财物，以获取权利人的商业秘密；“胁迫”是指通过声称对他人本人或者亲友等实施人身伤害、披露隐私等方式，迫使他人向其提供商业秘密；“电子侵入”是指通过技术手段侵入计算机网络等信息系统，非法获取他人的商业秘密；“其他不正当手段”，是兜底性规定，是指行为人采取以上明确列举的行为之外的，其他属于不正当竞争行为的方式，非法获取他人的秘密的各种行为。“权利人”，是指商业秘密的所有人和经商业秘密所有人许可的商业秘密使用人。（2）披露、使用或者允许他人使用以前项手段获取的权利人的商业秘密。“披露”，是指向他人透露行为人以盗窃、贿赂、欺诈、胁迫、电子侵入或者其他不正当手段获取的他人商业秘密的行为，将权利人的商业秘密披露公开，会破坏权利人的竞争优势；“使用”，是指自己使用；“允许他人使用”是指将以非法手段获取的商业秘密，提供给其他人使用的行为。无论是行为人自己使用或者允许他人使用上述商业秘密，都是侵犯权利人商业秘密的违法行为。（3）违反保密义务或者违反了权利人有关保守商业秘密的要求，披露、使用或者允许他人使用其所掌握的商业秘密。主要是指行为人所掌握的商业秘密虽然是先前合法获取的，但是违反了保密义务或者违反了权利人有关保守商业秘密的要求，向第三人披露、使用或者允许第三人使用其所获取的商业秘密。例如，经营者通过与权利人签署合作协议取得商业秘密，之后违反与权利人关于保守商业秘密的约定或者权利人对保守商业秘密的要求，擅自向第三人披露该商业秘密，或者自己以权利人的身份又与他人签订技术转让合同等，允许他人使用其所掌握的商业秘密的行为。

第二款是关于以侵犯商业秘密论的行为的规定。根据这一规定，第三人自己虽未直接实施上述侵权行为，但如果明知他人具有上述三种侵犯商业秘密的行为，仍然从他那里获取、披露、使用或者允许他人使用该商业秘密的，以侵犯商业秘密论。由于第三人不是非法获取商业秘密的直接责任人，因此，第三人主观上必须是明知，才构成犯罪。如果第三人不知道该信息是他人非法获取、披露、使用的商业秘密的，则不是本条这里规定的侵犯商业秘密的行为。

第三款是关于权利人范围的规定。根据这一规定，权利人包括商业秘密所有人和经商业秘密所有人许可的商业秘密使用人。商业秘密使用人，是与商业秘密所有人订立商业秘密使用许可合同的人。

根据本条规定，对侵犯他人商业秘密，情节严重的，处三年以下有期徒刑，并处或者单处罚金；情节特别严重的，处三年以上十年以下有期徒刑，并处罚金。这里的“情节严重”可以综合给商业秘密的权利人造成的损失、权利人公司因而发生经营困难、行为人是否多次实施上述侵犯商业秘密的行为、行为人侵权所得数额等情形，加以判断。“情节特别严重”包括给商业秘密的权利人造成的损失数额巨大；或者侵权人违法所得数额巨大等情形。2020 年 9 月《最高人民法院、最高人民检察院关于办理侵犯知识产权刑事案件具体应用法律若干问题的解释（三）》第四条对“给商业秘密的权利人造成重大损失”的认定作出了规定，具体情形包括：（一）给商业秘密的权利人造成损失数额或者因侵犯商业秘密违法所得数额在三十万元以上的；（二）直接导致商业秘密的权利人因重大经营困难而破产、倒闭的；（三）造成商业秘密的权利人其他重大损失的。此外，还规定，给商业秘密的权利人造成损失数额或者因侵犯商业秘密违法所得数额在二百五十万元以上的，应当认定为“造成特别严重后果”。

实践执行中应当注意的是：

1. 关于“明知”的理解。刑法条文中有很多关于明知的规定，如第一百二十条之六非法持有宣扬恐怖主义、极端主义物品罪要求明知是宣扬恐怖主义、极端主义的图书、音频视频资料或者其他物品而非法持有，第一百四十四条销售有毒、有害食品罪要求销售的是明知掺有有毒、有害的非食品原料的食品，第一百四十八条销售不符合卫生标准的化妆品罪要求销售的是明知不符合卫生标准的化妆品，第二百一十八条销售侵权复制品罪要求销售的是明知是第二百一十七条规定的侵权复制品，第三百一十二条掩饰、隐瞒犯罪所得、犯罪所得收益罪要求明知是犯罪所得及其产生的收益。本条规定的“明知”和上述条文中的明知一样，是指行为人主观上知道或者根据各方面情况足以认定行为人主观上应当是知道的。具体在认定行为人是否明知时，不能仅凭其口供，还需要根据行为人的客观行为、主观状态、平时表现等因素综合作出判断。

2. 关于“贿赂”手段的理解。“贿赂”指的是通过给予因工作关系等而知悉商业秘密的人以财物，以获取权利人的商业秘密。关于用于贿赂的财物的范围，可以参考 2016 年 4 月《最高人民法院、最高人民检察院关于办理贪污贿赂刑事案件适用法律若干问题的解释》的规定。按照该解释第十二条的规定，财物的范围包括货币、物品和财产性利益。财产性利益包括可以折算为货币的物质利益如房屋装修、债务免除等，以及需要支付货币的其他利益如会员服务、旅游等。后者的犯罪数额，以实际支付或者应当支付的数额计算。

3. 关于“盗窃”手段的认定。根据 2020 年 9 月《最高人民法院、最高人民检察院关于办理侵犯知识产权刑事案件具体应用法律若干问题的解释（三）》第三条的规定，采取非法复制、未经授权或者超越授权使用计算机信息系统等方式窃取商业秘密的，应当认定为本条第一款第一项规定的“盗窃”。

4. 关于“商业秘密”的概念。刑法修正案（十一）删去了原条文关于商业秘密概念的规定，这主要是为了与其他相关法律中商业秘密的规定保持一致。反不正当竞争法对于商业秘密的概念作了规定，本条中的商业秘密的认定，可以依照反不正当竞争法关于商业秘密的定义进行。实际上反不正当竞争法关于商业秘密的规定，也是根据我国经济社会发展和实践中通过侵犯商业秘密实施不正当竞争等行为的情况的变化，分别于2017年、2019年作出了两次修改。因此，通过刑法修正案（十一）的修改，在刑法中不再具体规定商业秘密的定义，具体认定商业秘密时，由司法机关根据反不正当竞争法等法律规定进行，这样更有利于维护刑法条文的稳定性。根据反不正当竞争法第九条的规定，商业秘密是指不为公众所知悉、具有商业价值并经权利人采取相应保密措施的技术信息、经营信息等商业信息。据此，商业秘密有以下特点：（1）商业秘密不为公众所知悉，具有秘密性，只限于一部分人知道。通过公开的或者其他类似渠道可以获得的信息，不能认为是商业秘密。（2）商业秘密应当具有商业价值，该秘密信息能够给经营者带来经济利益或者竞争优势，可以是能够带来直接的、现实的经济利益或者竞争优势的信息，如产品配方、技术改良方案，也可以是能够带来间接的、潜在的经济利益或者竞争优势的信息，例如，客户资料信息等。甚至包括一些有关技术开发或者生产经营过程中经验教训的总结和积累的资料，如企业技术改造过程中一些能够证明某些工艺等不可行的科研资料。因为这些资料可以帮助经营者调整研发思路、缩短研发周期、降低研发成本。（3）权利人对商业秘密采取了相应的保密措施，以防止他人未经授权获取。具体的保密措施是多种多样的，如制定保密规则，向员工提出保密要求，签订保密协议，对涉密信息采取加密、加锁、限定知悉范围、控制接触人群等措施。一般来说，企业对商业秘密采取的保密措施与该商业秘密的商业价值具有相称性，商业秘密的价值越大，经营者可能采取的保密措施越严格。（4）商业秘密是指技术信息、经营信息等商业信息。“技术信息”指与技术有关的结构、原料、组分、配方、材料、样品、样式、植物新品种繁殖材料、工艺、方法或其步骤、算法、数据、计算机程序及其有关文档等信息；“经营信息”指与经营活动有关的创意、管理、销售、财务、计划、样本、招投标材料、客户信息、数据等信息。

5. 关于本条规定的行为造成的损失数额或者违法所得数额的认定。2020 年 9 月《最高人民法院、最高人民检察院关于办理侵犯知识产权刑事案件具体应用法律若干问题的解释（三）》第五条对侵权行为造成的损失数额或者违法所得数额如何认定作出了详细规定。如尚未披露、使用或者允许他人使用的，可以根据该项商业秘密的合理许可使用费确定损失数额；披露、使用或者允许他人使用的，可以根据权利人因被侵权造成销售利润的损失确定损失数额，但该损失数额低于商业秘密合理许可使用费的，根据合理许可使用费确定；因侵犯商业秘密行为导致商业秘密已为公众所知悉或者灭失的，损失数额可以根据该项商业秘密的商业价值确定。商业秘密的价值，可以根据该项商业秘密的研究开发成本、实施该项商业秘密的收益综合确定；因披露或者允许他人使用商业秘密而获得的财物或者其他财产性利益，应当认定为违法所得等。

6. 关于侵犯商业秘密一般违法行为的处理。对于尚不构成犯罪的侵犯商业秘密的行为，根据反不正当竞争法第九条和第二十一条的规定，应当由监督检查部门责令停止违法行为，没收违法所得，处十万元以上一百万元以下的罚款；情节严重的，处五十万元以上五百万元以下的罚款。

7. 关于涉及商业秘密的证据的保密和案件审理。刑事诉讼法第五十四条第三款规定，对涉及国家秘密、商业秘密、个人隐私的证据，应当保密。第一百五十二条规定，侦查人员对采取技术侦查措施过程中知悉的商业秘密，应当保密。第一百八十八条规定，涉及商业秘密的案件，当事人申请不公开审理的，可以不公开审理。此外，根据2020年9月《最高人民法院、最高人民检察院关于办理侵犯知识产权刑事案件具体应用法律若干问题的解释（三）》第六条的规定，在刑事诉讼程序中，当事人、辩护人、诉讼代理人或者案外人书面申请对有关商业秘密的证据、材料采取保密措施的，应当根据案件情况采取组织诉讼参与人签署保密承诺书等必要的保密措施。

8. 关于未经处理的侵犯商业秘密行为的处理、缓刑的适用、判处罚金的数额、单位构成犯罪的入罪标准、帮助行为的处理、行政处罚与刑事处罚的衔接程序等问题，第二百一十三条的解读部分对此已有阐述，这里不再重复。

相关规定

《中华人民共和国反不正当竞争法》第九条、第二十一条；《中华人民共和国刑事诉讼法》第五十四条、第一百五十二条、第一百八十八条；《中华人民共和国刑法》第二百二十条；《最

高人民法院、最高人民检察院关于办理侵犯知识产权刑事案件具体应用法律若干问题的解释（三）》第四条、第五条、第六条

二十三、在刑法第二百一十九条[①]后增加一条，作为第二百一十九条之一："为境外的机构、组织、人员窃取、刺探、收买、非法提供商业秘密的，处五年以下有期徒刑，并处或者单处罚金；情节严重的，处五年以上有期徒刑，并处罚金。"

条文主旨

本条是关于增加为境外的机构、组织、人员窃取、刺探、收买、非法提供商业秘密的犯罪的规定。

立法背景

（一）立法相关背景

为进一步加强企业产权保护和优化营商环境，刑法修正案（十一）对涉及商业秘密的犯罪作了修改，一是修改了侵犯商业秘密犯罪，调整了入罪门槛，并对侵犯商业秘密的行为方式作了调整；二是增加了本条关于为境外窃取、刺探、收买、非法提供商业秘密犯罪的规定。随着我国改革开放的不断扩大深入，国内外交流越来越频繁，境外机构、组织、个人在我国境内开展投资活动越来越多，并购、合资等各种投资活动成为外资在中国市场开展业务、获取收益的重要途径。境外投资对于我国引进资金、

① 根据2020年12月26日第十三届全国人民代表大会常务委员会第二十四次会议通过的《中华人民共和国刑法修正案（十一）》增加，自2021年3月1日起施行。

技术、先进管理经验，促进经济社会发展，实现经济转型升级发挥了重要作用。因此，我们必须坚持对外开放政策不动摇，推动形成全面开放新格局，在更深层次更高水平的对外开放的过程中，促进社会主义市场经济健康发展。

需要强调的是，国家坚持对外开放的基本国策，致力于建立和完善外商投资促进机制，营造稳定、透明、可预期和公平竞争的市场环境，依法保护外国投资者在中国境内的投资、收益和其他合法权益。同时，在中国境内进行投资活动的外国投资者、外商投资企业，应当遵守中国法律法规，不得危害中国国家安全、损害社会公共利益。从实践中的情况看，外国机构、组织、个人在我国投资经营活动总体上能够依法进行，但是以各种不正当手段包括非法获取竞争对手商业秘密，严重损害相关权利人利益的案件也是时有发生。如矿业公司力拓员工胡士泰等人窃取我国钢铁企业商业秘密案等。对此，必须予以足够重视，并依法予以惩处。为打击境外针对我国企业的商业间谍行为，刑法修正案（十一）借鉴有关国家刑事立法，根据各方面意见，增加规定了为境外窃取、刺探、收买、非法提供商业秘密犯罪，以维护正常的市场竞争秩序，保护我国企业合法权益。

（二）有关国家和地区的规定

1. 美国关于经济间谍罪的规定。美国是首个对经济间谍进行专门立法的国家，美国与商业秘密保护相关的主要法律包括1996 年的《经济间谍法》、2012 年的《外国经济间谍惩罚加重法》、2016 年的《保护商业秘密法》，其中 1996 年的《经济间谍法》是主体，另外两部法律是补充。美国认为，经济利益是国家安全利益的重要组成部分，经济间谍通过盗窃本国企业的商业秘密，削弱本国经济的科技领先优势，构成对本国经济竞争力的侵害，进而威胁了本国的国家安全，其危害性不亚于传统间谍，美国将“使外国的政府、机构、代理人获得利益”规定为经济间谍罪的构成要件，这里的“外国机构、代理人”是指外国政府实质控制、资助、指挥、管理或支配的组织或人，包括职能机构、公司、公务员、委任代表等。美国经济间谍法的内容即美国法典第18编第1831条至1839条，根据美国法典第18编第1831条的规定，如果行为人明知或故意实施以下五种行为之一，使外国的政府、机构、代理人获得利益的，属于经济间谍行为，构成犯罪：一是，行为人盗窃，未经授权获取、持有、隐藏或通过欺诈、诡计获取商业秘密的；二是，行为人未经授权拷贝、复制、速绘、画图、拍照、下载、上传、转换、损毁、影印、复印、传播、传递、发送、邮寄、交流或传达商业秘密的；三是，行为人明知是被窃取或未经授权获取、持有、传递的商业秘密而接收、购买、持有的；四是，行为人预谋实施上述行为的；五是，行为人与他人共谋实施上述行为的。美国法律规定构成经济间谍罪的，处15年以下监禁，并处或者单处500万美元罚金。组织机构从事犯罪的，处1000万美元以下罚金或商业秘密所值金额(包括研发、设计以及弥补商业秘密损失等所有费用支出）3倍的罚金。

此外，美国法典还规定了盗窃商业秘密犯罪，经济间谍罪和盗窃商业秘密罪两个罪名的区别主要体现在犯罪目的上，前者是为了使外国的政府、机构、代理人获得利益，后者则是为了自己或者第三人的利益，两个罪名的行为方式是一致的，后者规定了相对较轻的刑罚，构成盗窃商业秘密罪的，处10年以下监禁，并处或者单处罚金；组织机构从事犯罪的，处500万美元以下罚金或商业秘密所值金额3倍的罚金。

2. 瑞士关于经济间谍罪的规定。瑞士通过界定盗窃商业秘密的受益人来定义经济间谍行为，经济间谍行为中商业秘密的受益主体包括外国政府、外国机构、外国私有企业或者他们的代理人。瑞士刑法典第273条规定："任何人盗窃或者意图盗窃商业秘密，并以提供给外国政府、外国机构、外国私有企业或者他们的代理人为目的；或者任何人意图将商业秘密提供给外国政府、外国机构、外国私有企业或者他们的代理人，将被处以不超过三年的监禁或者罚金刑，或者在严重情形下将被处以不少于一年的监禁。任何监禁刑都可以与罚金刑并处。"

3. 德国、韩国、我国台湾地区关于经济间谍犯罪的规定。德国、韩国、我国台湾地区都将经济间谍作为侵犯商业秘密犯罪的严重情形进行处罚，将盗窃商业秘密意图在外国使用作为判定经济间谍的目的要件。如：德国反不正当竞争法将经济间谍作为商业秘密犯罪的加重情形，将盗窃或泄露商业秘密的行为人在实施该犯罪行为时，已经知道该商业秘密会被在国外使用，或者其意图在国外使用该商业秘密，作为经济间谍的目的要件。韩国反不正当竞争与商业秘密保护法第18条规定："任何人出于谋取不正当利益或者损害公司利益的动机，将本国企业商业秘密提供给在外国的公司使用或者将商业秘密披露给第三人，同时知晓该商业秘密将会在外国使用，将被处以不超过十年的劳动监禁或者被处以不低于所获利润两倍不超过所获利润十倍的罚金。"我国台湾地区营业秘密法第13-2条规定："任何人侵害他人商业秘密时即意图在外国、大陆地区、香港或澳门使用，应处以1年以上

10年以下有期徒刑，并得并科新台币三百万元以上五千万元以下之罚金。前项之未遂犯罚之。科罚金时，如犯罪行为人所得之利益超过罚金最多额，得于所得利益之二倍至十倍范围内酌量加重。”

条文解读

本条是关于为境外的机构、组织、人员窃取、刺探、收买、非法提供商业秘密的犯罪及处罚的规定。

构成本条规定的犯罪，需具备以下条件：其一，行为人必须实施了窃取、刺探、收买、非法提供商业秘密的行为。其中，“窃取”是指行为人采用各种秘密手段非法获取，如通过盗窃、偷拍、偷录等行为而取得商业秘密的行为；“刺探”是指行为人通过各种途径和手段非法探知商业秘密的行为；“收买”是指行为人以给予财物或者其他财产性利益等好处，或者通过提供工作机会、拉拢人心等手段非法得到商业秘密的行为；“非法提供”是指知悉、保管、持有商业秘密的人，将自己知悉、保管、持有的商业秘密非法出售、交付、披露给其他不应知悉该秘密的境外机构、组织、人员的行为。这几种行为方式是针对商业间谍行为的特点规定的。

其二，行为人为境外的机构、组织和人员实施了本条规定的窃取、刺探、收买、非法提供商业秘密的行为。这里的“境外的机构、组织”包括境外机构、组织及其在中华人民共和国境内设立的分支（代表）机构和分支组织，“境外的个人”包括该个人身处境外，也包括虽然身处境内但身份属于外国人或者其他境外个人的情况。如果是为境内的公司、企业等实施窃取、刺探、收买、非法提供商业秘密的行为，与境外的机构、组织和人员没有关联的，不构成本条规定的为境外窃取、刺探、收买、非法提供商业秘密犯罪，若其行为构成第二百一十九条规定的侵犯商业秘密罪的，依照该规定定罪处罚。

此外，构成本条规定的犯罪的主体是一般主体，包括自然人和单位，包括中国公民和非中国公民，只要实施了本条规定的行为的，都可能构成本罪。

根据本条规定，构成为境外窃取、刺探、收买、非法提供商业秘密犯罪的，应当处以五年以下有期徒刑，并处或者单处罚金；情节严重的，处五年以上有期徒刑，并处罚金。这里的“情节严重”是指给商业秘密的权利人造成的损失数额很大；侵权人违法所得数额很大；多次实施犯罪行为；导致权利人公司失去核心竞争力或者因经营困难而破产、倒闭等情形。为境外窃取、刺探、收买、非法提供商业秘密行为，一方面，侵犯了企业的商业秘密，破坏了公平竞争的市场环境；另一方面，损害我国企业国际竞争力。因此，刑法对这类犯罪规定了比侵犯商业秘密罪更重的刑罚。

实践执行中应当注意的是：

1. 关于本条规定的“窃取、刺探、收买、非法提供”商业秘密的行为方式与第二百一十九条规定的侵犯商业秘密罪的行为方式之间的关系。“窃取、刺探、收买、非法提供”这几种行为方式是针对商业间谍行为的特点而专门规定的，这与第二百一十九条规定的侵犯商业秘密罪规定的具体行为方式并不矛盾。行为人窃取、刺探商业秘密的，可能会采用盗窃、欺诈、胁迫、电子侵入等不正当手段；行为人通过收买获得商业秘密的，可能会采用贿赂的不正当手段；行为人为境外的机构、组织、人员非法提供商业秘密的，也可能会通过不正当手段获得商业秘密，再披露给他人。

2. 关于本条规定的“商业秘密”的概念。本条规定中的商业秘密与第二百一十九条中的规定相同，都应当根据反不正当竞争法第九条关于商业秘密的定义进行认定，即商业秘密是指不为公众所知悉、具有商业价值并经权利人采取相应保密措施的技术信息、经营信息等商业信息。商业秘密具有秘密性，只限于一部分人知道，可以直接或者间接给权利人带来经济利益或者竞争优势，权利人对商业秘密也采取了相应的保密措施。这里的权利人也是指第二百一十九条规定的商业秘密的所有人和经商业秘密所有人许可的商业秘密使用人。

3. 关于单位能否构成本罪。根据刑法第二百二十条的规定，单位犯本条规定之罪的，对单位判处罚金，并对其直接负责的主管人员和其他责任人员，依照本条的规定处罚。据此，单位也能构成本罪的犯罪主体，单位实施本条规定的行为，构成犯罪的，应当依法追究刑事责任。

4. 关于本罪的缓刑适用、判处罚金的数额、单位构成犯罪的入罪标准、帮助行为的处理等问题，可以参照现有的知识产权犯罪的司法解释的有关规定执行。

相关规定

《中华人民共和国刑法》第二百一十九条、第二百二十条；《最高人民法院、最高人民检察院关于办理侵犯知识产权刑事案件具体应用法律若干问题的解释》第十五条；《最高人民法院、最高人民检察院关于办理侵犯知识产权刑事案件具体应用法律若干问题的解释（二）》第三条、第六条；《最高人民法院、最高人民检察院关于办理侵犯知识产权刑事案件具体应用法律若干问题的解释（三）》第八条、第九条、第十条

二十四、将刑法第二百二十条[①]修改为：“单位犯本节第二百一十三条至第二百一十九条之一规定之罪的，对单位判处罚金，并对其直接负责的主管人员和其他直接责任人员，依照本节各该条的规定处罚。”

条文主旨

本条是关于修改单位侵犯他人知识产权的犯罪的规定。

立法背景

1. 1979 年之后至 1997 年刑法修订前的立法情况。1979 年刑法对侵犯知识产权罪的单位犯罪没有规定。1993 年 2 月全国人大常委会通过了《关于惩治假冒注册商标犯罪的补充规定》，该决定第三条规定了单位假冒注册商标，销售假冒注册商标的商品，以及伪造、擅自制造他人注册商标标识或者销售伪造、擅自制造的注册商标标识等行为的刑事责任。具体规定为：“企业事业单位犯前两条罪的，对单位判处罚金，并对直接负责的主管人员和

① 根据 2020 年 12 月 26 日第十三届全国人民代表大会常务委员会第二十四次会议通过的《中华人民共和国刑法修正案（十一）》修改，刑法修正案（十一）修改的内容自 2021 年 3 月 1 日起施行。1997 年刑法第二百二十条条文是：“单位犯本节第二百一十三条至第二百一十九条规定之罪的，对单位判处罚金，并对其直接负责的主管人员和其他直接责任人员，依照本节各该条的规定处罚。”

其他直接责任人员依照前两条的规定追究刑事责任。”1994 年 7 月全国人大常委会通过了《关于惩治侵犯著作权的犯罪的决定》，该决定第三条规定了单位侵犯著作权，以及以营利为目的，销售侵权复制品的刑事责任。具体规定为：“单位有本决定规定的犯罪行为的，对单位判处罚金，并对其直接负责的主管人员和其他直接责任人员，依照本决定的规定处罚。”

2. 1997 年修订刑法的情况。1997 年修订刑法时，对上述规定修改完善后纳入了刑法，将单位实施本节规定的侵犯知识产权的行为全部规定为犯罪，规定单位实施本节规定的侵犯知识产权犯罪的行为的，应当依法追究单位、直接负责的主管人员和其他直接责任人员的刑事责任。实践中一些单位参与侵犯他人知识产权的犯罪活动，牟取非法利益较为突出。为加大对侵犯知识产权犯罪的打击力度，进一步维护权利人的合法权利，有必要对单位犯罪作专门的规定。

3. 2020 年刑法修正案（十一）对本条作了修改。为打击境外针对我境内的商业间谍活动，刑法修正案（十一）借鉴有关国家刑事立法，根据各方面意见，增加规定了为境外窃取、刺探、收买、非法提供商业秘密犯罪，作为刑法第二百一十九条之一。为境外窃取、刺探、收买、非法提供商业秘密犯罪和其他侵犯知识产权犯罪一样，犯罪主体同样可以为单位，因此，2020 年 12 月通过的刑法修正案（十一）对本条作了修改，将“单位犯本节第二百一十三条至第二百一十九条规定之罪”修改为“单位犯本节第二百一十三条至第二百一十九条之一规定之罪”，以明确单位可以构成本罪，并明确了对单位及其直接负责的主管人员和其他直接责任人员的刑事处罚。

条文解读

根据本条规定，本节规定的犯罪，犯罪主体除自然人外，还包括单位。“单位犯本节第二百一十三条至第二百一十九条之一规定之罪”是指单位犯本法分则第三章第七节侵犯知识产权罪中规定的任何一罪的情形，包括第二百一十三条规定的假冒注册商标罪、第二百一十四条规定的销售假冒注册商标的商品罪、第二百一十五条规定的非法制造、销售非法制造的注册商标标识罪、第二百一十六条规定的假冒专利罪、第二百一十七条规定的侵犯著作权罪、第二百一十八条规定的销售侵权复制品罪、第二百一十九条规定的侵犯商业秘密罪、第二百一十九条之一规定的商业间谍罪。

依照本条规定，对单位犯本节规定的上述之罪的，实行双罚制，对犯罪的单位判处罚金，同时对直接负责的主管人员和其他直接责任人员，依照本节各该罪规定的处刑标准处罚。如单位构成假冒注册商标罪的，根据第二百一十三条的规定，情节严重的，处三年以下有期徒刑，并处或者单处罚金；情节特别严重的，处三年以上十年以下有期徒刑，并处罚金。单位构成销售假冒注册商标的商品罪，根据第二百一十四条的规定，违法所得数额较大或者有其他严重情节的，处三年以下有期徒刑，并处或者单处罚金；违法所得数额巨大或者有其他特别严重情节的，处三年以上七年以下有期徒刑，并处罚金。

实践执行中应当注意的是：

关于单位犯本节规定的侵犯知识产权罪的入罪标准问题。2007 年 4 月《最高人民法院、最高人民检察院关于办理侵犯知识产权刑事案件具体应用法律若干问题的解释（二）》第六条规定："单位实施刑法第二百一十三条至第二百一十九条规定的行为，按照《最高人民法院、最高人民检察院关于办理侵犯知识产权刑事案件具体应用法律若干问题的解释》和本解释规定的相应个人犯罪的定罪量刑标准定罪处罚。"据此，单位实施本节规定的侵犯知识产权犯罪的，按照个人犯罪的定罪量刑标准定罪处罚，即单位与个人构成各犯罪的入罪门槛和定罪量刑标准是一致的。

相关规定

《中华人民共和国刑法》第三十条、第二百一十三条至第二百一十九条之一；《最高人民法院、最高人民检察院关于办理侵犯知识产权刑事案件具体应用法律若干问题的解释（二）》第六条

二十五、将刑法第二百二十九条[①]修改为："承担资产评估、验资、验证、会计、审计、法律服务、保荐、安全评价、环境影响评价、环境监测等职责的中介组织的人员故意提供虚假证明文件，情节严重的，处五年以下有期徒

① 根据2020年12月26日第十三届全国人民代表大会常务委员会第二十四会议通过的《中华人民共和国刑法修正案（十一）》修改，刑法修正案（十一）修改的内容自2021年3月1日起施行。1997年刑法第二百二十九条条文是："承担资产评估、验资、验证、会计、审计、法律服务等职责的中介组织的人员故意提供虚假证明文件，情节严重的，处五年以下有期徒刑或者拘役，并处罚金。

"前款规定的人员，索取他人财物或者非法收受他人财物，犯前款罪的，处五年以上十年以下有期徒刑，并处罚金。

"第一款规定的人员，严重不负责任，出具的证明文件有重大失实，造成严重后果的，处三年以下有期徒刑或者拘役，并处或者单处罚金。"

刑或者拘役，并处罚金；有下列情形之一的，处五年以上十年以下有期徒刑，并处罚金：

“（一）提供与证券发行相关的虚假的资产评估、会计、审计、法律服务、保荐等证明文件，情节特别严重的；

“（二）提供与重大资产交易相关的虚假的资产评估、会计、审计等证明文件，情节特别严重的；

“（三）在涉及公共安全的重大工程、项目中提供虚假的安全评价、环境影响评价等证明文件，致使公共财产、国家和人民利益遭受特别重大损失的。

“有前款行为，同时索取他人财物或者非法收受他人财物构成犯罪的，依照处罚较重的规定定罪处罚。

“第一款规定的人员，严重不负责任，出具的证明文件有重大失实，造成严重后果的，处三年以下有期徒刑或者拘役，并处或者单处罚金。”

条文主旨

本条是关于修改提供虚假证明文件罪和出具证明文件重大失实罪的规定。

立法背景

1. 1979 年之后至 1997 年刑法修订前的立法情况。关于中介组织人员故意提供虚假证明文件罪，1979 年刑法没有规定。随着市场经济的发展，中介组织发挥着越来越重要的作用。其主体资格的取得，对从事市场行为有着重要的影响，并直接关系到市场秩序。为此，在一系列法律、法规中都对中介组织的权利、义务、行为规范及中介组织违反这些规定所应负的法律责任作了规定。1995 年 2 月 28 日第八届全国人民代表大会常务委员会第十二次会议通过的《关于惩治违反公司法的犯罪的决定》第六条规定了提供虚假证明文件的犯罪，对刑法作了补充。该决定第六条规定：承担资产评估、验资、验证、审计职责的人员故意提供虚假证明文件，情节严重的，处五年以下有期徒刑或者拘役，可以并处二十万元以下罚金。单位犯前款罪的，对单位判处违法所得五倍以下罚金，并对直接负责的主管人员和其他直接责任人员，依照前款的规定，处五年以下有期徒刑或者拘役。

2. 1997 年修订刑法的情况。1997 年修订刑法时，将《关于惩治违反公司法的犯罪的决定》第六条的规定修改后纳入刑法。主要作了以下修改：一是扩大了本条犯罪主体的范围。在列举的中介组织人员中增加会计、法律服务人员，同时增加规定“等”，以起到兜底作用，即将除了明确列举的几类中介组织之外的，其他所有的中介机构的人员都纳入本罪犯罪主体。二是对罚金刑的数额标准作出修改，将处“二十万元以下罚金”修改为处“罚金”，即不再限定具体数额，由法官根据案件的具体情况确定具体的罚金数额，以更有利于实现罪责刑相适应。三是，增加一款规定，对索取他人财物或者非法收受他人财物以提供虚假证明文件的中介组织的人员，明确规定处五年以上十年以下有期徒刑，并处罚金。四是，增加过失犯罪的规定。对于严重不负责任，出具的证明文件有重大失实，造成严重后果的中介组织的人员，规定处三年以下有期徒刑或者拘役，并处或者单处罚金。五是，调整了关于单位犯罪的位置，未对本罪的单位犯罪在本条中单独规定，而是在刑法第二百三十一条中对刑法分则破坏社会主义市场经济秩序罪一章中“扰乱市场秩序罪”一节的单位犯罪作出统一规定。同时调整了单位犯罪的罚金刑标准，由“对单位判处违法所得五倍以下罚金”调整为“对单位判处罚金”。

3. 2020年12月26日第十三届全国人民代表大会常务委员会第二十四次会议通过的刑法修正案（十一）对本条作了修改。一是进一步增加列举了一些中介组织，以进一步明确本罪适用的主体范围，对从事保荐、安全评价、环境影响评价、环境监测职责的中介组织的人员适用本罪作了明确规定。二是增加了一档刑，即“处五年以上十年以下有期徒刑，并处罚金”，同时对加重处罚的情形作了明确列举，包括：提供与证券发行相关的虚假的资产评估、会计、审计、法律服务、保荐等证明文件，情节特别严重；提供与重大资产交易相关的虚假的资产评估、会计、审计等证明文件，情节特别严重；在涉及公共安全的重大工程、项目中提供虚假的安全评价、环境影响评价等证明文件，致使公共财产、国家和人民利益遭受特别重大损失。三是修改完善了中介组织人员受贿以提供虚假证明文件的处罚，将法定刑“处五年以上十年以下有期徒刑，并处罚金”修改为“依照处罚较重的规定定罪处罚”。作出以上修改，主要有以下考虑：

一是，有的全国人大代表、有关部门建议，进一步明确本条的犯罪主体。如有的全国人大代表、有关部门提出，在公司上市和证券发行领域，保荐人是保障资本市场投融资功能有效发挥的关键一环，在信息披露真实性、投资者保护方面，相对于会计师和律师具有更高的勤勉尽责义务。保荐人除了要保障自己提供的发行文件真实、准确和完整以外，还需要对会计师事务所、律师事务所和评估机构提供的证明文件的真实性、准确性和完整性进行审慎核查。保荐人故意提供虚假证明文件或者出具证明文件重大失实，往往与欺诈发行股票、债券，违规披露、不披露重要信息等违法犯罪相关，具有严重的社会危害性。特别是在以信息披露为核心的证券发行注册制施行后，保荐人作为发行“担保方”，其职责更重。保荐人出具有虚假记载、误导性陈述或者重大遗漏的保荐书，或者不履行其他法定职责的，依法给予行政处罚各方面认识是一致的，但是在是否应当追究刑事责任问题上，有的地方司法机关认为还需要进一步明确。主要是无论从性质、职责、作用来看，保荐人都应当属于刑法第二百二十九条规定的“中介组织”。可是由于刑法在规定上采取了列举加兜底的规定方式，在明确列举的几类中介组织中，没有列举保荐人，导致有人对于保荐人是否属于刑法第二百二十九条规定的“中介组织”，感觉没有把握。为了解决这一认识上的分歧，确保刑法准确适用，建议此次修改刑法时，对保荐人严重违法违规出具虚假保荐书的情况，加以补充列举，以进一步明确法律责任。还有的部门和地方提出，因各地环保力度加大，环保考评制度严格落实等原因，环境影响评估结果造假、伪造监测数据的情况增多。一些负责环境监测的中介组织的人员故意伪造环境监测的情况、数据，提供虚假的环境监测报告；一些负责环境影响评价的中介组织的人员违法进行环境影响评价，有的甚至捏造环境影响评价书，有的直接抄袭其他项目的环境影响评价书等等，这些造假行为使得环境影响评价形同虚设，严重损害社会公共利益。在司法适用中，根据 2016 年最高人民法院、最高人民检察院《关于办理环境污染刑事案件适用法律若干问题的解释》第十条的规定，对环境质量监测系统采取修改参数、修改监测数据、干扰采样等破坏环境质量监测系统的行为，以破坏计算机信息系统罪定罪处罚，部分解决了针对计算机平台的环境监测数据造假行为追究刑事责任的问题。但是对于计算机平台以外的环境影响评估造假、环境监测数据造假行为，还需要在刑法上进一步明确适用罪名。立法机关对于以上意见和建议进行了认真研究，总的看，刑法第二百二十九条所规定的犯罪主体是涵盖了所有的中介机构的人员的。因此，承担保荐、环境影响评价、环境监测的中介组织的人员故意出具虚假证明文件或者出具重大失实证明文件，都应当适用本条规定定罪处罚。考虑到实践中对于上述保荐人等是否属于本罪规定的“中介组织的人员”，存在不同认识。同时，这些中介组织所负责的保荐、安全评价、环境影响评价、环境监测等活动，对相关事项具有非常重要的社会服务、监督职能，从事这些中介服务的人员故意出具虚假的证明文件，具有严重的危害性，明确对这些行为应当适用刑法予以惩治，有利于警示相关从业人员依法履职，恪尽职守。因此，对承担这些任务的中介组织在本条现有规定的基础上作进一步明确，也是可以的。为此，本条修改在罪状中增加规定了“保荐、安全评价、环境影响评价、环境监测”。

二是，对一些承担特别重要职责的中介组织的人员故意提供虚假证明文件的，明确规定适用更重一档的刑罚。本罪的犯罪主体涵盖所有中介机构的人员，适用范围较广。随着我国市场经济的持续发展，政府职能不断转变，“放管服”改革继续深化，各类中介组织将会进一步发展，并承担更多和更重的社会服务、监督等职责。有的意见提出，目前不少中介组织承担的职责曾是政府部门长期负责的重要职责。与政府部门时刻处于被监督的“聚光灯”下不同，中介组织反而更容易出现玩忽职守、滥用职权、徇私舞弊等情况，特别是在市场经济领域，中介组织提供虚假证明文件或者出具证明文件重大失实的较多，存在严重不负责任，只管“盖章收钱”的现象。因此，有必要对一些关键领域的中介组织，在“赋权”的同时作出“严管”的法律设计和安排。建议对本条增加一档刑罚，适用于所有中介组织的人员。也有的意见提出，考虑到承担各种职责的中介组织涉及领域很广，情况比较复杂，存在明显的发展不平衡，行业水平参差不齐的特点。从培育中介组织健康发展的角度，需要不同情况，区别对待，不宜简单作出“一刀切”的规定。有的中介组织提供服务的领域涉及民生、安全等重要事项，造假、放水可能造成特别严重的后果，对这些中介组织的人员增加一档更重的刑罚是必要的；对有些中介组织的人员，根据其违法犯罪行为的实际情况和造成的危害后果，适用第一档刑罚，总体上能够罚当其罪，也足以在行业里发挥教育警示等一般预防作用，可不必适用更重的刑罚。立法机关经认真研究，在本条修改中，对证券发行、重大资产交易以及与公共安全相关的重大工程、项目中从事安全评价、环境影响评价等职责的中介组织的人员，故意提供虚假证明文件的，增加规定了更重的一档刑罚，即法定最高刑可处以十年有期徒刑。

三是，进一步完善了受贿并故意提供虚假证明文件行为的法律适用。有的部门提出，根据刑法第二百二十九条的规定，一般构成犯罪的，处五年以下有期徒刑或者拘役；有受贿情节的，一律处五年以上有期徒刑。这与刑法其他条款中，一般对于因为受贿而实施相关犯罪的，作为从重情节依法从重处罚的处理方式有较大差别，在刑罚衔接上存在一定的“跳档”情况，即如果不论行为人出具虚假证明造成危害后果的具体情况，也不论实际收取财物多少，一律处以五年以上有期徒刑，在有的案件中会出现轻重失衡，难以做到罪责刑相适应。也有的意见提出，对于因受贿而出具虚假证明文件的，相关人员可能同时构成刑法第一百六十三条“非国家工作人员受贿罪”或者第三百八十五条“受贿罪”，对此，有的情况下依照处罚较重的规定处罚，如定为受贿类犯罪可能更为合理。立法机关经研究，在对本条的修改中，采纳了上述意见。

条文解读

本条共分三款。第一款是关于承担资产评估、验资、验证、会计、审计、法律服务、保荐、安全评价、环境影响评价、环境监测等职责的中介组织的人员故意提供虚假证明文件及其处罚的规定。构成本款规定的犯罪，必须符合以下特征：一是主体特定，必须是中介组织的从业人员。随着我国经济社会生活不断发展，中介组织发挥着越来越重要的作用，其活动对市场行为、人民群众的社会生活等发挥着重要影响，并直接关系到市场秩序、社会生活秩序的正常进行。为此，在一系列法律、法规中都对中介组织的权利、义务、行为规范及中介组织违反这些规定所应负的法律责任作了规定。这里规定的“承担资产评估、验资、验证、会计、审计、法律服务、保荐、安全评价、环境影响评价、环境监测等职责的中介组织”，是指依法承担相关中介服务职责的资产评估机构、验资机构、验证机构、会计师事务所、审计师事务所、律师事务所、保荐机构、安全评价机构、环境影响评价机构、环境监测机构等。“人员”，是指在这些中介机构中，具有国家认可的专业资格的负有相关职责的专业从业人员。二是行为人实施了故意提供虚假证明文件的行为。这里所说的虚假证明文件，既包括伪造的证明文件，也包括内容虚假、有重大遗漏、误导性内容的文件。这些文件的载体有多种形式，如资产评估报告、验资报告、发行保荐书、安全评价报告、环境影响报告书（表）等。这些文件有时是单一文件，有时还含有其他附属材料以佐证其结论，包括数据、材料、资料、样本等。上述证明文件如果属于虚假文件，内容不真实，就违反了法律法规行业规则等对于资产评估、验资、验证、会计、审计、法律服务、保荐、安全评价、环境影响评价、环境监测等中介活动的要求，不能发挥证明作用。证明文件虚假，包括有关资料、报表、数据和各种结果、结论方面的报告和材料等不真实。三是，构成本罪需要符合“情节严重”的要件。这里可以参考《最高人民检察院、公安部关于公安机关管辖的刑事案件立案追诉标准的规定（二）》的有关规定。根据该规定，承担资产评估、验资、验证、会计、审计、法律服务等职责的中介组织的人员故意提供虚假证明文件，涉嫌下列情形之一的，应予立案追诉：（1）给国家、公众或者其他投资者造成直接经济损失数额在五十万元以上的；（2）违法所得数额在十万元以上的；（3）虚假证明文件虚构数额在一百万元且占实际数额百分之三十以上的；（4）其他情节严重的情形等。根据本款规定，对中介组织的人员故意提供虚假证明文件构成犯罪的，第一档可以处五年以下有期徒刑或者拘役，并处罚金。

刑法修正案（十一）对一些承担特别重要职责的中介组织的人员故意提供虚假证明文件的，还规定了更重一档刑罚。具体包括三种情形：

一是，提供与证券发行相关的虚假的资产评估、会计、审计、法律服务、保荐等证明文件，情节特别严重的。依照证券法的规定，保荐机构、会计师事务所、律师事务所以及从事资产评估、资信评级的证券服务机构，应当提供相应的证明文件以支持证券发行。这些中介组织的人员所提供的证明文件对保障证券发行的真实性，具有非常重要的作用。特别是在以信息披露为核心的证券发行注册制施行后，中介组织出具的证明文件对投资者的价值判断和投资决策具有直接影响。根据修订后的证券法第十条、第一百六十条、第一百六十三条、第一百八十二条、第二百一十三条等规定，保荐人、证券服务机构的人员为证券发行等证券业务活动制作、出具发行保荐书、审计报告及其他鉴证报告、资产评估报告、财务顾问报告、资信评级报告、法律意见书等文件，应当对文件的真实性、准确性、完整性进行核查和验证。如果制作、出具的文件有虚假记载、误导性陈述或者重大遗漏，对他人造成损失的，应当承担法律责任。本款该项规定的中介组织的范围是"资产评估、会计、审计、法律服务、保荐等"，只要是负责提供与证券发行相关的虚假证明文件的中介组织的人员，都属于本项规定的主体。本项规定，要"情节特别严重"才能适用第二档刑罚，如造成的损失特别巨大、手段特别恶劣等。如果故意提供与证券发行相关的虚假证明文件只具有一般情节的，适用本款第一档刑罚。

二是，提供与重大资产交易相关的虚假的资产评估、会计、审计等证明文件，情节特别严重的。这里的"重大资产交易"主要是指相关资产交易事项重要、金额巨大、影响广泛等情况。

如重大的资产重组、收购、出售、转让、受让或者以其他方式进行的各种资产交易活动。公司法、证券法、上市公司重大资产重组管理办法等法律法规对重大资产交易作了相应的规定。其中，“资产评估、会计、审计等”中介组织出具的证明文件，对重大资产交易的真实性具有直接证明作用，会影响重大资产交易双方的决策以及交易完成后相关主体的一系列商业行为。本款该项规定的中介组织的范围是“资产评估、会计、审计等”，只要是负责提供与重大资产交易相关的虚假证明文件的中介组织的人员都属于本项规定的主体。本项规定，要“情节特别严重”才能适用第二档刑罚，如造成的损失特别巨大、手段特别恶劣等。如果故意提供与重大资产交易相关的虚假证明文件只具有一般情节的，适用本款第一档刑罚。

三是，在涉及公共安全的重大工程、项目中提供虚假的安全评价、环境影响评价等证明文件，致使公共财产、国家和人民利益遭受特别重大损失的。这里的“涉及公共安全的重大工程、项目”需要满足两个条件：其一“涉及公共安全”。重大工程、项目的作用不一，有的与公共安全息息相关，如矿山、水电站、核电站、桥梁、隧道、大型运动场等；有的可能与公共安全不直接相关，只是涉及金额比较大。对于与公共安全不直接相关的重大工程、项目中提供虚假的安全评价、环境影响评价等证明文件的行为，仍可以适用本款第一档刑罚处罚。其二应是“重大工程、项目”，主要是指与民生紧密相连的重大建筑工程、基础设施建设项目、矿山、金属冶炼建设项目等。如国民经济和社会发展五年规划纲要中涉及的重大工程、项目，地方规划建设的重大工程、项目，涉及金额巨大，对一定区域商品和服务提供，生态环境等有重要影响的工程、项目等。根据本项规定，承担这些工程、项目的安全评价、环境影响评价等职责的中介机构提供虚假证明文件的，还需要符合“致使公共财产、国家和人民利益遭受特别重大损失”，包括特别重大的经济损失、造成人员重大伤亡、环境受到特别严重破坏等。这里的“致使”要求提供虚假证明文件的行为与“公共财产、国家和人民利益遭受特别重大损失”之间具有紧密的因果关系。如果承担重大工程、项目的安全评价、环境影响评价等职责的行为人故意提供虚假证明文件，但尚未“致使公共财产、国家和人民利益遭受特别重大损失”的，仍可以适用本款第一档刑罚处罚。

根据本款规定，中介组织的人员有上述三项规定的行为之一的，处五年以上十年以下有期徒刑，并处罚金。

第二款是关于有前款行为同时索取他人财物或者非法收受他人财物如何处罚的规定。本款规定的犯罪，从行为特征上看与第一款的规定基本一致。不同的是，增加了“索取他人财物或者非法收受他人财物”的客观要件。中介机构的性质决定了它所出具的证明文件应当公正，但实际上却提供了虚假的证明文件，如果其中存在利用履行职务行为的便利条件进行利益交换以后再出具虚假的证明文件的情况，危害性就更大。为了确保中介机构的公正性，对于中介机构的人员索取他人财物或者非法收受他人财物而故意提供虚假证明文件的行为，应当明确给予惩治。考虑到中介组织的人员一般属于非国家工作人员，其受贿行为往往还涉嫌构成刑法第一百六十三条“非国家工作人员受贿罪”（另外，其中如果有属于国家工作人员范围的情况，则还可能涉嫌构成刑法第三百八十五条“受贿罪”）。因此，可能出现以下两种情况：

一是，行为人触犯本罪的量刑较高，同时触犯刑法第一百六十三条“非国家工作人员受贿罪”的量刑较低；二是，行为人触犯本罪的量刑较低，同时触犯刑法第一百六十三条“非国家工作人员受贿罪”的量刑较高（如果属于国家工作人员，涉嫌刑法第三百八十五条“受贿罪”的，也有类似情况）。对此，根据本款规定，有前款行为，同时索取他人财物或者非法收受他人财物构成犯罪的，依照处罚较重的规定定罪处罚。

第三款是关于第一款规定的人员严重不负责任，出具的证明文件有重大失实的犯罪及其处罚的规定。其中“第一款规定的人员”，是指第一款规定的中介组织的人员，包括“承担资产评估、验资、验证、会计、审计、法律服务、保荐、安全评价、环境影响评价、环境监测等职责的中介组织的人员”；“出具的证明文件有重大失实”，是指所出具的证明文件，在内容上存在重大的不符合实际的错误或者内容虚假。这里规定的证明文件与第一款规定的证明文件的内容和范围是相同的。本款规定的犯罪与第一款规定的犯罪的主要区别在于行为人主观方面不同，第一款规定的犯罪是故意犯罪，而本款规定的则是过失犯罪。因此，本款规定“造成严重后果的”，才负刑事责任。这里可以参考《最高人民检察院、公安部关于公安机关管辖的刑事案件立案追诉标准的规定（二）》。该标准第八十二条规定，承担资产评估、验资、验证、会计、审计、法律服务等职责的中介组织的人员严重不负责任，出具的证明文件有重大失实，涉嫌下列情形之一的，应予立案追诉：（1）给国家、公众或者其他投资者造成直接经济损失数额在一百万元以上的；（2）其他造成严重后果的情形。由于本款规定的出具证明文件重大失实罪是一种过失犯罪，较提供虚假证明文件罪在主观恶性上要轻一些，因此在处刑的规定上也较第一款规定的提供虚假证明文件罪的处刑要轻。对于造成严重后果的，处三年以下有期徒刑或者拘役，并处或者单处罚金。

实践执行中应当注意的是，有些建设单位依法可以自行编制建设项目的环境影响评价文件。根据环境影响评价法第十九条的规定，建设单位具备环境影响评价技术能力的，可以自行对其建设项目开展环境影响评价，编制建设项目环境影响报告书、环境影响报告表。这类“自评自建”的建设单位不属于本条规定的承担环境影响评价职责的中介组织。当相关人员实施篡改、伪造环境影响报告书（表）的行为时，不属于本罪规定的中介组织人员提供虚假证明文件的情况，但是其篡改、伪造环境影响报告书（表）的行为，如果构成刑法规定的其他犯罪的，应当依照相应规定追究。如相关环境影响评价涉及的项目造成环境污染的，相关证明文件造假的行为人可以按照刑法第三百三十八条污染环境罪的共同犯罪定罪处罚。

相关规定

《最高人民检察院、公安部关于公安机关管辖的刑事案件立案追诉标准的规定（二）》第八十一条、第八十二条；《最高人民法院、最高人民检察院关于办理药品、医疗器械注册申请材料造假刑事案件适用法律若干问题的解释》；《最高人民法院、最高人民检察院关于办理环境污染刑事案件适用法律若干问题的解释》；《最高人民检察院关于地质工程勘测院和其他履行勘测职责的单位及其工作人员能否成为刑法第二百二十九条规定的有关犯罪主体的批复》

二十六、将刑法第二百三十六条①修改为：“以暴力、胁迫或者其他手段强奸妇女的，处三年以上十年以下有期徒刑。

“奸淫不满十四周岁的幼女的，以强奸论，从重处罚。

“强奸妇女、奸淫幼女，有下列情形之一的，处十年以上有期徒刑、无期徒刑或者死刑：

“（一）强奸妇女、奸淫幼女情节恶劣的；

“（二）强奸妇女、奸淫幼女多人的；

“（三）在公共场所当众强奸妇女、奸淫幼女的；

“（四）二人以上轮奸的；

“（五）奸淫不满十周岁的幼女或者造成幼女伤害的；

“（六）致使被害人重伤、死亡或者造成其他严重后果的。”

条文主旨

本条是关于修改强奸罪的规定。

---

① 根据2020年12月26日第十三届全国人民代表大会常务委员会第二十四次会议通过的《中华人民共和国刑法修正案（十一）》修改，刑法修正案（十一）修改的内容自2021年3月1日起施行。1997年刑法第二百三十六条条文是：“以暴力、胁迫或者其他手段强奸妇女的，处三年以上十年以下有期徒刑。

“奸淫不满十四周岁的幼女的，以强奸论，从重处罚。

“强奸妇女、奸淫幼女，有下列情形之一的，处十年以上有期徒刑、无期徒刑或者死刑：

“（一）强奸妇女、奸淫幼女情节恶劣的；

“（二）强奸妇女、奸淫幼女多人的；

“（三）在公共场所当众强奸妇女的；

“（四）二人以上轮奸的；

“（五）致使被害人重伤、死亡或者造成其他严重后果的。”

立法背景

（一）立法相关背景及历次修改情况

1. 1979年立法的情况。强奸罪是一项性质恶劣的刑事犯罪，严重侵犯妇女人身权利及性自由权，使妇女的身心健康遭受严重摧残，有的甚至造成被害妇女死亡、伤残的后果，因此，强奸罪是刑法重点惩治的犯罪之一。我国1979年刑法第一百三十九条规定：“以暴力、胁迫或者其他手段强奸妇女的，处三年以上十年以下有期徒刑。奸淫不满十四岁幼女的，以强奸论，从重处罚。犯前两款罪，情节特别严重的或者致人重伤、死亡的，处十年以上有期徒刑、无期徒刑或者死刑。二人以上犯强奸罪而共同轮奸的，从重处罚。”

2. 1997年修订刑法的情况。1997年修订刑法时对本条作了修改，删去第三款中“犯前两款罪，情节特别严重的”的表述，对应处十年以上有期徒刑、无期徒刑或者死刑的情形作了具体列举，同时作了文字修改。

3. 2020年刑法修正案（十一）对本条作了修改。一是将第三款第三项“在公共场所当众强奸妇女的”，修改为“在公共场所当众强奸妇女、奸淫幼女的”，将在公共场所当众奸淫幼女的行为明确为从重处罚的情形；二是在第三款中增加一项作为第五项，规定“奸淫不满十周岁的幼女或者造成幼女伤害的”。

近年来，性侵害未成年人犯罪案件（包括强奸罪、猥亵儿童罪以及强制猥亵、侮辱罪案件）不时引发社会舆论的广泛关注。根据最高人民检察院的统计，2017－2019年全国检察机关共起诉性侵害未成年人犯罪案件3.88万件，涉及4.34万人，其中2017

年1.06万人，2018年1.34万人，2019年1.93万人，同比分别上升26.8%、24.9%。据全国公安刑侦部门统计的2017年以来强奸罪、猥亵儿童罪、强制猥亵、侮辱罪等各类性侵害犯罪案件情况看，未成年被害人在性侵害案件被害人中占较大比重。在强奸案件中，18岁以下的占41%，14岁以下的占21%。

针对上述情况，为了进一步加强对未成年人的刑法保护，根据有关方面的意见，刑法修正案（十一）对本罪第三款“处十年以上有期徒刑、无期徒刑或者死刑”的情形作了修改。

（二）立法时争议的主要问题。

近年来，实践中出现了一些性侵害14周岁以上男性的案件，引起了社会的关注。对此，有的建议修改刑法关于强奸罪对象的规定，将男性也纳入强奸罪犯罪对象，以强奸罪予以保护，为处罚此类行为提供依据。也有的提出，可以通过扩大强制猥亵、侮辱犯罪的适用范围，同等保护14周岁以上男性的人身权利。对此，在2015年刑法修正案（九）起草过程中，立法机关经研究，考虑到有关方面对于“强奸”男性的以强奸罪定罪，认识上存在较大分歧，同时结合现实情况，在广泛征求意见的基础上，刑法修正案（九）对刑法第二百三十七条规定的强制猥亵妇女罪作出修改，将侵害对象由“妇女”修改为“他人”，也包括侵害男性的情形，并对具有恶劣情节的加重了处罚，可处五年以上有期徒刑。

（三）有关国家和地区的规定

1. 德国。德国刑法典第176条规定，与不满14岁之人实施性行为的，处6个月以上10年以下自由刑；情节严重的，处1年以上自由刑。根据德国刑法典第176条a、第176条b等的规定，性侵害未成年人加重处罚的情形主要有：（1）在过去5年内有犯罪前科的；（2）奸入未成年人身体的；（3）数人共同实施的；（4）致被害儿童的健康遭受严重伤害的危险，或致使儿童身体或心理发育有遭受严重损害的风险；（5）行为人或其他参与人意图将此等与儿童的性行为制作成淫秽文书；（6）行为时虐待儿童的。其中，致儿童死亡的，处终身自由刑或10年以上自由刑。

2. 日本。日本刑法典第177条规定，“对十三周岁以上者，使用暴力或者胁迫实施性交、肛交或口交行为（以下称“性交等”）的，是强制性交等罪，处五年以上有期惩役。对不满十三周岁者实施性交等行为的，亦同。”对不满十三周岁实施性交等行为，构成犯罪不要求强制手段。

3. 我国台湾地区。我国台湾地区“刑法”第227条规定：“对于未满十四岁之男女为性交者，处三年以上十年以下有期徒刑。对于未满十四岁之男女为猥亵之行为者，处六个月以上五年以下有期徒刑。对于十四岁以上未满十六岁之男女为性交者，处七年以下有期徒刑。对于十四岁以上未满十六岁之男女为猥亵之行为者，处三年以下有期徒刑。”同时，第227条之一规定：“十八岁以下之人犯前条之罪者，减轻或免除其刑。”

条文解读

强奸罪，是指违背妇女的意志，以暴力、胁迫或者其他手段强行与妇女发生性关系的行为。本罪的犯罪主体一般是男子，教唆、帮助男子强奸妇女的女子，也可以成为强奸罪的共犯。本罪在客观方面表现为违背妇女意志强行与妇女发生性关系的行为。

这种行为具有以下特征：1. 必须是违背了妇女的真实意愿。判断与妇女发生性关系是否违背妇女的意志，要结合性关系发生的时间、周围环境、妇女的性格、体质等各种因素进行综合分析，不能将妇女是否有明显的抗拒举动作为违背其意愿的唯一要件。对于有的被害妇女由于害怕等原因而不敢反抗、失去反抗能力的，也应认定是违背了妇女的真实意愿。同无责任能力的妇女(如呆傻妇女或精神病患者）发生性关系的，由于这些妇女无法正常表达自己的真实意愿，因此无论其是否“同意”，均构成强奸罪。2. 行为人必须以暴力、胁迫或者其他手段，强行与妇女发生性关系。这里所说的“暴力”手段，是指犯罪分子直接对被害妇女采取身体强制，如施以殴打等危害妇女人身安全和人身自由，使妇女不能抗拒的手段；“胁迫”手段，是指犯罪分子对被害妇女施以威胁、恫吓，进行精神上的强制，迫使妇女就范，不敢抗拒的手段，如以杀害被害人、加害被害人的亲属相威胁的；以揭发被害人的隐私相威胁的；利用职权、教养关系、从属关系等形成的优势地位，以及妇女孤立无援的环境相胁迫的，等等。“其他手段”，是指犯罪分子使用暴力、胁迫以外的使被害妇女不知抗拒、无法抗拒的手段，如假冒为妇女治病而进行奸淫的；利用妇女患病、熟睡之机进行奸淫的；将妇女灌醉、麻醉后进行奸淫的，等等。本条第一款对构成强奸罪如何处罚作了规定。依照本款规定，对于犯强奸罪的，处三年以上十年以下有期徒刑。

本条第二款对奸淫幼女及其处罚作了规定。幼女身体发育尚不成熟，欠缺自我保护能力，为了加强对幼女的保护，刑法规定了奸淫幼女的犯罪。奸淫幼女，是指与不满十四周岁的幼女发生性关系的行为。奸淫幼女的，无论幼女是否“同意”，即构成强奸罪。构成本罪应具有两个要件：1. 被害人必须是不满十四周岁的幼女；2. 必须具有奸淫幼女的行为。不论行为人采用什么手段，也不论幼女是否同意，只要与幼女发生了性关系，就构成本罪。依照本款的规定，奸淫不满十四周岁的幼女的，以强奸论，从重处罚。

这里有一个问题需要注意，原刑法第三百六十条第二款规定“嫖宿不满十四周岁的幼女的，处五年以上有期徒刑，并处罚金。”对刑法的这一规定，有意见提出删去，对实践中有此类行为的，按照本条第二款的规定处理。2015 年 8 月 29 日，第十二届全国人民代表大会常务委员会第十六次会议通过的《中华人民共和国刑法修正案（九）》删去了第三百六十条第二款关于嫖宿幼女罪的规定。关于这样修改的考虑，嫖宿幼女从性质上讲，也是奸淫幼女的一种情形。刑法原来对嫖宿幼女的情形专门作出规定，是为了司法实践中更准确的适用法律，从严惩处这类犯罪。如嫖宿幼女的起刑点是五年有期徒刑，而强奸罪的起刑点为三年有期徒刑，这充分表明了刑法关于嫖宿幼女的刑罚设定与强奸罪规定的“奸淫不满十四周岁的幼女的，以强奸论，从重处罚”的精神相一致、刑罚相协调。但从实践中的情况看，由于各方面原因，对于嫖宿幼女行为的处理严厉程度不够；还有的提出，嫖宿幼女虽然针对的是现实存在的丑恶犯罪情况，但对被嫖宿的幼女而言，客观上会造成“污名化”的后果。应当说，对于嫖宿幼女犯罪的被害幼女的这些歧视等所谓“污名化”的行为，是极其错误并应予以严厉谴责的，但从有利于受害幼女权利保护的角度考虑，删去该罪的规定，对相关行为一律按奸淫幼女处理，也是可以的。虽然如此，有关司法机关在案件处理上，仍有必要强调对各类受害幼女都平等保护，不应因有的受害行为发生在所谓“嫖宿”的场合而有所从宽。

本条第三款规定了对犯强奸罪情节严重的处罚。对于强奸妇女、奸淫幼女情节严重的，本款共列了六项情形，即：

1. 强奸妇女、奸淫幼女情节恶劣的。这里的“情节恶劣”是指除本款已经列举之外的其他各种恶劣情节、欺凌等恶劣手段。

2. 强奸妇女、奸淫幼女多人的。是指强奸妇女、奸淫幼女人数比较多的情况，包括一次多人、多次累计多人等情况。司法实践中一般掌握为3人（含）以上的。

3. 在公共场所当众强奸妇女的、奸淫幼女的。这里的“公共场所”包括群众进行公开活动的场所，如商店、影剧院、体育场、街道等；也包括各类单位，如机关、团体、事业单位的办公场所，企业生产经营场所，医院、学校、幼儿园等；还包括公共交通工具，如火车、轮船、长途客运汽车、公共电车、汽车、民用航空器等。“当众”既包括故意使他人看到，也包括不避讳他人看到的情况。在公共场所强奸妇女、奸淫幼女，只要有其他人在场，不论在场人员是否实际看到，均可以认定为在公共场所“当众”强奸妇女、奸淫幼女。

4. 二人以上轮奸的。这里所说的“轮奸”，是指两个以上的男子在同一犯罪活动中，以暴力、胁迫或者其他手段对同一妇女或幼女进行强奸或者奸淫的行为。

5. 奸淫不满十周岁的幼女或者造成幼女伤害的。奸淫不满十周岁的幼女，通常会给幼女造成严重的身体伤害，同时对幼女的身心健康也会带来严重的不良影响，对于这种行为必须予以严惩。“造成幼女伤害的”是指因奸淫幼女行为给幼女造成身体、精神伤害结果的。这里的“奸淫不满十周岁的幼女”与“造成幼女伤害的”是并列的两种情形，行为人有奸淫幼女的行为，符合上述条件之一的，即应当处十年以上有期徒刑、无期徒刑或者死刑。

6. 致使被害人重伤、死亡或者造成其他严重后果的，这里所说的“致使被害人重伤、死亡”，是指因强奸妇女、奸淫幼女导致被害人性器官严重损伤，或者造成其他严重伤害，甚至死亡的。

强奸妇女、奸淫幼女，只要具有上述所列六种情形之一的，就属于情节严重的情况，依法应当予以严惩，依照本款规定，属于上述情况的，处十年以上有期徒刑、无期徒刑或者死刑。

实际执行中应当注意：

2015 年刑法修正案（九）删去刑法第三百六十条第二款关于嫖宿幼女罪的规定，并不是对这类行为不再追究，在刑法修正案（九）施行之后，对于实践中发生的嫖宿幼女行为，应适用本条第二款关于奸淫幼女的规定，直接以强奸罪处理，并予以从重处罚。

相关规定

《最高人民法院、最高人民检察院、公安部、司法部关于依法惩治性侵害未成年人犯罪的意见》；《最高人民法院、最高人民检察院关于办理组织、强迫、引诱、容留、介绍卖淫刑事案件适用法律若干问题的解释》第七条；《最高人民法院关于办理减刑、假释案件具体应用法律的规定》第七条、第九条、第十一条、第二十五条；《最高人民法院关于审理非法行医刑事案件具体应用法律若干问题的解释》

二十七、在刑法第二百三十六条后增加一条，作为第二百三十六条之一[①]："对已满十四周岁不满十六周岁的未成年女性负有监护、收养、看护、教育、医疗等特殊职责的人员，与该未成年女性发生性关系的，处三年以下有期徒刑；情节恶劣的，处三年以上十年以下有期徒刑。

"有前款行为，同时又构成本法第二百三十六条规定之罪的，依照处罚较重的规定定罪处罚。"

条文主旨

本条是关于增加特定身份人员性侵未成年女性的犯罪的规定。

立法背景

（一）立法相关背景

实践中，监护人等特定身份的人员性侵未成年人犯罪案件时有发生。据最高人民检察院统计，2018 年 7 月至 2020 年 6 月，全国检察机关批准逮捕监护人性侵未成年人案件 1279 件，其中强奸案件 1013 件，猥亵儿童案件 214 件，强制猥亵、侮辱案件 52 件；教师性侵害未成年人案件 1059 件，其中强奸案件 242 件，猥亵儿童案件 679 件，强制猥亵、侮辱案件 138 件。司法实践中，监护人等性侵未成年人案件多发于单亲、离异、收养家庭。例如，2015 年至 2017 年浙江办理的 15 件监护人性侵案件中，均涉及强奸罪，被害人都未满 14 周岁，发生在单亲、再婚、收养

① 根据 2020 年 12 月 26 日第十三届全国人大常委会第二十四次会议通过的《中华人民共和国刑法修正案（十一）》增加，自 2021 年 3 月 1 日起施行。

家庭中的占 80%。由此可以看出，需要进一步保护未成年人免受监护人等具有特定身份的人性侵害。

刑法奸淫幼女罪的年龄界限为十四周岁，对于利用特定关系性侵已满十四周岁女性未成年人的，如果采取了暴力、胁迫等手段的，可以强奸罪定罪处罚。未使用暴力、胁迫等手段的，难以依照刑法规定追究责任。从实际情况看，这种利用特定身份奸淫未成年女性的行为，即使未使用暴力手段，但由于收养、监护等特定关系，对未成年人而言，往往会由于恐惧、不知所措等而不敢反抗。有的虽然表现为受害人“自愿”，但由于受害人毕竟尚未成年，尚不具备完全认知自己行为性质的能力。因此，从保护女性未成年人健康成长出发，有必要对此类行为作为犯罪加以规定。从国外的情况看，不少国家和地区将特定关系人与不满一定年龄的未成年人发生性关系规定为犯罪，《联合国儿童权利公约》也有相关规定。立法机关经广泛听取各方面意见并反复研究，规定了本条犯罪，将年龄界限划定在十六周岁。

（二）立法时争议的主要问题

刑法修正案（十一）起草过程中，对于本条的争议主要体现在两个方面：

一是有的建议规定任何主体只要与不满十六周岁的未成年女性发生性关系的，就构成犯罪，而不限于负有监护、收养、看护、教育、医疗等职责的人员。对此，立法机关经研究认为，将本罪的犯罪主体扩大至所有人员，实际上是提高奸淫幼女罪的年龄界限，这样修改涉及刑事政策的重大调整，需要进一步论证。

二是，有的建议将本条规定的“已满十四周岁不满十六周岁”修改为“已满十四周岁不满十八周岁”，即将已满十六周岁不满十八周岁的未成年女性也纳入本罪的保护范围。对此，立法机关没有采纳这一意见，主要考虑：一是将犯罪对象的范围扩大至不满十八周岁的未成年女性，理由不是很充分，有关方面也存在不同意见；二是，有的提出，我国民法典第十八条中规定“十六周岁以上的未成年人，以自己的劳动收入为主要生活来源的，视为完全民事行为能力人”，十六周岁以上的未成年女性，已经具有相应的判断、认识能力。

（三）有关国家和地区的规定

1. 德国。德国刑法典第 174 条规定了对被保护未成年人的性滥用罪，这一犯罪包括三种情形：（1）与受自己教育、培训或监护的未满 16 岁的人实施性行为；（2）滥用教养、培训、照料、职务或劳动关系，与受自己教育、培训或监护的未满 18 岁的人，或者职务或工作上与自己有从属关系的未满 18 岁的人实施性行为；（3）与自己或者共同生活的他人的未满 18 岁的亲生子女或养子女实施性行为的。此外，2015 年德国修改刑法，增加了专门的教育培训机构工作人员与受教育培训的未成年人实施性行为犯罪的规定。德国刑法同时规定，犯上述罪，法庭在考虑案件中受保护人的行为后，若认为犯罪情节轻微的，可免除刑罚处罚。

2. 日本。日本 2017 年修改刑法新增加监护者猥亵、性交等罪的规定。日本刑法第 179 条规定，“对于未满十八周岁者，利用身为监护人的影响力乘机进行猥亵行为的，按照第一百七十六条的规定处罚（即强制猥亵罪）。对于未满十八周岁者，利用身为监护人的影响力乘机进行性交等行为的，按第一百七十七条规定处罚（即强制性交等罪）。”

3. 意大利。意大利刑法典第609—4条的规定，与下列情形之一的人实施性行为的，依照第609—2条强迫实施性行为罪的规定，同样处罚：（1）不满14岁的；（2）不满16岁的，如果犯罪人是该未成年人的直系尊亲属、父亲、养父或上述人员的共同生活人、监护人或者由于照顾、教育、培训、监督或看管等原因而受托照管未成年人或者与其有共同生活关系的其他人；（3）直系尊亲属、父亲、养父或上述人员的共同生活人、监护人，滥用与其地位相关的权力，与已满16岁的未成年人实施性行为的。同时，意大利刑法规定，犯前款罪，如果行为人同该未成年人年龄差距不超过3岁的，不予处罚。此外，意大利刑法还规定，对不满14岁的未成年人实施性侵犯罪的，犯罪人不得以不知晓被害人的年龄作为开脱罪责的理由。

4. 我国台湾地区。我国台湾地区刑法规定了利用权势机会性交、猥亵罪，该法第228条规定：“对于因亲属、监护、教养、教育、训练、救济、医疗、公务、业务或其他相类关系受自己监督、扶助、照护之人，利用权势或机会为性交者，处六个月以上五年以下有期徒刑。因前项情形而为猥亵之行为者，处三年以下有期徒刑。”该罪的犯罪对象不限于未成年人。

5.《联合国儿童权利公约》第十九条规定：“缔约国应采取一切适当的立法、行政、社会和教育措施，保护儿童在受父母、法定监护人或其他任何负责照管儿童的人的照料时，不致受到任何形式的身心摧残、伤害或凌辱，忽视或照料不周，虐待或剥削，包括性侵犯。”

条文解读

本条共分两款。第一款是关于特定身份人员性侵未成年女性的犯罪的规定。根据本款的规定，对已满十四周岁不满十六周岁的未成年女性负有监护、收养、看护、教育、医疗等特殊职责的人员，与该未成年女性发生性关系的，即构成本罪。这样规定，主要是为了进一步保护未成年人的身心健康，已满十四周岁不满十六周岁的未成年女性尚处于生长发育过程中，其生活经验、社会阅历尚浅，对性的认知能力尚存欠缺，在面对一些特定关系人利用特殊职责等便利条件侵扰时，尚不具备完全的自我保护能力。我国 2020 年修订的未成年人保护法第五十四条也规定禁止对未成年人实施性侵害、性骚扰。因此，刑法明确禁止负有监护、收养、看护、教育、医疗等特殊职责的人员与已满十四周岁不满十六周岁的未成年女性发生性关系，即使是在该女性“同意”的情况下发生性关系的，也要追究行为人的刑事责任。

本罪的犯罪主体是特殊主体，即对已满十四周岁不满十六周岁的未成年女性负有监护、收养、看护、教育、医疗等特殊职责的人员。这里的负有特殊职责的人员，是相对于未成年女性具体而言的。这里的监护，是指行为人负有保障无民事行为能力人和限制民事行为能力人的权益，弥补其民事行为能力不足的职责。我国民法典第三十四条规定，监护人的职责是代理被监护人实施民事法律行为，保护被监护人的人身权利、财产权利以及其他合法权益等。关于负有监护职责的人的范围，民法典第二十七条规定父母是未成年子女的监护人。未成年人的父母已经死亡或者没有监护能力的，由下列有监护能力的人按顺序担任监护人：（一）祖父母、外祖父母；（二）兄、姐；（三）其他愿意担任监护人的个人或者组织，但是须经未成年人住所地的居民委员会、村民委员会或者民政部门同意。此外，民法典还对遗嘱指定监护人、协议确定监护人、监护人变更等作了规定。因此，可以根据上述法律规定，结合案件的具体情况，确定负有监护职责的人的范围。这里的收养，是指自然人依法领养他人子女为自己子女的民事法律行为。通过收养行为，原本没有父母子女关系的收养人与被收养人形成了法律上拟制的父母子女关系，被收养人与生父母及其亲属之间的关系则相应终止。根据本条的规定，收养人对其收养的已满十四周岁不满十六周岁的未成年女性负有特殊职责，禁止与其发生性关系。这里的看护，是指对已满十四周岁不满十六周岁的未成年女性负有看护职责的人，如雇佣的服务人员、保安等。这种看护职责通常是基于合同、雇佣、服务等关系确定，也可以通过口头约定、志愿性的服务等形式确定，如邻居受托或自愿代人照顾。这里的教育、医疗，主要是指对已满十四周岁不满十六周岁的未成年女性负有教育、医疗职责的人，如学校、培训机构、医院等机构的工作人员，包括教师、医生、护士等。这种教育、医疗职责通常是基于教育关系、医疗关系、服务合同等确定。上述负有特殊职责的人员与该已满十四周岁不满十六周岁的未成年女性发生性关系的，构成本罪。

对于构成本罪的，处三年以下有期徒刑；情节恶劣的，处三年以上十年以下有期徒刑。这里的“情节恶劣”，主要是包括多人、多次、给遭受性侵害的未成年人造成重大伤害等。

本条第二款是关于有前款行为，同时又构成本法第二百三十六条规定的强奸罪的，依照处罚较重的规定定罪处罚的规定。根据刑法第二百三十六条的规定，强奸罪是指违背妇女的意志，以暴力、胁迫或者其他手段强行与妇女发生性关系的行为。对已满十四周岁不满十六周岁的未成年女性负有监护、收养、看护、教育、医疗等特殊职责的人员，如果行为人违背该未成年女性的意志，以暴力、胁迫或者其他手段强行与该未成年女性发生性关系的，属于强奸罪，应当依照处罚较重的规定定罪处罚。

实际执行中应当注意本罪与强奸罪的区别，主要区别是：一是犯罪主体范围不同。强奸罪是一般主体，而本罪是特殊主体，即限于对已满十四周岁不满十六周岁的未成年女性负有监护、收养、看护、教育、医疗等特殊职责的人员，不负有上述职责的人员与已满十四周岁不满十六周岁的未成年女性发生性关系的，不构成本罪。二是客观表现不同。本罪一般表现为行为人未采用暴力、胁迫等手段；而强奸罪表现为违背妇女意志，以暴力、胁迫或者其他手段强行与女性发生性关系。但需要指出的是，如果对已满十四周岁不满十六周岁的未成年女性负有监护、收养、看护、教育、医疗等特殊职责的人员，利用其优势地位或者被害人孤立无援的境地，违背其意愿，迫使被害人就范，而与其发生性关系的，构成强奸罪。

相关规定

《中华人民共和国刑法》第二百三十六条；《中华人民共和国未成年人保护法》第五十四条；《联合国儿童权利公约》第十九条

二十八、将刑法第二百三十七条[①]第三款修改为：“猥亵儿童的，处五年以下有期徒刑；有下列情形之一的，处五年以上有期徒刑：

“（一）猥亵儿童多人或者多次的；

“（二）聚众猥亵儿童的，或者在公共场所当众猥亵儿童，情节恶劣的；

“（三）造成儿童伤害或者其他严重后果的；

“（四）猥亵手段恶劣或者有其他恶劣情节的。”

条文主旨

本条是关于修改猥亵儿童罪的规定。

立法背景

2020年刑法修正案（十一）对本条第三款作了修改。对猥亵儿童行为从重处罚的情形作了明确列举。这样修改，主要是基于以下几个方面：一是近年来，性侵未成年人犯罪案件（包括强

---

① 根据2015年8月29日第十二届全国人民代表大会常务委员会第十六次会议通过的《中华人民共和国刑法修正案（九）》第一次修改，修正案（九）修改的内容自2015年11月1日起施行。刑法第二百三十七条条文为：“以暴力、胁迫或者其他方法强制猥亵妇女或者侮辱妇女的，处五年以下有期徒刑或者拘役。

“聚众或者在公共场所当众犯前款罪的，处五年以上有期徒刑。

“猥亵儿童的，依照前两款的规定从重处罚。”

根据2020年12月26日第十三届全国人民代表大会常务委员会第二十四次会议通过的《中华人民共和国刑法修正案（十一）》第二次修改，修正案（十一）修改的内容自2021年3月1日起施行。刑法修正案（九）修改后的第二百三十七条条文为：“以暴力、胁迫或者其他方法强制猥亵他人或者侮辱妇女的，处五年以下有期徒刑或者拘役。”

“聚众或者在公共场所当众犯前款罪的，或者有其他恶劣情节的，处五年以上有期徒刑。

“猥亵儿童的，依照前两款的规定从重处罚。”

奸罪，猥亵儿童罪以及强制猥亵、侮辱罪案件）引发社会舆论的广泛关注。根据最高人民检察院的统计，2017－2019 年全国检察机关共起诉上述性侵害未成年人犯罪案件 3.88 万件共计 4.34 万人，其中 2017 年 1.06 万人，2018 年 1.34 万人，2019 年 1.93 万人，同比分别上升 26.8%、24.9%。其中猥亵儿童 1.07 万件共计 1.08 万人；强制猥亵、侮辱未成年人案件 2595 件、2863 人。据全国公安刑侦部门统计的 2017 年以来强奸罪、猥亵儿童罪、强制猥亵妇女罪等各类性侵犯罪案件情况看，未成年被害人在性侵案件被害人中占较大比重。猥亵儿童案件中，10 岁以下的占 59%，6 岁以下的占 19%。强制猥亵案件中，18 岁以下的占 32%，16 岁以下的占 18%。

二是，实践中猥亵犯罪也出现了一些新情况、新问题，案件情形、行为手段与过去有所不同，有的猥亵行为给受害人造成较大身心伤害，但是由于各方面对本条规定的“其他恶劣情节”的理解不够统一，司法实践中按这一加重情节处理的情况较少，导致一些案件中处刑较轻，不能体现罪责刑相适应。

针对上述情况，为了进一步加强对未成年人的刑法保护，根据有关方面的意见，刑法修正案（十一）对本条第三款作了修改完善，对猥亵儿童的“恶劣情节”作了列举式规定，进一步细化猥亵儿童罪从重处罚的规定，从而加大了对猥亵儿童行为的惩处力度。

修改后的刑法第二百三十七条规定：“以暴力、胁迫或者其他方法强制猥亵他人或者侮辱妇女的，处五年以下有期徒刑或者拘役。”

“聚众或者在公共场所当众犯前款罪的，或者有其他恶劣情节的，处五年以上有期徒刑。”

“猥亵儿童的，处五年以下有期徒刑；有下列情形之一的，处五年以上有期徒刑：

“（一）猥亵儿童多人或者多次的；

“（二）聚众猥亵儿童的，或者在公共场所当众猥亵儿童，情节恶劣的；

“（三）造成儿童伤害或者其他严重后果的；

“（四）猥亵手段恶劣或者有其他恶劣情节的。”

历史沿革

1. 1979 年立法的情况。1979 年刑法第一百六十条规定：“聚众斗殴，寻衅滋事，侮辱妇女或者进行其他流氓活动，破坏公共秩序，情节恶劣的，处七年以下有期徒刑、拘役或者管制。流氓集团的首要分子，处七年以上有期徒刑。”

2. 1979 年之后至 1997 年刑法修订前的立法情况。1983 年 9 月 2 日全国人大常委会通过的《关于严惩严重危害社会治安的犯罪分子的决定》第一条规定，流氓犯罪集团的首要分子或者携带凶器进行流氓犯罪活动，情节严重的，或者进行流氓犯罪活动危害特别严重的，可以在刑法规定的最高刑以上处刑，直至判处死刑。由此，将 1979 年刑法第一百六十条流氓罪最高刑提高至死刑。

3. 1997 年修订刑法的情况。由于 1979 年刑法关于流氓罪的规定比较原则和概括，司法实践中把握标准也不统一，为防止执法的随意化，按照罪刑法定的要求，在 1997 年修订刑法时，总结多年司法实践的情况，将流氓罪的规定进一步具体化，分解为几个不同的罪名。本条规定的犯罪属于其中之一。

4. 2015年刑法修正案（九）对本条修改情况。刑法修正案（九）针对1997年刑法实施以来实践中发生的猥亵他人不法行为的实际情况，为进一步加强对公民人身权利的保护，对本罪做了两处修改完善：一是将猥亵妇女改为猥亵他人。本条原第一款规定，以暴力、胁迫或者其他方法强制猥亵妇女或者侮辱妇女的，处五年以下有期徒刑或者拘役。该款着重强调了刑法对妇女这一群体的特殊保护。妇女、儿童虽然是猥亵行为的主要受害群体，但实践中猥亵男性的情况也屡有发生，猥亵十四周岁以上男性的行为如何适用刑法并不明确，对此，社会有关方面多次建议和呼吁，要求扩大猥亵罪适用范围，包括猥亵十四周岁以上男性的行为，以同等保护男性的人身权利。因此，刑法修正案（九）将第一款罪状中的"猥亵妇女"修改为"猥亵他人"，使该条保护的对象由妇女扩大到了年满十四周岁男性。

二是增加规定了加重处罚情形，加大了对猥亵犯罪的惩治力度。实践中，仅对"聚众"或者在"公共场所当众"两种情况加重处罚已不能适应当前惩治、遏制猥亵犯罪的实际需要。如，近来曝光的教师猥亵多名学生以及多次猥亵学生，造成严重后果等情形，仅按第一款规定处以五年以下有期徒刑或者拘役，有的案件中难以做到罪刑相适应。对此，各方面强烈建议加大对情节恶劣的猥亵犯罪的惩治力度。为此，立法机关广泛听取意见，反复研究论证，在刑法修正案（九）中对刑法第二百三十七条作出补充和完善，在原第二款规定的基础上，增加了"有其他恶劣情节的"加重处罚的规定。

本条第三款在刑法修正案（九）中并未修改，但由于第二款增加规定了猥亵的"其他恶劣情节"，因此，猥亵儿童具有上述情节的，也应依照第二款的规定从重处罚。这也体现了刑法对儿童人身权利的特殊保护。

条文解读

本条共分三款。第一款是关于强制猥亵他人或者侮辱妇女的犯罪及处刑规定。本款规定的“暴力”，是指行为人直接对他人或被害妇女施以伤害、殴打等危害他人或妇女人身安全和人身自由，使他人或妇女不能抗拒或者不敢反抗的方法；“胁迫”，是指行为人对他人或被害妇女虽未直接实施暴力，但施以威胁、恫吓，进行精神上的强制，迫使他人或妇女就范，不敢抗拒的方法。例如，以杀害被害人、加害被害人的亲属相威胁的；以揭发被害人的隐私相威胁的；利用职权、教养关系、从属关系及他人或妇女孤立无援的环境相胁迫的，等等。“其他方法”，是指行为人使用暴力、胁迫以外的使他人或被害妇女不能抗拒的方法。例如，利用他人或妇女患病、熟睡之机进行猥亵、侮辱的；用酒将他人或妇女灌醉、用药物将他人或妇女麻醉后进行猥亵、侮辱的，等等。本款规定的“强制猥亵”，主要是指违背他人的意愿，以搂抱、抠摸等淫秽下流的手段侵犯他人性权利的行为。“他人”，是指年满十四周岁的人。

本款的“侮辱妇女”，主要是指对妇女实施猥亵行为以外的、损害妇女人格尊严的淫秽下流的、伤风败俗的行为。例如，以多次偷剪妇女的发辫、衣服，向妇女身上泼洒腐蚀物、涂抹污物，故意向妇女显露生殖器，追逐、堵截妇女等手段侮辱妇女的行为。行为人“侮辱妇女”的，既可能出于损害妇女的人格和名誉等目的，也可能出于寻欢作乐的淫秽下流心理。

依照本款的规定，以暴力、胁迫或者其他方法强制猥亵他人或者侮辱妇女的，处五年以下有期徒刑或者拘役。

本条第二款是关于对猥亵罪加重处罚情形的规定。强制猥亵他人、侮辱妇女是对被害人的人格、尊严等人身权利的严重侵害，而聚众或者在公共场所实施强制猥亵、侮辱的行为，以及多次实施等“情节恶劣的行为”，对被害人造成的伤害更大，社会秩序受到的破坏更大，应当给予更为严厉的惩处。“其他恶劣情节”，主要是指对多人实施猥亵或侮辱行为的，多次实施猥亵、侮辱行为的，造成被害人伤亡等严重后果的，以及手段特别恶劣的，等等。本款规定，聚众或者在公共场所当众犯前款罪，或者有其他恶劣情节的，处五年以上有期徒刑。

本条第三款是关于猥亵儿童罪的规定。这里所说的“猥亵”，主要是指以抠摸、指奸等淫秽下流的手段猥亵儿童的行为。考虑到儿童的认识能力，尤其是对性的认识能力欠缺，为了保护儿童的身心健康，构成猥亵儿童罪并不要求以暴力、胁迫或者其他方法强制进行。只要对儿童实施了猥亵行为，就构成了本款规定的犯罪。

根据本款规定，猥亵儿童的，处五年以下有期徒刑。有“（一）猥亵儿童多人或者多次的；（二）聚众猥亵儿童的，或者在公共场所当众猥亵儿童，情节恶劣的；（三）造成儿童伤害或者其他严重后果的；（四）猥亵手段恶劣或者有其他恶劣情节的”情形之一的，处五年以上有期徒刑。“聚众”是指聚集多人；“公共场所”包括群众进行公开活动的场所，如商店、影剧院、体育场、街道等；也包括各类单位，如机关、团体、事业单位的办公场所，企业生产经营场所，医院、学校、幼儿园等；还包括公共交通工具，如火车、轮船、长途客运汽车、公共电车、汽车、民用航空器等。“造成儿童伤害”是指猥亵行为造成儿童身体或精神伤害后果的；“其他严重后果”包括导致儿童自杀、严重残疾等后果的。“猥亵手段恶劣或者有其他恶劣情节的”，主要是指采取侵入身体等猥亵方式，以及猥亵过程中伴随对儿童进行摧残、凌辱等情况。

此外，行为人猥亵儿童时，如果造成儿童轻伤以上伤害、死亡等后果，同时符合刑法第二百三十四条或者第二百三十二条的规定，构成故意伤害罪、故意杀人罪的，应当依照处罚较重的规定定罪处罚。

实际执行中应当注意以下几个方面的问题：

1. 要注意区分罪与非罪的界限，要将强制猥亵他人、侮辱妇女行为与一般的猥亵他人、侮辱妇女的违法行为加以区分，具有“以暴力、胁迫或者其他方法强制”行为的，才能作为犯罪处理。

2. 要区分侮辱罪与本罪的区别，侮辱罪以败坏他人名誉为目的，必须是公然地针对特定的人实施；而强制猥亵、侮辱罪则是出于满足行为人的淫秽下流的欲望，不要求公然地针对特定的人实施。

3. 实际执行中应当注意区分猥亵儿童与一般的对儿童表示“亲昵”的行为。猥亵儿童的行为是出于行为人的淫秽下流的欲望，往往对儿童的身体或者思想、认识造成伤害或者不良影响，行为一般为当地的风俗、习惯所不容。

相关规定

《中华人民共和国治安管理处罚法》第四十二条、第四十四条；《中华人民共和国妇女权益保障法》第四十一条、第四十二条；《最高人民法院、最高人民检察院关于执行〈中华人民共和国刑法〉确定罪名的补充规定（六）》

二十九、将刑法第二百七十一条[①]第一款修改为："公司、企业或者其他单位的工作人员，利用职务上的便利，将本单位财物非法占为己有，数额较大的，处三年以下有期徒刑或者拘役，并处罚金；数额巨大的，处三年以上十年以下有期徒刑，并处罚金；数额特别巨大的，处十年以上有期徒刑或者无期徒刑，并处罚金。"

条文主旨

本条是关于修改职务侵占罪的规定。

立法背景

党的十八届四中全会提出，"健全以公平为核心原则的产权保护制度，加强对各种所有制经济组织和自然人财产权的保护，清理有违公平的法律法规条款"。加大非公有制经济刑法保护力度，是贯彻落实中央要求、完善产权保护法律制度的重要内容。

---

① 根据2020年12月26日第十三届全国人民代表大会常务委员会第二十四次会议通过的《中华人民共和国刑法修正案（十一）》修改，修正案（十一）修改的内容自2021年3月1日起施行。1997年刑法第二百七十一条条文是："公司、企业或者其他单位的人员，利用职务上的便利，将本单位财物非法占为己有，数额较大的，处五年以下有期徒刑或者拘役；数额巨大的，处五年以上有期徒刑，可以并处没收财产。

"国有公司、企业或者其他国有单位中从事公务的人员和国有公司、企业或者其他国有单位委派到非国有公司、企业以及其他单位从事公务的人员有前款行为的，依照本法第三百八十二条、第三百八十三条的规定定罪处罚。"

随着我国社会主义市场经济的发展，近年来，围绕非公有制经济平等保护，一些全国人大代表、专家学者和有关方面提出对于国家工作人员与非国家工作人员的贪污贿赂、侵占挪用等腐败行为，应当统一罪名和入罪条件，实行同罪同罚。立法机关经研究认为，在市场经济中，法律应当平等保护公有制经济、非公有制经济等所有市场主体，按照中央要求不断完善法律规定。同时也要注意，落实平等保护的具体措施要有利于真正体现中央提出的"以公平为核心原则"的要求，不能简单将"平等保护"等同为"一模一样惩治"，而不考虑实际情况的差异。

一是，根据现有法律规定，国家工作人员（包括以国家工作人员论的人员）实施某个行为，非国家工作人员实施相应行为的，有的情况下后罪的最高法定刑确实较前者轻。这是因为在刑法中，身份往往是影响定罪量刑的一个重要情节，因行为主体或者行为对象的身份不同，其承担的责任往往也有差异，与此相应，实际造成的危害后果会有轻重之别，因此，在定不定罪、定什么罪、量什么刑上可能会需要有所不同，关键看不同的身份是否影响到行为社会危害性的轻重，这样也符合权责一致和罪刑相适应的原则。

二是，根据我国当前经济发展不平衡的实际情况，非公有制经济主体，在规模、组织形式、管理水平等方面差异较大。我国有大量的非公有制经济仍是个人企业、家族企业，企业产权不清晰、经营不规范、资产处置较为随意等问题较为普遍。刑法是国家公器，刑罚手段是把双刃剑，如作"一刀切"规定，公权力特别是刑事司法力量深度介入民营经济经营管理活动，是否符合当前我国非公有制经济发展的实际情况和特点，是否真正有利于保护民营经济，能否划清罪与非罪的界限等，都还需要慎重深入研究。

三是，从当前我国非公有制经济保护的情况来看，在实践中确实还存在对国有企业与民营企业腐败案件不一视同仁，忽视民营企业可持续发展等不良现象。这些执法司法方面的不平等对待，并不能够通过一味地提高法定刑来解决。

同时，随着近年来非公有制经济的快速发展，职务侵占的涉案数额也由几万元到上亿元不等，个别案件造成的社会影响较为恶劣，也确实存在加大打击侵害非公有制经济犯罪行为的需求。立法机关经研究认为，出于加大对非公有制经济刑法保护力度的考虑，可以适当调整法定刑尤其是最高法定刑的范围，同时增加罚金刑，作为经济犯罪的财产惩罚措施。

综上，刑法修正案（十一）对本条作了两处修改：一是，调整了法定刑。将原条文的两档法定刑调整为“数额较大的，处三年以下有期徒刑或者拘役”；“数额巨大的，处三年以上十年以下有期徒刑”；“数额特别巨大的，处十年以上有期徒刑或者无期徒刑”三档法定刑。二是，相应调整了罚金刑，对三档法定刑的财产刑均修改为“并处罚金”的规定。保留了原条文第二款以国家工作人员论的主体依法适用贪污罪的规定。

修改后的刑法第二百七十一条规定：“公司、企业或者其他单位的工作人员，利用职务上的便利，将本单位财物非法占为己有，数额较大的，处三年以下有期徒刑或者拘役，并处罚金；数额巨大的，处三年以上十年以下有期徒刑，并处罚金；数额特别巨大的，处十年以上有期徒刑或者无期徒刑，并处罚金。

“国有公司、企业或者其他国有单位中从事公务的人员和国有公司、企业或者其他国有单位委派到非国有公司、企业以及其他单位从事公务的人员有前款行为的，依照本法第三百八十二条、第三百八十三条的规定定罪处罚。”

历史沿革

1. 1979 年之后至 1997 年刑法修订前的立法情况。1979 年刑法只规定了贪污罪，未规定职务侵占罪。1988 年全国人大常委会《关于惩治贪污罪贿赂罪的补充规定》将贪污罪的犯罪主体规定为“国家工作人员、集体经济组织工作人员或者其他经手、管理公共财物的人员”。1993 年 12 月第八届全国人大常委会第五次会议通过了公司法。在公司法执行过程中，有的公司董事、监事或者职工利用职务或者工作上的便利，侵占本公司财物，侵犯了公司的财产权利和公司股东的合法权益，破坏了社会主义市场经济的健康发展。为此，1995 年 2 月 28 日第八届全国人民代表大会常务委员会第十二次会议通过的《关于惩治违反公司法的犯罪的决定》，对公司董事、监事或者职工侵占公司财物的行为作了规定，对刑法予以补充。该决定第十条规定：“公司董事、监事或者职工利用职务或者工作上的便利，侵占本公司财物，数额较大的，处五年以下有期徒刑或者拘役；数额巨大的，处五年以上有期徒刑，可以并处没收财产。”第十四条规定：“有限责任公司、股份有限公司以外的企业职工有本决定第九条、第十条、第十一条规定的犯罪行为的，适用本决定。”第十二条规定：“国家工作人员犯本决定第九条、第十条、第十一条规定之罪的，依照《关于惩治贪污罪贿赂罪的补充规定》的规定处罚。”

2. 1997 年修订刑法的情况。1997 修订刑法时，一方面，随着社会主义市场经济的进一步发展和现代企业制度的逐步建立，对于企业工作人员利用职务便利侵占、挪用企业财产等损害企业利益的危害行为，愈发有必要作为犯罪加以规定，以加大对企业财产权益的刑事保护力度。另一方面，一些国有公司、企业的管理人员利用经手管理国家财产的便利，侵吞企业财产的情况也比较突出，刑法第九十三条对“以国家工作人员论”作出了规定。按此原则，国有公司、企业人员有贪污受贿、侵害公私财产行为的，应当依照刑法关于贪污贿赂、挪用公款罪追究。因此。1997年刑法将1995年《关于惩治违反公司法的犯罪的决定》第十条、第十二条、第十四条规定调整合并至本条，并作了进一步修改：一是，完善第一款职务侵占罪的主体范围，规定为公司、企业或者其他单位的人员；二是，将原决定第十二条的“国家工作人员”明确为“国有公司、企业或者其他国有单位中从事公务的人员和国有公司、企业或者其他国有单位委派到非国有公司、企业以及其他单位从事公务的人员”，作为本条第二款，明确该类人员适用刑法关于贪污罪的规定。职务侵占罪的确立，将非国家工作人员的公司、企业或者其他单位的人员侵占本单位财物的行为规定为犯罪，使我国的刑事立法更加趋于完善。

条文解读

修改后的刑法第二百七十一条共分两款。第一款是关于公司、企业或者其他单位的工作人员利用职务便利侵占单位财物的规定。“侵占”，是指公司、企业或者其他单位的工作人员利用职务上的便利，侵吞、窃取、骗取或者以其他手段非法占有本单位的财物的行为。这里所规定的“公司”，是指依照公司法在中国境内设立的有限责任公司和股份有限公司。“企业”，是指进行企业登记从事经营活动的非以公司形式组成的经济实体，如厂矿、商店、宾馆饭店以及其他服务性企业等。“单位财物”，包括动产和不动产，不仅仅指单位所有的，还包括单位依法或者依约定而占有、管理、使用、运输中的财物。

构成本罪必须符合以下四个条件：1. 主体是公司、企业或者其他单位的工作人员。2. 行为人必须利用职务上的便利。“利用职务上的便利”，主要是指利用自己在职务上所具有的主管、管理或者经手本单位财物的便利条件，如公司的经理在一定范围内调配、处置单位财产的权力，企业的会计有管理财务的职责，出纳有经手、管理钱财的职责等。应当注意的是，利用职务上的便利，不是指利用与其职责无关，只因工作关系而熟悉作案环境、条件，或者凭工作人员身份便于出入某单位，较易接近作案目标或者对象等便利条件。例如公司会计利用管帐机会，作假帐骗取公司财物；出纳利用管钱机会侵吞公司钱款，均属于职务侵占行为。而如果公司会计利用与出纳一起工作的机会，乘出纳不在将其所保管的钱柜中的现金取走占为已有的，则因为没有利用其会计职务的便利而不能构成职务侵占罪。3. 以非法占有为目的，实施了侵占行为。一般是指采用侵吞、窃取、骗取等各种手段将本单位财物占为己有，既包括将合法已持有的单位财物视为己物而加以处分、使用、变持有为所有等行为，又包括不占有单位财物但利用职务之便骗取、窃取、侵吞、私分单位财物的行为。4. 达到数额较大的标准。

本条第二款是关于国有公司、企业或者其他国有单位中从事公务的人员和国有公司、企业或者其他国有单位委派到非国有公司、企业以及其他单位从事公务的人员利用职务便利侵占单位财物的，应当如何处理的规定。刑法第九十三条第二款规定，国有公司、企业、事业单位、人民团体中从事公务的人员和国家机关、国有公司、企业、事业单位委派到非国有公司、企业、事业单位、社会团体从事公务的人员，以及其他依照法律从事公务的人员，以国家工作人员论。本款规定的人员，属于第九十三条第二款规定的以国家工作人员论的范围。根据本款规定，应当按照刑法第三百八十二条认定为贪污罪。根据第三百八十三条的规定：（一）贪污数额较大或者有其他较重情节的，处三年以下有期徒刑或者拘役，并处罚金；（二）贪污数额巨大或者有其他严重情节的，处三年以上十年以下有期徒刑，并处罚金或者没收财产；（三）贪污数额特别巨大或者有其他特别严重情节的，处十年以上有期徒刑或者无期徒刑，并处罚金或者没收财产；数额特别巨大，并使国家和人民利益遭受特别重大损失的，处无期徒刑或者死刑，并处没收财产。对多次贪污未经处理的，按照累计贪污数额处罚。犯第一款罪，在提起公诉前如实供述自己罪行、真诚悔罪、积极退赃，避免、减少损害结果的发生，有第一项规定情形的，可以从轻、减轻或者免除处罚；有第二项、第三项规定情形的，可以从轻处罚。犯第一款罪，有第三项规定情形被判处死刑缓期执行的，人民法院根据犯罪情节等情况可以同时决定在其死刑缓期执行二年期满依法减为无期徒刑后，终身监禁，不得减刑、假释。

需要注意的是，只有符合刑法第九十三条第二款规定的人员才能以贪污罪论处。对于其他身份的人员，根据《最高人民法院关于在国有资本控股、参股的股份有限公司中从事管理工作的人员利用职务便利非法占有本公司财物如何定罪问题的批复》，在国有资本控股、参股的股份有限公司中从事管理工作的人员，除受国家机关、国有公司、企业、事业单位委派从事公务的以外，不属于国家工作人员。对其利用职务上的便利，将本单位财物非法占为己有，数额较大的，应当依照刑法第二百七十一条第一款的规定，以职务侵占罪定罪处罚。根据《最高人民法院关于村民小组组长利用职务便利非法占有公共财物行为如何定性问题的批复》，对村民小组组长利用职务上的便利，将村民小组集体财产非法占为己有，数额较大的，应当依照刑法第二百七十一条第一款的规定，以职务侵占罪定罪处罚。

实际执行中应当注意以下几个方面的问题：

1. 关于贪污罪和职务侵占罪案件中的共同犯罪问题。根据2000年《最高人民法院关于审理贪污、职务侵占案件如何认定共同犯罪几个问题的解释》：（1）行为人与国家工作人员勾结，利用国家工作人员的职务便利，共同侵吞、窃取、骗取或者以其他手段非法占有公共财物的，以贪污罪共犯论处。（2）行为人与公司、企业或者其他单位的人员勾结，利用公司、企业或者其他单位人员的职务便利，共同将该单位财物非法占为己有，数额较大的，以职务侵占罪共犯论处。（3）公司、企业或者其他单位中，不具有国家工作人员身份的人与国家工作人员勾结，分别利用各自的职务便利，共同将本单位财物非法占为己有的，按照主犯的犯罪性质定罪。

2. 关于职务侵占罪与侵占罪的区别。职务侵占罪与侵占罪都以非法占有为目的，都侵犯了他人的财物所有权，二者最大的区别在于是否利用了职务之便。具体而言，二者存在以下几个方面的不同：（1）犯罪对象不同。职务侵占罪的犯罪对象是公司、企业或其他单位的财物。侵占罪的犯罪对象是“代为保管的他人财物”或“他人的遗忘物或埋藏物”。（2）客观行为表现不同。职务侵占罪在客观方面表现为行为人利用职务上的便利将本单位财物加以侵占，数额较大的行为。侵占罪在客观方面表现为行为人将代为保管的他人财物非法占为己有，数额较大，拒不退还或者将他人的遗忘物、埋藏物非法占为己有，数额较大，拒不交出的行为。进一步分析，职务侵占罪要求行为人必须利用了职务上的便利这一条件，而侵占罪的行为人则不要求这一点。另外，侵占罪的行为人只有在将代为保管的他人财物拒不退还或者将他人的遗忘物、埋藏物非法占为己有，拒不交出的情况下，才构成本罪。如果行为人在财物的所有人即他人告诉之前，已经退还或交出他人的财物，则不构成犯罪。而职务侵占罪，只要行为人实施了侵占本单位财物的行为，并达到数额较大，就构成了犯罪，对于退赃退赔，只能作为量刑情节予以考虑。（3）犯罪主体不同。职务侵占罪的犯罪主体是公司、企业或者其他单位的工作人员（但不包括公司、企业或其他单位中从事公务的国家工作人员）；而侵占罪的犯罪主体则是一般主体。（4）侵占罪属于告诉才处理的犯罪，而职务侵占罪则无此规定。

相关规定

《最高人民法院、最高人民检察院关于办理贪污贿赂刑事案件适用法律若干问题的解释》第 1 条、第 11 条；《最高人民法院关于审理贪污、职务侵占案件如何认定共同犯罪几个问题的解释》；《最高人民法院关于村民小组组长利用职务便利非法占有公共财物行为如何定性问题的批复》；《最高人民法院关于在国有资本控股、参股的股份有限公司中从事管理工作的人员利用职

务便利非法占有本公司财物如何定罪问题的批复》；《最高人民法院关于常见犯罪的量刑指导意见》

三十、将刑法第二百七十二条[①]修改为：“公司、企业或者其他单位的工作人员，利用职务上的便利，挪用本单位资金归个人使用或者借贷给他人，数额较大、超过三个月未还的，或者虽未超过三个月，但数额较大、进行营利活动的，或者进行非法活动的，处三年以下有期徒刑或者拘役；挪用本单位资金数额巨大的，处三年以上七年以下有期徒刑；数额特别巨大的，处七年以上有期徒刑。

“国有公司、企业或者其他国有单位中从事公务的人员和国有公司、企业或者其他国有单位委派到非国有公司、企业以及其他单位从事公务的人员有前款行为的，依照本法第三百八十四条的规定定罪处罚。

“有第一款行为，在提起公诉前将挪用的资金退还的，可以从轻或者减轻处罚。其中，犯罪较轻的，可以减轻或者免除处罚。”

---

① 根据2020年12月26日第十三届全国人民代表大会常务委员会第二十四次会议通过的《中华人民共和国刑法修正案（十一）》修改，修正案（十一）修改的内容自2021年3月1日起施行。1997年刑法第二百七十二条条文是：“公司、企业或者其他单位的工作人员，利用职务上的便利，挪用本单位资金归个人使用或者借贷给他人，数额较大、超过三个月未还的，或者虽未超过三个月，但数额较大、进行营利活动的，或者进行非法活动的，处三年以下有期徒刑或者拘役；挪用本单位资金数额巨大的，或者数额较大不退还的，处三年以上十年以下有期徒刑。

“国有公司、企业或者其他国有单位中从事公务的人员和国有公司、企业或者其他国有单位委派到非国有公司、企业以及其他单位从事公务的人员有前款行为的，依照本法第三百八十四条的规定定罪处罚。”

条文主旨

本条是关于修改挪用资金罪的规定。

立法背景

1979 年刑法未规定挪用资金罪。随着改革开放和社会主义市场经济体制的建立和发展，实践中也出现了一些公司、企业或者单位的工作人员非法挪用本单位资金的案件，我国对非国有财产的保护也日益重视。为此，1995 年 2 月 28 日第八届全国人民代表大会常务委员会第十二次会议通过的《关于惩治违反公司法的犯罪的决定》，对公司董事、监事或者职工挪用公司财物的行为作了规定。1997 修订刑法时，吸收了 1995 年决定的相关规定，将挪用资金罪的主体范围调整为公司、企业或者其他单位的工作人员，完善了法定刑，并在第二款明确对国有公司、企业或者其他国有单位中从事公务的人员和国有公司、企业或者其他国有单位委派到非国有公司、企业以及其他单位从事公务的人员适用刑法关于挪用公款罪的规定。

当下，党的十八届四中全会提出，"健全以公平为核心原则的产权保护制度，加强对各种所有制经济组织和自然人财产权的保护，清理有违公平的法律法规条款"。加大非公有制经济刑法保护力度，是贯彻落实中央要求、完善产权保护法律制度的重要内容。同时，随着近年来非公有制经济的快速发展，实践中挪用资金的涉案数额也由几万到上亿元不等，一些案件涉案金额甚至影响公司的正常运转，给企业造成特别严重的损失。为此，有必要加大打击对这类侵害非公有制经济犯罪的惩处力度。立法机关经研究认为，出于加大对非公有制经济刑法保护力度的考虑，可以适当调整法定刑，提高刑罚。同时，考虑到挪用行为的具体情况，为更有利于保护非公有制经济主体权益，保证资金追回，增加了退还从宽的规定。

综上，刑法修正案（十一）对本条作了三处修改：一是，删除了第一款第二档法定刑中“或者数额较大不退还的”情形；二是，调整了第一款法定刑，将第二档法定刑调整为“处三年以上七年以下有期徒刑”，增加一档法定刑为“数额特别巨大的，处七年以上有期徒刑”；三是，增加一款作为第三款，“有第一款行为，在提起公诉前将挪用的资金退还的，可以从轻或者减轻处罚。其中，犯罪较轻的，可以减轻或者免除处罚”。

条文解读

本条共分为三款。第一款是关于公司、企业或者其他单位的工作人员，利用职务上的便利，挪用本单位资金的规定。根据本款规定，构成挪用资金罪，必须符合以下几个条件：

第一，行为人必须是公司、企业或者其他单位的工作人员。国有公司、企业或者其他国有单位中从事公务的人员和国有公司、企业或者其他国有单位委派到非国有公司、企业以及其他单位的从事公务的人员不能构成本款规定的犯罪。对于上述人员挪用本单位资金的，应该按照第二款规定，即按照挪用公款罪定罪处罚。对于受国家机关、国有公司、企业、事业单位、人民团体委托，管理、经营国有财产的非国家工作人员，利用职务上的便利，挪用国有资金归个人使用的，根据2000年《最高人民法院关于对受委托管理、经营国有财产人员挪用国有资金行为如何定罪问题的批复》，应当依照本条第一款的规定定罪处罚。

第二，行为人必须利用职务上的便利。“利用职务上的便利”，主要是指利用自己在职务上所具有的主管、管理或者经手本单位财物的便利条件。应当注意的是，利用与其职责无关，只因工作关系而熟悉作案环境、条件，或者凭工作人员身份便于出入某单位，较易接近作案目标或者对象等便利条件的，不属于利用职务上的便利。

第三，行为人实施了挪用本单位资金的行为。“挪用”，是指利用职务上的便利，非法擅自动用单位资金归本人或他人使用，但准备日后退还。“本单位资金”，包括本单位所有的资金，也包括因为经营管理的需要，在本单位实际控制使用中的资金。如对于本单位在经济往来中暂收、预收、暂存其他单位或个人的款项、物品，或者对方支付的货款、交付的货物等，如接收人已以单位名义履行接收手续的，所接收的财、物应视为该单位资产。

本款对挪用本单位资金行为规定了以下几种情况：

1. 挪用本单位资金归个人使用或者借贷给他人，数额较大、超过三个月未还的。适用此种情况的前提是挪用本单位资金既不是进行非法活动，也不是进行营利活动，而是进行其他活动，如用于个人消费、家庭支出等。这里所说的“归个人使用”，根据2010年《最高人民检察院、公安部关于公安机关管辖的刑事案件立案追诉标准的规定（二）》第八十五条第二款规定，包括以下几种情形：（1）将本单位资金供本人、亲友或者其他自然人使用的；（2）以个人名义将本单位资金供其他单位使用的；（3）个人决定以单位名义将本单位资金供其他单位使用，谋取个人利益的。这里所说的“借贷给他人”，是指挪用人以个人名义将所挪用的资金借给其他自然人和单位。“超过三个月未还的”，是指挪用资金的时间自挪用行为发生之日已经超过三个月并且未归还。这里包括案发时尚未归还挪用款项并且时间已经超过三个月，还包括发案时已经归还、但归还时已经超过三个月两种情况。至于挪用公款超过三个月但在案发时已经归还的，可以作为一种犯罪情节加以考量。

2. 挪用本单位资金归个人使用或者借贷给他人，数额较大、进行营利活动的。“进行营利活动”，是指用所挪用的资金进行经营或者其他获取利润的行为，至于其是否实际获得利益不影响本罪的成立。

3. 挪用本单位资金归个人使用或者借贷给他人，进行非法活动的。这里的“非法活动”是广义的，既包括一般的违法行为，如赌博、嫖娼，也包括犯罪行为，如走私、贩毒等。根据本款规定，挪用资金进行非法活动的，由于该行为本身就具有严重的社会危害性，所以刑法未对其在数额及挪用时间上明确加以限制。但这并不等于说只要挪用资金进行非法活动即构成犯罪，并可以完全不考虑数额。

根据本款规定，公司、企业或者其他单位的工作人员，利用职务上的便利，挪用本单位资金归个人使用或者借贷给他人，数额较大、超过三个月未还的，或者虽未超过三个月，但数额较大、进行营利活动的，或者进行非法活动的，处三年以下有期徒刑或者拘役；挪用本单位资金数额巨大的，处三年以上七年以下有期徒刑；数额特别巨大的，处七年以上有期徒刑。

本条第二款规定的是国有公司、企业或者其他国有单位中从事公务的人员和国有公司、企业或者其他国有单位委派到非国有公司、企业以及其他单位从事公务的人员挪用本单位资金的，依照本法第三百八十四条的规定处罚，即依照关于挪用公款罪的规定定罪处罚。刑法第三百八十四条规定，国家工作人员利用职务上的便利，挪用公款归个人使用，进行非法活动的，或者挪用公款数额较大、进行营利活动的，或者挪用公款数额较大、超过三个月未还的，是挪用公款罪，处五年以下有期徒刑或者拘役；情节严重的，处五年以上有期徒刑。挪用公款数额巨大不退还的，处十年以上有期徒刑或者无期徒刑。挪用用于救灾、抢险、防汛、优抚、扶贫、移民、救济款物归个人使用的，从重处罚。

本条第三款是关于对挪用资金犯罪可以从宽处理的规定。对挪用资金犯罪从宽处理必须同时符合以下两个条件：一是，在提起公诉前。“提起公诉”是人民检察院经全面审查，对事实清楚，证据确实充分，依法应当判处刑罚的，提交人民法院审判的诉讼活动。二是，行为人必须将挪用的资金退还。这里的退还挪用资金，应当是退还全部的挪用资金。在同时具备以上前提的条件下，根据本款的规定，可以从轻或者减轻处罚。其中，犯罪较轻的，可以减轻或者免除处罚。当然，实践中也存在行为人因为经济状况等原因，积极退赔部分赃款，确实无力退还全部赃款的情况，对于这种退还部分挪用资金的，也可以根据上述规定的精神，结合案件的具体情况，行为人退赔金额对于减少损害结果的实际效果等，依法予以从宽处理，以体现罪责刑相适应。本款关于退还挪用资金的，予以从宽处理的规定，是针对挪用资金犯罪所作的特别规定，是考虑到实践中追赃工作的实际情况和更有利于保护涉案企业财产权益的需要，也与实践中司法机关对量刑情节的考虑和刑法总则中的从宽精神是一致的。

实际执行中应当注意以下几个方面的问题：

1. 罪与非罪的界限。挪用本单位的资金，并非一经挪用即构成犯罪，只有情节严重、危害较大的挪用行为才构成犯罪，并依法追究刑事责任。对情节轻微危害不大的挪用行为，可以作为一般违法和违反公司财经纪律的行为，通过民事途径解决。如公司法第一百四十八条规定，董事、高级管理人员不得挪用公司资金，违反前款规定的，所得收入应当归公司所有。第一百四十九条、第一百五十二条规定，董事、监事、高级管理人员执行公司职务时违反法律、行政法规或者公司章程的规定，给公司造成损失的，应当承担赔偿责任；损害股东利益的，股东可以向人民法院提起诉讼。

挪用本单位资金是否构成犯罪，主要应考虑以下两个方面：第一，挪用资金的数额。挪用资金的数额大小是衡量挪用资金行为社会危害程度的关键因素。按照本条规定，除行为人进行非法活动外，挪用本单位资金达到较大数额，是继续判断挪用行为是否构成犯罪的前提条件。至于挪用资金进行非法活动的情形，由于该行为本身就具有社会危害性，所以刑法未对其在数额及挪用时间上明确加以限制。但这并不等于说只要挪用资金进行非法活动即构成犯罪，而根本不考虑数额。如果行为人挪用资金数额较小或者只进行危害性小的非法活动，则显然不宜以犯罪论处。其二，挪用资金的时间。挪用本单位资金行为的社会危害性的重要体现之一，即是挪用时间的长短。根据本条规定，挪用数额较大的资金从事非法活动、营利活动以外的其他活动的，挪用时间须超过三个月才构成犯罪。如果未满三个月就主动归还的，不构成犯罪。关于挪用资金进行非法活动或者营利活动的案件，刑法没有挪用时间的具体规定和限制，但挪用时间的长短对定罪也存在一定的影响。如果挪用时间较短，综合全案的情况，确属情节显著轻微危害不大的，也可以不认为是犯罪。

2. 挪用资金罪与职务侵占罪的区别。首先，侵犯的对象不同。挪用资金罪侵犯的是公司、企业或者其他单位对资金的使用权，在实践中要判断该挪用行为是否使得单位对资金暂时失去了控制；职务侵占罪侵犯的是公司、企业或者其他单位对包含资金在内的全部财物的所有权。

其次，犯罪行为不同。挪用资金罪表现为公司、企业或者其他单位的工作人员，利用职务上的便利，挪用本单位资金归个人使用或者借贷给他人，数额较大、超过三个月未还的，或者虽未超过三个月，但数额较大、进行营利活动的，或者进行非法活动的行为；职位侵占罪表现为公司、企业或者其他单位的人员，利用职务上的便利，将本单位财物非法占为己有，数额较大的行为。虽然都是利用职务之便，但挪用资金罪的行为方式是挪用，即未经合法批准或许可而擅自挪归自己使用或者借贷给他人；职务侵占罪的行为方式是侵占，即行为人利用职务上的便利，侵吞、窃取、骗取或者以其他手段非法占有本单位财物。且职务侵占罪必须要求侵占本单位财物数额较大的，才能构成犯罪。

最后，二者最关键的区别在于主观目的不同。挪用资金罪行为人的目的在于非法取得本单位资金的使用权，但并不企图永久占有，而是准备用后归还；职务侵占罪的行为人的目的在于非法取得本单位财物的所有权，而非暂时使用。

相关规定

《中华人民共和国公司法》第一百四十八条、第一百四十九条、第一百五十二条；《最高人民法院、最高人民检察院关于办理贪污贿赂刑事案件适用法律若干问题的解释》；《最高人民法院关于如何理解刑法第二百七十二条规定的“挪用本单位资金归个人使用或者借贷给他人”问题的批复》；《最高人民法院关于对受委托管理、经营国有财产人员挪用国有资金行为如何定罪问题的批复》；《最高人民检察院、公安部关于公安机关管辖的刑事案件立案追诉标准的规定（二）》第八十五条；《最高人民检察院关于挪用尚未注册成立公司资金的行为适用法律问题的批复》

三十一、将刑法第二百七十七条[①]第五款修改为：“暴

---

① 本条经全国人民代表大会常务委员会两次修改。根据2015年8月29日第十二届全国人民代表大会常务委员会第十六次会议通过的《中华人民共和国刑法修正案（九）》第一次修改，刑法修正案（九）修改的内容自2015年11月1日起施行。1997年刑法第二百七十七条条文是：“以暴力、威胁方法阻碍国家机关工作人员依法执行职务的，处三年以下有期徒刑、拘役、管制或者罚金。

“以暴力、威胁方法阻碍全国人民代表大会和地方各级人民代表大会代表依法执行代表职务的，依照前款的规定处罚。

“在自然灾害和突发事件中，以暴力、威胁方法阻碍红十字会工作人员依法履行职责的，依照第一款的规定处罚。

“故意阻碍国家安全机关、公安机关依法执行国家安全工作任务，未使用暴力、威胁方法，造成严重后果的，依照第一款的规定处罚。”

根据2020年12月26日第十三届全国人民代表大会常务委员会第二十四次会议通过的《中华人民共和国刑法修正案（十一）》第二次修改，刑法修正案（十一）修改的内容自2021年3月1日起施行。刑法修正案（九）修改后的第二百七十七条条文是：“以暴力、威胁方法阻碍国家机关工作人员依法执行职务的，处三年以下有期徒刑、拘役、管制或者罚金。

“以暴力、威胁方法阻碍全国人民代表大会和地方各级人民代表大会代表依法执行代表职务的，依照前款的规定处罚。

“在自然灾害和突发事件中，以暴力、威胁方法阻碍红十字会工作人员依法履行职责的，依照第一款的规定处罚。

“故意阻碍国家安全机关、公安机关依法执行国家安全工作任务，未使用暴力、威胁方法，造成严重后果的，依照第一款的规定处罚。

“暴力袭击正在依法执行职务的人民警察的，依照第一款的规定从重处罚。”

力袭击正在依法执行职务的人民警察的，处三年以下有期徒刑、拘役或者管制；使用枪支、管制刀具，或者以驾驶机动车撞击等手段，严重危及其人身安全的，处三年以上七年以下有期徒刑。”

条文主旨

本条是关于修改暴力袭击警察的犯罪的规定。

立法背景

（一）立法相关背景

刑法修正案（九）通过后，为进一步明确法律适用，2019年最高人民法院、最高人民检察院、公安部联合颁布《关于依法惩治袭警违法犯罪行为的指导意见》，这一规定对于依法惩治袭警的违法犯罪行为，保障警察依法执行职务具有积极意义。从实践情况来看，当前公安工作面临的工作任务日益繁重，执法环境日益复杂，公安警察遭受暴力袭击等不法侵害时有发生，暴力袭击警察事件呈现不断递增趋势，特别是派出所和交通警察等身处执勤执法第一线的警种，在执法执勤、处置群体性事件、盘查嫌疑人过程中，最容易遭受侵害；实践中妨害公安警察执行职务的行为，有的行为人从口头挑衅、谩骂、侮辱演变为直接使用棍棒、凶器或者驾驶机动车撞击等手段袭击警察，对警察的身心造成严重伤害，严重影响公安机关依法履行保障社会治安稳定的职责。

在刑法修正案（十一）征求意见过程中，对于是否单独增设袭警罪仍然存在较大争议，有的建议单独增设袭警罪并提高刑罚。有的提出，增设袭警罪应当慎重，通盘考虑，进一步加强论证。主要理由：一是，惩治袭警行为法律依据充分，实践中法律适用没有问题。根据刑法第二百七十七条的规定，袭警行为依照妨害公务罪从重处罚，其中对于严重暴力袭警行为，造成人员伤亡或者抢夺、抢劫枪支等，依照故意杀人、伤害、抢夺枪支等犯罪处理，刑法第一百五十七条还规定，对以暴力、威胁方法抗拒缉私的，以走私罪和本条规定的犯罪，依照数罪并罚的规定处罚。而且立法上已经考虑到警察职责和执法工作的特殊性，较其他执行公务人员作了特别规定，刑法修正案（九）规定暴力袭警从重处罚，已回应了有关方面的关切。二是，单设袭警罪的主要作用是突出对警察的保护，提高对犯罪分子的威慑，但是刑法威慑作用主要是通过刑罚体现的，依靠增加罪名的威慑，这种看法未经证实，片面理解和强调威慑反而可能增加社会对抗，增加社会治理成本。解决袭警问题需要标本兼治、综合施策，包括完善警察权利保护相关制度，进一步完善警察警械配置、使用的有关规定，明确赋予其果断处置的权力等。三是，我国人民警察的职责、使命与外国的警察不同。根据人民警察法的规定，人民警察的职责和权限不但涉及公民的人身自由，而且涉及公民社会生活的许多方面，如管理交通、户籍等相当领域的直接面对人民群众的社会事务，与公民的合法权利和利益密切相关。这些权利行使得好，可以有效地惩治违法犯罪和管理社会，行使得不好甚至滥用职权，就会侵犯公民的合法权益，违背人民警察的根本宗旨。很多袭警因琐事引发，有的群众法治观念淡薄，不能正确理解有关执法要求、方式，有的也与当前一些地方警察执法规范化、队伍建设还需进一步提高、用警过度等有关，更多的属于人民内部矛盾，有的予以拘留即可，增加袭警罪并进一步加重刑罚，是否会激化警民矛盾，是否有利于警民关系和谐等，需要进一步评估。四是，借鉴英美法系袭警罪规定，应当立足我国国情。多数国家对袭警行为都是作为妨害公务罪处理的，只有部分英美法系国家单独规定了袭警罪，而且英美法系国家犯罪概念与我国也不一样，他们没有治安处罚这层法律责任，我国违法和犯罪严格区分的二元法律责任制度下，对于轻微的袭警予以治安管理处罚，袭警实质处罚范围与英美国家相当。经与各方面反复研究，考虑到暴力袭击警察的行为不仅对警察的身心造成严重侵害，严重影响公安机关依法履行维护人民群众合法权益，保障社会治安稳定的职责，还破坏了社会正常管理秩序，损害国家法律的尊严，应当依法严惩。2020 年 12 月 26 日第十三届全国人民代表大会常务委员会第二十四次会议通过的《中华人民共和国刑法修正案（十一)》对本条作了第二次修改，对暴力袭击警察的犯罪单独规定了刑罚。

（二）立法时争议的主要问题

在刑法修正案（十一）征求意见过程中，有的建议增加侵袭法官等司法人员的犯罪，实践中，扰乱法庭秩序罪仅限适用于法庭，对于在法庭外，如立案大厅、执行场所等袭击法官的行为，较难适用，建议对袭击法官的行为一律规定为犯罪，以加强对法官的保护。有的建议加强对检察人员执法的保护力度，增加侵袭检察官的犯罪。有的提出，需要通盘考虑法官、检察官、海关、税务、市场监管、应急管理等其他执法主体的类似需求，相对于警察拥有执法权，法官、检察官以及直接面对群众的税务、市场管理、应急管理等国家公职人员，在执法中的自身防护更弱，更有理由予以特殊保护。考虑到人民警察代表国家行使执法权，肩负着打击违法犯罪、维护社会稳定、维持司法秩序、执行生效裁判等重要职责，在依法履职过程中，更容易遭受违法犯罪分子暴力侵害，对暴力袭击警察的犯罪单独规定刑罚也是在刑法修正案（九）修改基础上的进一步完善。

（三）有关国家和地区的规定

为研究对袭警行为的刑事处罚问题，我们查阅了英国、美国、德国、法国、日本等有关国家和地区的刑事法律及其他相关文献资料。从各国关于袭警犯罪的立法模式看，大致分为单独规定袭警罪和规定在妨害公务犯罪中两大类：

1. 将威胁、袭击和伤害警察的行为规定为妨害公务的犯罪。多数大陆法系国家采用这种立法模式，在刑法中概括地规定了妨害公务犯罪，对警察与其他公务人员一并进行保护。如法国刑法典规定，对司法官、宪兵军职人员、警察、海关官员、监狱机构管理人员以及其他任何行使公共权力或者负责公共事业的人，在其履行职责时，对其财产或者人身以实施犯罪相威胁的，最高可处5年监禁并处75000欧元罚金。暴力抗拒执法的，处6个月监禁并处7500欧元罚金；聚众暴力抗拒执法的，处1年监禁并处10000欧元罚金；武装暴力抗拒执法的，处3年监禁并处45000欧元罚金；聚众武装暴力抗拒执法，处7年监禁并处100000欧元罚金。

德国刑法典规定，行为人使用暴力或者通过暴力威胁，对被委托执行法律、法律命令、判决、法院决定或者规定的公务员或者联邦军队的军人，在其从事职务活动时进行抵抗或者暴力攻击的，构成抵抗执行官员罪，最高可处5年自由刑。

日本刑法规定，在公务员执行职务时，对其实施暴行或者胁迫的，构成妨碍执行公务罪，可处3年以下惩役或者监禁。

2. 将威胁、袭击和伤害警察的行为规定为单独的袭警罪。英美法系有的国家将较轻的袭警行为单独规定为犯罪，对造成严重后果的袭警行为以其他重罪定罪处罚。如美国很多州的刑法对袭警罪的量刑标准基本相同：凡是袭击警察未造成伤害后果的，可被判处3年以下有期徒刑；袭击警察造成一定的伤害，但并未达到重伤程度的，处10年以下有期徒刑；造成严重后果或者导致死亡的，分别以B级重罪或者A级重罪处罚，其中，B级重罪包括严重伤害罪或者基于激情实施的杀人罪；A级重罪包括Ⅰ级谋杀和Ⅱ级谋杀两种犯罪。按照部分州刑法规定，对于袭击警察造成死亡后果的，还可以适用死刑。

英国1996年警察法明确规定袭击、抗拒或者故意妨害正在执行职务的警察或者正在协助警察执行职务者，构成袭警罪。其中，袭击警察的，处6个月以下监禁，单处或者并处不超过标准罚金额度第5等级的罚金；抗拒或者故意妨害正在执行职务的警察或者协助警察执行职务者，处1个月以下监禁，单处或者并处不超过标准罚金额度第3等级的罚金。上述妨害等行为以使警察执行职务更加困难为目的，行为人的主观意图如果超出了这一范围，可能适用造成人身伤害的威胁罪等其他犯罪处罚。

我国香港地区在侵害人身罪条例第36条和警队条例第63条规定了袭击、抗拒执行职责的警务人员的犯罪，即袭击、抗拒或者故意阻挠执行职务的任何警务人员或者协助该警务人员的人，或者协助、煽动任何人袭击、抗拒警员的，最高可处2年监禁。根据行为人主观故意的不同，对袭击警察的行为可以适用其他法律条文追究刑事责任，如盗窃罪条例第10条第二项规定，意图抢劫而袭击他人的，最高可处终身监禁。

此外，还有个别国家规定，对较重的袭警行为以妨害公务犯罪处罚，对较轻的阻碍警察执行公务行为规定为单独的犯罪。采用这种双重规范体例的代表国家为芬兰。芬兰刑法典第16章妨碍公众机关的犯罪中规定了暴力抵抗公共官员、抵抗公共官员和阻碍公共官员三种犯罪，同时在同一章节中规定了拒不服从警察的犯罪。根据芬兰刑法的规定，对使用暴力或者以暴力相威胁，强迫官员实施或者不实施行使公共权力的公务行为的，处4个月以上4年以下监禁。如果暴力抵抗公共官员的行为情节轻微，可以抵抗公共官员罪论处，处罚金或者6个月以下监禁。未使用暴力的，以阻碍公共官员罪论处，处罚金。对不服从警署官员为维护公共秩序和安全或者执行职责，在其职权范围内发布的命令和禁令的，以拒不服从警察罪论处，处罚金或者3个月以下监禁。

修改后的刑法第二百七十七条："以暴力、威胁方法阻碍国家机关工作人员依法执行职务的，处三年以下有期徒刑、拘役、管制或者罚金。

"以暴力、威胁方法阻碍全国人民代表大会和地方各级人民代表大会代表依法执行代表职务的，依照前款的规定处罚。

"在自然灾害和突发事件中，以暴力、威胁方法阻碍红十字会工作人员依法履行职责的，依照第一款的规定处罚。

"故意阻碍国家安全机关、公安机关依法执行国家安全工作任务，未使用暴力、威胁方法，造成严重后果的，依照第一款的规定处罚。

"暴力袭击正在依法执行职务的人民警察的，处三年以下有期徒刑、拘役或者管制；使用枪支、管制刀具，或者以驾驶机动车撞击等手段，严重危及其人身安全的，处三年以上七年以下有期徒刑。”

历史沿革

1. 1979 年立法的情况。社会正常有序发展的一个重要前提就是国家的正常管理活动能够得以顺利开展，这在很大程度上需要依赖国家机关工作人员依法执行职务来实现。为此，在要求国家工作人员忠于职守，积极履行职责的同时，也需要采取有效措施，保障国家工作人员依法执行职务，惩治干扰、妨碍国家工作人员依法执行职务的行为。为此，1979 年刑法第一百五十七条规定：“以暴力、威胁方法阻碍国家工作人员依法执行职务的，或者拒不执行人民法院已经发生法律效力的判决、裁定的，处三年以下有期徒刑、拘役、罚金或者剥夺政治权利。”

2. 1979 年之后至 1997 年刑法修订前的立法情况。随着改革开放的深入，我国政治、经济、文化等方面也发生了深刻的变化，妨害公务的犯罪也出现了新情况和新特点。立法机关通过决定和有关法律对妨害公务罪进行了修改和补充。一是，1982 年 3 月 8 日通过的《关于严惩严重破坏经济的罪犯的决定》第一条第三项规定，对执法人员和揭发检举作证人员进行阻挠、威胁的，按刑法第一百五十七条的规定处罚。二是，1992 年 4 月 3 日通过的全国人民代表大会和地方各级人民代表大会代表法第三十九条规定，以暴力、威胁方法阻碍代表依法执行代表职务的，依照刑法第一百五十七条的规定追究刑事责任。三是，1993 年 2 月 22 日通过的国家安全法第二十七条规定，以暴力、威胁方法阻碍国家安全机关依法执行国家安全工作任务的，依照刑法第一百五十七条的规定处罚。故意阻碍国家安全机关依法执行国家安全工作任务，未使用暴力、威胁方法，造成严重后果的，比照刑法第一百五十七条的规定处罚。四是，1993 年 10 月 31 日通过的红十字会法第十五条规定，在自然灾害和突发事件中，以暴力、威胁方法阻碍红十字会工作人员依法履行职责的，比照刑法第一百五十七条的规定追究刑事责任。此外，还有一些法律对刑法第一百五十七条的适用作了规定，如 1988 年 4 月 13 日通过的全民所有制工业企业法第 64 条、1993 年 2 月 22 日通过的产品质量法第 49 条等。

3. 1997 年修订刑法的情况。1979 年刑法将妨害公务罪与拒不执行判决、裁定罪两个罪规定在同一条文中。1997 修订刑法时，在总结以往立法与司法实践经验以及法学理论研究的基础上，对本条作了进一步的修改：一是，将“拒不执行人民法院已经发生法律效力的判决、裁定”的犯罪移至妨害司法罪第三百一十三条中；二是，将“国家工作人员”修改为“国家机关工作人员”，这样规定主要是与渎职罪的主体相衔接；三是，增加了管制刑；四是，取消了可以单处剥夺政治权利的规定。同时，考虑到实践中，有时发生以暴力、威胁方法阻碍全国人民代表大会和地方各级人民代表大会代表依法执行代表职务、阻碍红十字会工作人员依法履行职责，以及非暴力故意阻碍国家安全机关、公安机关依法执行国家安全工作任务的案件，这些案件，按照相关法律的规定比照妨害公务罪定罪处罚，有必要将相关规定统一纳入妨害公务罪。因此，将全国人民代表大会和地方各级人民代表大会代表法第三十九条的有关规定纳入本条作为第二款；将红十字会法第十五条的有关规定纳入本条作为第三款；将国家安全法第二十七条的有关规定纳入本条作为第四款。

4. 2015年刑法修正案（九）对本条作了第一次修改，增加一款作为第五款："暴力袭击正在依法执行职务的人民警察的，依照第一款的规定从重处罚。"

在刑法修正案（九）草案研究起草过程中，一些全国人大代表、全国人大常委会委员、公安部等有关部门提出，针对当前暴力袭警犯罪多发的实际情况，在刑法中单独规定袭警罪。是否单独规定袭警罪，是一个在刑法修改过程中多次提出并反复研究的问题，有意见认为应当慎重，主要理由是：一是，我国刑法规定了妨害公务罪，这一罪名的外延比袭警罪宽，涵盖了袭警行为。目前，在司法实践中对袭警行为是区别其行为的不同方式、后果、危害等，依照刑法等法律的规定从严惩处的。如对于从事犯罪活动，抗拒警察依法处置袭警的，依其所犯罪行与刑法第二百七十七条规定的妨害公务罪数罪并罚；对在警察正常执行职务时袭警造成警察伤亡的，以故意伤害罪、故意杀人罪从重处罚；未造成伤亡的，依照妨害公务罪定罪处罚；情节轻微不构成犯罪的，依照治安管理处罚法予以治安处罚。总的来看，现行法律规定基本可以适应保护人民警察依法执行职务的需要。二是，除人民警察外，还有一些执法人员如法官、检察官以及工商管理、税收征管、城管等工作人员由于其在履行职责时直接面对群众甚至违法犯罪人员，在执法过程中遭到暴力抗拒甚至被袭击的情况时有发生，比较而言，警察的自我防护手段、执法装备保障、对暴力抗法或袭警人的追究能力等相比其他执法主体更强。三是，当前突出的问题是遇到实际发生的袭警行为，有的警察果断处置能力不强，有的机关严格依法追究袭警人员法律责任的意识不足，对人民警察严格执法的支持力度不够，致使在个别案件中出现警察“流血又流泪”的情况。为此，需要进一步完善警察警械配置、使用的有关规定，明确赋予其果断处置的权力。同时，有关机关在对这类案件的追究上也要予以支持配合。四是，单独规定袭警罪的国家与其警察执法环境有关，这些国家往往对枪支、弹药、管制刀具等管控宽松，其警察在执法活动中面临着较大的人身危险，并且这些国家一般是将较轻的袭警行为单独规定为犯罪，对造成严重后果的袭警行为以其他重罪定罪处罚。五是，当前我国社会矛盾多发、凸显，在有的地方警察执法能力和文明执法、严格执法水平尚有待提高。最后，经充分调查研究，听取各方面意见，刑法修正案（九）在妨害公务罪中将“暴力袭警”行为明确加以列举，作为从重处罚的情形，这样有利于对执法机关依法执行职务的行为给予一体保护；同时也针对当前社会矛盾多发、暴力袭警案件时有发生的情况，对暴力袭警行为明确作出规定，更好地震慑和预防这类犯罪，积极回应各方面关切。

条文解读

本条是关于妨害公务罪及其处罚的规定。

本条共分五款。第一款是关于以暴力、威胁方法阻碍国家机关工作人员依法执行职务的，构成妨害公务罪及其处刑的规定。构成本款规定的犯罪应当具备以下两个条件：一是，以暴力、威胁方法实施的行为。这里的“暴力”，是指对国家机关工作人员的身体实行打击或者强制，如捆绑、殴打、伤害；“威胁”，是指以杀害、伤害、毁坏财产、损坏名誉等相威胁。构成本罪，行为人必须是采取暴力、威胁的方法，如果行为人没有实施暴力、威胁的阻碍行为，只是吵闹、谩骂、不服管理等，不构成犯罪，可以依法予以治安处罚。

二是，实施了阻碍国家机关工作人员依法执行职务的行为。“阻碍国家机关工作人员依法执行职务”，是指阻挠、妨碍国家机关工作人员依照法律规定执行自己的职务，致使依法执行职务的活动无法正常进行。其中“国家机关工作人员”是指中央及地方各级权力机关、党政机关、司法机关和军事机关的工作人员；“依法执行职务”是指国家机关工作人员依照法律、法规规定所进行的职务活动。如果阻碍的不是国家机关工作人员的活动，或者不是职务活动，或者不是依法进行的职务活动，都不构成本罪。

根据本款规定，犯本罪的，处三年以下有期徒刑、拘役、管制或者罚金。

第二款是关于以暴力、威胁方法阻碍全国人大代表和地方各级人大代表依法执行代表职务的，构成妨害公务罪及其处刑的规定。这里规定的“阻碍”，必须是以暴力、威胁方法进行。其中规定的“代表”是指依照法律规定选举产生的全国人大代表和地方各级人大代表；“代表职务”是指宪法和法律赋予人大代表行使国家权力的职责和任务；“依照前款的规定处罚”是指犯本款规定之罪的，处三年以下有期徒刑、拘役、管制或者罚金。

第三款是关于在自然灾害和突发事件中，以暴力、威胁方法阻碍红十字会工作人员依法履行职责的，构成妨害公务罪及其处刑的规定。这里的阻碍方法，必须是暴力、威胁方法。其中规定的“红十字会”，根据红十字会法，是指中华人民共和国统一的红十字组织，是从事人道主义工作的社会救助团体；“依法履行职责”，根据红十字会法的规定，红十字会有九项职责，这里主要是指在战争、武装冲突、自然灾害和突发事件中，履行对伤病人员和其他受害者进行紧急救援和人道救助等职责；“依照第一款的规定处罚”，是指犯本款之罪的，处三年以下有期徒刑、拘役、管制或者罚金。

第四款是关于故意阻碍国家安全机关、公安机关依法执行国家安全工作任务的，构成妨害公务罪及其处刑的规定。根据本款规定，构成本罪应当具备以下条件：

第一，实施了故意阻碍的行为。“故意阻碍”是指明知国家安全机关、公安机关正在依法执行国家安全工作任务，而进行阻挠、妨害。第二，行为人阻碍的是国家安全机关、公安机关依法执行国家安全工作任务。如果阻碍的不是上述两个机关或者上述两个机关执行的不是国家安全工作任务，都不构成本款犯罪。第三，本罪不要求以使用暴力、威胁方法为条件。考虑到国家安全工作的重要性，对造成严重后果的，只要是实施故意阻碍行为，即使未使用暴力、威胁方法，也要追究刑事责任。第四，必须造成严重后果。这里所说的“严重后果”，主要是指致使国家安全机关、公安机关执行国家安全工作任务受到严重妨害，如严重妨害对危害国家安全犯罪案件的侦破，或者造成严重的政治影响。

犯本款之罪的，“依照第一款的规定处罚”，即处三年以下有期徒刑、拘役、管制或者罚金。需要指出的是，只要以暴力、威胁方法阻碍国家安全机关、公安机关依法执行国家安全工作任务的，即构成妨害公务罪；对于以非暴力、威胁方式故意阻碍国家安全机关、公安机关依法执行国家安全工作任务，必须是造成严重后果的，才能构成妨害公务罪。

第五款是关于暴力袭击警察的犯罪及其处刑的规定。

根据本款规定，构成本款规定的犯罪应当具备以下条件：第一，必须是实施了暴力袭击的行为。这里所说的“暴力袭击”人民警察，根据《最高人民法院、最高人民检察院、公安部关于依法惩治袭警违法犯罪行为的指导意见》第一条规定，对正在依法执行职务的民警实施下列行为的，属于“暴力袭击正在依法执行职务的人民警察”：（1）实施撕咬、踢打、抱摔、投掷等，对民警人身进行攻击的行为；（2）实施打砸、毁坏、抢夺民警正在使用的警用车辆、警械等警用装备，对民警人身进行攻击的行为。

第二，暴力袭击的对象必须是正在依法执行职务的人民警察，如果行为人袭击的对象不是人民警察而是其他国家机关工作人员，或者袭击的人民警察不是正在依法执行职务，都不构成本款规定的犯罪，对于袭击其他依法执行职务的国家机关工作人员，构成妨害公务罪的，依照第一款规定处罚。

根据本款规定，对暴力袭击警察的犯罪规定了两档刑，第一档刑，处三年以下有期徒刑、拘役或者管制。第二档刑，对于使用枪支、管制刀具，或者以驾驶机动车撞击等手段，严重危及其人身安全的，处三年以上七年以下有期徒刑。这里所说的“使用枪支、管制刀具，或者以驾驶机动车撞击等手段”是指行为人袭击警察时使用了枪支、管制刀具，或者采用驾驶机动车撞击等手段。所谓“严重危及人身安全”，是指行为人使用枪支、管制刀具，或者以驾驶机动车撞击等手段，必须要达到严重危及警察人身安全的程度，如果只是使用玩具枪甚至一些伤害能力很低的仿真枪等，不可能危及警察的人身安全，则不能适用第二档刑。

实践中需要注意的是：

1. 本条规定的是阻碍国家机关工作人员依法执行职务的犯罪行为，对于阻碍非国家机关工作人员执行职务的行为不构成本罪，对于阻碍依照法律、法规规定行使国家行政管理职权的组织从事公务的人员，或者阻碍在受国家机关委托代表国家机关行使职权的组织中从事公务的人员，或者虽未列入国家机关编制中但在国家机关中从事公务的人员，在代表国家机关行使职权时的行为，是否构成本罪，不能一概而论，一般情况下不能适用妨害公务罪，妨害公务罪是针对特定对象所作的规定，如阻碍国家机关工作人员、代表、红十字会工作人员、执行国家安全工作任务、警察等人员依法履行职务的行为。对于特殊情况下需要适用本条，也应当从严把握，如2020年最高人民法院、最高人民检察院、公安部、司法部印发《关于依法惩治妨害新型冠状病毒感染肺炎疫情防控违法犯罪的意见》规定，以暴力、威胁方法阻碍国家机关工作人员（含在依照法律、法规规定行使国家有关疫情防控行政管理职权的组织中从事公务的人员，在受国家机关委托代表国家机关行使疫情防控职权的组织中从事公务的人员，虽未列入国家机关人员编制但在国家机关中从事疫情防控公务的人员）依法履行为防控疫情而采取的防疫、检疫、强制隔离、隔离治疗等措施的，依照刑法第二百七十七条第一款、第三款的规定，以妨害公务罪定罪处罚。

2. 行为人以暴力方法阻碍国家机关工作人员、代表、红十字会工作人员等依法执行职务，如果实施了故意伤害、故意杀人等行为的，依照处罚较重的规定定罪处罚。行为人阻碍非国家机关工作人员依法执行职务，如果实施了故意伤害、故意杀人等行为的，应当依照故意伤害罪、故意杀人罪等定罪处罚。

3. 行为人实施的阻碍国家机关工作人员依法执行职务的行为，有的情节较轻，尚不构成犯罪的，应当根据情况予以治安处罚，我国治安管理处罚法第五十条中规定：“有下列行为之一的，处警告或者二百元以下罚款；情节严重的，处五日以上十日以下拘留，可以并处五百元以下罚款：……（二）阻碍国家机关工作人员依法执行职务的……。阻碍人民警察依法执行职务的，从重处罚。”

4. 在适用本条第五款规定的暴力袭击警察的犯罪时需要注意以下几点：一是，本款规定的警察既包括执行刑事追诉相关的侦查职责的警察，也包括根据其他法律执行治安管理等职责的警察；既包括公安机关、国家安全机关、监狱的人民警察，也包括人民法院、人民检察院的司法警察。二是，实践中对正在依法执行职务的民警虽未实施暴力袭击，但以实施暴力相威胁，或者采用其他方法阻碍人民警察执行职务的，则不构成暴力袭击警察的犯罪，符合刑法第二百七十七条第一款规定的，应当以妨害公务罪定罪处罚。三是，行为人只是辱骂民警，或者实施袭警情节轻微，如抓挠、一般的肢体冲突等，尚不构成犯罪，但构成违反治安管理行为的，应当依法给予治安管理处罚。四是，行为人暴力袭击正在执行职务的人民警察，造成人民警察重伤、死亡或者其他严重后果，构成故意伤害罪、故意杀人罪等犯罪的，依照处罚较重的规定定罪处罚。五是，行为人如果以暴力方法抗拒缉私的，根据本法第一百五十七条规定，以走私罪和本条规定的阻碍国家机关依法执行职务罪，依照数罪并罚的规定处罚。也就是说，如果行为人以暴力方法抗拒人民警察缉私的，应当依照走私罪和本条第五款规定的暴力袭击警察罪数罪并罚；如果行为人以暴力方法抗拒其他国家机关工作人员缉私的，应当依照走私罪和妨害公务罪数罪并罚。六是，本款规定的核心在于通过维护警察执法权威进而维护法律的权威，这里的法律既包括作为执法依据的法律，也包括规范管理对象的实体与程序权利的法律，因此，在执行中要统筹考虑合理用警，规范执法与渎职追责，避免暴力执法、情绪执法，要注意公权力违法对法治权威的损害甚至更大。执法要有力度，也要有温度，要充分重视发挥包括警察在内的执法主体对于维护和促进社会和谐、化解社会矛盾方面的重要作用。

5. 犯本条规定的妨害公务罪，在国家机关工作人员执行职务过程中，致其重伤甚至造成死亡结果的，应当根据案件的具体情况按重罪处罚或者数罪并罚。

相关规定

《中华人民共和国刑法》第一百五十七条、第二百三十二条、第二百三十四条；《中华人民共和国治安管理处罚法》第五十条；《中华人民共和国全国人民代表大会和地方各级人民代表大会代表法》第四十四条；《中华人民共和国红十字会法》第二十七条；《中华人民共和国反间谍法》第三十条；《最高人民法院、最高人民检察院关于办理妨害预防、控制突发传染病疫情等灾害的刑事案件具体应用法律若干问题的解释》第八条；《最高人民检察院关于以暴力威胁方法阻碍事业编制人员依法执行行政执法职务是否可对侵害人以妨害公务罪论处的批复》；《最高人民法院、最高人民检察院、公安部、国家工商行政管理局关于依法查处盗窃、抢劫机动车案件的规定》第一条；《最高人民法院、最高人民检察院、公安部、司法部关于依法惩治妨害新型冠状病毒感染肺炎疫情防控违法犯罪的意见》

三十二、在刑法第二百八十条之一后增加一条，作为第二百八十条之二[①]：“盗用、冒用他人身份，顶替他人取得的高等学历教育入学资格、公务员录用资格、就业安置待遇的，处三年以下有期徒刑、拘役或者管制，并处罚金。

“组织、指使他人实施前款行为的，依照前款的规定从重处罚。

“国家工作人员有前两款行为，又构成其他犯罪的，依照数罪并罚的规定处罚。”

条文主旨

本条是关于增加冒名顶替犯罪的规定。

立法背景

2020 年 12 月 26 日第十三届全国人民代表大会常务委员会第二十四次会议通过的刑法修正案（十一）增加了本条规定。

2020 年 6 月，山东等地陆续曝光陈春秀等多起冒名顶替上大学事件，性质十分恶劣，严重损害教育公平的公信力，引起舆论高度关注。对此，山东等地开展高等教育学历清查工作，发现数百人存在冒名顶替的情况。河南、湖北等地也陆续曝光多起冒名顶替上大学事件。结合此前曾出现过的 2001 年山东滕州齐玉苓案、2009 年湖南邵东罗彩霞案，冒名顶替上大学等违法行为在一段时期内呈现多发态势，引起各方高度重视。

---

① 根据 2020 年 12 月 26 日第十三届全国人民代表大会常务委员会第二十四次会议通过的《中华人民共和国刑法修正案（十一）》增加，刑法修正案（十一）增加的内容自 2021 年 3 月 1 日起施行。

随着相关案件持续曝光，该类案件的基本情况和后续处置结果也进一步引发舆论关注。从曝光的冒名顶替上大学案件看，涉及多个环节和多方主体。在环节上，主要包括截取冒领录取通知书、伪造或者违规办理学籍档案、伪造变造户籍和居民身份证、通过高校入学资格审查等。在主体上，涉及冒名顶替者和被冒名顶替者本人及其近亲属，相关中学、高校的教师和管理人员，生源地教育行政部门、招生考试机构、户籍管理机关、邮局及其工作人员等。相关事件暴露出当时考试招生制度存在的漏洞，为一些公职人员权力寻租、涉考部门违规违纪操作、相关责任人员不积极履职等提供了可乘之机。

2020 年 6 月，十三届全国人大常委会第二十次会议对刑法修正案（十一）草案进行了初次审议。在此次会议的审议过程中，有些常委会组成人员提出，冒名顶替上大学行为严重损害他人利益，破坏教育公平和社会公正底线，建议在刑法修正案（十一）中增加专门罪名，从严惩处冒名顶替行为，以守护人民群众的“前途安全”。同时，刑法修正案（十一）草案在征求意见过程中，中央有关部门、地方和社会公众也建议就冒名顶替行为入刑问题做进一步研究。2020 年 8 月，全国人大常委会法制工作委员会新闻发言人就立法工作有关问题举行记者会回应，全国人大常委会法工委将根据全国人大常委会的审议意见和社会公众意见，积极研究冒名顶替行为入刑问题，进一步做好刑法修正案（十一）草案的修改完善工作。2020 年 10 月，十三届全国人大常委会第二十二次会议对刑法修正案（十一）草案进行了二次审议。此次会议的《全国人民代表大会宪法和法律委员会关于〈中华人民共和国刑法修正案（十一）草案〉修改情况的汇报》指出，社会上发生的冒名顶替上大学等事件，严重损害他人利益，破坏教育公平和社会公平正义底线，应当专门规定为犯罪。草案二次审议稿在刑法第二百八十条之一后增加一条，将盗用、冒用他人身份，顶替他人取得的高等学历教育入学资格、公务员录用资格、就业安置待遇的行为规定为犯罪，同时规定组织、指使他人实施的，从重处罚。在此次会议的审议过程中，有的常委会组成人员提出，要对“冒名顶替”犯罪背后的“公权力”滥用，加大处罚力度。建议对国家机关工作人员组织、指使或者帮助实施冒名顶替的行为进一步明确法律适用和从严惩处。2020 年 12 月，十三届全国人大常委会第二十四次会议对刑法修正案（十一）草案进行了三次审议。此次会议的《全国人民代表大会宪法和法律委员会关于〈中华人民共和国刑法修正案（十一）草案〉审议结果的报告》指出，三次审议稿对该条增加一款规定，国家机关工作人员有前两款行为，又构成其他犯罪的，依照数罪并罚的规定处罚。在此次会议的审议过程中，有的部门和专家反映，实践中“冒名顶替”也有高校管理人员等共同参与，考虑到这些负责招录、安置的人员不是国家机关工作人员，而是接受公务委托承担招录、安置工作的相关人员。对于该类从事公务的人员也应加大惩处力度，予以数罪并罚。因此将草案中本条第三款规定的“国家机关工作人员”修改为“国家工作人员”，以涵盖因从事公务以国家工作人员论的人员。

条文解读

本条共分为三款。第一款是关于个人实施冒名顶替行为构成犯罪及其处罚的规定。根据本款规定，盗用、冒用他人身份，顶替他人取得的高等学历教育入学资格、公务员录用资格、就业安置待遇的，追究刑事责任。本款含有以下三层意思：

一是，“盗用、冒用他人身份”。这里规定的“盗用、冒用他人身份”是指盗用、冒用能够证明他人身份的证件、证明文件、身份档案、材料信息以达到自己替代他人的社会或法律地位，行使他人相关权利的目的。这里的“盗用、冒用”包括采用非法手段获取用于证明他人身份的证件、证明文件、身份档案、材料信息后使用，如以伪造、变造、盗窃、骗取、收买或者通过胁迫他人的方式以获取用于证明他人身份的证件、证明文件、身份档案、材料信息后使用；也包括以其他方式获取用于证明他人身份的证件、证明文件、身份档案、材料信息后使用，如捡到他人的能够证明身份的身份证件、证明文件、身份档案、材料信息后以他人名义活动；受他人委托代为保管或因职责保管用于证明他人身份的证件、证明文件、身份档案、信息材料而未经同意使用；他人授权或者同意使用，但是超出授权及同意使用的范围使用他人的能够证明他人身份的证件、证明文件、身份档案、信息材料；以及经与他人交易或者串通，使用他人的能够证明他人身份的证件、证明文件、身份档案、信息材料；取得用于证明他人身份的特定数据信息后以他人身份登录数据信息系统，等等。这里的“他人身份”是指通过证件、证明文件、身份档案、信息材料等方式予以核实和证实的他人的法律地位。根据实践中的情况，这些证件、证明文件、身份档案、信息材料等包括出生证明、身份证、户口簿、护照、军官证、学籍档案、录取通知书、数字证件等。盗用、冒用的一般是他人真实的身份。

二是，“顶替他人取得的高等学历教育入学资格、公务员录用资格、就业安置待遇”。关于“高等学历教育入学资格”，高等教育法第十五条第一款规定，高等教育包括学历教育和非学历教育。第十六条规定，高等学历教育分为专科教育、本科教育和研究生教育。第十九条规定，高级中等教育毕业或者具有同等学力的，经考试合格，由实施相应学历教育的高等学校录取，取得专科生或者本科生入学资格。本科毕业或者具有同等学力的，经考试合格，由实施相应学历教育的高等学校或者经批准承担研究生教育任务的科学研究机构录取，取得硕士研究生入学资格。硕士研究生毕业或者具有同等学力的，经考试合格，由实施相应学历教育的高等学校或者经批准承担研究生教育任务的科学研究机构录取，取得博士研究生入学资格。允许特定学科和专业的本科毕业生直接取得博士研究生入学资格，具体办法由国务院教育行政部门规定。因此这里的“高等学历教育入学资格”是指经过考试合格等程序依法获取的高等学历教育（专科教育、本科教育和研究生教育）的入学资格。这里的“公务员录用资格”主要是根据公务员法规定的公务员录用程序取得的公务员录用资格。公务员法第一百零九条规定，在公务员录用、聘任等工作中，有隐瞒真实信息、弄虚作假、考试作弊、扰乱考试秩序等行为的，由公务员主管部门根据情节作出考试成绩无效、取消资格、限制报考等处理；情节严重的，依法追究法律责任。因此“公务员录用资格”是受法律保护的。这里的“就业安置待遇”是根据法律法规和相关政策规定由各级人民政府对特殊主体予以安排就业、照顾就业等优待。如退役军人保障法第二十二条第四款规定的对退役军士以安排工作方式的安置；英雄烈士保护法第二十一条规定的对英雄烈士遗属按照国家规定享受的就业方面的优待，可能涉及的就业安置；以及国家或地方的相关政策规定的对饮用水水源地迁出原住民的就业安置待遇、受地震等自然灾害袭击地区的受灾群众的就业安置待遇等。特殊主体往往要经过严格的程序审核，才能实现落实工作的福利待遇。安置前必须核实身份，如果身份不符合，不能够获得就业安置待遇。此外，实践中，广泛存在提供就业信息、争取上岗机会、帮助岗前培训等一般性的就业服务。这些就业服务面向不特定主体，起到提供就业机会，提高就业成功率的辅助性作用，不能够确保落实工作，与就业安置待遇有性质上的差异。因此不能将一般性的就业服务等同于这里的“就业安置待遇”。还需要注意，本条规定的“高等学历教育入学资格、公务员录用资格、就业安置待遇”是“他人取得的”，即相关资格和待遇与他人的身份一一对应。行为人要实施“顶替”他人取得的资格和待遇，才能构成本罪。

三是，行为人实施冒名顶替行为的处罚。行为人触犯本罪的，处三年以下有期徒刑、拘役或者管制，并处罚金。

第二款是关于组织、指使实施冒名顶替行为，予以从重处罚的规定。从相关案例反映出，冒名顶替犯罪往往具有较长的犯罪链条，涉及多个环节和多个主体。不少环节上的行为人客观上帮助和推动了冒名顶替行为，主要是受他人的组织和指使。特别是冒名顶替上大学等案件反映出，冒名顶替者本人在实施顶替行为时多数还是学生，有的还是未成年人，实施冒名顶替行为是受家长、学校等其他行为人的安排和指使。因此，有必要对冒名顶替的“幕后”行为人加大处罚力度。本款规定，对组织、指使实施冒名顶替行为的，从重处罚。这里的“组织、指使他人实施前款行为”，实践中主要是组织、指使他人帮助实现冒名顶替，即构成冒名顶替行为的共同犯罪，如伪造、变造、买卖国家机关公文、证件、印章、身份证件等行为。本款规定，组织、指使他人实施冒名顶替行为的，依照第一款的规定从重处罚。

第三款是关于国家工作人员实施冒名顶替相关行为如何处罚的规定。这里的“国家工作人员”根据刑法第九十三条的规定，是指国家机关中从事公务的人员。国有公司、企业、事业单位、人民团体中从事公务的人员和国家机关、国有公司、企业、事业单位委派到非国有公司、企业、事业单位、社会团体从事公务的人员，以及其他依照法律从事公务的人员，以国家工作人员论。实践中，国家工作人员可能使用其公职、公务带来的影响力实施冒名顶替犯罪，或者组织、指使他人实施冒名顶替犯罪。在公职、公务的影响力下，冒名顶替犯罪更容易实施，也更难被发现，具有更加严重的社会危害性，需要予以严惩。根据本款规定，国家工作人员实施冒名顶替犯罪或者组织、指使他人实施冒名顶替犯罪，同时构成其他犯罪的，依照数罪并罚的规定处罚。从相关案件可见，冒名顶替行为涉及的环节和行为较多，可能涉嫌多个罪名。如国家机关工作人员在招收公务员、学生工作中徇私舞弊的，可能构成刑法第四百一十八条“招收公务员、学生徇私舞弊罪”；存在行贿、受贿等腐败行为的，可能涉嫌刑法第一百六十三条“非国家工作人员受贿罪”、第一百六十四条“对非国家工作人员行贿罪”、第三百八十五条“受贿罪”、第三百八十九条“行贿罪”等；存在伪造学籍档案、公文、证件、印章等行为的，可能涉嫌刑法第二百八十条“伪造、变造、买卖国家机关公文、证件、印章罪”“伪造、变造、买卖身份证罪”；存在截留、隐匿他人录取通知书的，可能涉嫌刑法第二百五十二条

“侵犯通信自由罪”、第二百五十三条“私自开拆、隐匿、毁弃邮件、电报罪”；泄露考生相关信息、篡改考生电子数据信息等行为的，可能涉嫌刑法第二百五十三条之一“侵犯公民个人信息罪”、第二百八十五条“非法侵入计算机信息系统罪”“非法获取计算机信息系统数据罪”、第二百八十六条“破坏计算机信息系统罪”等。对此，本款明确，国家工作人员实施本条前两款行为，又构成其他犯罪的，依照数罪并罚的规定处罚。

实践执行中应当注意的是：

从曝光出来的冒名顶替上大学案件看，情况较为复杂。实践中，需要根据案件的具体情况，分类处理。大体分为以下几种情况：

一是顶替他人入学资格的。主要表现为受害人获得入学资格，但是被其他人通过截留录取通知、篡改学籍档案等方法，冒名顶替入学。受害人一方完全不知情。这些案件数量少，但性质极其恶劣。冒名顶替行为严重损害了受害人的受教育权，严重损害了教育公平的公信力，具有严重的社会危害性，各方对于该种行为应予以刑事处罚，均不持异议。二是，顶替他人放弃的入学资格的。因当事人主动放弃入学资格或者将该入学资格交易、赠送的，当事人的受教育权未受到直接侵害。有的观点认为，该种情形情况复杂，当事人自己知悉其入学资格被他人占用，不构成受害人，有时还因交易获利，对于该类无受害者的冒名顶替行为不宜入刑。也有观点认为，虽然获取入学资格的当事人未受侵害，但是顶替行为让没有参加考试或者考试成绩较低的人可以直接入学，损害了考试招录制度的公平和公信力，同时让因他人弃权而按照规则能够递补录取的人员丧失了机会，又侵害了特定对象的利益。这种顶替他人放弃的入学资格的行为，也具有一定的社会危害性，也应予以惩处。三是，对于冒名但未顶替的。据媒体报道，我国有些地方因教育政策原因，一度只允许高中应届生参加高考，因此出现一些冒用他人学籍，使用他人学籍身份参加高考，冒名者自己通过正常考试入学、升学，没有顶替他人的入学资格的情况。对于该类行为，冒用他人身份虽然违反了学籍管理制度，但是没有顶替他人的录取资格，也没有考试作弊、招录舞弊等情况，并未对特定或不特定对象的考试公平和招录公平产生影响。该类行为的社会危害性较低，通过行政处罚可以达到较好的社会效果，没有必要入刑。对此，各方面也不持异议。总体上，本罪的处罚重点应集中在冒用他人身份而顶替入学资格的行为，以切实维护考试招录制度的公平和公信力。

相关规定

《中华人民共和国高等教育法》第十五条、第十六条、第十九条；《中华人民共和国公务员法》第一百零九条；《中华人民共和国退役军人保障法》第二十二条；《中华人民共和国英雄烈士保护法》第二十一条

三十三、在刑法第二百九十一条之一后增加一条，作为第二百九十一条之二[①]："从建筑物或者其他高空抛掷物品，情节严重的，处一年以下有期徒刑、拘役或者管制，并处或者单处罚金。

---

① 根据2020年12月26日第十三届全国人民代表大会常务委员会第二十四次会议通过的《中华人民共和国刑法修正案（十一）》增加，刑法修正案（十一）增加的内容自2021年3月1日起施行。

“有前款行为，同时构成其他犯罪的，依照处罚较重的规定定罪处罚。”

条文主旨

本条是关于增加高空抛掷物品的犯罪的规定。

立法背景

2020年12月26日第十三届全国人民代表大会常务委员会第二十四次会议通过的《中华人民共和国刑法修正案（十一）》增加本条规定。改革开放以后，经济不断发展，城市日趋繁荣，高楼大厦日益增多，高楼抛物、坠物现象也不断发生，一些人安全意识淡薄，有的因为家庭矛盾吵架向楼下随意抛物，有的酒后发泄不满情绪向外抛物，有的将垃圾从家里直接抛出，严重影响行人、楼下居民住户的生命财产安全，极易造成人身伤亡和财产损失，引发社会矛盾纠纷，影响社会和谐稳定。2009年通过的侵权责任法规定了高空抛掷物品的民事责任，第八十七条规定，从建筑物中抛掷物品或者从建筑物上坠落的物品造成他人损害，难以确定具体侵权人的，除能够证明自己不是侵权人的外，由可能加害的建筑物使用人给予补偿。实践中，高空抛掷物品行为一般都是通过民事途径解决。但有的高空抛掷物品行为也造成了严重的危害后果，如造成人员伤亡、严重的财产损失，对于此类行为，有的地方以危险方法危害公共安全罪、故意伤害罪、故意杀人罪、过失致人重伤罪、过失致人死亡罪、故意毁坏财物罪等追究刑事责任。为依法妥善审理高空抛物、坠物案件，保障人民安居乐业，2019年10月，最高人民法院发布了《关于依法妥善审理高空抛物、坠物案件的意见》，进一步明确了惩治高空抛物犯罪的法律适用。该意见规定，故意从高空抛弃物品，尚未造成严重后果，但足以危害公共安全的，依照刑法第一百一十四条规定的以危险方法危害公共安全罪定罪处罚；致人重伤、死亡或者使公私财产遭受重大损失的，依照刑法第一百一十五条第一款的规定处罚；为伤害、杀害特定人员实施上述行为的，依照故意伤害罪、故意杀人罪定罪处罚。2020 年 5 月十三届全国人大三次会议通过的民法典第一千二百五十四条进一步完善了高空抛掷物品相关各方面的民事责任。

刑法修正案（十一）在起草过程中，有的提出，实践中将高空抛掷物品行为以危险方法危险公共安全罪定罪处罚并不妥当。主要理由：一是，高空抛掷物品与放火、决水、爆炸、投放危险物质等刑法明确列举的危害公共安全的行为不具有相当性。刑法第一百一十四条规定以其他危险方法应当是与放火、决水、爆炸、投放危险物质相同性质的危害公共安全行为，而高空抛掷物品虽然存在危害公共安全的可能性，即危害不特定多数人的生命、健康或重大公私财产安全，但不具有现实的、紧迫的高度危险性，现实中绝大多数高空抛掷物品并未造成危害后果，高空抛掷物品实际的危险性与放火、决水、爆炸、投放危险物质存在较大差距。二是，司法解释将刑法第一百一十四条要求的“危害公共安全”确定为“足以危害公共安全”，实际是将具体危险犯降低为抽象危险犯，从而导致以危险方法危害公共安全罪的不适当扩大。三是，行为人实施高空抛掷物品行为，既可能是故意也可能是过失，甚至可能是意外，且行为人主观上没有故意危害公共安全的故意；而行为人实施放火、决水、爆炸、投放危险物质，则主观上是故意的。四是，适用以危险方法危害公共安全罪，法定刑过高。刑法第一百一十四条规定的以危险方法危害公共安全罪起刑点为三年有期徒刑，对于高空抛掷物品尚未造成严重后果的，处刑过重。考虑到高空抛掷物品行为严重危害人民群众生命财产安全，社会反映突出，为确保人民群众“头顶上的安全”，有效防范、坚决遏制此类行为发生，2020 年6 月提请全国人大常委会审议的刑法修正案（十一）（草案）将高空抛掷物品行为规定为犯罪，明确规定“从高空抛掷物品，危及公共安全的，处拘役或管制，并处或者罚金。”“有前款行为，致人伤亡或者造成其他严重后果，同时构成其他犯罪的，依照处罚较重的规定定罪处罚。”

在刑法修正案（十一）（草案）征求意见过程中，对于高空抛掷物品有两个问题存在较大争议：第一，高空抛掷物品是否有必要单独规定为犯罪。有的提出，单独设立高空抛掷物品罪必要性不够。主要理由：一是，随着城市高层建筑的增加，各种高空抛掷物品行为危险性增加，对于没有造成后果的高空抛掷物品行为是否达到刑法上的社会危害性，是否危及公共安全不能一概而论，即使高空抛掷物品可能危及公共安全，但在性质上也不属于危害公共安全的行为，现代社会风险源本来就多，是否都值得刑法规制，增加这类犯罪是否会造成刑法规制范围过于扩大。二是，高空抛掷物品行为与行为人的文明习惯有关，在日常生活中并不经常发生，对于没有出现严重后果的高空抛掷物品行为，完全可以用民法、行政法等调整，如果造成了严重后果，可以按照刑法规定的故意杀人罪、故意伤害罪、以危险方法危害公共安全罪等定罪处罚，没有必要单独设立罪名。三是，民法典对高空抛掷物品的规定，体现了私权利与公权力救济相结合的模式，包括明文禁止，行为规则；侵权人承担责任，行为人责任；由可能造成损害的行为人分担承担；引入物业管理人员的管理义务；公安机关及时调查的责任。在宽严相济、建立和谐社会的大背景下，刑事立法应当坚持刑法的谦抑性原则，高空抛掷物品通过民事责任可以解决，刑法就不应当介入。四是，此罪最高刑仅为拘役六个月，不仅挤压了行政处罚的空间，而且适用面非常窄，况且，日常生活中除了高空抛掷物品以外，还有地上挖坑、路上拉线使车辆或行人遭受损失的情况，保护“头顶上的安全”固然重要，但“脚底下的安全”同样重要，单纯将高空抛掷物品列出，也难免顾此失彼。五是，高空抛掷物品问题，要从根本上解决，还需要综合施策，有效预防此类行为的发生。从刑法角度看，高空抛掷物品涉及一系列相关犯罪，根据其目的、动机等主观方面情况和造成的对他人人身、财产的威胁或实际损害，分别适用刑法中相应的惩处规定；对尚不构成犯罪的，可以依照治安管理处罚法的规定给予拘留、罚款的处罚。也有的专家认为，应当科学评估高空抛掷物品独立设立罪名的刑罚功能，及与其他罪名的关系和有效衔接，建议保留高空抛掷物品的犯罪，并应适当提高法定刑幅度，与以危险方法危险公共安全罪的法定刑幅度有效衔接，形成合理的刑罚梯度。

第二，草案将高空抛掷物品规定在第二章危害公共安全罪中，有的建议将这一规定作为第六章妨害社会管理秩序罪。主要理由：一是，从行为特征上，高空抛掷物品往往是人们违反城市居民生活守则或规范，违反社会公德所实施的行为，一般不具有毁坏财物、致人死伤的主观故意，即使致人死伤、毁损财物往往也是违背其意愿的，不具有自然犯故意致人死伤、毁损财物的恶性。二是，高空抛掷物品如果危及公共安全的话，本罪的法定刑又显得过轻，法定刑与秩序犯的危害性相称。三是，高空抛掷物品犯罪应当与以危险方法危害公共安全罪切割开来，从而避免两罪的界限难以划分，导致适用困难。四是，设立高空抛掷物品罪，目的是让人们意识到单纯的高空抛掷物品行为，就是扰乱社会生活秩序的行为，不得实施，如果有危及人身、财产安全的话，则构成人身、财物类犯罪。

立法机关经与有关方面反复研究，考虑到高空抛掷物品行为具有一定的社会危害性，损害人民群众人身、财产安全，为保障人民群众安居乐业，不断增强人民群众幸福感、安全感，促进社会和谐稳定，积极回应社会关切，有必要将高空抛掷物品行为单独规定为犯罪，同时对草案作了以下修改：一是，将高空抛掷物品犯罪由第二章危害公共安全罪移至第六章妨害社会管理秩序罪中作出规定，并将“危及公共安全”修改为“情节严重”；二是，将“从高空抛掷物品”修改为“从建筑物或者其他高空抛掷物品”，表述更准确，便于实际操作；三是，将“处拘役或者管制”修改为“处一年以下有期徒刑、拘役或者管制”，提高了法定最高刑；四是，删去了“致人伤亡或者造成其他严重后果”。

条文解读

本条共分两款。第一款是关于高空抛掷物品的犯罪及其处刑的规定。

构成本罪应当具备以下特征：第一，行为人实施了从建筑物或者其他高空抛掷物品的行为。这里包含两层意思：一是，物品必须是从建筑物或者其他高空抛掷，如果不是从建筑物或者其他高空抛掷的，不构成本罪。这里所说的“建筑物”，是指人工建筑而成的东西，既包括居住建筑、公共建筑，也包括构筑物。其中居住建筑，是指供人们居住使用的建筑；公共建筑，是指供人们购物、办公、学习、就医、娱乐、参加体育活动等使用的建筑，如商店、办公楼、影剧院、体育馆、医院等；构筑物，是指不具备、不包含或不提供人类居住功能的人工建筑，如桥梁、堤坝、隧道、水塔、电塔、纪念碑、围墙、水泥杆等。“其他高空”，是指距离地面有一定高度的空间，如飞机、热气球、脚手架、井架、施工电梯、吊装机械等。

二是，行为人必须是实施了抛掷物品的行为。这里所说的“抛掷物品”，是指向外投、扔、丢弃物品的行为。如果行为人没有实施抛掷物品的行为，物品是由于刮风、下雨等原因，从建筑物或高空中坠落的，即使该物品是行为人的，也不构成本罪，如果给受害人造成损害的，可以依照民法典的有关规定处理。民法典第一千二百五十四条规定：“禁止从建筑物中抛掷物品。从建筑物中抛掷物品或者从建筑物上坠落的物品造成他人损害的，由侵权人依法承担侵权责任；经调查难以确定具体侵权人的，除能够证明自己不是侵权人的外，由可能加害的建筑物使用人给予补偿。可能加害的建筑物使用人补偿后，有权向侵权人追偿。”“物业服务企业等建筑物管理人应当采取必要的安全保障措施防止前款规定情形的发生；未采取必要的安全保障措施的，应当依法承担未履行安全保障义务的侵权责任。”“发生本条第一款规定的情形的，公安等机关应当依法及时调查，查清责任人。”

第二，必须是情节严重的，这是给该罪设定的入罪门槛，只有情节严重的才能构成本罪，情节一般，危害不大的，不宜作为犯罪，符合违反治安管理处罚法规定的，应当依法予以治安处罚；需要承担民事责任的，应当依照民法典的有关规定处理。这里所说的“情节严重”，主要是指多次实施高空抛掷物品行为；高空抛掷物品数量较大的；在人员密集场所实施的；造成一定损害等，具体可以视情节依照相关规定处理。

根据本款规定，构成犯罪的，处一年以下有期徒刑、拘役或者管制，并处或者单处罚金。

第二款是关于实施本条规定的犯罪同时构成其他犯罪如何处理的规定。

行为人实施本条第一款规定的犯罪行为，也可能同时触犯刑法的其他规定，构成刑法规定的其他犯罪，如果与本条规定的犯罪行为出现了竞合的情形，应当依照处罚较重的规定定罪处罚。这里主要涉及如何处理好本条规定的犯罪与故意伤害罪、故意杀人罪、以危险方法危害公共安全罪等其他罪名的关系。如果行为人有第一款规定的高空抛掷物品的犯罪行为，造成人员伤亡、公私财产重大损失等，符合本法第二百三十五条过失致人重伤罪、第二百三十三条过失致人死亡罪、第二百三十四条故意伤害罪、第二百三十二条故意杀人罪、第一百一十五条以危险方法危害公共安全罪、第二百七十五条故意毁坏财物罪构成要件或者构成其他犯罪的，根据本款的规定，采取从一重罪处罚的原则，即依照处罚较重的规定定罪处罚，对依照刑法有关规定定罪处罚的，对于行为人高空抛掷物品的情形，可以作为处罚的量刑情节予以考虑。

实际执行中应当注意以下几个方面的问题：

1. 把握好高空抛掷物品犯罪与以危险方法危害公共安全罪的界限。两罪存在较大不同：一是，高空抛掷物品与以危险方法危害公共安全的行为性质不同。刑法第一百一十四条规定以其他危险方法应当是与放火、决水、爆炸、投放危险物质性质相当的危害公共安全行为，而高空抛掷物品虽然存在危害公共安全的可能性，但一般情况下不具有现实的危险性，实践中大多数高空抛掷物品并未造成危害后果，有的虽然造成一定危害后果，但后果也不严重。二是，两罪侵害的客体不同。高空抛掷物品行为侵害的是社会管理秩序，而以危险方法危害公共安全罪危害的是公共安全。三是，两罪构成条件不同。高空抛掷物品一般不具有现实危险性，要求达到情节严重才构成犯罪；而以危险方法危害公共安全是具有一定的现实危险性，不需要情节严重或者造成严重后果作为构成要件。刑法修正案（十一）增加了高空抛掷物品犯罪，实践中对于高空抛掷物品的行为一般不宜再适用刑法第一百一十四条规定的以危险方法危害公共安全罪。对于个别情况下，行为人高空抛掷物品危及公共安全的行为，判处一年有期徒刑明显偏轻，符合刑法第一百一十四条规定的，可以按照以危险方法危害公共安全罪追究刑事责任。

2. 根据《最高人民法院关于依法妥善审理高空抛物、坠物案件的意见》的要求，应当准确认定高空抛物犯罪，对于高空抛物行为，应当根据行为人的动机、抛物场所、抛掷物的情况以及造成的后果等因素，全面考量行为的社会危害程度，准确判断行为性质，正确适用罪名，准确裁量刑罚。

相关规定

《中华人民共和国刑法》第一百一十四条、第一百一十五条、第二百三十二条至第二百三十四条、第二百三十五条；《中华人民共和国民法典》第一千二百五十四条；《最高人民法院关于依法妥善审理高空抛物、坠物案件的意见》

三十四、在刑法第二百九十三条后增加一条，作为第二百九十三条之一[①]：“有下列情形之一，催收高利放贷等产生的非法债务，情节严重的，处三年以下有期徒刑、拘役或者管制，并处或者单处罚金：

“（一）使用暴力、胁迫方法的；

“（二）限制他人人身自由或者侵入他人住宅的；

“（三）恐吓、跟踪、骚扰他人的。”

条文主旨

本条是关于增加催收高利放贷等产生的非法债务的犯罪的规定。

立法背景

（一）关于立法相关背景

2020年12月26日第十三届全国人民代表大会常务委员会第

① 根据2020年12月26日第十三届全国人民代表大会常务委员会第二十四次会议通过的《中华人民共和国刑法修正案（十一）》增加，刑法修正案（十一）增加的内容自2021年3月1日起施行。

二十四次会议通过的刑法修正案（十一）增加了本条规定。

主要考虑是，实践中一些案件反映，有的行为人通过暴力、软暴力等方式对违法犯罪行为形成的非法债务进行催收。催收行为是为了将违法犯罪行为的非法利益落实、固定下来，特别是高利放贷、赌博等违法犯罪行为，常伴随着后续的催收行为。催收行为具有严重的社会危害性，其使违法犯罪行为产生的非法获利得以实现或者放大，并进一步对实施高利放贷、赌博等违法犯罪的行为人形成经济性刺激和鼓励。催收非法债务的行为本身不仅严重损害了被害人的财产权，而且还对被害人及他人的人身权益构成严重威胁，如制造心理强制，产生心理恐惧等。此外，催收非法债务的行为常演变、发展成组织性、职业性的团伙行为。一些已经被依法查处的黑社会性质组织、赌博犯罪集团的案件中披露，有组织犯罪集团也大量从事催收非法债务的行为。有的地方还形成了专门催收非法债务的“一条龙服务”或者“职业”。为规避法律惩治，催收非法债务的行为也在不断转型和升级，通过各种伪装、掩饰、包装以规避法律惩处，混淆合法行为与非法行为的界限。例如，有的通过虚假诉讼、虚假公证为催收提供所谓的法律依据，制造合法讨债的假象，在实施非法拘禁、非法侵入他人住宅以及对他人实施威胁、恐吓、跟踪、骚扰等行为时，公然误导群众，对抗行政司法机关执法，严重扰乱了社会秩序。

随着互联网金融的发展，以网络借贷为名的各种“套路贷”一度盛行，线下催收行为也愈演愈烈，配合大量的非法网络借贷侵占被害人的合法财产，成为“金融乱象”的重要特征之一。为惩治此类违法犯罪行为，司法机关根据现行法律规定，颁布《关于办理黑恶势力犯罪案件若干问题的指导意见》《关于办理

“套路贷”刑事案件若干问题的意见》《关于办理实施“软暴力”的刑事案件若干问题的意见》等，对因高利放贷等产生的非法债务予以催收的行为进一步明确法律适用，要求根据案件的具体情况以强迫交易罪、敲诈勒索罪、寻衅滋事罪等惩治。根据一段时间以来司法实践的情况，有的全国人大代表、有关部门、地方进一步提出，行政司法机关对于催收行为的罪与非罪、此罪彼罪常存在认识不一致，特别是对于能否适用寻衅滋事罪，在实践中常存有疑虑，有的地方也存在一律以寻衅滋事罪定罪处罚的适用泛化问题，因此建议在刑法上对以暴力、软暴力等方式催收非法债务的行为作统一性规定。为进一步惩治金融乱象行为，切断违法金融活动等非法行为的获利途径，切实维护人民群众的人身权益和财产权益，明确催收非法债务行为的法律性质和社会危害性，统一司法认识和适用，刑法修正案（十一）将催收高利放贷等产生的非法债务，情节严重的行为增加规定为犯罪。

关于本罪的条文位置曾经有以下考虑：一是放在刑法第二百二十六条“强迫交易罪”后，作为第二百二十六条之一；二是放在刑法第二百九十三条“寻衅滋事罪”后，作为第二百九十三条之一。强迫交易罪位于刑法分则第三章“破坏社会主义市场经济秩序罪”第八节“扰乱市场秩序罪”，而寻衅滋事罪位于刑法分则第六章“妨害社会管理秩序罪”第一节“扰乱公共秩序罪”。经研究，催收非法债务主要是为了将非法利益固定、落实，同时在行为上表现为使用暴力、胁迫、限制人身自由、恐吓、跟踪、骚扰等，不仅侵害公民人身权利、民主权利，还会造成社会秩序混乱，所在地区治安秩序紧张，人心惶惶，影响到人民群众正常生活和工作秩序。从这个意义上说，将催收非法债务的行为归类为严重妨害社会管理秩序的犯罪与人民群众的感受更为接近，刑法保护的法益也更为全面，故将本条设置在刑法第二百九十三条“寻衅滋事罪”后，作为第二百九十三条之一。

（二）立法时争议的主要问题

一是，对于以暴力、软暴力等行为催收合法债务的，是否需要一并规定为犯罪。对于该问题，在本条起草过程中，曾有不同认识。经研究，债务纠纷在实践中广泛存在，特别是对于合法债务的维权行为，多数是完全合法的，有部分维权行为存在瑕疵或者不当之处，极少数维权行为也会因为触犯法律而构成违法犯罪。例如对于索取合法债务非法拘押、拘禁他人，伤害他人身体甚至是杀害债务人的，应根据刑法分别依照非法拘禁罪、故意伤害罪、故意杀人罪定罪处罚。对于债权人对债务人采取跟踪、纠缠、恐吓、辱骂等方式实施的追讨合法债务的行为，也不宜简单认定构成“寻衅滋事罪”等定罪处罚，要根据案件的具体情况依法认定。对于实践中出现的借款人“逃废债”、“恶人先告状”等情况，也需要引起重视。因此，将催收行为限制在针对非法债务，而不扩大到所有债务即包含合法债务，是符合实际情况的做法，也便于司法机关准确执法，维护人民群众的合法权益。

二是，对于增设强制罪、暴行罪的问题。在本条起草过程中，有的意见提出，应进一步对行为进行类型化总结，将一些行为独立出来，参照其他国家的立法例，增设强制罪、暴行罪等。也有的意见认为，强制、暴行等行为的内涵并不明确，容易造成打击面扩大，甚至成为新的口袋罪。宜结合特定情形将暴力、软暴力的行为入罪。考虑到对这一问题在认识上有分歧，刑法修正案（十一）并未对强制罪、暴行罪作出规定。

条文解读

本条规定“催收高利放贷等产生的非法债务”有以下含义：一是，行为人实施了“催收”行为，“催”是方式，“收”是目的。本条对催收高利放贷等产生的非法债务，情节严重的行为作了具体列举。行为人实施这些行为的目的就是为了将高利放贷等产生的非法债务明确化、固定化、收讫化。二是，行为人催收的是“高利放贷等产生的非法债务”。民法典第六百八十条第一款规定，禁止高利放贷，借款的利率不得违反国家有关规定。对于违反国家规定的借款利率，实施高利放贷产生的债务，就属于本条规定的非法债务。这里的“产生”既包括因高利放贷等非法行为直接产生，也包括由非法债务产生、延伸的所谓孳息、利息等。这里的“等”，根据实践中的情况，包括赌债、毒债等违法行为产生的债务，以及其他违法犯罪行为产生的债务。本条规定，催收高利放贷等产生的非法债务要“情节严重”才能构成本罪，对于具有一定的社会危害性，但情节不算严重的，违反治安管理处罚法的，可根据治安管理处罚法的有关规定予以行政处罚。“情节严重”的具体情况，可由司法机关通过司法解释的方式作进一步细化。

本条具体规定了三种情形。一是，使用暴力、胁迫方法。“暴力”是指以殴打、伤害他人身体的方法，使被害人不能抗拒。“胁迫”是指对被害人施以威胁、压迫，进行精神上的强制，迫使被害人就范，不敢抗拒，如威胁伤害被害人及其亲属；威胁要对被害人及其亲属施以暴力；威胁要对被害人及其亲属予以奸淫、猥亵；以披露被害人及其亲属的隐私相威胁；利用被害人危难或者孤立无援的境地迫使其服从等。行为人使用暴力、胁迫方法是为了催收高利放贷等产生的非法债务。如果是为了其他目的，则可能涉嫌刑法里的其他犯罪，例如行为人当场使用暴力、胁迫抢劫公私财物，与催收非法债务没有关系的，则可以刑法第二百六十三条抢劫罪定罪处罚；行为人对公私财物的所有人、保管人使用威胁或者要挟的方法，勒索公私财物，与催收非法债务没有关系的，则可以刑法第二百七十四条敲诈勒索罪定罪处罚，等等。

二是，限制他人人身自由或者侵入他人住宅。这里规定了两种行为，“限制他人人身自由”和“侵入他人住宅”。

1. 限制他人人身自由。在我国，对逮捕、拘留、拘传等限制他人人身自由的强制措施有严格的法律规定，必须由专门机关按照法律规定的程序进行。宪法第三十七条规定，中华人民共和国公民的人身自由不受侵犯。任何公民，非经人民检察院批准或者决定或者人民法院决定，并由公安机关执行，不受逮捕。禁止非法拘禁和以其他方法非法剥夺或者限制公民的人身自由，禁止非法搜查公民的身体。非法限制他人人身自由是一种严重剥夺公民身体自由的行为。任何单位和个人不依照法律规定或者不依照法律规定的程序限制他人人身自由都是非法的，应当予以惩处。限制他人人身自由的方式多样，如捆绑、关押、扣留身份证件不让随意外出或者与外界联系等。根据本条的规定，为催收高利放贷等产生的非法债务而限制他人人身自由，还需要情节严重，才能构成本罪，如采取拘禁方式或者多次、以恶劣手段进行限制人身自由等。如果实施非法限制他人人身自由的行为，只造成一般危害的，可以根据治安管理处罚法第四十条的规定，给予治安处罚；如果不是以催收非法债务为目的，实施拘禁他人或者以其他方法非法剥夺他人人身自由的，可以依法按照刑法第二百三十八条非法拘禁罪定罪处罚。需要注意的是，根据刑法第二百三十八条第三款规定，为索取债务非法扣押、拘禁他人的，依照非法拘禁罪的规定处罚。扣押、拘禁属于严重限制他人人身自由的行为，行为人为胁迫他人履行合法债务，而严重限制他人人身自由的，依照刑法第二百三十八条非法拘禁罪定罪处罚。

2. 侵入他人住宅。宪法第三十九条规定，中华人民共和国公民的住宅不受侵犯。禁止非法搜查或者非法侵入公民的住宅。住宅是公民生活的处所，非法侵入他人住宅，必然会使公民的正常生活受到干扰，严重侵犯公民的合法权益。侵入他人住宅表现为未经住宅内用户同意，非法强行闯入他人住宅，或者无正当理由进入他人住宅，经住宅用户要求其退出仍拒不退出的行为。如果实施侵入他人住宅的行为，只造成一般危害的，可以根据治安管理处罚法第四十条的规定，给予治安处罚。需要注意的是，刑法第二百四十五条规定了非法侵入住宅罪。如果行为人侵入他人住宅，具有严重危害性的，则可依法按照刑法第二百四十五条非法侵入住宅罪定罪处罚。如果行为人侵入他人住宅的目的是为了催收非法债务，且具有多次、恶劣手段等严重情节的，则可依法按照本罪规定处罚。

三是，恐吓、跟踪、骚扰他人。这里的“恐吓”有多种形式，如以邮寄恐吓物、子弹等威胁他人人身安全；故意携带、展示管制刀具、枪械；使用凶猛动物；宣扬传播疾病；利用信息网络发送恐吓信息；以统一标记、服装、阵势等方式威吓他人，使他人恐慌、屈服等。总体上，行为手段或者行为方式使他人产生心理恐惧或者形成心理强制，就属于这里的“恐吓”。这里的“跟踪”为对他人及其亲属实施尾随、守候、贴靠、盯梢等行为，使被害人在内心产生恐惧不安。这里的“骚扰”有多种形式，如以破坏生活设施、设置生活障碍、贴报喷字、拉挂横幅、燃放鞭炮、播放哀乐、摆放花圈、泼洒污物、断水断电、堵门阻工，以及通过摆场架势示威、聚众哄闹滋扰、拦路闹事、驱赶从业人员、派驻人员据守等方式直接或间接地控制厂房、办公区、经营场所等扰乱他人正常生活、工作、生产、经营秩序等。总体上，“骚扰”会对他人造成巨大的心理负担，形成心理强制，影响并限制他人的人身自由、危及人身财产安全，影响正常的生产生活。根据本条规定，恐吓、跟踪、骚扰他人的方式催收高利放贷等产生的非法债务，且具有多次、恶劣手段等严重情节的，可以根据本罪定罪处罚。如果实施恐吓、跟踪、骚扰他人的行为，只造成一般危害的，可以根据治安管理处罚法第四十二条的规定，给予治安处罚。需要注意的是，《最高人民法院、最高人民检察院关于办理寻衅滋事刑事案件适用法律若干问题的解释》第三条对属于追逐、拦截、辱骂、恐吓他人，破坏社会秩序，构成寻衅滋事罪，情节严重的情形作了进一步细化，如持凶器追逐、拦截、辱骂、恐吓他人的，追逐、拦截、辱骂、恐吓精神病人、残疾人、流浪乞讨人员、老年人、孕妇、未成年人，造成恶劣社会影响等。如果行为人实施恐吓、跟踪、骚扰行为构成寻衅滋事罪，同时其行为目的是为了催收非法债务，且具有多次、手段恶劣等严重情节的，则应按照处罚较重的规定定罪处罚。

关于本罪的处罚。根据本条规定，催收非法债务情节严重的行为，处三年以下有期徒刑、拘役或者管制，并处或者单处罚金。

实践执行中应当注意的是：

对“非法债务”的认定问题。实践中，有的债务是受害人通过签订虚假的借款协议“自愿”对财产性利益予以让与、抵押、交付、承兑的，在形式上构成意思自治的合法行为；有的借助诉讼、仲裁、公证等手段确认“债务”，伪装成有法律背书、认可的“债务”；有的通过“保证金”、“中介费”、“服务费”、“违约金”等名目扣除或者收取额外费用，作为被害人自愿或者协议交付等。这些行为基本上是以所谓的合法形式掩盖非法目的，其实质仍源于“高利放贷等”非法行为，在性质上应认定为由高利放贷等产生的“非法债务”。司法机关在办理案件时，需要结合相关证据，准确区分合法债务和非法债务。

相关规定

《最高人民法院、最高人民检察院、公安部、司法部关于办理“套路贷”刑事案件若干问题的意见》；《最高人民法院、最高人民检察院、公安部、司法部关于办理实施“软暴力”的刑事案件若干问题的意见》

三十五、在刑法第二百九十九条后增加一条，作为第二百九十九条之一①：“侮辱、诽谤或者以其他方式侵害英雄烈士的名誉、荣誉，损害社会公共利益，情节严重的，处三年以下有期徒刑、拘役、管制或者剥夺政治权利。”

---

① 根据2020年12月26日十三届全国人大常委会第二十四次会议通过的《中华人民共和国刑法修正案（十一）》增加，增加的内容自2021年3月1日起施行。

条文主旨

本条是关于增加侮辱、诽谤英雄烈士犯罪的规定。

立法背景

（一）起草背景

中华民族是英雄辈出的民族。近代以来，为了争取民族独立和人民解放，实现国家富强和人民幸福，促进世界和平和人类进步，中华民族涌现出了无数毕生奋斗、英勇献身的英雄烈士。英雄烈士是中华民族最优秀群体的代表，英雄烈士和他们所体现的爱国主义、英雄主义精神，是我们国魂、民族魂、党魂、军魂的不竭源泉和重要支撑，是中华民族精神的集体体现。英雄烈士的事迹和精神是中华民族共同记忆，是社会主义核心价值观的重要体现。

近年来，社会上有些人出于各种目的侮辱、诽谤英雄烈士，还有的以“学术自由”“还原历史”“探究细节”等为名，通过互联网、书刊等公开对党和国家长期宣传、人民群众高度尊崇的英雄烈士进行诋毁、丑化、贬损、质疑和否定，歪曲历史特别是近现代历史，造成了恶劣社会影响。比较典型的有侮辱、诽谤狼牙山五壮士、邱少云等英雄烈士群体、个人事件。如 2013 年某杂志刊发洪某撰写的《“狼牙山五壮士”的细节分歧》一文，该文以历史细节考据、学术研究为幌子，以细节否定英雄，企图达到抹黑“狼牙山五壮士”英雄形象和名誉的目的，引发“狼牙山五壮士”亲属及社会各界的反对、谴责。又如，2013 年 5 月孙某在某微博上以名为“作业本”的账号发文对邱少云烈士在烈火中英勇献身的行为进行恶意调侃，2015 年 4 月，某饮品公司在其网络营销活动中，借助“作业本”相关言论进行营销，并与孙某进行网上互动，该言论及互动在网络平台上迅速传播，产生了较大负面影响，遭到广大网友的谴责。

侮辱、诽谤英雄烈士的实质目的是动摇中国共产党的执政根基和否定中国特色社会主义制度。抹黑这些代表性的英烈群体、人物，否定中国近现代历史，既是对社会主义核心价值观与革命英雄主义精神的否定和瓦解，也容易对群众尤其是年轻人的价值取向造成恶劣影响、冲击。这些行为不仅构成对英雄烈士人格利益的侵害和对英雄烈士近亲属合法利益的侵害，同时由于英雄烈士的事迹和精神已经成为社会公共利益的重要组成部分，也给社会公共利益造成损害。

对此，我国相关法律先后对侮辱、诽谤英雄烈士以及其他侵害英烈名誉、荣誉等的行为作了明确规定。2018 年 4 月 27 日十三届全国人大常委第二次会议通过了《中华人民共和国英雄烈士保护法》，该法明确规定，国家保护英雄烈士，对英雄烈士予以褒扬、纪念，加强对英雄烈士事迹和精神的宣传、教育，维护英雄烈士的尊严和合法权益；全社会都应当崇尚、学习、捍卫英雄烈士；禁止歪曲、丑化、亵渎、否定英雄烈士事迹和精神。英雄烈士的姓名、肖像、名誉、荣誉受法律保护。任何组织和个人不得在公共场所、互联网或者利用广播电视、电影、出版物等，以侮辱、诽谤或者其他方式侵害英雄烈士的姓名、肖像、名誉、荣誉；不得将英雄烈士的姓名、肖像用于或者变相用于损害英雄烈士的名誉、荣誉等。对于侵害英雄烈士姓名、肖像、名誉、荣誉的，英雄烈士保法第二十六条规定，“以侮辱、诽谤或者其他方式侵害英雄烈士的姓名、肖像、名誉、荣誉，损害社会公共利益的，依法承担民事责任；构成违反治安管理行为的，由公安机关依法给予治安管理处罚；构成犯罪的，依法追究刑事责任。”2020 年民法典将英雄烈士的姓名、肖像、名誉、荣誉作为社会公共利益予以保护，民法典第一百八十五条规定“侵害英雄烈士等的姓名、肖像、名誉、荣誉，损害社会公共利益的，应当承担民事责任。”

上述法律规定为依法追究侮辱、诽谤英雄烈士以及其他侵害英烈名誉、荣誉的行为提供了民事、行政法律依据。为了进一步保护英雄烈士名誉、荣誉，维护社会主义核心价值观，与英雄烈士保护法等相关法律相衔接，立法机关广泛听取意见，经反复研究，在各方面取得共识的基础上，将侮辱、诽谤英雄烈士的行为明确规定为犯罪。刑法修正案（十一）将侮辱、诽谤英雄烈士的行为入刑，是以法治思维和法治方式反对历史虚无主义，对于惩治侮辱、诽谤英雄烈士行为，保护英雄烈士的人格利益和社会公共利益，弘扬社会主义核心价值观，具有重要意义。通过增加本条规定，刑法与英雄烈士保护法、民法典等一起，构建起完整的英雄烈士保护法律体系。

（二）立法时争议的主要问题

关于本罪在刑法条文中的位置。刑法修正案（十一）草案二次审议稿曾将本条放在第四章侵犯公民人身权利、民主权利罪一章第二百四十六条侮辱罪、诽谤罪之后，作为第二百四十六条之一。对此，有的常委委员、地方、专家和社会公众建议调整本条规定的章节位置，更加准确体现树立社会主义核心价值观和维护社会秩序的目的。宪法和法律委员会经研究，采纳了上述意见，将本条作为刑法第二百九十九条之一。

（三）有关国家和地区的规定

奥地利刑法典、法国刑法典规定了扰乱死者安宁的犯罪，侵害的对象包括所有的逝者，不限于英雄烈士等历史政治人物。荷兰以及我国台湾地区刑法明确规定诽谤死者的，构成诽谤犯罪。我国台湾地区“刑法”第三百一十二条规定，“对已死之人诽谤罪者，处一年以下有期徒刑、拘役或者罚金”。荷兰刑法第二百七十条规定，“对死人实施言辞诽谤或者诽谤名誉的，处三个月以下监禁或者罚金。”

条文解读

侮辱、诽谤或者以其他方式侵害英雄烈士的名誉、荣誉，损害社会公共利益，情节严重的，构成本罪。这里的“英雄烈士”，包括近代以来，为国家、为民族、为人民作出牺牲和贡献的英烈先驱和革命先行者，重点是中国共产党、人民军队和人民共和国历史上涌现出的无数英雄烈士。英雄烈士既包括个人也包括群体，既包括有名英烈也包括无名英烈。本条保护的英雄烈士与英雄烈士保护法的保护范围是一致的，都是已经牺牲、逝世的英雄烈士。据统计，从中国民主革命到现在，约有二千万英烈，但是经评定确认的只有约一百九十六万。由于战争、历史条件等原因，大多数英烈都未能留下姓名，现在也无从考证，但他们同样受法律保护，也应被尊崇和铭记。实际发生的侵害英雄烈士名誉、荣誉案件中涉及的英雄烈士，一般都是知名的英雄烈士，其身份是清楚的，如果确需对英雄烈士的身份进行认定，可以通过相关工作机制予以解决。

关于烈士的具体评定标准，《烈士褒扬条例》第八条第一款规定，公民牺牲符合下列情形之一的，评定为烈士：（一）在依法查处违法犯罪行为、执行国家安全工作任务、执行反恐怖任务和处置突发事件中牺牲的；（二）抢险救灾或者其他为了抢救、保护国家财产、集体财产、公民生命财产牺牲的；（三）在执行外交任务或者国家派遣的对外援助、维持国际和平任务中牺牲的；（四）在执行武器装备科研试验任务中牺牲的；（五）其他牺牲情节特别突出，堪为楷模的。《军人抚恤优待条例》第八条第一款、第二款规定，现役军人死亡，符合下列情形之一的，批准为烈士：（一）对敌作战死亡，或者对敌作战负伤在医疗终结前因伤死亡的；（二）因执行任务遭敌人或者犯罪分子杀害，或者被俘、被捕后不屈遭敌人杀害或者被折磨致死的；（三）为抢救和保护国家财产、人民生命财产或者执行反恐怖任务和处置突发事件死亡的；（四）因执行军事演习、战备航行飞行、空降和导弹发射训练、试航试飞任务以及参加武器装备科研试验死亡的；（五）在执行外交任务或者国家派遣的对外援助、维持国际和平任务中牺牲的；（六）其他死难情节特别突出，堪为楷模的。现役军人在执行对敌作战、边海防执勤或者抢险救灾任务中失踪，经法定程序宣告死亡的，按照烈士对待。

这里的“侮辱”主要是指通过语言、文字或者其他方式辱骂、贬低、嘲讽英雄烈士的行为。“诽谤”是指针对英雄烈士，捏造事实并进行散播，公然丑化、贬损英雄烈士，损害英雄烈士名誉、荣誉的行为。实践中比较常见的是通过网络、文学作品等形式侮辱、诽谤英雄烈士的情况。“以其他方式侵害英雄烈士的名誉、荣誉”，是指采用侮辱、诽谤以外的其他方式侵害英雄烈士的名誉、荣誉的行为，如虽未采用侮辱、诽谤方式，但以“还原历史”、“探究细节”等名义否定、贬损、丑化英雄烈士；非法披露涉及英雄烈士隐私的信息或者图片，侵害英雄烈士隐私等。

“损害社会公共利益”是构成本罪的要件之一，也是侮辱、诽谤或者以其他方式侵害英雄烈士的名誉、荣誉可能导致的后果。近代以来的无数英雄烈士和他们所获得的荣誉称号，在中华大地广泛传播，在全党、全军和全国各族人民中已经赢得了普遍的公众认同，既是国家及公众对他们作为中华民族的优秀儿女在反抗侵略、保家卫国中作出巨大牺牲的褒奖，也是他们应当获得的个人荣誉。在抗日战争时期，广大英雄烈士的光辉事迹成为激励中华儿女反抗侵略、英勇抗敌的精神动力之一，成为人民军队誓死捍卫国家利益、保障国家安全的军魂来源之一；在和平年代，英雄烈士的精神，仍然为广大人民群众树立了不畏艰辛、不怕困难，为国为民奋斗终生的精神指引。英雄烈士及其精神，是中华民族共同记忆的一部分，是中华民族精神的内核之一，也是社会主义核心价值观的重要内容。而民族的共同记忆、民族精神乃至社会主义核心价值观，无论是从我国的历史来看，还是从现行法律规定来看，都已经是社会公共利益的一部分。侮辱、诽谤或者以其他方式侵害英雄烈士的名誉、荣誉，会损害社会公共利益。

“情节严重的”是指侮辱、诽谤或者以其他方式侵害英雄烈士的名誉、荣誉，损害社会公共利益，造成严重的不良影响或者侵害行为持续时间长、范围广等情形。

关于本罪的刑罚，根据本条规定，侮辱、诽谤或者以其他方式侵害英雄烈士的名誉、荣誉，损害社会公共利益，情节严重的，处三年以下有期徒刑、拘役、管制或者剥夺政治权利。

实际执行中应当注意，本条规定的“英雄烈士”都是已经牺牲、去世的，如果行为人侮辱、诽谤或者其他方式侵害健在的英雄模范人物的名誉、荣誉，应当依照本法关于侮辱、诽谤罪的规定追究行为的刑事责任，不适用本条。对健在的英雄模范人物的褒奖、保护，适用国家勋章和国家荣誉称号法等相关法律法规。

相关规定

《中华人民共和国英雄烈士保护法》第二十六条、第二十七条；《中华人民共和国民法典》第一百八十五条、第九百九十四条

三十六、将刑法第三百零三条[①]修改为：“以营利为目的，聚众赌博或者以赌博为业的，处三年以下有期徒刑、拘役或者管制，并处罚金。

“开设赌场的，处五年以下有期徒刑、拘役或者管制，

---

① 本条经全国人民代表大会常务委员会两次修改。根据2006年6月29日第十届全国人民代表大会常务委员会第二十二次会议通过的《中华人民共和国刑法修正案（六）》第一次修改，刑法修正案（六）修改的内容自2006年6月29日起施行。1997年刑法第三百零三条条文是：“以营利为目的，聚众赌博、开设赌场或者以赌博为业的，处三年以下有期徒刑、拘役或者管制，并处罚金。”

根据2020年12月26日第十三届全国人民代表大会常务委员会第二十四次会议通过的《中华人民共和国刑法修正案（十一）》第二次修改，刑法修正案（十一）修改的内容自2021年3月1日起施行。刑法修正案（六）修改后的第三百零三条条文是：“以营利为目的，聚众赌博或者以赌博为业的，处三年以下有期徒刑、拘役或者管制，并处罚金。

“开设赌场的，处三年以下有期徒刑、拘役或者管制，并处罚金；情节严重的，处三年以上十年以下有期徒刑，并处罚金。”

并处罚金；情节严重的，处五年以上十年以下有期徒刑，并处罚金。

“组织中华人民共和国公民参与国（境）外赌博，数额巨大或者有其他严重情节的，依照前款的规定处罚。”

条文主旨

本条是关于修改开设赌场罪、增加组织参与国（境）外巨额赌博的犯罪的规定。

立法背景

1. 1979 年立法的情况。赌博是封建社会的毒瘤、顽疾。新中国成立后，党和国家宣布彻底消灭“黄赌毒”等旧社会恶习，严厉禁赌，明令取缔赌局、赌场，禁止一切赌博活动，惩办赌头、赌徒、赌棍，在短时期内基本肃清了赌博活动。上世纪 80 年代，伴随着改革开放，一些社会陋习死灰复燃，赌博活动在我国又进入了反弹期，一些恶习较深的赌徒以及新生的赌头、赌棍以公开或秘密的方式设赌场开赌局，聚众赌博，一些人因此而影响工作、生活，甚至倾家荡产，造成家庭不和等社会问题，而且往往诱发其他犯罪，尤其一些公开或者秘密的赌场，其背后可能隐藏着黑社会性质的犯罪组织，对社会危害很大，应当依法予以惩处。为遏制赌博风气蔓延，惩治赌博犯罪，维护正常的社会秩序，1979 年刑法第一百六十八条规定：“以营利为目的，聚众赌博或者以赌博为业的，处三年以下有期徒刑、拘役或者管制，可以并处罚金。”

2. 1997 年修订刑法的情况。1979 年刑法颁布后，开展集中整治赌博活动，1985 年 8 月，最高人民法院、最高人民检察院、公安部联合发布《关于严格查禁赌博活动的通知》，强调“赌博活动发展蔓延，败坏社会风气，直接破坏社会主义精神文明建设，必须采取坚决措施查禁赌博活动”。1997 年修订刑法时，根据司法实践情况，对本条作了以下修改：一是，在犯罪表现形式上明确了“开设赌场”的行为。1979 年刑法第一百六十八条规定的以赌博为业实际上包含了“开设赌场”之意，为便于司法实践的操作和执行，严厉惩治社会上越来越猖獗的赌博之风，以维护公民的安居乐业和保持良好的社会风气，保障社会的和谐稳定，将“开设赌场”明确规定在条文中是十分必要的。二是，将“可以并处罚金”修改为“并处罚金”，将罚金刑由选择性刑罚改为必须判处的刑罚，加大了赌博犯罪的处罚力度。

3. 2006 年刑法修正案（六）对本条作了第一次修改。1997 年刑法第三百零三条的规定对一般的赌博行为和开设赌场的行为的刑罚没有区别。开设赌场行为的社会危害程度，明显要大于一般的赌博行为，有必要加重惩处。2006 年 6 月 29 日第十届全国人民代表大会常务委员会第二十二次会议通过的《中华人民共和国刑法修正案（六）》对本条作了以下修改：一是，将开设赌场的犯罪从赌博罪中分离出来，单独规定一条，增设了开设赌场罪；二是，提高了开设赌场罪的刑罚，增加了一档法定刑，将法定最高刑由三年有期徒刑提高到十年有期徒刑，进一步加大了对开设赌场的犯罪的惩处力度。

4. 2020 年刑法修正案（十一）对本条作了第二次修改。2020 年 12 月 26 日第十三届全国人民代表大会常务委员会第二十四次会议通过的《中华人民共和国刑法修正案（十一）》对本条作了以下修改：一是，将第一档的最高刑和第二档的最低刑“三年有期徒刑”修改为“五年有期徒刑”，这样修改主要是考虑到随着经济社会的快速发展和人民生活水平的不断提高，一些人为了追求物质和精神的刺激，不断参与赌博活动，有的为了获取更大利益大肆开设赌场，而且由于互联网和移动通讯的快速发展，在网上开设赌场也呈递增状态，开设赌场一般都是由犯罪团伙或者犯罪集团组织的，其组织结构严密，职责分工明确，资金规模大，且流动性、隐蔽性强，其危害性更大，为严惩开设赌场行为，刑法修正案（十一）提高了开设赌场犯罪的刑罚。

二是，增加了组织参与国（境）外巨额赌博的犯罪。我国一贯坚持禁赌政策，刑法、治安管理处罚法等对赌博违法犯罪作了规定，还通过多次修改刑法对与赌博有关的洗钱、非法经营中非法从事“地下钱庄”资金支付结算业务，以及与网络赌博有关的非法利用信息网络罪、帮助网络犯罪活动罪等作了修改补充。一直以来，司法实践中对组织跨境赌博行为是予以严厉惩治的，2005 年 5 月最高人民法院、最高人民检察院《关于办理赌博刑事案件具体应用法律若干问题的解释》第一条规定：组织中华人民共和国公民 10 人以上赴境外赌博，从中收取回扣、介绍费的，属于刑法第三百零三条规定的“聚众赌博”，以赌博罪处罚。这是考虑到，当时我国公民到境外旅游增多，一些人员或者组织通过在我大中城市设立办事机构、在公开发行的报刊上刊登广告、向我境内邮寄邀请信或者广告单等各种方式，组织、招引我国公民赴境外赌博，造成了巨额资金流失境外，危害严重。该解释第三条规定：“中华人民共和国公民在我国领域外周边地区聚众赌博、开设赌场，以吸引中华人民共和国公民为主要客源，构成赌博罪的，可以依照刑法规定追究刑事责任。”这是考虑到，当时我国公民在境外犯赌博罪的情况越来越严重，尤其是开设赌场，吸引我国公民赌博，危害极大。近年来，周边国家和地区赌场和赌博集团利用其实体赌场和网络赌博平台对我国公民进行招赌、吸赌情况严重，一些不法分子往往以商务考察为名，组织中国公民出境赌博，出境参加赌博的人员中有的投注数额巨大；有的利用境外赌博设置陷阱，以组织赴境外赌博为名实施敲诈勒索和绑架行为；有的互联网领域黑灰产业助推传统赌博和跨境赌博犯罪向互联网迁移，跨境网络赌博违法犯罪活动呈高发态势；与赌博伴生的放高利贷、诈骗、洗钱、抢劫、非法拘禁等违法犯罪时常发生，此类跨境赌博活动不仅严重威胁人民群众人身财产安全，带来恶劣的社会影响，而且造成我国大量的资金外流，危害国家金融安全，影响经济秩序，还会进一步引发各种违法犯罪现象，严重危害社会公共安全以及社会的和谐稳定。为依法惩治跨境赌博等犯罪活动，2020 年 10 月，最高人民法院、最高人民检察院、公安部联合发布《办理跨境赌博犯罪案件若干问题的意见》，明确跨境赌博犯罪的认定、跨境赌博犯罪赌资数额的认定及处理、跨境赌博犯罪案件的管辖等，这些规定对于准确认定赌博犯罪行为，有效遏制跨境赌博犯罪活动具有积极意义。在刑法修正案（十一）制定过程中，有关方面提出，为有利于依法严惩出境豪赌的行为，从源头上遏制中国公民出境参赌问题，切实维护我国经济安全和稳定，有必要将组织、招揽中国公民出境参赌数额巨大情形规定为犯罪，刑法修正案（十一）草案二次审议稿根据司法实践的情况，增加规定：“境外开设赌场人员、赌场管理人员或者受其指派的人员，组织、招揽中华人民共和国公民出境参与赌博，数额巨大或者有其他严重情节的，依照前款的规定处罚。”在征求意见过程中，有的常委委员、部门提出，建议慎重考虑草案规定对有关地区博彩业可能带来的冲击，根据常委会审议意见和有关方面的意见，对草案二次审议稿作了以下修改完善：一是，删去“境外开设赌场人员、赌场管理人员或者受其指派的人员”的规定，对犯罪主体不作限制，包括国内外人员只要组织出境参与巨额赌博的均构成犯罪，从而减少针对性；二是，将“境外”修改为“国（境）外”，进一步明确适用范围，包括有关国家和地区；三是，将“组织、招揽”修改为“组织”，主要是考虑到招揽的范围不清楚，与正常出国（境）旅游的组团活动难以区分。

条文解读

本条共分三款。第一款是关于赌博罪及其处罚的规定。

本款规定的赌博罪是指以一定的赌资为本钱，意图通过赌博取得更多金钱或财物的行为。构成本罪应当符合以下特征：第一，必须以营利为目的。所谓“以营利为目的”是指参与赌博的人或者以赌博为业的人是以获取金钱、财物或者财产性利益为目的。这是构成本罪的主观要件，如果不以营利为目的，只是以娱乐消遣为目的，虽有赌博行为，但不能构成本罪。

第二，行为人实施了聚众赌博或者以赌博为业的行为。本款规定的赌博犯罪共列举了两种行为。第一种是“聚众赌博”的行为。聚众赌博属于赌博中危害性严重的情形，所谓“聚众赌博”是指行为人组织、召集较多的人纠集在一起进行赌博的行为，而有的行为人通过聚众赌博，从中抽头渔利，俗称“赌头”。这里所说的“赌博”，是指用有价值的东西做注码争输赢的行为。根据2005年《最高人民法院、最高人民检察院关于办理赌博刑事案件具体应用法律若干问题的解释》第一条规定：以营利为目的，有下列情形之一的，属于“聚众赌博”：（1）组织3人以上赌博，抽头渔利数额累计达到5000元以上的；（2）组织3人以上赌博，赌资数额累计达到5万元以上的；（3）组织3人以上赌博，参赌人数累计达到20人以上的等。本人是否参加赌博并不影响本罪的成立。

第二种是“以赌博为业”的行为。所谓“以赌博为业”，是指以赌博为常业，即以赌博所得为其生活或者挥霍的主要来源的行为。1985年最高人民法院、最高人民检察院、公安部《关于严格查禁赌博活动的通知》中规定：“对以营利为目的，聚众赌博者，或者以赌博为生活或主要经济来源者，依照《刑法》第一百六十八条的规定处理。”同时，最高人民法院研究室对上述《通知》的适用作了进一步答复，指出：“《通知》中的‘以赌博为生活或主要经济来源者’既包括没有正式职业和其他正当收入而以赌博为生的人，也包括那些虽然有职业或其他收入而其经济收入的主要部分来自于赌博活动的人。对于以营利为目的聚众赌博或者以赌博为生活或主要经济来源的，不论其输赢，均应依法处理。”2005年最高人民法院、最高人民检察院、公安部《关于开展集中打击赌博违法犯罪活动专项行动有关工作的通知》规定：“对以营利为目的以赌博为业的，无论其是否实际营利，也应以赌博罪追究刑事责任。”

根据2005年《最高人民法院、最高人民检察院关于办理赌博刑事案件具体应用法律若干问题的解释》第四条规定，明知他人实施赌博犯罪活动，而为其提供资金、计算机网络、通讯、费用结算等直接帮助的，以赌博罪的共犯论处。

根据本款规定，聚众赌博或者以赌博为业的，处五年以下有期徒刑、拘役或者管制，并处罚金。

第二款是关于开设赌场罪及处罚的规定。

所谓“开设赌场”，是指开设专门用于进行赌博的场所。这种场所既可以由本人直接支配，也可以委托他人间接支配；行为人提供场所既可以是自己的住宅或者他人的住宅，也可以是旅馆、宾馆等提供的房间。实践中，常见的多是不法分子利用一些偏僻的场院、宾馆或地下室等不易被发现的地方，雇用一些看家护院的打手，配有专门用于进行赌博的设备。开设赌场的人是否直接参与赌博，以及开设赌场是否以营利为目的都不影响本罪的成立。

随着科技的发展，赌博的形式在发生变化，在网上进行网络赌博的情况也不断增加。实践中，网络赌博的形式多种多样，有的是面向公众的公开性网络赌博，这类赌博通过国外开设的合法赌博网站公开进行赌博，任何人都可自由登录网站进行网上赌博活动，赌资可在线支付。有的是面向特定群体的隐蔽性网络赌博，这类赌博，有的网站具有固定网址，大都实行会员制，需要专用账号和密码才能登录；有的采用动态网址，不断变换域名，参赌人员需要和各地赌博代理人联系才能获得网址，登录网站进行赌博。有的是在网络游戏中衍生出赌博活动，即变相的赌博类网络游戏，涉及网络游戏服务、虚拟货币、第三方交易平台等多个环节，赌资往往不直接与货币挂钩，隐蔽性极强。随着移动通讯的发展，不法分子利用移动通讯设计形式多样的赌博活动，吸引越来越多的人员参与。为依法惩治网络赌博犯罪活动，2005年《最高人民法院、最高人民检察院于关于办理赌博刑事案件具体应用法律若干问题的解释》第二条规定，以营利为目的，在计算机网络上建立赌博网站，或者为赌博网站担任代理，接受投注的，属于“开设赌场”。2010年《最高人民法院、最高人民检察院、公安部关于办理网络赌博犯罪案件适用法律若干问题的意见》第一条规定，利用互联网、移动通讯终端等传输赌博视频、数据，组织赌博活动，具有下列情形之一的，属于“开设赌场”行为：（1）建立赌博网站并接受投注的；（2）建立赌博网站并提供给他人组织赌博的；（3）为赌博网站担任代理并接受投注的；（4）参与赌博网站利润分成的。

近年来，利用游戏机赌博的也越来越多，实践中，有的是在合法的游戏机娱乐室内设置赌博机；有的对游戏机稍加改造就可进行类似“老虎机”式赌博。由于赌博游戏机在商铺、小卖部等地分散摆放，造成取证困难，赌徒无法一一找到，赌资也无法计算。为依法惩治利用具有赌博功能的电子游戏设施设备开设赌场的犯罪活动，2014年《最高人民法院、最高人民检察院、公安部关于办理利用赌博机开设赌场案件适用法律若干问题的意见》进一步明确了赌博机的认定、利用赌博机组织赌博的性质认定、利用赌博机设赌场的定罪处罚标准以及赌资的认定标准。如该意见第二条规定，设置赌博机组织赌博活动，具有下列情形之一的，应当按照开设赌场罪定罪处罚：（1）设置赌博机10台以上的；（2）设置赌博机2台以上，容留未成年人赌博的；（3）在中小学校附近设置赌博机2台以上的；（3）违法所得累计达到5000元以上的；（5）赌资数额累计达到5万元以上的；（6）参赌人数累计达到20人以上的等。

本款对开设赌场罪规定了两档刑，第一档刑，构成犯罪的，处五年以下有期徒刑、拘役或者管制，并处罚金。第二档刑，对情节严重的，处五年以上十年以下有期徒刑，并处罚金。所谓“情节严重”，一般是指曾多次开设赌场或者开设的赌场规模较大、影响恶劣的等情况。根据2010年《最高人民法院、最高人民检察院、公安部关于办理网络赌博犯罪案件适用法律若干问题的意见》第一条规定，利用互联网、移动通讯终端等传输赌博视频、数据，组织赌博活动，构成开设赌场犯罪，具有下列情形之一的，应当认定为“情节严重”：（1）抽头渔利数额累计达到3万元以上的；（2）赌资数额累计达到30万元以上的；（3）参赌人数累计达到120人以上的；（4）建立赌博网站后通过提供给他人组织赌博，违法所得数额在3万元以上的；（5）参与赌博网站利润分成，违法所得数额在3万元以上的；（6）为赌博网站招募下级代理，由下级代理接受投注的；（7）招揽未成年人参与网络赌博的等。

第三款是关于组织参与国（境）外巨额赌博的犯罪及其处罚的规定。

根据本款规定，构成本罪的应当符合以下条件：第一，本罪的犯罪主体是组织者。这里所说的“组织”者，是指组织、召集中国公民参与国（境）外赌博的人员，既包括犯罪集团的情况，也包括比较松散的犯罪团伙，还可以是个人组织他人参与国（境）外赌博的情况；组织者可以是一个人，也可以是多人；可以有比较严密的组织结构，也可以是为了进行一次赌博行为临时纠结在一起。根据我国刑法总则关于管辖的规定，这里的组织行为可以是我国内地公民实施的组织行为，也可以是国（境）外人员在内地针对我国内地公民实施的组织行为。实践中，常见的组织者主要有国（境）外赌场经营人、实际控制人、投资人；国（境）外赌场管理人；受国（境）外赌场指派、雇佣的人；在境外赌场包租赌厅、赌台的人等。

第二，组织的对象必须是中华人民共和国公民。这里所说的“中华人民共和国公民”仅限于中国大陆具有中华人民共和国国籍的人。如果组织的是境外人员参与赌博的，则不构成本罪，如果构成其他犯罪的，按照刑法有关规定予以处罚。

第三，行为人实施了组织中华人民共和国公民参与国（境）外赌博的行为。这里所说的“组织中华人民共和国公民参与国（境）外赌博”，包括直接组织中国公民赴国（境）外赌博，或者以旅游、公务的名义组织中国公民赴国（境）外赌博，或者以提供赌博场所、提供赌资、设定赌博方式等组织中国公民赴国（境）外赌博，或者利用信息网络、通讯终端等传输赌博视频、数据，组织中国公民参与国（境）外赌博等。

第四，必须达到数额巨大或者有其他严重情节。这是构成本罪的必要条件。所谓“数额巨大”，主要是指赌资数额巨大，可能造成大量外汇流失的情形，具体数额应当通过相关司法解释予以明确。所谓“赌资”主要是指赌博犯罪中用作赌注的款物、换取筹码的款物和通过赌博赢取的款物。“有其他严重情节”，是指赌资虽未达到数额巨大，但接近数额巨大的条件，有其他严重情节的情况，如抽头渔利的数额较多，参赌人数较多，组织、胁迫、引诱、教唆、容留未成年人参与赌博，强迫他人赌博或者结算赌资等情形。

根据本款规定，构成犯罪的，依照前款的规定处罚，也就是按照开设赌场罪规定的刑罚予以处罚，即处五年以下有期徒刑、拘役或者管制，并处罚金；情节严重的，处五年以上十年以下有期徒刑，并处罚金。这里所说的“情节严重的”，并不是一般意义上的情节严重，而是要根据本罪入罪的条件，要比入罪条件更为严重的情节，主要是指组织中国公民前往国（境）外参与赌博，数额特别巨大或者有其他特别严重情节的情况。

实际执行中应当注意以下几个方面的问题：

1. 聚众赌博和开设赌场的区别。在实践中，对于聚众赌博行为与开设赌场行为往往难以区分，两者都有组织参赌人员，提供赌博场所等特点，容易混淆。两罪的主要区分：一是，聚众赌博必须要以营利为目的，也就是行为人一般都是要抽头渔利，这是构成赌博罪的必要条件；而开设赌场行为，一般也是以营利为目的，但以营利为目的不是开设赌场的必要条件，即使行为人不以营利为目的的开设赌场也构成本罪。二是，从犯罪场所的稳定和时间的长短来说，聚众赌博的场所随意性较大，一般时间也较短；而开设赌场为了吸引更多的参赌人员，其场所也相对稳定，持续时间也较长。三是，从赌博的规模和组织的严密性来说，聚众赌博一般规模较小，也没有很强的组织性；而开设赌场规模一般较大，其内部有严密的组织和明确的分工，有负责兑换筹码、记账、收费、发牌和洗牌、安保等人员。

2. 要注意区分聚众赌博、开设赌场与娱乐消遣性赌博的界限。实践中，聚众赌博、开设赌场与一般的娱乐消遣性赌博有时很难区别，导致有的地方将群众娱乐消遣性赌博活动也作为聚众赌博或者开设赌场追究刑事责任。聚众赌博必须以营利为目的；

开设赌场一般也都是以营利为目的，虽然有的不是以营利为目的，但也具有一定的稳定性，且持续一定时间，参与赌博的人数较多且赌资数额也较大，有一定的组织性，内部成员有分工等特点；娱乐消遣性赌博的组织者则不是以营利为目的，只是为了组织大家在一起娱乐消遣，而提供场所和服务，虽然有的规模较大、人数较多、赌资总额较高，但每个参与人员一般出资较小，每次赌博输赢的数额也较小，大家在一起只是为了娱乐消遣，对于这种情况，不应视为聚众赌博或者开设赌场。2005 年《最高人民法院、最高人民检察院关于办理赌博刑事案件具体应用法律若干问题的解释》第九条规定，不以营利为目的，进行带有少量财物输赢的娱乐活动，以及提供棋牌室等娱乐场所只收取正常的场所和服务费用的经营行为等，不以赌博论处。

3. 本条第三款规定了组织参与国（境）外巨额赌博的犯罪，实践中对于招揽中国公民参与国（境）外赌博是否构成本罪，存在不同认识。有的认为，招揽与组织性质相同，招揽也属于组织，招揽也构成本罪。我们认为，不能一概而论，要注意与正常出国（境）旅游的组团活动的区别，如旅行社或者个人组织人员赴境外旅游，如果只是作为旅游项目招揽人员去赌场进行娱乐性赌博，不能视为组织参与国（境）外巨额赌博的犯罪；如果招揽人员去赌场赌博的数额较大、时间较长，或者旅游的主要目的就是去赌场赌博的等，则应当视为组织参与国（境）外巨额赌博的犯罪。

相关规定

《中华人民共和国治安管理处罚法》第十七条、第七十条、

第七十四条；《最高人民法院、最高人民检察院关于办理赌博刑事案件具体应用法律若干问题的解释》；《最高人民法院、最高人民检察院、公安部关于办理网络赌博犯罪案件适用法律若干问题的意见》；《最高人民法院、最高人民检察院、公安部关于办理利用赌博机开设赌场案件适用法律若干问题的意见》；《最高人民法院、最高人民检察院、公安部关于办理跨境赌博犯罪案件若干问题的意见》；《最高人民检察院、公安部关于公安机关管辖的刑事案件立案追诉标准的规定（一）》第四十三条、第四十四条

三十七、将刑法第三百三十条①第一款修改为：“违反传染病防治法的规定，有下列情形之一，引起甲类传染病以及依法确定采取甲类传染病预防、控制措施的传染病传播或者有传播严重危险的，处三年以下有期徒刑或者拘役；

---

① 根据2020年12月26日十三届全国人大常委会第二十四次会议通过的《中华人民共和国刑法修正案（十一）》修正，修改的内容自2021年3月1日起施行。刑法原第三百三十条条文为：“违反传染病防治法的规定，有下列情形之一，引起甲类传染病传播或者有传播严重危险的，处三年以下有期徒刑或者拘役；后果特别严重的，处三年以上七年以下有期徒刑：

“（一）供水单位供应的饮用水不符合国家规定的卫生标准的；

“（二）拒绝按照卫生防疫机构提出的卫生要求，对传染病病原体污染的污水、污物、粪便进行消毒处理的；

“（三）准许或者纵容传染病病人、病原携带者和疑似传染病病人从事国务院卫生行政部门规定禁止从事的易使该传染病扩散的工作的；

“（四）拒绝执行卫生防疫机构依照传染病防治法提出的预防、控制措施的。

“单位犯前款罪的，对单位判处罚金，并对其直接负责的主管人员和其他直接责任人员，依照前款的规定处罚。

“甲类传染病的范围，依照《中华人民共和国传染病防治法》和国务院有关规定确定。”

后果特别严重的，处三年以上七年以下有期徒刑：

“（一）供水单位供应的饮用水不符合国家规定的卫生标准的；

“（二）拒绝按照疾病预防控制机构提出的卫生要求，对传染病病原体污染的污水、污物、场所和物品进行消毒处理的；

“（三）准许或者纵容传染病病人、病原携带者和疑似传染病病人从事国务院卫生行政部门规定禁止从事的易使该传染病扩散的工作的；

“（四）出售、运输疫区中被传染病病原体污染或者可能被传染病病原体污染的物品，未进行消毒处理的；

“（五）拒绝执行县级以上人民政府、疾病预防控制机构依照传染病防治法提出的预防、控制措施的。”

条文主旨

本条是关于修改妨害传染病防治罪的规定。

立法背景

2020 年刑法修正案（十一）对本条作了修改。一是将本条规定的传染病的种类由“甲类传染病”修改为“甲类传染病以及依法确定采取甲类传染病预防、控制措施的传染病”。

二是与传染病防治法相衔接，在“后果特别严重的”情形中增加一项作为第四项“出售、运输疫区中被传染病病原体污染或者可能被传染病病原体污染的物品，未进行消毒处理的”。

三是根据有关方面的意见，将“后果特别严重的”情形中原第四项改为第五项，同时将“卫生防疫机构”修改为“县级以上人民政府、疾病预防控制机构”。

四是，将“后果特别严重的”情形中第二项中“卫生防疫机构”修改为“疾病预防控制机构”，将“粪便”修改为“场所和物品”。

这样修改的主要考虑：一是，充分总结新冠肺炎疫情暴发后的实践经验。2020 年初，新冠肺炎疫情突袭而至，面对前所未知的新型传染疾病，我们秉持科学精神、科学态度，把遵循科学规律贯穿到决策指挥、病患治疗、技术攻关和社会治理的各方面全过程，为顺利控制和战胜疫情奠定了坚实基础。在抗疫实践中，积累了许多有益的经验，也暴露出一定的问题，如个别地方出现一些行为人拒绝执行县级以上人民政府、疾病预防控制机构提出的防控措施，引起新型冠状病毒传播或者有传播严重危险的情况。针对这些情况，需要修改刑法作出回应。二是，进一步与传染病防治法的有关规定相衔接。

修改后的刑法第三百三十条规定：“违反传染病防治法的规定，有下列情形之一，引起甲类传染病以及依法确定采取甲类传染病预防、控制措施的传染病传播或者有传播严重危险的，处三年以下有期徒刑或者拘役；后果特别严重的，处三年以上七年以下有期徒刑：

“（一）供水单位供应的饮用水不符合国家规定的卫生标准的；

“（二）拒绝按照疾病预防控制机构提出的卫生要求，对传染病病原体污染的污水、污物、场所和物品进行消毒处理的；

“（三）准许或者纵容传染病病人、病原携带者和疑似传染病病人从事国务院卫生行政部门规定禁止从事的易使该传染病扩散的工作的；

“（四）出售、运输疫区中被传染病病原体污染或者可能被传染病病原体污染的物品，未进行消毒处理的；

“（五）拒绝执行县级以上人民政府、疾病预防控制机构依照传染病防治法提出的预防、控制措施的。

“单位犯前款罪的，对单位判处罚金，并对其直接负责的主管人员和其他直接责任人员，依照前款的规定处罚。

“甲类传染病的范围，依照《中华人民共和国传染病防治法》和国务院有关规定确定。”

历史沿革

1989 年传染病防治法第三十五条规定，“违反本法规定，有下列行为之一的，由县级以上政府卫生行政部门责令限期改正，可以处以罚款；有造成传染病流行危险的，由卫生行政部门报请同级政府采取强制措施：（一）供水单位供应的饮用水不符合国家规定的卫生标准的；（二）拒绝按照卫生防疫机构提出的卫生要求，对传染病病原体污染的污水、污物、粪便进行消毒处理的；（三）准许或者纵容传染病病人、病原携带者和疑似传染病病人从事国务院卫生行政部门规定禁止从事的易使该传染病扩散的工作的；（四）拒绝执行卫生防疫机构依照本法提出的其他预防、控制措施的”；同时，该法第三十七条规定“有本法第三十五条所列行为之一，引起甲类传染病传播或者有传播严重危险的，比照刑法第一百七十八条的规定追究刑事责任。”1997 年修订刑法时，为了与 1989 年传染病防治法的上述规定相衔接，规定了妨害传染病防治罪。

条文解读

修改后的刑罚第三百三十条分为三款，第一款是关于妨害传染病防治罪及其刑罚的规定。

甲类传染病以及依法确定采取甲类传染病预防、控制措施的传染病是对人类健康具有极大危害的疾病，具有传播快、防控难、危害大等特点，严重危害人民群众的身体健康。防止甲类传染病以及依法确定采取甲类传染病预防、控制措施的传染病传播，对于保护和改善人民生活环境和生态环境，维护社会管理秩序，具有重大意义。任何单位和个人都要严格按照传染病防治法的有关规定执行。对于违反传染病防治法规定，引起甲类传染病以及依法确定采取甲类传染病预防、控制措施的传染病传播严重危险的应当判处刑罚。

本条中的“传染病”，是指由于致病性微生物，如细菌、病毒、螺旋体、寄生虫等侵入人体，发生使人体健康受到某种损害以致危及生命的疾病。传染病种类很多，可通过不同方式或直接或间接地传播，造成人群中传染病的发生、扩散或流行。“甲类传染病”依据传染病防治法的第三条规定，是指鼠疫、霍乱。依据《国际卫生条例》的统一规定，世界卫生组织将鼠疫、霍乱和黄热病三种烈性传染病列为国际检疫传染病，一经发现，必须及时向世界卫生组织通报。我国境内没有黄热病。因此只将鼠疫、霍乱列为甲类传染病。“依法确定采取甲类传染病预防、控制措施的传染病”，根据传染病防治法第四条规定，对乙类传染病中传染性非典型肺炎、炭疽中的肺炭疽和人感染高致病性禽流感，采取本法所称甲类传染病的预防、控制措施。其他乙类传染病和突发原因不明的传染病需要采取本法所称甲类传染病的预防、控制措施的，由国务院卫生行政部门及时报经国务院批准后予以公布、实施。需要解除依照前款规定采取的甲类传染病预防、控制措施的，由国务院卫生行政部门报经国务院批准后予以公布。2019 年底 2020 年初，新冠肺炎疫情暴发后，经国务院批准，将新型冠状病毒感染的肺炎纳入乙类传染病，并采取甲类传染病的预防、控制措施，对于拒绝执行卫生防疫机构依照传染病防治法提出的防控措施，引起新型冠状病毒传播或者有传播严重危险的，可以妨害传染病防治罪定罪处罚。

根据本条规定，违反传染病防治法的规定，引起甲类传染病以及依法确定采取甲类传染病预防、控制措施的传染病传播或者有传播严重危险，有下列情形之一的，构成妨害传染病防治罪：

1. “供水单位供应的饮用水不符合国家规定的卫生标准的”。其中“供水单位”主要指城乡自来水厂和厂矿、企业、学校、部队等有自备水源的集中式供水单位。目前我国城乡的主要饮用水源是集中式。“国家规定的卫生标准”主要指《中华人民共和国传染病防治法实施办法》（简称《实施办法》）和《生活饮用水卫生标准（GB 5749－2006）》中规定的卫生标准。《实施办法》对集中式供水的卫生标准规定“集中式供水必须符合国家《生活饮用水卫生标准（GB 5749－2006）》”。该标准对饮用水的细菌学、化学、毒理学指标和感官性状指标等都作了具体规定，是必须执行的强制性卫生标准。为了防止污染城乡自来水厂的集中式供水，《实施办法》还规定“各单位自备水源，未经城市建设部门和卫生行政部门批准，一般不得与城镇集中式供水系统连接”。

2. “拒绝按照疾病预防控制机构提出的卫生要求，对传染病病原体污染的污水、污物、场所和物品进行消毒处理的”。本条中的“疾病预防控制机构”是政府举办的实施疾病预防控制与公共卫生技术管理和服务的公益事业单位。根据原卫生部有关规定，国家和省级疾病预防控制机构以宏观管理、业务指导、科研培训和质量控制为主。参与国家和省级疾病预防控制和公共卫生相关法规、规章、标准以及规划、方案和技术规范的制订；实施重大疾病预防策略与措施；提供国家和省级的公共卫生检测与信息服务；确定重大公共卫生问题，组织调查处理重大疫情、群体不明原因疾病和突发公共卫生事件；受国务院和省级卫生行政部门认定，开展健康相关产品检测与评价；开展疾病预防控制研究，解决重大技术问题；负责中高级人员技术培训；承担对下级机构的业务考核。计划单列市、地市级疾病预防控制机构在上级疾病预防控制机构的指导下，承担较大公共卫生突发事件和救灾防病等问题的调查处理和技术支持；承担一定的科研工作；组织指导、考核下级疾病预防控制机构的工作，培训中、初级专业技术和管理人员；协助和配合上级开展相关工作。县级疾病预防控制机构在上级疾病预防控制机构的指导下，负责辖区疾病预防控制具体工作的管理与组织落实。负责疾病预防控制、监测检验、健康教育和健康促进、公共卫生从业人员体检和培训、卫生学评价等工作；承担传染病流行、中毒、污染等公共卫生突发事件和救灾防病等问题的调查处理；组织指导社区卫生服务和医院防保组织开展卫生防病工作，负责培训初级专业技术人员；协助和配合上级业务部门开展应用性科研和其他相关工作。

传染病防治法第二十七条规定，对被传染病病原体污染的污水、污物、场所和物品，有关单位和个人必须在疾病预防控制机构的指导下或者按照其提出的卫生要求，进行严格消毒处理；拒绝消毒处理的，由当地卫生行政部门或者疾病预防控制机构进行强制消毒处理。对被传染病病原体污染的污水、污物、场所和物品按规定要求进行严格消毒处理，目的是切断传播途径以控制或者消灭传染病。“消毒处理”，指对传染病病人的排污所污染的以及因其他原因被传染病病原体所污染的环境、物品、空气、水源和可能被污染的物品、场所等都要同时、全面、彻底地进行消毒，即用化学、物理、生物的方法杀灭或者消除环境中的致病性微生物，达到无害化。例如对鼠疫疫区进行的雨淋喷雾消毒、灭蚤和杀鼠。甲类传染病中鼠疫耶尔森氏菌侵入人体的途径是多样的，被感染的病人，由于病变的部位不同、病菌向外界排出的途径也不同，其对外界环境的污染范围是广泛而严重的。因此，为消除鼠疫、霍乱病人的排泄物对外界环境的污染，病人家属、单位必须无条件地接受卫生防疫机构提出的卫生要求。这样做有利于保护病人及周围人群的健康，任何个人和单位不得拒绝。

3. “准许或者纵容传染病病人、病原携带者和疑似传染病病人从事国务院卫生行政部门规定禁止从事的易使该传染病扩散的工作的”。“准许”，指传染病病人、病原携带者和疑似传染病病人所在单位领导人员或主管人员明知某人为传染病病人、病原携带者和疑似传染病病人，仍批准其从事易使该传染病扩散的工作；或者明知上述传染病病人、病原携带者和疑似传染病病人违反规定从事易使传染病扩散的工作，而未采取调离其工作等措施，默许其继续从事易使传染病扩散的工作。但是，对于不知道该人为患病者或病原携带者和疑似传染病病人而同意其从事易使传染病扩散的工作的，不能视为本条规定的“准许”。“纵容”指传染病病人、病原携带者和疑似传染病病人所在单位的领导人员和主管人员，明知其违反规定从事易使传染病扩散的工作，不仅不采取措施，而且为其提供方便条件，或听之任之放纵其继续从事这一工作。“传染病病人、疑似传染病病人”是指根据国务院卫生行政部门发布的《〈中华人民共和国传染病防治法〉规定管理的传染病诊断标准（试行）》中规定的，符合传染病病人和疑似传染病病人诊断标准的人，如乙型肝炎患者。“病原携带者”指感染原体无临床症状但能排出病原体的人。传染病病人、病原携带者和疑似传染病病人都能随时随地通过多种途径向外界环境排出和扩散该病的致病性微生物，而有可能感染接触过他们的健康人，造成该种传染病的传播。因此，必须根据不同病种限制他们的活动，规定他们患病或携带病原期间，不得从事某些易使该种传染病扩散的工作。根据国务院卫生行政部门的有关规定，上述传染病病人、病原携带者不得从事易使传染病扩散的工作，主要有以下几类：（1）饮用水的生产、管理、供应等工作；（2）饮食服务行业的经营、服务等工作；（3）托幼机构的保育、教育等工作；（4）食品行业的生产、加工、销售、运输及保管等工作；（5）美容、整容等工作；（6）其他与人群接触密切的工作。

4. “出售、运输疫区中被传染病病原体污染或者可能被传染病病原体污染的物品，未进行消毒处理的”。这样规定，目的是防止传染病的进一步扩散。这里的“物品”必须同时符合以下条件：一是疫区中的物品，这里的“疫区”是指依照有关法律法规划定和公布的传染病发生区；二是被传染病病原体污染或可能被传染病病原体污染。一般是指传染病病人或疑似传染病病人及病原携带者直接使用过或接触过的旧衣物和生活用品，也可能是染疫动物的皮毛，这些都极易传播传染病。三是没有进行消毒处理，即对于上述被传染病病原体污染或者可能污染的物品，没有采用化学、物理、生物的方法杀灭或者消除病原微生物。只有出售、运输符合上述条件的物品，才能符合本项规定。对此，传染病防治法也有相关规定，该法第四十七条规定，疫区中被传染病病原体污染或者可能被传染病病原体污染的物品，经消毒可以用的，应当在当地疾病预防控制机构的指导下，进行消毒处理后，方可使用、出售和运输。刑法本项的规定也与传染病防治法的上述规定相衔接。

5. “拒绝执行县级以上人民政府、疾病预防控制机构依照传染病防治法提出的预防、控制措施的”。这里的“预防、控制措施”是指县级以上人民政府、疾病预防控制机构根据预防传染的需要采取的措施。主要包括：(1) 对甲类传染病以及依法确定采取甲类传染病预防、控制措施的传染病病人和病原携带者，予以隔离治疗或对严重发病区采取隔离措施；(2) 对疑似甲类传染病以及依法确定采取甲类传染病预防、控制措施的传染病病人，在明确诊断前，在指定场所进行医学观察；(3) 对传染病人禁止从事与人群接触密切的工作；(4) 对易感染人畜共患传染病的野生动物，未经当地或者接收地的政府畜牧兽医部门检疫，禁止出售或者运输；(5) 对从事传染病预防、医疗、科研、教学的人员预先接种有关接触的传染病疫苗；(6) 执行职务时穿防护服装；(7) 对传染病病人、病原携带者、疑似传染病病人污染的场所、物品和密切接触的人员，实施必要的卫生处理和预防措施等。在新冠肺炎疫情期间，如果行为人拒绝执行县级以上人民政府、疾病预防控制机构依法提出的隔离观察等防控措施，即可以认定为符合本项规定。

依照本条规定，违反传染病防治法的规定，实施本条第一款规定的五项行为之一，引起甲类传染病以及依法确定采取甲类传染病预防、控制措施的传染病传播或者有传播严重危险的，处三年以下有期徒刑或者拘役；后果特别严重的，处三年以上七年以下有期徒刑。“后果特别严重的”主要指造成众多的人感染甲类传染病以及依法确定采取甲类传染病预防、控制措施的传染病，多人死亡等特别严重后果的。

第二款是对单位违反传染病防治法的规定引起甲类传染病传播或者有传播严重危险的犯罪及其刑事处罚的规定。“单位犯前款罪的”，是指单位违反传染病防治法的有关规定，有本条第一款所列的五项行为之一，引起甲类传染病以及依法确定采取甲类传染病预防、控制措施的传染病传播或者有传播严重危险的犯罪行为。单位犯前款罪的，对单位判处罚金，并对单位直接负责的主管人员和其他直接责任人员，依照第一款规定处刑，即处三年以下有期徒刑或者拘役；后果特别严重的，处三年以上七年以下有期徒刑。

第三款是关于甲类传染病的范围如何确定的规定。依照本款规定，甲类传染病的范围，依照《中华人民共和国传染病防治法》和国务院有关规定确定。

实际执行中应当注意，本罪与其他犯罪的界限：

传播包括新型冠状病毒感染肺炎病原体在内的突发传染病病

原体既有可能构成以危险方法危害公共安全罪，也可能构成妨害传染病防治罪。参照相关司法解释的规定，故意传播包括新型冠状病毒感染肺炎病原体在内的突发传染病病原体，危害公共安全的，应当依照刑法第一百一十四条、第一百一十五条第一款的规定，以以危险方法危害公共安全罪定罪处罚。如已经确诊的新型冠状病毒感染肺炎病人、病原携带者，拒绝隔离治疗或者隔离期未满擅自脱离隔离治疗，并进入公共场所或者公共交通工具的；新型冠状病毒感染肺炎疑似病人拒绝隔离治疗或者隔离期未满擅自脱离隔离治疗，并进入公共场所或者公共交通工具，造成新型冠状病毒传播的。对于其他拒绝执行卫生防疫机构依照传染病防治法提出的防控措施，引起新型冠状病毒传播或者有传播严重危险的，依照刑法第三百三十条的规定，以妨害传染病防治罪定罪处罚。

相关规定

《中华人民共和国传染病防治法》第四条、第七十三条；《最高人民法院、最高人民检察院、公安部、司法部关于依法惩治妨害新型冠状病毒感染肺炎疫情防控违法犯罪的意见》；《最高人民法院、最高人民检察院关于办理妨害预防、控制突发传染病疫情等灾害的刑事案件具体应用法律若干问题的解释》

三十八、在刑法第三百三十四条后增加一条，作为第三百三十四条之一[①]：“违反国家有关规定，非法采集我国

① 根据2020年12月26日第十三届全国人民代表大会常务委员会第二十四次会议通过的《中华人民共和国刑法修正案（十一）》修改，刑法修正案（十一）修改的内容自2021年3月1日起施行。

人类遗传资源或者非法运送、邮寄、携带我国人类遗传资源材料出境，危害公众健康或者社会公共利益，情节严重的，处三年以下有期徒刑、拘役或者管制，并处或者单处罚金；情节特别严重的，处三年以上七年以下有期徒刑，并处罚金。”

条文主旨

本条是关于增加非法采集、走私人类遗传资源犯罪的规定。

立法背景

我国是多民族的人口大国，具有独特的人类遗传资源优势，拥有丰富的特色健康长寿人群、特殊生态环境人群（如高原地区）、地理隔离人群（如海岛人群）以及疾病核心家系等遗传资源，为发展生命科学和相关产业提供了得天独厚的条件。我国历来高度重视人类遗传资源的保护和利用工作，1988年国务院办公厅转发科技部、卫生部联合制定的人类遗传资源管理暂行办法，对有效保护和合理利用我国人类遗传资源发挥了积极作用。

近些年，随着生物技术领域的飞速发展，我国人类遗传资源管理出现了一些新情况、新问题：人类遗传资源非法外流不断发生；人类遗传资源的利用不够规范、缺乏统筹等，危及我国的生物安全。司法实践出现了一些被刑事立案的此类案件，没有与此对应的适用罪名，对于情节严重的行为只能以非法经营罪打击。2020年3月，我国将生物安全纳入国家安全体系；2020年11月，习近平总书记在中央全面依法治国工作会议上指出，要推进生物安全领域立法。生物安全法由第十三届全国人民代表大会常务委员会第二十二次会议于 2020 年 10 月 17 日通过，其中生物安全法第五十三条规定“国家加强对我国人类遗传资源和生物资源采集、保藏、利用、对外提供等活动的管理和监督，保障人类遗传资源和生物资源安全。国家对我国人类遗传资源和生物资源享有主权。”第五十五条规定“采集、保藏、利用、对外提供我国人类遗传资源，应当符合伦理原则，不得危害公众健康、国家安全和社会公共利益。”现行法律法规对于非法采集人类遗传资源及运送、邮寄、携带人类遗传资源材料出境的均有相应的行政责任条款，构成犯罪的，亦有依法追究刑事责任的规定。考虑到实践中的新情况，做好与生物安全法、人类遗传资源管理条例的衔接，刑法增加了本条规定。

在立法过程中，对是否要在本条中增加禁止非法买卖人类遗传资源行为的规定有不同认识。有的部门提出根据人类遗传资源管理条例第十条禁止买卖人类遗传资源的规定，应当在刑法中增加禁止买卖人类遗传资源行为的规定。对此，我们认为，考虑到生物安全法没有对买卖人类遗传资源的行为作出规范，也没有行政处罚的规定，刑法不宜过早介入。同时也有部门提出遗传资源管理条例第十条第二款对不属于“非法买卖”作出了排除性规定，即“为科学研究依法提供或者使用人类遗传资源并支付或者收取合理成本费用，不视为买卖”。对此，我们认为实践中情况比较复杂，有时难以区分是否为合理使用，对收取合理成本费用也缺少认定标准，在此情况下对买卖人类遗传资源的行为作为犯罪处理并不合适，综上考虑，刑法修改时没有对非法买卖人类遗传资源的行为作出规定。

条文解读

根据本条规定，违反国家有关规定，非法采集我国人类遗传资源或者非法运送、邮寄、携带我国人类遗传资源材料出境，危害公众健康或者社会公共利益，情节严重的，追究刑事责任。这里的“违反国家有关规定”除了刑法第九十六条规定的“违反国家规定”的情形外，还包括主管部门制定的部门规章中的实体及程序规定。具体来说，包括全国人民代表大会及其常务委员会制定的法律和决定，国务院制定的行政法规、规定的行政措施、发布的决定和命令，相关主管部门制定的条例、办法、指导意见等部门规章。与本条相关的国家有关规定主要是生物安全法、人类遗传资源管理条例、人类遗传资源管理暂行办法、重要遗传家系和特定地区人类遗传资源申报登记办法等。这里的人类遗传资源，根据生物安全法第八十五条、人类遗传资源管理条例第二条规定，人类遗传资源包括人类遗传资源材料和人类遗传资源信息。人类遗传资源材料是指含有人体基因组、基因等遗传物质的器官、组织、细胞等遗传材料。人类遗传资源信息是指利用人类遗传资源材料产生的数据等信息资料。需要注意的是，1998 年科技部、原卫生部联合制定的人类遗传资源管理暂行办法曾对“人类遗传资源”作出界定，其第二条规定“本办法所称人类遗传资源是指含有人体基因组、基因及其产物的器官、组织、细胞、血液、制备物、重组脱氧核糖核酸（DNA）构建体等遗传材料相关的信息资料”。由于该办法制定的时间较早，随着科技水平发展，人类遗传资源的概念也在不断完善，相比人类遗传资源管理暂行办法关于人类遗传资源的定义，生物安全法和人类遗传资源管理条例对人类遗传资源的定义更概括和全面。

本条包括两个方面的行为：一是对非法采集人类遗传资源的行为。根据本条规定，该行为是指违反国家有关规定，非法采集我国人类遗传资源的行为。人类遗传资源管理条例对“采集”程序、目的等需要满足的条件及采集我国人类遗传资源履行告知义务等有相关规定。人类遗传资源管理条例第十一条明确“采集我国重要遗传家系、特定地区人类遗传资源或者采集国务院科学技术行政部门规定种类、数量的人类遗传资源的”应经国务院科学技术行政部门批准，同时满足下列条件：（1）具有法人资格；（2）采集目的明确、合法；（3）采集方案合理；（4）通过伦理审查；（5）具有负责人类遗传资源管理的部门和管理制度；（6）具有与采集活动相适应的场所、设施、设备和人员。采集我国人类遗传资源履行告知义务是重要的一个环节，体现了采集程序正当及对被采集人权益的保障。人类遗传资源管理条例第十二条规定采集我国人类遗传资源，应当事先告知人类遗传资源提供者采集目的、采集用途、对健康可能产生的影响、个人隐私保护措施及其享有的自愿参与和随时无条件退出的权利，征得人类遗传资源提供者书面同意。在告知人类遗传资源提供者前款规定的信息时，必须全面、完整、真实、准确，不得隐瞒、误导、欺骗。

我国拥有丰富的人类遗传资源，特别是人类遗传资源管理条例第十一条对采集“我国重要遗传家系、特定地区人类遗传资源”作出规定，也是进一步加强对我国人类遗传资源的保护。对此，科技部发布的重要遗传家系和特定地区人类遗传资源申报登记办法对“我国重要遗传家系、特定地区人类遗传资源”的范围、采集上述人类遗传资源的程序和登记方式等作出明确。其中

第二条规定“本办法所称重要遗传家系是指患有遗传性疾病或者具有遗传性特殊体质或生理特征的有血缘关系的群体，患病家系或具有遗传性特殊体质或生理特征成员五人以上，涉及三代”。第三条至第五条对采集重要遗传家系和特定地区人类遗传资源的申报登记方式和程序等作出规定。根据人类遗传资源管理条例第三条的规定，对于为临床诊疗、采供血服务、查处违法犯罪、兴奋剂检测和殡葬等活动需要，采集器官、组织、细胞等人体物质及开展相关活动，依照相关法律、行政法规规定执行。

二是对走私人类遗传资源材料出境的行为。根据本条规定，是指违反国家有关规定，非法运送、邮寄、携带我国人类遗传资源材料出境的行为。在行为方式上主要包括运送、邮寄、携带出境。运送和邮寄与携带行为的主要区别在于，携带通常是行为人亲自携带，可以是放置于衣服、背包甚至可以通过藏置体内等方式，运送和邮寄主要是借助交通工具或者其他载体。运送和邮寄的区分在于，邮寄是通过第三方邮局或者快递公司等方式出境。这里不论是运送、邮寄，运输行为都要求出境，在境内实施上述行为如果符合行政处罚的条件，行政处罚即可。

根据本条规定，非法采集我国人类遗传资源和非法运送、邮寄、携带我国人类遗传资源出境的行为要“危害公众健康或者社会公共利益”“情节严重”的才构成犯罪，追究刑事责任。需要注意的是，与传统的人身、财产犯罪不同，非法采集人类遗传资源及运送、邮寄、携带人类遗传资源材料出境的行为后果通常短期内很难立即显现，实践中对于“危害公众健康或者社会公共利益”的理解和判断还要结合其具体情形来综合判断，对于本罪而言实施了非法采集人类遗传资源或者运送、邮寄、携带人类遗传资源材料出境的行为如果达到一定的数量即具备危害性。危害公众健康或社会公共利益主要是指在采集过程中因采集方法、采集的设备或者程序等因素造成被采集人感染疾病，组织器官造成伤害、部分功能丧失或者造成我国特定地区或者种系的遗传资源遭到严重破坏等。

对于“情节严重”及“情节特别严重”的判断。可以从行为方式上判断，也可以从造成危害结果的角度考量，如非法采集人类遗传资源及运送、邮寄、携带人类遗传资源材料的样本数量、采集地区、采集的方式、采集目的和用途、采集的年龄段等，也包括造成被采集人身体伤害、感染疾病或身体功能异常、为境外非法组织或基于非法目的获取我国人类遗传资源信息而研制某些生物制剂等。具体的判断标准，可以在总结司法实践经验的基础上通过相关司法解释予以明确。对于尚不构成犯罪的，应当根据生物安全法等相关规定予以行政处罚。生物安全法第八十条规定违反本法规定，境外组织、个人及其设立或者实际控制的机构在我国境内采集、保藏我国人类遗传资源，或者向境外提供我国人类遗传资源的，由国务院科学技术主管部门责令停止违法行为，没收违法所得和违法采集、保藏的人类遗传资源，并处一百万元以上一千万元以下的罚款；违法所得在一百万元以上的，并处违法所得十倍以上二十倍以下的罚款。人类遗传资源管理条例第三十六条、第三十八条对本条规定的非法采集人类遗传资源，以及将我国人类遗传资源材料运送、邮寄、携带出境的行为，规定了相应的行政处罚。

关于刑罚，本条根据情节的不同严重程度规定了两档法定刑：情节严重的，处三年以下有期徒刑、拘役或者管制，并处或者单处罚金；情节特别严重的，处三年以上七年以下有期徒刑，并处罚金。

实践执行中应当注意的是：

1. 对于境外组织、个人及其设立或者实际控制的机构，获取和利用我国人类遗传资源和生物资源分别作了不同的规定。根据生物安全法第五十六条，经依法取得批准，可以获取和利用我国生物资源，但禁止在我国境内采集、保藏我国人类遗传资源，不得向境外提供我国人类遗传资源。

2. 本条规定的保护对象是“我国人类遗传资源”“我国人类遗传资源资料”，对在我国境内采集非我国种族的遗传资源，刑法对此并没有作出限定，不宜根据本条规定追究刑事责任。如果采集的程序、目的、方式等违反国家有关规定，符合行政处罚条件的，行政处罚即可。

相关规定

《中华人民共和国生物安全法》第五十三条至第六十条；《人类遗传资源管理条例》；《人类遗传资源管理暂行办法》；《重要遗传家系和特定地区人类遗传资源申报登记办法》

三十九、在刑法第三百三十六条后增加一条，作为第三百三十六条之一[1]：“将基因编辑、克隆的人类胚胎植入人体或者动物体内，或者将基因编辑、克隆的动物胚胎植

① 根据2020年12月26日第十三届全国人民代表大会常务委员会第二十四次会议通过的《中华人民共和国刑法修正案（十一）》修改，刑法修正案（十一）修改的内容自2021年3月1日起施行。

入人体内，情节严重的，处三年以下有期徒刑或者拘役，并处罚金；情节特别严重的，处三年以上七年以下有期徒刑，并处罚金。”

条文主旨

本条是关于增加非法进行基因编辑、克隆胚胎犯罪的规定。

立法背景

生物技术被认为是未来占领世界科技的重要技术。克隆羊多莉的出生，让大家对克隆技术不再陌生，然而生殖性克隆人始终被世界所禁止，近些年其他国家不乏有试图突破伦理道德底线、超越法律的人，我国虽然对于克隆人是绝对禁止的，但刑法对此没有作出规定。与克隆技术相比，基因编辑是近十几年迅速发展的一项生物技术，被广泛应用于医学、农业、模型研究等领域，具有极大的应用和开发价值。然而不可回避的是，基因技术特别是作用于人体的基因编辑可能带来的各种风险。与体细胞基因编辑不同，对生殖细胞或者胚胎进行基因编辑所改变的生物性状可以遗传给下一代，在脱靶率较高的情况下未来可能产生的风险通常是难以预测的。同时，禁止对胚胎进行基因编辑并将其植入母体是国际共识，除了技术风险，还面临伦理道德的质疑。贺建奎基因编辑婴儿事件引发较高的关注度，一定程度上给我国科研环境和科研领域的发展带来一定的负面影响。为保障和促进生物科研领域更好的发展，避免因法律缺失或刚性不足而成为其他国家试验和转嫁风险的土壤，加快基因编辑相关的立法工作十分必要。2019 年 1 月 21 日，习近平总书记在省部级主要领导干部坚持底线思维着力防范化解重大风险专题研讨班开班式上发表重要讲话，其中包括加快推进基因编辑相关的立法工作。随着牵动人心的新型冠状病毒肺炎的发生，2020 年 3 月，我国将生物安全纳入国家安全体系。广义上而言，以基因编辑开展的科学研究属于生物安全的重要组成部分。2020 年 11 月，习近平总书记在中央全面依法治国工作会议上指出要推进生物安全领域的立法。刑法修正案（十一）在此基础上增加了关于非法基因编辑和克隆的相关规定。

立法中主要争议的问题是：

1. 是否要明确“以生殖为目的”

立法过程中，曾有建议增加“以生殖为目的”。明确以生殖为目的或生育为目的，出发点是从主观上对行为作进一步限缩，但此表述尚存在一定问题：一是，增加了证明责任的难度。从司法实践可操作性而言，对于有罪认定，行为目的或动机的证明有一定难度，现行刑法条款中对于主观目的的认定往往通过客观行为推定，而目的又成为行为的原因或动机，从而进入循环论证的怪圈。二是，对于因研究、发表论文或极个别极端为出名等其他非以生殖为目的的生殖系基因编辑行为，则被排除在外，难以受到规制。“以生殖为目的”从字面理解，会出现不以生殖为目的即不构成犯罪的可能性。从期待可能性而言，行为人可以辩解自己是出于各种非生殖目的甚至是合法目的而进行的基因编辑操作，极易成为出罪辩解而逃避追诉的借口。三是，存在罪与非罪的模糊地带。《人胚胎干细胞研究伦理指导原则》第六条对国际上普遍遵守的“胚胎 14 天原则”作出了回应。根据该规定，在 14 天内对体外受精后的生殖细胞可以进行包括基因编辑在内的操作，但是此操作可能是出于纯粹的科研试验目的，也可能是为下一步将经过基因编辑的生殖细胞移入人或动物体内的准备行为。14 天后，对受精卵进行基因编辑等操作在尚未植入人体或动物体内时的行为如何评价？我们认为，该行为客观上违反了指导原则第六条第 1 项的规定，但行为人主观上是因记录错误或其他原因延误超过 14 天未销毁还是确以生殖为目的难以认定。因此，在罪状上采用“以生殖为目的”的表述会引发理解上和司法适用的困境。四是，对生殖为目的的理解和判断，是文义解释还是实质解释。比如，实施以基因治疗、基因增强为目的的生殖系基因编辑行为，并将胚胎植入母体，是否认定为以生殖为目的。字面理解，此种情况下，对生殖细胞的基因编辑行为的最直接目的是为了治疗和增强（或优化），经过基因编辑的生殖细胞最终也是要被植入母体，此时在客观上作为实现前者目的的行为能否被认为是以生殖为目的，如果不能被认定为是以生殖为目的，则相当于承认可以进行基因治疗和基因增强为目的的生殖系基因编辑；如果认为也是生殖为目的，则相当于间接承认将经过基因编辑的胚胎植入母体这一行为即可认定为是以生殖为目的。为避免引发各种歧义，直接在条款中明确将基因编辑的胚胎植入母体的行为即可，无须再表述以生殖为目的，即可解决上述问题。

2. 要不要在罪状中写“违反国家有关规定”。一审稿和二审稿罪状中均使用“违反国家有关规定”，但对行为方式作出的限定不同：一审稿中在行为方式上包含基于科学研究目的并在一定条件下被允许地将经过基因编辑、克隆的动物胚胎植入动物体内的情况，“违反国家有关规定”的限定可以将被允许的合法行为排除；二审稿在罪状表述上将上述被允许的合法行为作了排除，因此，对此有意见提出，罪状中的行为在我国本身即是非法的，不存在被允许的前提，因此“违法国家有关规定”的表述从逻辑上并不周延，最终在三审稿中对此作出修改。

3. 立法过程中，有建议将基因编辑行为规定为单位犯罪。对于是否将非法基因编辑行为规定为单位犯罪，首先要明晰什么情况下立法要规定单位犯罪，或规定单位犯罪的必要性何在。我国刑法中只有法律明确规定为单位犯罪的，才需要单位承担刑事责任。单位犯罪是伴随着市场经济的发展而出现的一种非传统犯罪。19 世纪前，世界各国特别是大陆法系国家，对于单位作为犯罪主体的可罚性总体上是排斥的。随后，英美法系国家逐渐将单位作为犯罪主体纳入刑法体系。我国刑法也并非立法之初就规定了单位犯罪。1979 年制定的刑法仍然是以惩治自然人犯罪为基本立法思路，有极少数观点开始讨论单位犯罪，但在立法上并没有将单位作为犯罪主体。1987 年 1 月 22 日第六届全国人大常委会通过的海关法第四十七条第四款是我国第一次在立法中明确单位作为犯罪主体。1988 年 1 月 21 日，第六届全国人大常委会第二十四次会议通过的《关于惩治贪污贿赂罪的补充规定》、《关于惩治走私罪的补充规定》分别规定有关企业、事业单位、机关、团体可以成为行贿罪、受贿罪、走私罪、投机倒把罪、逃汇套汇罪的主体，这也是我国第一次在刑事立法上确认了单位犯罪。从单位犯罪在我国出现的历史来看，主要是基于不同历史时期高发、成规模的行为国家予以重点打击的背景而出现并演变的。修订后的 1997 年刑法在总则第三十条明确规定了单位犯罪。至今刑法已经通过十个修正案，涉及单位犯罪的罪名已远不止

1997 年刑法修改前单行刑法和附属刑法中的近 50 个罪名，但在犯罪类型上始终较为明显的集中于走私罪、贪污贿赂犯罪、金融犯罪等犯罪领域，这些领域有很明确的获利目的，行为动机是逐利，为“团队、团伙、组织”的利益作出“集体决策”。考虑到非法基因编辑、克隆行为虽然具有严重危害性，但并非成规模、有组织，从行为方式上与典型的单位犯罪相比，并不具备明显的单位犯罪特征；并且本条是置于刑法第三百三十六条之一，前后条文均未对单位犯罪作出规定；同时基因编辑、克隆作为较为前沿的生物技术，刑事立法要保持谦益。因此，本条未规定单位犯罪。

国外相关规定：

一、基因编辑相关立法

1. 德国 1990 年的《胚胎保护法》是涉及基因组编辑最重要的德国法案。其第 5 节中规定：（1）人为改变人类种系细胞遗传信息的，处五年以下有期徒刑或者罚金。（2）任何使用人工改变遗传信息的人类配子进行受精的，处相同刑罚。（3）企图也是可以惩罚的。（4）在体外人为改变生殖细胞的遗传信息但未用于受精的情况下，或者从死去的胎儿、死者身上取出生殖细胞遗传信息进行人为改变，将其导入胚胎、胎儿或者人体内且不会生成生殖细胞的情况下，又或者在预防接种、放射线治疗、化学治疗或者其他治疗中不试图改变生殖细胞的遗传信息的情况下，不适用于第（1）小节。

2. 随着科学技术的飞速发展，英国对《人类受精与肚胎学法案》内容予以修正，对于可遗传的胚胎改变作出规定，“禁止改变形成胚胎的任何细胞的遗传结构，除非得到许可”。英国目前尚未批准允许过生殖系基因编辑的临床应用行为。

3. 加拿大《辅助人类生殖法案 2004》规定，“禁止任何人故意制造人兽嵌合体或者将其导入人类或非人动物；禁止任何故意制造杂合的人兽细胞，或者将杂合人兽细胞导入人体或其他动物，否则最高可判 10 年以下监禁，并处或单处罚金 50 万加元。违法编辑人类基因组，处 10 年监禁，单处或者并处 50 万加元。”

4. 韩国《生物技术与安全法》规定，（1）禁止把人类卵子与动物精子结合或人类精子与动物卵子结合；（2）禁止把动物体细胞核移植到人类去核卵细胞；（3）禁止把人类胚胎与动物融合；（4）禁止融合不同人的胚胎，违者处 5 年以下监禁。

5. 日本对基因组编辑的规定体现在 2002 年非约束性的《基因治疗临床研究准则》中。准则明确禁止种系编辑：基因治疗临床研究旨在，或可能导致，对人类生殖细胞或胚胎的基因改造（即一个或一组细胞，其本身有可能通过在人类或动物子宫中的存在过程成长为一个个体，在胎盘形成之前……），不应进行。日本 2000 年通过《克隆人技术规制法》其中第三条规定：“禁止任何人将人体细胞的克隆胚胎、人与动物的融合胚胎、人与动物的混合胚胎或人与动物的嵌合体胚胎，植入人或动物的子宫内。”第十六条规定：“任何人违反第三条的规定可被判处 10 年以下有期徒刑、或并罚 1 千万日元罚金。”

6. 澳大利亚 2002 年《禁止克隆人法案》将对基因组的遗传性改变定义为刑事犯罪：任何人如有以下情况，即属犯罪：这个人改变人类细胞的基因组，使其改变可通过细胞被改变的人的后代遗传；以及在改变基因组的过程中，这个人希望这种改变可以通过细胞被改变的人的后代遗传。最高刑罚：监禁 15 年。《禁止克隆人法案》第二十条规定：制造嵌合胚胎或者杂和胚胎（1）故意制造嵌合胚胎，就犯此罪。最高量刑：有期徒刑10年。（2）故意制造杂合胚胎，就犯此罪。

二、克隆相关规定

1. 法国刑法典，在反人种之重罪第214－2条规定，为使与活着或死亡之他人的基因相同的儿童降生而实施某种手术的，处30年有期徒刑并处750万欧元罚金。在生物医学伦理领域犯罪第511－1条规定，容许从自身取得细胞或者配子，旨在诞生一名与另一活人或死人基因相同的婴儿的，处10年监禁并科15万欧元罚金。法国刑法对克隆和优生的处置比较严格，第511－1－2条第二款规定，无论以何种方式，进行优生学或克隆之宣传或广告的，处3年监禁并科4.5万欧元罚金。

2. 德国1990年通过的《胚胎保护法》，第六节第一条规定："人为导致人类胚胎发展成与其他胚胎、胎儿、人类个体或已故的人具有相同遗传基因的任何人，最高可判处5年有期徒刑或罚金。"；第二条规定："将第1条所指的胚胎转移到妇女体内的任何人，也受同等处罚。"

3. 我国台湾地区2007年颁布的"人工生殖法"，对生殖性克隆人做了禁止性规定：以无性生殖方式为人工生殖的，科处行为人5年以下有期徒刑，得并科新台币150万元以下罚金。

4. 澳大利亚《禁止生殖性克隆人法案》对利用人类胚胎的行为立法规定较为严格，在法案中直接将禁止行为规定为"罪行"，立法内容上区分了完全禁止和未经授权或允许即为禁止的情形。克隆技术方面完全被禁止且规定为犯罪的行为包括：将人类胚胎克隆体置于人体或动物体内，若某人故意将人类胚胎克隆体放入人体或动物体内，则该人即构成犯罪，处罚 15 年监禁。进口或出口人类胚胎克隆体。（1）任何人故意将人类胚胎克隆体进口到澳大利亚，即属犯罪，处罚监禁 15 年。（2）任何人故意从澳大利亚出口人类胚胎克隆体，即属犯罪，违反本子节的，处罚监禁 15 年。同时规定，对于上述将人类胚胎克隆体置于人体或动物体内和进口或出口人类胚胎克隆体的行为，不得以人类胚胎克隆体无法生存为由进行辩护。

5. 日本 2000 年通过《克隆人技术规制法》，该法案认为，克隆人将对人的尊严和社会秩序带来重大影响，因此必须禁止克隆人行为。其中第三条规定："禁止任何人将人体细胞的克隆胚胎、人与动物的融合胚胎、人与动物的混合胚胎或人与动物的嵌合体胚胎，植入人或动物的子宫内。"第十六条规定："任何人违反第 3 条的规定可被判处 10 年以下有期徒刑、或并罚 1 千万日元罚金。"

6. 英国 2001 年 12 月通过《人类克隆法》（或称《人的生殖性克隆法案》）禁止生殖性克隆，其第一条规定："任何人将通过受精之外的方式产生的人类胚胎植入妇女体内，构成犯罪。任何违法者可被控告 10 年以下有期徒刑或罚金，或并罚。"同年，英国又制定了新的规定，允许为了下列目的而培育人类胚胎：为了增加对人类胚胎发育的了解；为了增加对重大疾病的了解；为了将这些知识应用于重大疾病的治疗。

7. 韩国于 2005 年 1 月 1 日生效的《生物伦理与生物安全法》第三章胚胎生产和研究，第十一条禁止人类克隆：①任何人均不得将体细胞胚胎克隆植入子宫，不得在子宫内维持克隆胚胎，也不得出现因将体细胞胚胎克隆体植入子宫而导致的怀孕分娩。任何人不得诱导或协助第 11 – ①条所述的活动。第四十九条刑事条款规定，任何人若违反第 11 – ①条之规定将体细胞胚胎克隆体植入子宫、在子宫内维持克隆胚胎或因将体细胞胚胎克隆体植入子宫而导致怀孕分娩，则应判处最高 10 年的监禁。尝试第 49 – ①条所述任何行动的任何人都应受到相应的惩罚。

条文解读

本条是关于非法进行基因编辑、克隆的规定。

根据本条规定，将基因编辑、克隆的人类胚胎植入人体或者动物体内，或者将基因编辑、克隆的动物胚胎植入人体内，情节严重的，追究刑事责任。本条包括如下几个方面的内容：

1. 基因编辑是指改变细胞或生物体的 DNA，包括插入、删除或修改基因或基因序列，以实现基因的沉默、增强或其他改变其特征的技术。克隆技术是为了制造一个与某一个体遗传上相同的复制品或后代而使用的技术。《人胚胎干细胞研究伦理指导原则》第六条规定，进行人胚胎干细胞研究，必须遵守以下行为规范：（一）利用体外受精、体细胞核移植、单性复制技术或遗传修饰获得的囊胚，其体外培养期限或核移植开始不得超过 14 天。（二）不得将前款中获得的已用于研究的人囊胚植入人或任何其他动物的生殖系统。（三）不得将人的生殖细胞与其他物种的生殖细胞结合。《人类辅助生殖技术规范》在技术实施人员的行为准则中规定：（八）禁止人类与异种配子的杂交；禁止人类体内移植异种配子、合子和胚胎；禁止异种体内移植人类配子、合子和胚胎；（九）禁止以生殖为目的对人类配子、合子和胚胎进行基因操作；（十四）禁止开展人类嵌合体胚胎试验研究；（十五）禁止克隆人。根据上述规定，将基因编辑、克隆的人类胚胎植入人体或者动物体内，即经过基因编辑和克隆的人类胚胎不管是植入到动物还是人体都是被禁止的。上述行为方式将目前被允许用于科研、实验的对经过基因编辑或者克隆的动物胚胎植入动物体内的情况予以排除。

2. 根据本条的规定只有将基因编辑或者克隆的胚胎植入体内才构成犯罪，处于试验或者研究在体外进行的基因编辑或者克隆并不属于刑法的规制范围。“植入”即将体外培养的受精卵或者胚胎移植到子宫内的过程，至于是否着床或植入成功不影响“植入”行为的完成。

3. 关于刑罚。非法进行基因编辑和克隆行为情节严重的，处三年以下有期徒刑或者拘役，并处罚金；情节特别严重的，处三年以上七年以下有期徒刑，并处罚金。

“情节严重”的理解。人体胚胎基因编辑犯罪条款的表述采用的是“行为 + 情节”的立法模式。“情节严重”是本罪的入罪门槛，同时“情节严重”“情节特别严重”也是两档法定刑科处刑罚的条件。本罪加“情节严重”而没有直接规定为行为犯是对人类生殖系基因编辑行为入罪的严格限缩。

根据目前我国的相关规定，可以对人体胚胎进行基因编辑进行基础研究，但仍应遵守 14 天原则，即在自细胞受精或者核移植开始计算在体外培养的期限最长为 14 天，对于虽然超过 14 天但能及时（如胚盘的三胚层尚未建立或分化）销毁，未造成严重后果或恶劣影响的，给予职业禁止或相关行政处罚即可。对于“情节严重”“情节特别严重”的认定标准可以参考生物技术研究开发安全管理条例、生物技术研究开发安全管理办法（草案）

中对于生物技术研究开发活动潜在风险程度，高风险等级、较高风险等级的标准。对于“情节严重”“情节特别严重”的考量因素主要有：

一是，行为对象的人数。对生殖细胞的基因编辑是可以将被改变的生物性状代代遗传的，受基因编辑高概率脱靶风险的影响，基因编辑中即使是对于正常基因的破坏也将会遗传给后代，这些被改变的基因将会产生怎样的影响短期内可能难以估量，代代相传将会使被改变基因的人数成几何倍数增长。因此，对于人体胚胎基因编辑犯罪而言，基因编辑操作的人数是行为危害后果的基数，也是衡量行为后果和危害性的很重要因素。

二是，被基因编辑的婴儿是否实际出生。人体胚胎基因编辑行为最直接的危害后果即体现于被基因编辑的婴儿的出生，由此带来的是最直接的现实危险。

三是，是否严重损害或影响身体健康。这里的身体健康既包括基因编辑的婴儿也包括被植入胚胎的人的身体健康情况。同正常胚胎一样，基因编辑的人类胚胎无法脱离母体环境独立发育，基因编辑胚胎植入人体后，可能会对母体造成身体伤害，特别是植入母体为非卵细胞来源的母体时。而基因编辑婴儿则是最直接的行为对象，受脱靶风险的影响，在敲入或切除的过程中将有表达功能的正常基因破坏，则极可能会让被编辑的胚胎表现出异于正常的性状。这里对于基因编辑婴儿身体健康的影响与传统的人身伤残损害不完全相同，除了肉眼可见的身体损伤外，还可能是某种功能的缺失或异常。

四是，违反人类伦理道德。如将基因编辑的人类胚胎植入动物体内，在动物体内发育至分娩出生，或将基因编辑的动物胚胎植入人体并分娩出生。将分别来自动物和人类生殖细胞的杂合体经过基因编辑植入人或动物体内并分娩。

五是，基因编辑的目的是比对实验、数据分析或会损害或削弱身体机能的试验。生殖系基因编辑目前大多建立在动物模型基础上，如基因编辑的目的是通过敲除等方式删除某些基因而比对某些基因缺失的影响、通过基因编辑探索基因的表达功能、通过人体生殖系基因编辑获取数据分析等。

六是，产生恶劣社会影响、负面国际影响或使用其他手段的。如社会关注度高、影响恶劣，或在国际造成恶劣影响，对我国科研领域造成负面影响的。或采用隐瞒、欺骗、个体暴力等手段，将基因编辑的胚胎植入第三人体内的。

实践执行中应当注意的是：

从罪状表述上，本罪的成立必须要有植入母体的行为，对于没有将基因编辑的胚胎植入母体，超出“14 天原则”但未以生殖为目的的则不应成为刑法的评价对象。若行为人尚未将基因编辑的胚胎植入人或动物体内，但有证据证明，是为了最终植入母体，不宜按犯罪处理，一方面并没有将基因编辑的胚胎植入母体的行为，并未产生实际危害结果，从保护科学研究的出发，给予行政处罚即可；另一方面，该行为尚未达到“情节严重”的入罪门槛。

相关规定

《民法典》第一千零九条；《生物安全法》第三十四条、第七十四条、第七十五条；《人类辅助生殖技术规范》；《人类辅助生殖技术和人类精子库伦理原则》；《人胚胎干细胞研究伦理指导原则》第四条、第六条；《生物技术研究开发安全管理办法（草案）》第三条、第四条；《生物技术研究开发安全管理条例》第五条、第六条、第十一条、第三十七条；《医疗技术临床应用管理办法》第九条、第十条

四十、将刑法第三百三十八条[①]修改为：“违反国家规定，排放、倾倒或者处置有放射性的废物、含传染病病原体的废物、有毒物质或者其他有害物质，严重污染环境的，处三年以下有期徒刑或者拘役，并处或者单处罚金；情节严重的，处三年以上七年以下有期徒刑，并处罚金；有下列情形之一的，处七年以上有期徒刑，并处罚金：

“（一）在饮用水水源保护区、自然保护地核心保护区等依法确定的重点保护区域排放、倾倒、处置有放射性的废物、含传染病病原体的废物、有毒物质，情节特别严重的；

---

① 根据2011年2月25日第十一届全国人民代表大会常务委员会第十九次会议通过的《中华人民共和国刑法修正案（八）》修改，修正案（八）修改的内容自2011年5月1日起施行。刑法原第三百三十八条条文为：“违反国家规定，向土地、水体、大气排放、倾倒或者处置有放射性的废物、含传染病病原体的废物、有毒物质或者其他危险废物，造成重大环境污染事故，致使公私财产遭受重大损失或者人身伤亡的严重后果的，处三年以下有期徒刑或者拘役，并处或者单处罚金；后果特别严重的，处三年以上七年以下有期徒刑，并处罚金。”

根据2020年12月26日十三届全国人大常委会第二十四次会议通过的《中华人民共和国刑法修正案（十 ）》第二次修正，修正案（十一）修改的内容自2021年3月1日起施行。刑法修正案（八）修改后的第三百三十八条条文为：“违反国家规定，排放、倾倒或者处置有放射性的废物、含传染病病原体的废物、有毒物质或者其他有害物质，严重污染环境的，处三年以下有期徒刑或者拘役，并处或者单处罚金；后果特别严重的，处三年以上七年以下有期徒刑，并处罚金。”

“（二）向国家确定的重要江河、湖泊水域排放、倾倒、处置有放射性的废物、含传染病病原体的废物、有毒物质，情节特别严重的；

“（三）致使大量永久基本农田基本功能丧失或者遭受永久性破坏的；

“（四）致使多人重伤、严重疾病，或者致人严重残疾、死亡的。

“有前款行为，同时构成其他犯罪的，依照处罚较重的规定定罪处罚。”

条文主旨

本条是关于修改污染环境罪的规定。

立法背景

（一）立法相关背景及历次修改情况

1. 1979 年之后至 1997 年刑法修订前的立法情况。1995 年《中华人民共和国固体废物污染环境防治法》第七十二条规定“违反本法规定，收集、贮存、处置危险废物，造成重大环境污染事故，导致公私财产重大损失或者人身伤亡的严重后果的，比照刑法第一百一十五条或者第一百八十七条的规定追究刑事责任。单位犯本条罪的，处以罚金，并对直接负责的主管人员和其他直接责任人员依照前款规定追究刑事责任。”

2. 1997 年修订刑法的情况。为了依法惩治污染环境的行为，1997 年修订刑法时吸收了 1995 年固体废物污染环境防治法的规定精神，规定了重大环境污染事故罪。

3. 2011年刑法修正案（八）对本条作了修改。一是删除了向“向土地、水体、大气”排放、倾倒的限制；二是将“其他危险废物”修改为“其他有害物质”；三是将“造成重大环境污染事故，致使公私财产遭受重大损失或者人身伤亡的严重后果的”修改为“严重污染环境的”。这样修改，主要原因是随着我国经济社会的快速发展，环境压力不断增大。重点污染物排放总量超过环境承载能力，违法排污现象普遍。许多河流受到污染，不少城市空气污染严重，土壤污染面积扩大，自然生态遭到破坏，生态系统功能退化。环境污染事件特别是水污染事件频发，对人民群众的生命健康构成严重威胁。而1997年刑法规定的重大环境污染事故罪在实际执行中遇到一些问题，不能适应日益严峻的环境保护形势的需要。一是按照重大环境污染事故罪的规定，污染行为仅包括排放、倾倒或者处置有放射性的废物、含传染病病原体的废物、有毒物质或者其他危险废物四类污染特别严重的物质。但从实践中发生的水污染事件看，有些饮用水源的污染都是排放上述四类物质以外的普通污染物造成的，难以按照重大环境污染事故罪追究刑事责任。二是按照重大环境污染事故罪的规定，只有造成重大环境污染事故，致使公私财产遭受重大损失或者人身伤亡的严重后果才构成犯罪。在司法实践中，一般只有发生了突发的重大环境污染事件，才追究刑事责任。对于不是突发的环境污染事故，而是长期累积形成的污染损害，即使给人的生命健康、财产安全造成了重大损失也很难被追究刑事责任。这主要有两方面的原因：一是我国当时在重大环境污染事故的认定标准和损失鉴定机制等方面还不够完善，难以准确评估重大污染事故的损失。二是难以确定污染行为特别是那种由于长期违法排污积累而形成的污染与损害结果之间的因果关系。其中有一些是污染企业数十家，难以确认责任主体。上述原因，在很大程度上影响了对环境污染犯罪行为的定罪量刑。为使刑法更好地适应日益严峻的环境保护形势，增加本条规定的可操作性，针对上述司法实践中存在的问题，刑法修正案（八）对本罪的犯罪构成作了修改。

4. 2020 年刑法修正案（十一）对本条作了修改。一是对第二档刑的入罪条件作了修改，将“后果特别严重的，处三年以上七年以下有期徒刑，并处罚金”修改为“情节严重的，处三年以上七年以下有期徒刑，并处罚金”。二是增加一档刑罚，规定“有下列情形之一的，处七年以上有期徒刑，并处罚金：（一）在饮用水水源保护区、自然保护地核心保护区等依法确定的重点保护区域排放、倾倒、处置有放射性的废物、含传染病病原体的废物、有毒物质，情节特别严重的；（二）向国家确定的重要江河、湖泊水域排放、倾倒、处置有放射性的废物、含传染病病原体的废物、有毒物质，情节特别严重的；（三）致使大量永久基本农田基本功能丧失或者遭受永久性破坏的；（四）致使多人重伤、严重疾病，或者致人严重残疾、死亡的。三是，增加第二款，规定“有前款行为，同时构成其他犯罪的，依照处罚较重的规定定罪处罚。”

这样修改，主要是贯彻习近平总书记关于“用最严格制度最严密的法治保护生态环境”的指示，进一步提高污染环境犯罪的惩处力度。生态文明建设是关系中华民族永续发展的根本大计，是亿万中国人民的福祉所在。党的十八大以来，以习近平同志为核心的党中央把生态文明建设作为统筹推进“五位一体”总体布局和协调推进“四个全面”战略布局的重要内容，谋划开展了一系列根本性、开创性、长远性工作，推动生态环境保护发生历史性、转折性、全局性变化。刑法修正案（十一）根据有关方面的意见，与固体废物污染环境防治法、水污染防治法、水法等的规定相衔接，坚持问题导向，针对实践中暴露出的问题，如污染环境行为因果链条复杂，具体危害后果难以准确查实等，刑法修正案（十一）将“后果特别严重”修改为“情节严重”，增强了法律的可操作性；同时，考虑到饮用水水源保护区、自然保护地核心保护区等依法确定的重点保护区、国家确定的重要江河、湖泊以及永久基本农田等，有的事关国家和区域生态安全，有的事关粮食安全和食品安全，还有的事关饮用水安全，与其他一般区域相比，这些区域对环境质量要求更高，一旦被污染造成的后果将更严重，需要采取更严格的保护措施。对此，刑法修正案（十一）有针对性地提高了部分严重污染环境犯罪的法定刑，明确列举了应当处七年以上有期徒刑的行为类型，划出不得触碰的高压线，体现了刚性约束，同时也有利于司法实践中具体认定。刑法修正案（十一）对本条的修改，体现了坚持用最严格的制度、最严密的法治保护生态环境，把生态环境保护法律制度网络织得更加严密。

（二）立法时争议的主要问题

在刑法修正案（十一）起草和修改完善过程中，有的建议普遍提高本罪的法定最高刑至七年以上有期徒刑，而不必列举具体情形。对此，立法机关经与有关方面共同研究，没有采纳这一意见，主要考虑：一是从统计情况看，近年来我国污染环境犯罪的整体数量相对稳定，没有必要全面提高刑罚。二是保护环境重在预防和源头治理，普遍提高法定刑并非最优选择。2015年修改后的环境保护法充分体现了新时期对环境保护工作的指导思想，强化政府责任和监督，加强法律责任和追究，对于预防和治理污染环境行为发挥了很大作用。据统计，2015年新环保法实施以来，各级生态环境保护部门严格贯彻落实环保法及其配套规定，截止2019年9月，全国实施行政处罚案件数约75万余件，期间全国各级生态环境保护部门向公安机关移送涉嫌污染环境犯罪案件1万余件，环境污染犯罪高发、多发的态势已经有所缓解。同时，考虑到对特定的重点保护区、重要江河、湖泊以及永久基本农田等，需要采取更严格的保护措施，因此刑法修正案（十一）仅提高了部分严重污染环境犯罪的法定刑。

（三）有关国家和地区的规定

1. 德国刑法中对于环境犯罪的规定主要集中在刑法分则第29章“侵犯环境犯罪”。

（1）关于环境犯罪的范围。该章规定包括第324条至第330D条共有13个条文。其中10个条文是罪刑规范，除了第330条规定的是重大环境犯罪即危害环境犯罪的加重犯，其他9个条文分别规定了具体犯罪，分别是水污染罪（第324条）、土地污染罪（第324A条）、空气污染罪（第325条）、产生噪音、震动和非游离辐射罪（第325A条）、非法处置垃圾罪（第326条）、非法营运设施罪（第327条）、非法处理核物质、其他危险物质与物品罪（第328条）、危害保护区罪（第329条）以及泄漏有毒物质致重大危险罪（第330A条）。

（2）环境犯罪的入罪标准。在构成要件上，德国刑法规定的上述环境犯罪有以下特点。一是，惩处故意行为，同时也明确规定惩处过失行为。二是，明确规定不法行为违背了法律义务或法律规定，构成犯罪的必备条件之一是“违反行政法义务”或“未经许可”，以此表明行为的违法性。三是，有的是结果犯，有的是危险犯。水污染罪、土地污染罪、危害保护区罪要求实质危害结果，属于结果犯。结果犯中，有的规定入罪需要达到一定的损害程度，如土地污染罪；而有的没有限定损害的程度和范围，如水污染罪。另外，空气污染罪、产生噪音、震动和非游离辐射罪、非法处置垃圾罪、非法营运设施罪、泄漏有毒物质致重大危险罪要求行为可能产生危险即可入罪，属于危险犯。四是，对同一违法行为的不同状态，明确设置了刑事责任。行为的不同状态主要包括未遂犯、不作为犯、共犯、结果加重犯等情况。其中，水污染罪、土地污染罪、空气污染罪和非法处理核物质、其他危险物质与物品罪，明确规定处罚未遂犯。第 330 条明确规定对第 324 条至第 329 条造成严重危害的行为加重刑事处罚。

（3）环境犯罪的刑罚设置。德国刑法第 324 条至第 329 条普遍配置 5 年以下有期徒刑或者单处罚金。刑法第 330 条对故意犯第 324 条至第 329 条之罪，但情节特别严重的，规定最高可以处 10 年有期徒刑。第 330A 条泄漏有毒物质致重大危险罪最高可处 10 年有期徒刑。其中，对于过失犯罪，一般设置比故意犯罪要轻的刑罚。例如故意触犯水污染罪、土地污染罪、空气污染罪的基本刑罚均为 5 年以下有期徒刑或罚金，过失犯的刑罚均为 3 年以下有期徒刑或罚金。

2. 西班牙刑法典第 325 条规定，违反法律或者环境保护条例的相关规定，直接或者间接向太空、地面、地下，地表流水、海洋、地下水或者严重影响生态系统平衡的国境或者水流汇集区域实施或者试图实施释放、倾倒、辐射、开采、挖掘、掩埋、摧毁、排放、注入或者沉淀、排放行为的，处6个月以上4年以下徒刑，并处8个月至24个月罚金，同时给予剥夺行使其职业或者职位1至3年的权利。严重损害人类健康的，在法定刑幅度内取较重半幅度处罚。西班牙刑法典第328条规定，堆放固、液体废品或者废弃品，对人体健康造成严重伤害或者可能严重破坏当地生态平衡的，处18个月至24个月罚金，并处12至24个周末监禁。

条文解读

本条共分两款。第一款是关于污染环境罪的构成条件及其处罚的规定。

一是关于污染环境罪的犯罪构成。根据本条规定，违反国家规定，排放、倾倒或者处置有放射性的废物、含传染病病原体的废物、有毒物质或者其他有害物质，严重污染环境的构成本罪。

首先，行为人实施了违反国家规定，排放、倾倒或者处置有放射性的废物、含传染病病原体的废物、有毒物质或者其他有害物质的行为。本条中“违反国家规定”主要是指违反国家关于环境保护的法律和行政法规的规定。“排放”是指将本条所说的危险废物向水体、土地、大气等排入行为，包括泵出、溢出、泄出、喷出和倒出等行为。“倾倒”是指通过船舶、航空器、平台或者其他运载工具，向水体、土地、滩涂、森林、草原以及大气等处置放射性废物、含传染病病原体的废物、有毒物质或者其他有害物质的行为。“处置”包括以焚烧、填埋等方式处理废物的活动，也包括向江河、湖泊水体等处置危险废物或者其他有害物质的情况，不限于对固体废物的处置。这里需要说明一点，刑法修正案（八）虽然删去了原来条文中规定的排放、倾倒、处置行为的对象，即“土地、水体、大气”，实际上，排放、倾倒、处置行为的对象，通常情况下仍然是土地、水体、大气。土地包括耕地、林地、草地、荒地、山岭、滩涂、河滩地及其他陆地。水体是指中华人民共和国领域的江河、湖泊、运河、渠道、水库等地表水体以及地下水体，还包括内海、领海以及中华人民共和国管辖的一切其他海域。大气是指包围地球的空气层总体。特别需要指出的是，本条所指的排放、倾倒、处置行为本身都是法律允许的行为。因为水体、土地、大气是全人类的财富，是人类赖以生存的物质基础，每一个人都有合理利用的权利。为了保证人类对环境的永续利用，必须对人类的行为有所限制，即向环境中排放、倾倒、处置有害物质要符合国家规定的标准。但如果超过国家规定的标准向环境中排放、倾倒、处置有害物质，就有可能污染环境，进而造成环境污染事故。所以本条用“违反国家规定”限定了排放、倾倒、处置行为。本条中放射性废物、含传染病病原体的废物、有毒物质，都可以称为有害物质。有害物质包括了以废气、废渣、废水、污水等多种形态存在的危险废物。“放射性的废物”是指放射性核素含量超过国家规定限值的固体、液体和气体废弃物。“含传染病病原体的废物”主要是指被传染病病原体污染的污水、污物以及物品等。严格限制违反国家规定，排放、倾倒或者处置对被传染病病原体污染的污水、污物、场所和物品，目的是切断传播途径以控制或者消灭传染病。传染病防治法第二十七条规定，对被传染病病原体污染的污水、污物、场所和物品，有关单位和个人必须在疾病预防控制机构的指导下或者按照其提出的卫生要求，进行严格消毒处理；拒绝消毒处理的，由当地卫生行政部门或者疾病预防控制机构进行强制消毒处理。“有毒物质”主要是指对人体有毒害，可能对人体健康和环境造成严重危害的固体、泥状及液体废物。参考2016年《最高人民法院、最高人民检察院关于办理环境污染刑事案件适用法律若干问题的解释》第十五条的规定，下列物质应当认定为刑法第三百三十八条规定的“有毒物质”：（一）危险废物，是指列入国家危险废物名录，或者根据国家规定的危险废物鉴别标准和鉴别方法认定的，具有危险特性的废物；（二）《关于持久性有机污染物的斯德哥尔摩公约》附件所列物质；（三）含重金属的污染物；（四）其他具有毒性，可能污染环境的物质。“其他有害物质”包括其他列入国家危险废物名录或者根据国家规定的危险废物鉴别标准和鉴别方法认定的具有危险特性的废物。目前，我国尚未颁布国家危险废物名录，实践中主要参考《控制危险废物越境转移及其处置巴塞尔公约》所列的危险废物名录。同时，“其他有害物质”也包括了除上述危险废物以外的其他有严重污染环境可能的普通污染物，需要指出的是，这里的有害物质是相对于具体环境而言的，在特定的环境中，通常认为不属于有害物质的物品也有可能会污染环境，成为有害物质，如将大量的牛奶倾倒入养殖等水域，超出环境承载量的，这里的牛奶就属于“其他有害物质”。

其次，排放的废物、有毒、有害物质，严重污染了环境。这里的“环境”，参照2014年《中华人民共和国环境保护法》第二条规定，“是指影响人类生存和发展的各种天然的和经过人工改造的自然因素的总体，包括大气、水、海洋、土地、矿藏、森林、草原、湿地、野生生物、自然遗迹、人文遗迹、自然保护区、风景名胜区、城市和乡村等。”“严重污染环境”既包括发生了造成财产损失或者人身伤亡的环境事故，也包括虽然还未造成环境污染事故，但是已使环境受到严重污染或者破坏的情形。

二是对污染环境罪的处罚：

1. 第一档刑罚。根据本条规定，严重污染环境的，处三年以下有期徒刑或者拘役，并处或者单处罚金。“严重污染环境”是指非法排放、倾倒、处置有害物质，或者非法排放、倾倒、处置的物质本身具有较大危害性，或者长期、大量非法排放、倾倒、处置有害物质，对于不同的环境保护对象会有不同标准，严重污染环境的具体标准可以由司法解释等具体确定。参照2016年《最高人民法院、最高人民检察院关于办理环境污染刑事案件适用法律若干问题的解释》第一条的规定，实施刑法第三百三十八条规定的行为，具有下列情形之一的，应当认定为“严重污染环境”：（一）在饮用水水源一级保护区、自然保护区核心区排放、倾倒、处置有放射性的废物、含传染病病原体的废物、有毒物质的；（二）非法排放、倾倒、处置危险废物三吨以上的；（三）排放、倾倒、处置含铅、汞、镉、铬、砷、铊、锑的污染物，超过国家或者地方污染物排放标准三倍以上的；（四）排放、倾倒、处置含镍、铜、锌、银、钒、锰、钴的污染物，超过国家或者地方污染物排放标准十倍以上的；（五）通过暗管、渗井、渗坑、裂隙、溶洞、灌注等逃避监管的方式排放、倾倒、处置有放射性的废物、含传染病病原体的废物、有毒物质的；（六）二年内曾因违反国家规定，排放、倾倒、处置有放射性的废物、含传染病病原体的废物、有毒物质受过两次以上行政处罚，又实施前列行为的；（七）重点排污单位篡改、伪造自动监测数据或者干扰自动监测设施，排放化学需氧量、氨氮、二氧化硫、氮氧化物等污染物的；（八）违法减少防治污染设施运行支出一百万元以上的；（九）违法所得或者致使公私财产损失三十万元以上的；（十）造成生态环境严重损害的；（十一）致使乡镇以上集中式饮用水水源取水中断十二小时以上的；（十二）致使基本农田、防护林地、特种用途林地五亩以上，其他农用地十亩以上，其他土地二十亩以上基本功能丧失或者遭受永久性破坏的；（十三）致使森林或者其他林木死亡五十立方米以上，或者幼树死亡二千五百株以上的；（十四）致使疏散、转移群众五千人以上的；（十五）致使三十人以上中毒的；（十六）致使三人以上轻伤、轻度残疾或者器官组织损伤导致一般功能障碍的；（十七）致使一人以上重伤、中度残疾或者器官组织损伤导致严重功能障碍的；（十八）其他严重污染环境的情形。

2. 第二档刑罚。情节严重的，处三年以上七年以下有期徒刑，并处罚金。2020 年刑法修正案（十一）将之前规定的“后果特别严重的”修改为“情节严重的”，是对本条的重大修改，进一步降低了犯罪构成的门槛，将虽未造成重大环境污染后果，但长期违反国家规定，超标准排放、倾倒、处置有害物质，严重污染环境的行为规定为犯罪。这里的“情节严重”，是指在“严重污染环境”的基础上，情节更为严重的污染环境行为，既包括造成严重后果，也包括虽然尚未造成严重后果或者严重后果不易查证，但非法排放、倾倒、处置有害物质时间长、数量大等严重情节。

3. 第三档刑罚。有下列情形之一的，处七年以上有期徒刑，并处罚金：（一）在饮用水水源保护区、自然保护地核心保护区等依法确定的重点保护区域排放、倾倒、处置有放射性的废物、含传染病病原体的废物、有毒物质，情节特别严重的。“饮用水水源保护区”，根据水法第三十三条规定，国家建立饮用水水源保护区制度，省、自治区、直辖市人民政府应当划定饮用水水源保护区，并采取措施，防止水源枯竭和水体污染，保证城乡居民饮用水安全。“自然保护地”，根据土壤污染防治法第三十一条规定，各级人民政府应当加强对国家公园等自然保护地的保护，维护其生态功能。自然保护地核心保护区的范围应当依照国家有关规定具体确定。

（二）向国家确定的重要江河、湖泊水域排放、倾倒、处置有放射性的废物、含传染病病原体的废物、有毒物质，情节特别严重的。这里的“国家确定的重要江河、湖泊”，是指根据国家有关规定确定的具有重要生态价值、社会经济价值等的重要江河、湖泊。水污染防治法第十三条中规定，国务院环境保护主管部门会同国务院水行政主管部门和有关省、自治区、直辖市人民政府，可以根据国家确定的重要江河、湖泊流域水体的使用功能以及有关地区的经济、技术条件，确定该重要江河、湖泊流域的省界水体适用的水环境质量标准，报国务院批准后施行。

（三）致使大量永久基本农田基本功能丧失或者遭受永久性破坏的。永久基本农田事关 18 亿亩耕地总量控制目标，事关 14 亿人的饭碗问题，必须实行严格保护。2004 年土地管理法第三十四条规定，国家实行基本农田保护制度。下列耕地应当根据土地利用总体规划划入基本农田保护区，严格管理：1. 经国务院有关主管部门或者县级以上地方人民政府批准确定的粮、棉、油生产基地内的耕地；2. 有良好的水利与水土保持设施的耕地，正在实施改造计划以及可以改造的中、低产田；3. 蔬菜生产基地；4. 农业科研、教学试验田；5. 国务院规定应当划入基本农田保护区的其他耕地。各省、自治区、直辖市划定的基本农田应当占本行政区域内耕地的百分之八十以上。2018 年土壤污染防治法第五十条规定，县级以上地方人民政府应当依法将符合条件的优先保护类耕地划为永久基本农田，实行严格保护。在永久基本农田集中区域，不得新建可能造成土壤污染的建设项目；已经建成的，应当限期关闭拆除。

（四）致使多人重伤、严重疾病，或者致人严重残疾、死亡的。主要是指因污染环境犯罪行为，导致多人重伤、严重疾病或者致人严重残疾、死亡的后果。这里的“重伤”，根据本法第九十五条的规定，是指有下列情形之一的伤害：（一）使人肢体残废或者毁人容貌的；（二）使人丧失听觉、视觉或者其他器官机能的；（三）其他对于人身健康有重大伤害的。此外，关于“重伤”的概念和范围，2013 年 8 月 30 日最高人民法院、最高人民检察院、公安部、国家安全部、司法部发布《人体损伤程度鉴定标准》，自 2014 年 1 月 1 日起施行。该标准对人体损伤程度鉴定的原则、方法、内容和等级划分作了详细的规定，将重伤分为重伤一级和重伤二级，分别针对不同情况，制定了具体的认定标准。

第二款规定有污染环境行为，同时又构成其他犯罪，应当依照处罚较重的规定定罪处罚。行为人实施污染环境行为，有可能同时构成以危险方法危害公共安全罪、投放危险物质罪等罪名，对此，应当依照处罚较重的规定定罪处罚。

实际执行中应当注意污染环境犯罪案件中的司法鉴定与行政认定问题。污染环境犯罪案件多涉及专门性问题，如污染物的种类、数量、造成的损失数额计算等。司法实践中应当将司法鉴定与行政认定统筹运用，单纯依靠司法鉴定，既不可能，也没有必要。根据相关司法解释的规定，环境保护主管部门及其所属监测机构在行政执法过程中收集的监测数据，在刑事诉讼中可以作为证据使用。公安机关单独或者会同环境保护主管部门，提取污染物样品进行检测获取的数据，在刑事诉讼中可以作为证据使用。对国家危险废物名录所列的废物，可以依据涉案物质的来源、产生过程、被告人供述、证人证言以及经批准或者备案的环境影响评价文件等证据，结合环境保护主管部门、公安机关等出具的书面意见作出认定。对于危险废物的数量，可以综合被告人供述，涉案企业的生产工艺、物耗、能耗情况，以及经批准或者备案的环境影响评价文件等证据作出认定。对案件所涉的环境污染专门性问题难以确定的，依据司法鉴定机构出具的鉴定意见，或者国务院环境保护主管部门、公安部门指定的机构出具的报告，结合其他证据作出认定。

相关规定

《中华人民共和国固体废物污染环境防治法》第八十三条；《中华人民共和国环境保护法》第六十九条；《最高人民法院、最高人民检察院关于办理妨害预防、控制突发传染病疫情等灾害的刑事案件具体应用法律若干问题的解释》第十三条；《使用有毒物品作业场所劳动保护条例》第六十五条

四十一、在刑法第三百四十一条[①]中增加一款作为第三款："违反野生动物保护管理法规，以食用为目的非法猎捕、收购、运输、出售第一款规定以外的在野外环境自然生长繁殖的陆生野生动物，情节严重的，依照前款的规定处罚。"

条文主旨

本条是关于增加非法猎捕、收购、运输、出售陆生野生动物犯罪的规定。

立法背景

2020 年发生了前所未有的新冠肺炎疫情大流行，给世界各国造成了巨大挑战。总结我国新冠肺炎疫情防控经验和需要，党中央提出要加强公共卫生安全，从源头上防范公共卫生风险。其中一个重要方面，是从公共卫生安全的角度，防止和切断病毒、疫病从野生动物向人类的传播途径。2020 年 2 月 24 日，第十三届全国人大常委会第十六次会议通过了《关于全面禁止非法野生动物交易、革除滥食野生动物陋习、切实保障人民群众生命健康安全的决定》，从维护生物安全和生态安全，有效防范重大公共

---

① 根据 2020 年 12 月 26 日第十三届全国人民代表大会常务委员会第二十四次会议通过的《中华人民共和国刑法修正案（十一）》修改，修正案（十一）修改的内容自 2021 年 3 月 1 日起施行。刑法第三百四十一条条文为："非法猎捕、杀害国家重点保护的珍贵、濒危野生动物的，或者非法收购、运输、出售国家重点保护的珍贵、濒危野生动物及其制品的，处五年以下有期徒刑或者拘役，并处罚金；情节严重的，处五年以上十年以下有期徒刑，并处罚金；情节特别严重的，处十年以上有期徒刑，并处罚金或者没收财产。

"违反狩猎法规，在禁猎区、禁猎期或者使用禁用的工具、方法进行狩猎，破坏野生动物资源，情节严重的，处三年以下有期徒刑、拘役、管制或者罚金。"

卫生风险的角度，对野生动物保护管理制度作了较大调整。其中第二条规定，“全面禁止食用国家保护的‘有重要生态、科学、社会价值的陆生野生动物’（以下称“三有陆生野生动物”）以及其他陆生野生动物，包括人工繁育、人工饲养的陆生野生动物。全面禁止以食用为目的猎捕、交易、运输在野外环境自然生长繁殖的陆生野生动物。对违反前两款规定的行为，参照适用现行法律有关规定处罚”，野生动物保护法也将作出修改。1997 年刑法规定的野生动物犯罪的对象是珍贵、濒危野生动物，对非法猎捕、交易、运输行为作了规定，非法狩猎罪实践中保护对象是“三有陆生野生动物”，构成犯罪要求“在禁猎区、禁猎期或者使用禁用的工具、方法”，2004 年的法律解释，对以食用等目的而购买上述野生动物、制品如何适用法律作了进一步明确，通过法律解释，将购买食用珍贵、濒危野生动物，以及购买食用非法狩猎来源野生动物的行为明确为可依法追究刑事责任。但刑法的上述规定在禁止猎捕、禁止交易、禁止食用野生动物的范围和惩治力度上还存在不足，需要与全国人大常委会关于野生动物的决定进一步衔接，从防范公共卫生风险的角度，进一步加大惩治以食用为目的非法经营、交易、运输非珍贵、濒危的其他野生动物犯罪。因此，刑法修正案（十一）在本条中增加一款，规定：“违反野生动物保护管理法规，以食用为目的非法猎捕、收购、运输、出售第一款规定以外的在野外环境自然生长繁殖的陆生野生动物，情节严重的，依照前款的规定处罚。”

修改后的刑法第三百四十一条规定：“非法猎捕、杀害国家重点保护的珍贵、濒危野生动物的，或者非法收购、运输、出售国家重点保护的珍贵、濒危野生动物及其制品的，处五年以下有期徒刑或者拘役，并处罚金；情节严重的，处五年以上十年以下有期徒刑，并处罚金；情节特别严重的，处十年以上有期徒刑，并处罚金或者没收财产。

“违反狩猎法规，在禁猎区、禁猎期或者使用禁用的工具、方法进行狩猎，破坏野生动物资源，情节严重的，处三年以下有期徒刑、拘役、管制或者罚金。

“违反野生动物保护管理法规，以食用为目的非法猎捕、收购、运输、出售第一款规定以外的在野外环境自然生长繁殖的陆生野生动物，情节严重的，依照前款的规定处罚。”

历史沿革

1. 1997年刑法修订前的立法情况。珍贵、濒危野生动物是全人类的共同财富，具有不可替代性和难以恢复性。为保护、拯救珍贵、濒危野生动物，1979年刑法规定了非法狩猎罪，明确规定违反狩猎法规，在禁猎区、禁猎期或者使用禁用的工具、方法进行狩猎，破坏珍禽、珍兽或者其他野生动物资源，情节严重的，予以刑事处罚。1988年，国家制定了野生动物保护法，对于保护野生动物及其生存环境，维护生态平衡，发挥了重要作用。但是，由于一些不法分子法制观念淡薄或者出于牟利目的，非法捕杀、收购、运输、出售珍贵、濒危野生动物及其制品的活动，实践中还经常发生，必须完善法律，加大对这类犯罪的打击力度。因此，1988年11月8日第七届全国人民代表大会常务委员会第四次会议通过的《全国人民代表大会常务委员会关于惩治捕杀国家重点保护的珍贵、濒危野生动物犯罪的补充规定》规定：“为了加强对国家重点保护的珍贵、濒危野生动物的保护，对刑法补充规定：非法捕杀国家重点保护的珍贵、濒危野生动物的，处七年以下有期徒刑或者拘役，可以并处或者单处罚金；非法出售倒卖、走私的，按投机倒把罪、走私罪处刑。”在 1979 年刑法非法狩猎罪规定的基础上增加了上述专门针对珍贵、濒危野生动物的犯罪。

2. 1997 年修订刑法的情况。1997 年刑法修订时对 1979 年刑法及 1988 年全国人大常委会的上述决定规定的构成犯罪的条件进行了修改，并提高了量刑的幅度，进一步加强对破坏野生动物资源犯罪的惩治力度。一是整合 1979 年刑法和 1988 年决定的规定，将非法捕杀珍贵、濒危野生动物和非法狩猎罪两个犯罪规定为一条，作为两款分别规定，同时将决定中的“捕杀”修改为“猎捕、杀害”，将“出售倒卖珍贵、濒危野生动物按照投机倒把罪处刑”修改为“非法收购、运输、出售国家重点保护的珍贵、濒危野生动物及其制品罪，删去 1979 年刑法非法狩猎罪中“珍禽、珍兽”的规定。二是将 1988 年决定中“走私珍贵、濒危野生动物按照走私罪处刑”的规定在刑法第一百五十一条作为走私珍贵动物、珍贵动物制品罪予以规定。三是修改了法定刑，将非法狩猎罪法定刑由“处二年以下有期徒刑、拘役或者罚金”修改为“处三年以下有期徒刑、拘役、管制或者罚金”；将非法猎捕、杀害、非法收购、运输、出售珍贵、濒危野生动物犯罪的法定刑由“处七年以下有期徒刑或者拘役，可以并处或者单处罚金”修改为“处五年以下有期徒刑或者拘役，并处罚金；情节严重的，处五年以上十年以下有期徒刑，并处罚金；情节特别严重的，处十年以上有期徒刑，并处罚金或者没收财产”三档刑。

3. 2014 年有关法律解释的制定情况。近年来，在野生动物资源保护方面比较突出的问题：一是，在一些地方食用珍贵、濒危野生动物等问题突出，形成了非法猎捕、杀害珍贵、濒危野生动物的“买方市场”。对于为食用或者其他非法用途而购买珍贵、濒危野生动物及其制品的，是否属于犯罪行为，是否追究刑事责任，还存在模糊认识，需要予以明确。二是，一些不法分子明知是非法狩猎的野生动物而坐地收赃，形成非法狩猎活动的背后推手。对这种行为是否追究刑事责任，如何追究刑事责任不明确。加强对野生动物资源的保护，是建设生态文明的重要方面。目前社会上存在的食用珍贵、濒危野生动物等行为，既是一种社会陋习，也是非法猎捕、杀害珍贵、濒危野生动物活动屡禁不止的原因之一。“没有买卖，就没有杀戮。”明知是珍贵、濒危野生动物及其制品而购买的行为，从性质上讲，与非法收购珍贵、濒危野生动物及其制品的行为是相同的，应当依法追究刑事责任。另外，为保护野生动物，刑法规定了非法狩猎罪。实践中，明知是非法狩猎的野生动物而收购的行为，是造成一些大规模的非法狩猎活动在有的地方屡禁不止的主要推动因素，应当根据刑法的有关规定，对这些人依法追究刑事责任。因此，2014 年4 月24 日第十二届全国人大常委会第八次会议通过《关于〈中华人民共和国刑法〉第三百四十一条、第三百一十二条的解释》，对本条作出以下解释：一是，明确以食用或者其他目的而非法购买珍贵、濒危野生动物及其制品的行为，属于非法收购国家重点保护的珍贵、濒危野生动物及其制品的犯罪。二是，明确明知是非法狩猎的野生动物而购买的，属于明知是犯罪所得而收购的行为。

2020 年 12 月 26 日第十三届全国人民代表大会常务委员第二

十四次会议通过的《刑法修正案（十一）》对本条作了修改，增加第三款，规定了以食用为目的非法猎捕、收购、运输、出售第一款规定以外的在野外环境自然生长繁殖的陆生野生动物犯罪。

条文解读

修改后的刑法第三百四十一条共分三款。第一款是关于非法猎捕、杀害国家重点保护的珍贵、濒危野生动物，或者非法收购、运输、出售国家重点保护的珍贵、濒危野生动物及其制品的犯罪及其刑事处罚的规定。本款中“珍贵、濒危野生动物”，包括列入《国家重点保护野生动物名录》的国家一、二级保护野生动物、列入《濒危野生动植物物种国际贸易公约》附录一、附录二的野生动物以及驯养繁殖的上述物种。“珍贵”野生动物是指具有较高的科学研究、经济利用或观赏价值的野生动物，如隼、秃鹫、猕猴、黄羊、马鹿等。“濒危”野生动物，是指除珍贵和稀有之外，种群数量处于急剧下降的趋势，面临灭绝的危险的野生动物，如白鳍豚等。另外，凡属于中国特产动物的，都可列为珍贵、濒危野生动物，如大熊猫，既是珍贵的，又是濒危的，又属于中国特产动物。珍贵、濒危的野生动物，都是被列为国家重点保护的野生动物。国家重点保护的野生动物范围实行目录管理。野生动物保护法中规定的地方重点保护野生动物不属于本款对象。珍贵、濒危野生动物“制品”，是指珍贵、濒危野生动物的肉、皮、毛、骨制成品。野生动物保护法等规定，除了科学研究、人工繁育、公众展示展演等少数特殊情形外，严厉禁止猎捕、杀害，禁止出售、购买、利用，禁止生产、经营使用国家重点保护的野生动物。与此衔接，刑法对破坏珍贵、濒危野生动物各个环节的犯罪行为都作了相应规定。“非法猎捕、杀害”是指除因科学研究、驯养繁殖、展览或者其他特殊情况的需要，经过依法批准猎捕以外，对野生动物进行捕杀的行为。“非法收购、运输、出售国家重点保护的珍贵、濒危野生动物及其制品”，是指违反法律规定，对珍贵、濒危野生动物进行收购、运输、出售的行为。同时，《关于〈中华人民共和国刑法〉第三百四十一条、第三百一十二条的解释》还明确规定：“知道或者应当知道是国家重点保护的珍贵、濒危野生动物及其制品，为食用或者其他目的而非法购买的，属于刑法第三百四十一条第一款规定的非法收购国家重点保护的珍贵、濒危野生动物及其制品的行为。”非法“运输”国家重点保护的珍贵、濒危野生动物及其制品，是指违反野生动物保护法的有关规定，利用飞机、火车、汽车、轮船等交通工具，邮寄、利用他人或者随身携带等方式，将国家重点保护的珍贵、濒危野生动物及其制品，从这一地点运往另一地点的行为。运输犯罪的情形一般是指对非法猎捕、杀害、购买的野生动物进行运输，或者以非法出售为目的运输等，这类非法运输行为直接破坏了珍贵、濒危野生动物资源，社会危害严重，应当依法严厉惩处。另外，需要注意的是，2016 年7 月全国人大常委会对野生动物保护法作了修订。修订前的野生动物保护法第二十三条规定，“运输、携带国家重点保护野生动物或者其产品出县境的，必须经省、自治区、直辖市政府野生动物行政主管部门或者其授权的单位批准”；2016 年修订后的野生动物保护法第三十三条对运输野生动物的条件作了修改，规定“运输、携带、寄递国家重点保护野生动物及其制品、本法第二十八条第二款规定的野生动物及其制品出县境的，应当持有或者附有本法第二十一条、第二十五条、第二十七条或者第二十八条规定的许可证、批准文件的副本或者专用标识，以及检疫证明。运输非国家重点保护野生动物出县境的，应当持有狩猎、进出口等合法来源证明，以及检疫证明”，第四十八条对行政处罚责任作了规定，即修订后规定，运输野生动物应当持有有关合法来源的证明文件，和检疫证明，不需再另行向野生动物行政主管部门专门就运输申请批准。因此，实践中不能将马戏团为进行异地表演而未经批准运输珍贵、濒危野生动物的行为认定为本罪。

根据《最高人民法院关于审理破坏野生动物资源刑事案件具体应用法律若干问题的解释》的规定，“情节严重”是指非法猎捕、杀害、收购、运输、出售珍贵、濒危野生动物达到一定的数量标准，或者非法收购、运输、出售珍贵、濒危野生动物制品价值在十万元以上或非法获利五万元以上等情况。“情节特别严重”是指非法猎捕、杀害、收购、运输、出售珍贵、濒危野生动物数量特别大的；犯罪集团的首要分子；严重影响对野生动物的科研、养殖等工作顺利进行的；以武装掩护方法实施犯罪的；使用特种车、军用车等交通工具实施犯罪的；造成其他重大损失的；或者非法收购、运输、出售珍贵、濒危野生动物制品价值在二十万元以上的；非法获利十万元以上的；或者具有其他特别严重情节的。关于价值的计算，依照国家野生动物保护主管部门的规定核定；核定价值低于实际交易价格的，以实际交易价格认定。

第二款是关于违反狩猎法规，在禁猎区、禁猎期或者使用禁用的工具、方法进行狩猎，破坏野生动物资源的犯罪及其刑事处罚的规定。本款中，“违反狩猎法规”是指违反国家有关狩猎规范的法律、法规。“禁猎区”是指国家划定一定的范围，禁止在其中进行狩猎活动的地区。这一般是属于某些珍贵动物的主要栖息、繁殖的地区。此外，城镇、工矿区、革命圣地、名胜古迹地区、风景区，也是禁猎区。“禁猎期”是指国家规定禁止狩猎的期限，主要是为了保护野生动物资源，根据野生动物的繁殖的季节，规定禁止猎捕的期限。“禁用的工具、方法”是指会破坏野生动物资源，危害人畜安全的工具、方法，如地弓、地枪，以及用毒药、炸药、火攻、烟熏、电击等方法。本款并不是绝对禁止猎捕野生动物，而是将猎捕野生动物的行为，限定在一定范围内。“情节严重”主要是指非法狩猎野生动物二十只以上的；违反狩猎法规，在禁猎区或者禁猎期使用禁用的工具、方法狩猎的；或者具有其他严重情节的。同时，为打击非法狩猎行为，《关于〈中华人民共和国刑法〉第三百四十一条、第三百一十二条的解释》还明确规定：“知道或者应当知道是刑法第三百四十一条第二款规定的非法狩猎的野生动物而购买的，属于刑法第三百一十二条第一款规定的明知是犯罪所得而收购的行为。”根据《最高人民法院关于审理掩饰、隐瞒犯罪所得、犯罪所得收益刑事案件适用法律若干问题的解释》第一条第四款规定：“依照全国人民代表大会常务委员会《关于〈中华人民共和国刑法〉第三百四十一条、第三百一十二条的解释》，明知是非法狩猎的野生动物而收购，数量达到五十只以上的，以掩饰、隐瞒犯罪所得罪定罪处罚。”

第三款是关于以食用为目的非法猎捕、收购、运输、出售其他野生动物的犯罪。本款规定的目的既是保护野生动物资源，更是维护公共卫生安全。

1. 关于“以食用为目的”。立法过程中有意见提出删去“以食用为目的”的限定，以其他用途如药用、观赏用等非食用性利用为目的，而非法猎捕、交易等行为也纳入刑事制裁。考虑到与全国人大常委会上述涉及野生动物的决定以及正在修改的野生动物保护法衔接，本款罪主要是从禁止食用野生动物、防范野生动物疫情传播风险角度作出的规定，以及妥当把握刑事处罚范围，限定为“以食用为目的”。对于出于驯养、观赏、皮毛利用等目的非法猎捕、收购、出售、运输其他陆生野生动物的，可给予行政处罚，或者构成非法狩猎罪等其他犯罪依法追究刑事责任。需要注意的是，实践中构成犯罪不要求查证已经“食用”，对于在集市、餐馆等经营场所查到野生动物，行为人不能说明正当理由和合理用途的，即可认定为具有“以食用为目的”，对于猎捕、出售大雁等主要用作食用目的的野生动物的，可认定具有“以食用为目的”，将来司法实践中也可对如何认定“以食用为目的”作出进一步解释。

2. “第一款规定以外的在野外环境自然生长繁殖的陆生野生动物”。即珍贵、濒危野生动物以外的其他野生动物。还有两个限定性表述：一是要求“在野外环境自然生长繁殖”的陆生野生动物，即真正的纯陆生野生动物，不包括驯养繁殖的情况；二是陆生野生动物，不包括水生野生动物。另外，从本款规定的重要目的是防范公共卫生风险这点考虑，这里的陆生野生动物主要是指陆生脊椎野生动物，对人类具有动物疫病传播风险的野生动物，对于昆虫等一般不宜认定为本款规定的野生动物。根据《关于全面禁止非法野生动物交易、革除滥食野生动物陋习、切实保障人民群众生命健康安全的决定》第三条规定，“列入畜禽遗传资源目录的动物，属于家畜家禽，适用《中华人民共和国畜牧法》的规定”，“国务院畜牧兽医行政主管部门依法制定并公布畜禽遗传资源目录”，对可食用野生动物实行“白名单”制度。2020年5月国家畜禽遗传资源委员会办公室公布《国家畜禽遗传资源品种目录》，对此前目录作了修改，首次明确家禽家畜种类33种，除了传统畜禽17种以外，还包括16种特殊畜禽，如梅花鹿、马鹿、雉鸡、鹧鸪、绿头鸭、鸵鸟等。食用和为食用而猎捕、交易上述白名单目录中的特殊畜禽的，即使属于野外环境自然生长繁殖的，也不构成本款罪。

3. 实施“非法猎捕、收购、运输、出售”行为，且情节严重。“情节严重”包括非法获利数额、涉及野生动物数量以及是否具有传染动物疫病重要风险等。犯本款罪的，依照前款非法狩猎罪的刑罚处罚，即处三年以下有期徒刑、拘役、管制或者罚金。

实践执行中应注意的问题：

一是，本条第一款规定了有关破坏珍贵、濒危野生动物的犯罪。这类案件的涉案动物系人工繁育的，在认定是否构成犯罪以及如何裁量刑罚时，应当考虑涉案动物的濒危程度、野外存活状况、人工繁育情况、是否列入《人工繁育国家重点保护野生动物名录》、行为手段、对野生动物资源的损害程度等情节，综合评估社会危害性，保证罪责刑相适应，如实践中出售自己繁育的珍贵濒危乌龟或者鹦鹉等的，应当依法作出妥当处理。对于涉案动物是否系人工繁育，应当综合被告人或其辩护人提供的证据材料和其他材料依法审查认定。

二是，本条第三款规定了以食用为目的的非法猎捕、收购、运输、出售其他在野外自然环境生长繁殖陆生野生动物犯罪。本条惩治的重点是以食用为目的而进行的规模化、手段恶劣的猎捕行为，以及针对野生动物的市场化、经营化、组织化的运输、交易行为，且定罪门槛上要求情节严重。对公民为自己食用而猎捕、购买一般的野生动物，或者对于个人在日常劳作生活中捕捉到少量野生动物并食用的，如个人捕捉到的野兔、野猪、麻雀并食用的，不宜以本款罪论处。

三是关于增加的第三款非法猎捕、收购、运输、出售陆生野生动物的犯罪与本条第二款非法狩猎罪，以及 2014 年全国人大常委会《关于〈中华人民共和国刑法〉第三百四十一条、第三百一十二条的解释》适用之间的关系。（1）关于非法狩猎罪与第三款罪。非法狩猎罪的对象是"野生动物"，此前实践中把握的一般是"三有陆生野生动物"，行为手段是在禁猎区、禁猎期或者使用禁用的工具、方法进行狩猎，符构成非法狩猎罪要求上述特定的"四禁"，范围和情形是有条件的，同时对主观目的没有限制。第三款非法猎捕、收购、运输、出售陆生野生动物犯罪针对的防范公共卫生风险，从禁止食用野生动物的角度作出的规定，但没有直接将食用规定为犯罪，而是打击以食用为目的的猎捕、交易、运输行为。两罪行为方式都有"猎捕"或者"狩猎"，非法狩猎行为后也继续有运输、出售行为，但如上所述，两罪的行为目的、构成犯罪的条件等是不一样的。构成非法狩猎罪的，如果又以食用为目的，则可能同时构成第三款罪，两罪存在少量情形的交叉，法定刑相同，这种情况按照非法狩猎罪处罚似更为合适。（2）关于第三款罪与法律解释适用的关系。2014 年全国人大常委会涉及有关购买野生动物行为法律适用的法律解释包括两个方面：一是规定为食用或者其他目的而非法购买本条第一款规定的国家重点保护的珍贵、濒危野生动物的，属于第一款规定的非法收购行为。增加第三款罪的对象为第一款以外的野生动物，因此对法律解释上述规定的适用没有影响。二是2014年法律解释规定，知道或者应当知道是本条第二款非法狩猎的野生动物而购买的，属于第三百一十二条第一款规定的明知是犯罪所得而收购的行为，即构成掩饰、隐瞒犯罪所得、犯罪所得收益罪的情形。与第三款罪可能存在一些情形的重合，对此根据案件具体情况，从一重罪处理。知道或者应当知道是非法狩猎的野生动物而购买的，且属于“以食用为目的”的购买，同时构成掩饰、隐瞒犯罪所得罪和本条第三款非法收购陆生野生动物犯罪，根据案件具体情况，依照第三百一十二条和本条及有关司法解释定罪量刑的规定，确定从一重罪处罚。掩饰、隐瞒犯罪所得罪有两档法定刑，最高为七年有期徒刑，因此以食用为目的购买、经营、运输非法狩猎的野生动物可以判处比本条第三款法定刑更重的刑罚。

相关规定

《中华人民共和国刑法》第三百一十二条；《关于全面禁止非法野生动物交易、革除滥食野生动物陋习、切实保障人民群众生命健康安全的决定》；《全国人民代表大会常务委员会关于〈中华人民共和国刑法〉第三百四十一条、第三百一十二条的解释》；《最高人民法院关于审理破坏野生动物资源刑事案件具体应用法律若干问题的解释》第一条至第十二条；《国家林业局、公安部关于森林和陆生野生动物刑事案件管辖及立案标准》第一条第（十）项；《最高人民法院关于审理掩饰、隐瞒犯罪所得、犯罪所得收益刑事案件适用法律若干问题的解释》第一条；《最高人民检察院、公安部关于公安机关管辖的刑事案件立案追诉标准的规定（一）》第六十四条至第六十六条；《关于依法惩治非法野生动物交易犯罪的指导意见》

四十二、在刑法第三百四十二条后增加一条，作为第三百四十二条之一[①]：“违反自然保护地管理法规，在国家公园、国家级自然保护区进行开垦、开发活动或者修建建筑物，造成严重后果或者有其他恶劣情节的，处五年以下有期徒刑或者拘役，并处或者单处罚金。

“有前款行为，同时构成其他犯罪的，依照处罚较重的规定定罪处罚。”

条文主旨

本条是关于增加破坏自然保护地犯罪的规定。

立法背景

生态文明建设是新时代党和国家确定的重大战略。近年来我国生态环境保护取得了前所未有的重大发展进步，同时实践中也出现了一些问题，特别是对于国家重点生态保护区域、生态脆弱敏感区域的破坏情况仍然存在，有的还非常恶劣和严重。如祁连山生态环境破坏问题，祁连山是我国西部重要生态安全屏障，是

① 根据2020年12月26日第十三届全国人民代表大会常务委员会第二十四次会议通过的《中华人民共和国刑法修正案（十一）》增加，自2021年3月1日起施行。

生物多样性保护优先区域，国家在1988年就批准设立了甘肃祁连山国家级自然保护区，长期以来祁连山局部生态破坏问题十分突出，包括违法违规开发矿产资源，部分水电设施违法建设、违规运行，周边企业偷排偷放等，甚至在地方立法层面为破坏生态行为“放水”。又如陕西秦岭北麓西安段违建别墅问题，秦岭作为我国南北地理分界线，我国重要的生态屏障，具有调节气候、保持水土、涵养水源、维护生物多样性等重要生态功能，在党中央三令五申要求禁止违建、保护生态环境的情况下，违建仍屡禁不绝，危害严重。同时，中央《建立国家公园体制总体方案》《关于建立以国家公园为主题的自然保护地体系的指导意见》以及自然保护区管理条例等政策、法规对国家公园、自然保护区内进行分类管理管控，依法依规严格禁止非法开发建设等作了规定。针对上述实践中的情况，以及与有关政策法规进一步衔接，刑法修正案（十一）增加了本条规定。

条文解读

本条分为两款。第一款是关于破坏自然保护地犯罪和处刑的规定。1. “违反自然保护地法规”是指违法有关自然保护地的管理、保护的法律、行政法规等，包括自然保护区条例以及将来拟制定的自然保护地立法等。“自然保护地”现行法律中规定的不多，2018年制定的土壤污染防治法第三十一条中规定“各级人民政府应当加强对国家公园等自然保护地的保护，维护其生态功能”，主要是有关中央改革文件对此作了规定，刑法与此作了衔接。根据中央《关于建立以国家公园为主体的自然保护地体系的意见》规定，自然保护地按照生态价值和保护强度高低分为三类：国家公园、自然保护区和自然公园（包括森林公园、地质公园、海洋公园、湿地公园等各类自然公园），逐步形成以国家公园为主体、自然保护区为基础、各类自然公园为补充的自然保护地分类系统。2. “国家公园”是我国自然保护地最重要类型之一，属于全国主体功能区规划中的禁止开发区域，纳入全国生态保护红线区域管控范围，实行最严格的保护。改革目标是到2020年，建立国家公园体制试点基本完成，整合设立一批国家公园，分级统一的管理体制基本建立，国家公园总体布局初步形成。到2030年，国家公园体制更加健全，分级统一的管理体制更加完善，保护管理效能明显提高。首批10个国家公园体制试点包括三江源国家公园、东北虎豹国家公园、大熊猫国家公园、祁连山国家公园、长城国家公园、湖北神农架国家公园、武夷山国家公园、钱江源百山祖国家公园、湖南南山国家公园、云南普达措国家公园等。3. 关于“国家级自然保护区”。根据自然保护区条例的规定，自然保护区是指对有代表性的自然生态系统、珍稀濒危野生动植物物种的天然集中分布区、有特殊意义的自然遗迹等保护对象所在的陆地、陆地水体或者海域，依法划出一定面积予以特殊保护和管理的区域，自然保护区分为国家级自然保护区和地方级自然保护区。在国内外有典型意义、在科学上有重大国际影响或者有特殊科学研究价值的自然保护区，列为国家级自然保护区。截至2018年5月31日国务院公布的5处新建国家级自然保护区，我国目前共计474个国家级自然保护区。需要说明的是，未来国家级自然保护区将重新整合，部分将整合设立国家公园。

本款规定的犯罪行为是“在国家公园、国家级自然保护区进行开垦、开发活动或者修建建筑物”。中央《关于建立以国家公园为主体的自然保护地体系的指导意见》第十四条规定：“……国家公园和自然保护区实行分区管控，原则上核心保护区内禁止人为活动，一般控制区内限制人为活动。自然公园原则上按一般控制区管理，限制人为活动……”自然保护区条例第二十六条至第二十八条规定：“禁止在自然保护区内进行砍伐、放牧、狩猎、捕捞、采药、开垦、烧荒、开矿、采石、挖沙等活动；但是，法律、行政法规另有规定的除外。”；“禁止任何人进入自然保护区的核心区。因科学研究的需要，必须进入核心区从事科学研究观测、调查活动的，应当事先向自然保护区管理机构提交申请和活动计划，并经自然保护区管理机构批准；其中，进入国家级自然保护区核心区的，应当经省、自治区、直辖市人民政府有关自然保护区行政主管部门批准。”；“禁止在自然保护区的缓冲区开展旅游和生产经营活动。因教学科研的目的，需要进入自然保护区的缓冲区从事非破坏性的科学研究、教学实习和标本采集活动的，应当事先向自然保护区管理机构提交申请和活动计划，经自然保护区管理机构批准。”第三十二条第一款规定：“在自然保护区的核心区和缓冲区内，不得建设任何生产设施。在自然保护区的实验区内，不得建设污染环境、破坏资源或者景观的生产设施；建设其他项目，其污染物排放不得超过国家和地方规定的污染物排放标准。在自然保护区的实验区内已经建成的设施，其污染物排放超过国家和地方规定的排放标准的，应当限期治理；造成损害的，必须采取补救措施。”因此，对国家公园、国家级自然保护区，特别是核心保护区是严格禁止从事非法开垦、开发或者修建建筑物活动的，因历史遗留问题或者原住民因必要生产、生活需要而进行的活动除外。“开垦”是指对林地、农地等土地的开荒、种植、砍伐、放牧等活动，“开发”是指经济工程项目建设，如水电项目、矿山项目、挖沙等；修建建筑物包括开发房产项目等。构成犯罪要求“造成严重后果或者其他恶劣情节”，包括从行为手段、对生态环境的破坏程度、是否在核心保护区、非法开垦、开发的规模等情节进行综合判断。对于出于生产、生活需要，非法开发建设一些设施，未对生态环境造成严重破坏后果的，不作为犯罪处理。犯本罪的，处五年以下有期徒刑或者拘役，并处或者单处罚金。

第二款是关于从一重罪处罚的规定：“有前款行为，同时构成其他犯罪的，依照处罚较重的规定定罪处罚。”适用本条罪需要处理好与本法第三百四十二条非法占用农用地罪、第三百四十三条非法采矿罪等的关系。在国家公园、国家级自然保护区内非法开垦的，如果同时属于非法占用耕地、林地等农用地，改变被占用土地用途的，还可能构成非法占用农用地罪；在国家公园、国家级自然保护区内非法开发，例如进行开采矿山活动，还可能构成非法采矿罪。对上述情况应当适用本款从一重罪处罚的规定。

实践执行中应当注意的是，构成本罪要求“违反自然保护地管理法规”，并非对国家公园、国家级自然保护区类的一切活动予以禁止和惩治，对于经过批准的合法开发建设活动不能适用本条，如经过批准的修建道路行为。特别是要注意处理好历史遗留问题和原住民为生产生活需要进行的必要活动。根据《关于建立以国家公园为主体的自然保护地体系的指导意见》规定“分类有序解决历史遗留问题。对自然保护地进行科学评估，将保护价值低的建制城镇、村屯或人口密集区域、社区民生设施等调整出自然保护地范围。结合精准扶贫、生态扶贫，核心保护区内原住居民应实施有序搬迁，对暂时不能搬迁的，可以设立过渡期，允许开展必要的、基本的生产活动，但不能再扩大发展。依法清理整治探矿采矿、水电开发、工业建设等项目，通过分类处置方式有序退出；根据历史沿革与保护需要，依法依规对自然保护地内的耕地实施退田还林还草还湖还湿。”对因历史原因或者因后来被划为国家公园、国家级自然保护区域而仍在国家公园、国家级自然保护区内居住生活的，对其必要的开发建设行为不得作为本罪处理。

相关规定

《中华人民共和国自然保护区条例》第二十六条、第二十七条、第二十八条、第三十二条；《关于建立以国家公园为主体的自然保护地体系的指导意见》；《建立国家公园体制总体方案》

四十三、在刑法第三百四十四条后增加一条，作为第三百四十四条之一[①]：“违反国家规定，非法引进、释放或者丢弃外来入侵物种，情节严重的，处三年以下有期徒刑或者拘役，并处或者单处罚金。”

条文主旨

本条是关于增加非法引进、释放、丢弃外来入侵物种犯罪的规定。

---

① 根据2020年12月26日第十三届全国人民代表大会常务委员会第二十四次会议通过的《中华人民共和国刑法修正案（十一）》增加，自2021年3月1日起施行。

立法背景

外来入侵物种对于生物多样性、生态环境的破坏后果十分严重，这一点在人类发展历史和动植物演化历史中被充分证明，需要汲取经验教训。一方面擅自引进外来入侵物种，对我国生物安全和生态系统平衡将造成难以挽回的严重灾难；另一方面，其中有害外来入侵物种，还会对我国农林牧渔业等行业造成巨大损失。一些单位和个人对外来物种可能导致的生态和环境后果缺乏足够认识，外来物种引进存在一定的盲目性。在外来物种有意引进的管理中，没有制定和执行科学的风险评估制度。另外，外来物种只重引进、疏于管理，也可能导致外来物种从栽培地、驯养地逃逸到自然环境中而演化为具有入侵性的物种，造成生态环境和生物多样性灾难。国家对防范外来入侵物种一直高度重视。我国于1992年加入《生物多样性公约（里约宣言）》，公约要求缔约方尽可能“防止引进、控制或消除那些威胁到生态系统、生境或物种的外来物种”；国境卫生检疫法、进出境动植物检疫法等对有关外来物种的检疫作了规定；2014年修改的环境保护法第三十条第二款规定：“引进外来物种以及研究、开发和利用生物技术，应当采取措施，防止对生物多样性的破坏”；2018年修改的野生动物保护法第十二条第三款中规定：“禁止或者限制在相关自然保护区域内引入外来物种、营造单一纯林、过量施洒农药等人为干扰、威胁野生动物生息繁衍的行为。”2020年10月17日第十三届全国人大常委会第二十二次会议通过的生物安全法，面对疫情防控和构建公共卫生安全法治保障的新情况，对生物安全风险防控领域的基本制度作了规定。关于防范外来物种入侵是其中的一个重要方面。生物安全法第六十条、第八十一条对防范外来物种入侵及法律责任作了规定。为进一步加强保护我国生物安全，维护我国生物多样性和生态系统平衡，依法惩治涉及外来入侵物种非法引进、处置的犯罪，与生物安全法等规定衔接，刑法修正案（十一）增加了本条规定。

条文解读

根据本条规定，“违反国家规定，非法引进、释放或者丢弃外来入侵物种，情节严重的”，追究刑事责任。1. “违反国家规定”是指违反全国人民代表大会及其常务委员会制定的法律和决定，国务院制定的行政法规、规定的行政措施、发布的决定和命令中有关外来物种安全和制度的规定。有关部门规章对国家规定有关条款作出进一步细化明确规定的，根据情况，违反该具体规定的也可认定为“违反国家规定”。我国涉及外来物种管理的法律主要有国境卫生检疫法、进出境动植物检疫法、动物防疫法、野生动物保护法等法律，对防范外来物种入侵作了原则性规定。2003年国务院办公厅发布《关于加强防范外来有害生物传入工作的意见》，对外来有害生物入侵的防范、调查、预警和应对机制作了规定，并要求及时调整禁止进境动物、植物危险性有害生物名录和禁止进境物名录。2005年原国家林业局制定《引进陆生野生动物外来物种种类及数量审批管理办法》，规定了引进陆生野生动物外来物种种类及数量审批许可制度。野生动物保护法第三十七条规定：“从境外引进野生动物物种的，应当经国务院野生动物保护主管部门批准。从境外引进列入本法第三十五条第一款名录的野生动物，还应当依法取得允许进出口证明书。海关依法实施进境检疫，凭进口批准文件或者允许进出口证明书以及检疫证明按照规定办理通关手续。从境外引进野生动物物种的，应当采取安全可靠的防范措施，防止其进入野外环境，避免对生态系统造成危害。确需将其放归野外的，按照国家有关规定执行。”2020 年通过的生物安全法及其有关配套规定对外来入侵物种的防范和管理，以及名录等作了进一步细化和全面的规定。引进、处置外来物种应当依照包括上述法律法规在内的“国家规定”确定的条件、程序和要求进行。

2. 关于“外来入侵物种”，根据有关法律规定实行名录制管理。据有关方面调查，我国目前共有 280 多种外来入侵物种，其中陆生植物 170 种，其余为微生物、无脊椎动物、两栖爬行类、鱼类、哺乳类等。原产地来自美洲的占一半以上，说明美洲生物较为适应我国环境。外来入侵物种中，39.6% 是属于有意引进的，49.3% 是属于无意引进的，经自然扩散而进入中国境内的仅占 3.1%。外来入侵动物中 25% 是有意引进的，主要用于养殖、观赏、生物防治，如大瓶螺、牛外、獭狸等，因野生放养或者弃养后，在野外形成自然种群，对本地生物系统造成危害，也有外来入侵动物是随着树木接穗、苗木或者盆景而传入，如美国白蛾等。76.3% 的外来入侵动物是无意引进的，是在贸易流通等环节，由于检查不严格，随产品混入我国，随后发展成为野生，如松材线虫等。2003 年原国家环境保护总局制订发布了《中国第一批外来入侵物种名单》，包括解放草、水花生、飞机草、水葫芦等植物以及蔗扁蛾、美国白蛾、非洲大蜗牛、牛蛙等动物。生物安全法第六十条规定：“国家加强对外来物种入侵的防范和应对，保护生物多样性。国务院农业农村主管部门会同国务院其他有关部门制定外来入侵物种名录和管理办法。”下一步，有关方面还将制定统一的、明确的外来入侵物种目录及其管理办法。

3. 本罪行为是非法引进、释放、丢弃外来入侵物种。引进外来入侵物种应当依照有关法律法规的规定，实行行政审批许可，处置外来入侵物种按照国家有关规定进行。任何单位和个人未经批准，不得擅自引进、释放或者丢弃外来物种。生物安全法第八十一条规定，非法引进外来物种的，由县级以上人民政府有关部门根据职责分工，没收引进的外来物种，并处五万元以上二十五万元以下的罚款；非法释放或者丢弃外来物种的，由县级以上人民政府有关部门根据职责分工，责令限期捕回、找回释放或者丢弃的外来物种，处一万元以上五万元以下罚款。除了上述行政责任外，构成犯罪的依法追究刑事责任。本条中的“引进”主要是指从国外非法携带、运输、邮寄、走私进境等行为。“释放”、“丢弃”是非法处置外来入侵物种的行为，包括经过批准引进的物种，在进行实验研究等之后予以非法野外放养或者随意丢弃的情况。犯本罪的，处三年以下有期徒刑或者拘役，并处或者单处罚金。

实践执行中应注意的问题：

一是构成犯罪要求行为人认识到行为的严重社会危害性，对生态环境的严重破坏性，是故意犯罪。行为人要知道或者应当知道引进、释放或者丢弃的是外来入侵物种。办案过程中也要注意调查取证工作，不能因行为人辩驳说不知道该物种为入侵物种就不作处理。二是外来入侵物种实行目录制管理，应当严格按照目录认定外来入侵物种，而不能将一切外来物种都认定为本罪的对象。本条在立法过程中也有意见提出，将“外来入侵物种”修改为“外来物种”，考虑两者的范围是不一样的，刑事处罚应当惩治危害性严重的行为，因此规定为外来入侵物种。实践中也不能因为属于目录中的外来入侵物种就认定犯罪，也要考虑行为人的主观故意和目的，具体的行为方式和情节，外来入侵物种是否已经在国内较大规模生存，是否可能造成严重损害生态环境后果等主客观方面的因素综合判断，确保罪责刑相适应。

相关规定

《中华人民共和国生物安全法》第六十条、第八十一条；《中华人民共和国环境保护法》第三十条；《中华人民共和国野生动物保护法》第十二条；《中华人民共和国进出境动植物检疫法》第十条

四十四、在刑法第三百五十五条后增加一条，作为第三百五十五条之一[①]：“引诱、教唆、欺骗运动员使用兴奋剂参加国内、国际重大体育竞赛，或者明知运动员参加上述竞赛而向其提供兴奋剂，情节严重的，处三年以下有期徒刑或者拘役，并处罚金。

“组织、强迫运动员使用兴奋剂参加国内、国际重大体育竞赛的，依照前款的规定从重处罚。”

---

① 根据2020年12月26日第十三届全国人民代表大会常务委员会第二十四次会议通过的《中华人民共和国刑法修正案（十一）》增加，《刑法修正案（十一）》增加的内容自2021年3月1日起施行。

条文主旨

本条是关于增加引诱、教唆、欺骗运动员使用兴奋剂和向运动员提供兴奋剂的犯罪，以及组织、强迫运动员使用兴奋剂的犯罪的规定。

立法背景

（一）立法相关背景

使用兴奋剂是体育运动中的丑恶现象。在体育竞赛中使用兴奋剂的行为，既扰乱了体育竞赛的公平正义，又损害体育运动参加者的身心健康。在国际体育赛事中使用兴奋剂，还会严重损害国家的形象和荣誉。我国高度重视体育竞技中的反兴奋剂工作。1995 年 8 月第八届全国人民代表大会常务委员会第十五次会议通过的体育法第三十三条第一款、第二款规定："体育竞赛实行公平竞争的原则。体育竞赛的组织者和运动员、教练员、裁判员应当遵守体育道德，不得弄虚作假、营私舞弊。在体育运动中严禁使用禁用的药物和方法。禁用药物检测机构应当对禁用的药物和方法进行严格检查。"第四十八条规定："在体育运动中使用禁用的药物和方法的，由体育社会团体按照章程规定给予处罚；对国家工作人员中的直接责任人员，依法给予行政处分。"2004 年 1 月，国务院制定了反兴奋剂条例，对体育运动中禁止使用兴奋剂的原则、兴奋剂管理、体育社会团体、运动员等主体的反兴奋剂义务、兴奋剂检查与检测等制度作了规定。该条例第三十九条第一款规定："体育社会团体、运动员管理单位向运动员提供兴奋剂或者组织、强迫、欺骗运动员在体育运动中使用兴奋剂的，由国务院体育主管部门或者省、自治区、直辖市人民政府体育主管部门收缴非法持有的兴奋剂；负有责任的主管人员和其他直接责任人员4年内不得从事体育管理工作和运动员辅助工作；情节严重的，终身不得从事体育管理工作和运动员辅助工作；造成运动员人身损害的，依法承担民事赔偿责任；构成犯罪的，依法追究刑事责任。”第四十条规定：“运动员辅助人员组织、强迫、欺骗、教唆运动员在体育运动中使用兴奋剂的，由国务院体育主管部门或者省、自治区、直辖市人民政府体育主管部门收缴非法持有的兴奋剂；4年内不得从事运动员辅助工作和体育管理工作；情节严重的，终身不得从事运动员辅助工作和体育管理工作；造成运动员人身损害的，依法承担民事赔偿责任；构成犯罪的，依法追究刑事责任。运动员辅助人员向运动员提供兴奋剂，或者协助运动员在体育运动中使用兴奋剂，或者实施影响采样结果行为的，由国务院体育主管部门或者省、自治区、直辖市人民政府体育主管部门收缴非法持有的兴奋剂；2年内不得从事运动员辅助工作和体育管理工作；情节严重的，终身不得从事运动员辅助工作和体育管理工作；造成运动员人身损害的，依法承担民事赔偿责任；构成犯罪的，依法追究刑事责任。”2006年，我国签署了联合国教科文组织制定的《反对在体育运动中使用兴奋剂国际公约》，承诺执行《世界反兴奋剂条例》。依法惩治有关兴奋剂的犯罪行为，是我国作为负责任大国应尽的国际义务。2019年11月，最高人民法院制定了《关于审理走私、非法经营、非法使用兴奋剂刑事案件适用法律若干问题的解释》。刑法修正案（十一）制定前，对于涉及兴奋剂的违法犯罪行为，可以依照上述法律和司法解释追究法律责任。

近年来，我国兴奋剂违法违规问题屡禁不止。有的参加奥运会等重大国际体育比赛的我国运动员被查出兴奋剂违规遭到处罚，严重损害了国家形象和荣誉。兴奋剂违法违规还呈现低龄化、社会化的特征，向食品药品、教育考试等领域蔓延，危害社会公众特别是青少年的身心健康。党中央对反兴奋剂工作作出重要指示，要求对兴奋剂问题“零容忍”，对兴奋剂违法违规行为严肃处理、坚决打击。为加大对兴奋剂违法行为的惩治力度，维护体育竞赛的公平和运动员等的身心健康，刑法修正案（十一）增加规定了引诱、教唆、欺骗运动员使用兴奋剂和向运动员提供兴奋剂的犯罪，组织、强迫运动员使用兴奋剂的犯罪。

（二）有关国家的规定

德国2015年《体育竞技中的反兴奋剂法》第4条第1款规定，违法生产、销售、使用兴奋剂，可判处3年以下自由刑或罚金。第4条第2款规定，非法购买和持有兴奋剂，可判处2年以下自由刑。

美国法律禁止任何人制造、提供第三级别受管制物质中的兴奋剂物质，并对涉及各类级别的受管制物质的违法行为设定了相应的量刑标准，对于违反某些兴奋剂物质管理规定的非法行为可以判处监禁或监禁并处罚金。

意大利2000年《关于反兴奋剂的第376号法令》第9条规定，对恶意使用兴奋剂行为处以2500至50000欧元的罚金，最低3个月，最高3年的监禁。

条文解读

本条共分两款。第一款是关于引诱、教唆、欺骗运动员使用兴奋剂和向运动员提供兴奋剂的犯罪的规定。本条规定犯罪的主体是一般主体，常见的是组织运动员参加竞赛的体育社会团体、运动员管理单位或者教练员、队医等运动员辅助人员。本款规定了两类犯罪行为。一是引诱、教唆、欺骗运动员使用兴奋剂参加国内、国际重大体育竞赛，情节严重的。这里规定的“引诱”，是指以提高比赛成绩，物质奖励等条件诱使运动员使用兴奋剂。“教唆”是指唆使运动员使用兴奋剂。“欺骗”是指使用欺诈手段使运动员在不知情的情况下使用兴奋剂，如谎称是服用正常药品等。“运动员”，根据国家体育总局《体育运动中兴奋剂管制通则》的规定，是指体育社会团体注册运动员，以及参加政府举办、授权举办或资助的体育比赛或赛事的运动员。“兴奋剂”是指兴奋剂目录所列的禁用物质等，具体包括蛋白同化制剂、肽类激素、有关麻醉药品和刺激剂等。兴奋剂目录由国务院体育主管部门会同国务院食品药品监督管理部门、国务院卫生主管部门、国务院商务主管部门和海关总署制定、调整并公布。国务院体育主管部门负责制定兴奋剂检测规则和兴奋剂检测计划并组织实施。“国内、国际重大体育竞赛”是指体育法第二十六条规定的重大体育竞赛，如奥运会、亚运会、单项世界锦标赛等，具体范围由国务院体育主管部门确定。根据本款规定，引诱、教唆、欺骗运动员使用兴奋剂参加国内、国际重大体育竞赛的，构成本款规定的犯罪。如果不是在国内、国际重大体育竞赛中，而是在低级别比赛中使用兴奋剂，不构成本条规定的犯罪，可依照其他法律法规的规定予以处罚。二是明知运动员参加国内、国际重大体育竞赛而向其提供兴奋剂，情节严重的。这是帮助运动员在重大体育竞赛中使用兴奋剂的行为。本款规定的“明知”，是指知道或应当知道运动员参加国内、国际重大体育竞赛。“向其提供”，包括向运动员本人提供，也包括通过运动员的教练员、队医等辅助人员向运动员提供。“情节严重”，是指引诱、教唆、欺骗运动员使用兴奋剂或者提供兴奋剂的数量较大，涉及人数较多，给国家荣誉和形象造成不良影响，对运动员健康造成不良影响等，具体可由司法机关制定司法解释确定。根据本款规定，对上述两种犯罪行为，处三年以下有期徒刑或者拘役，并处罚金。

第二款是关于组织、强迫运动员使用兴奋剂的犯罪的规定。这里规定的“组织”，是指利用管理、指导运动员的机会等，使多名运动员有组织地使用兴奋剂。“强迫”，是指迫使运动员违背本人意愿使用兴奋剂。根据本款规定，组织、强迫运动员使用兴奋剂参加国内、国际重大体育竞赛的行为，即可构成犯罪，没有规定“情节严重的”条件，这是因为组织、强迫使用兴奋剂的行为，比第一款规定的引诱、教唆、欺骗使用兴奋剂和提供兴奋剂的行为社会危害性更大。根据本款规定，对上述犯罪行为，依照本条第一款的规定从重处罚，即在“三年以下有期徒刑或者拘役，并处罚金”的量刑幅度内从重处罚。

实践中执行本条规定应当注意以下几个方面的问题：

一是，本条将引诱、教唆、欺骗运动员使用兴奋剂和向运动员提供兴奋剂的行为，组织、强迫运动员使用兴奋剂的行为规定为犯罪，对于运动员本人使用兴奋剂的行为未规定为犯罪，是考虑到在重大体育竞赛涉兴奋剂违法违规案件中，引诱、教唆、欺骗使用兴奋剂和提供兴奋剂，组织、强迫使用兴奋剂的行为具有更大的社会危害性。运动员本人往往是被裹挟、被动地使用兴奋剂，可以不作为犯罪处理。但运动员本人使用兴奋剂的行为仍然是违法行为，应当依照有关法律法规和体育组织的规定予以处罚。运动员本人参与本条规定的犯罪行为的，应当依法追究刑事责任。

二是与兴奋剂相关的有关犯罪行为的处理。《最高人民法院关于审理走私、非法经营、非法使用兴奋剂刑事案件适用法律若干问题的解释》对与兴奋剂相关的犯罪行为的法律适用作了规定：1. 运动员、运动员辅助人员走私兴奋剂目录所列物质，或者其他人员以在体育竞赛中非法使用为目的走私兴奋剂目录所列物质，涉案物质属于国家禁止进出口的货物、物品，具有特定情形的，应当依照刑法第一百五十一条第三款的规定，以走私国家禁止进出口的货物、物品罪定罪处罚。2. 对未成年人、残疾人负有监护、看护职责的人组织未成年人、残疾人在体育运动中非法使用兴奋剂，具有特定情形的，应当认定为刑法第二百六十条之一规定的“情节恶劣”，以虐待被监护、看护人罪定罪处罚。3. 实施有关兴奋剂犯罪行为，涉案物质属于毒品、制毒物品等，构成涉及毒品、制毒物品有关犯罪的，依照相应犯罪定罪处罚。

三是，本条为治理兴奋剂违法犯罪行为提供了强有力的法律保障。但兴奋剂的治理是系统工程，不能仅依靠刑事手段进行打击。要充分发挥司法机关、体育主管部门、体育协会等各方面的作用，综合运用多种手段，对运动员、教练员等加强教育管理，树立正确的竞赛观、荣誉观，从源头上减少兴奋剂违法违规现象。

相关规定

《中华人民共和国体育法》第三十三条、第四十八条；《反兴奋剂条例》第二条、第三十九条、第四十条

四十五、将刑法第四百零八条之一[①]第一款修改为：“负有食品药品安全监督管理职责的国家机关工作人员，滥用职权或者玩忽职守，有下列情形之一，造成严重后果或者有其他严重情节的，处五年以下有期徒刑或者拘役；造成特别严重后果或者有其他特别严重情节的，处五年以上十年以下有期徒刑：

“（一）瞒报、谎报食品安全事故、药品安全事件的；

“（二）对发现的严重食品药品安全违法行为未按规定查处的；

“（三）在药品和特殊食品审批审评过程中，对不符合条件的申请准予许可的；

“（四）依法应当移交司法机关追究刑事责任不移交的；

“（五）有其他滥用职权或者玩忽职守行为的。”

条文主旨

本条是关于修改食品监管渎职罪，增加药品监管渎职犯罪的规定。

---

① 本条经全国人民代表大会常务委员会增加并修改一次。根据2011年2月25日第十一届全国人民代表大会常务委员会第十九次会议通过的《中华人民共和国刑法修正案（八）》增加，《刑法修正案（八）》增加的内容自2011年5月1日起施行。

根据2020年12月26日第十三届全国人民代表大会常务委员会第二十四次会议通过的《中华人民共和国刑法修正案（十一）》修改，《刑法修正案（十一）》修改的内容自2021年3月1日起施行。《刑法修正案（八）》增加的第四百零八条之一条文是：“负有食品安全监督管理职责的国家机关工作人员，滥用职权或者玩忽职守，导致发生重大食品安全事故或者造成其他严重后果的，处五年以下有期徒刑或者拘役；造成特别严重后果的，处五年以上十年以下有期徒刑。

“徇私舞弊犯前款罪的，从重处罚。”

立法背景

为了贯彻落实党中央关于食品药品安全“四个最严”的要求，2015 年 4 月，第十二届全国人民代表大会常务委员会第十四次会议修订了《中华人民共和国食品安全法》；2019 年 6 月，第十三届全国人民代表大会常务委员会第十一次会议通过了《中华人民共和国疫苗管理法》；2019 年 8 月，第十三届全国人民代表大会常务委员会第十二次会议第二次修订了《中华人民共和国药品管理法》。这几部法律强化了食品药品监督管理部门的监管职责，有关部门的国家工作人员在食品的生产、经营，药品和疫苗的研发、生产、经营和使用等环节担负广泛的监管职责，行使一系列行政许可、行政处罚职权。为了贯彻党中央提出的“最严肃的问责”的精神，进一步强化食品药品安全，保护人民群众安全，与食品安全法、药品管理法做好衔接，2020 年 12 月 26 日第十三届全国人民代表大会常务委员会第二十四次会议通过的《中华人民共和国刑法修正案（十一）》对本条作了修改：一是在犯罪主体方面，在负有食品安全监督管理职责的国家机关工作人员的基础上，增加负有药品安全监督管理职责的国家机关工作人员，二是在构成犯罪和适用第二档刑的条件中增加了情节因素，三是增加规定了五类具体犯罪情形。

修改后的刑法第四百零八条之一规定：“负有食品药品安全监督管理职责的国家机关工作人员，滥用职权或者玩忽职守，有下列情形之一，造成严重后果或者有其他严重情节的，处五年以下有期徒刑或者拘役；造成特别严重后果或者有其他特别严重情节的，处五年以上十年以下有期徒刑：

“（一）瞒报、谎报食品安全事故、药品安全事件的；

“（二）对发现的严重食品药品安全违法行为未按规定查处的；

“（三）在药品和特殊食品审批审评过程中，对不符合条件的申请准予许可的；

“（四）依法应当移交司法机关追究刑事责任不移交的；

“（五）有其他滥用职权或者玩忽职守行为的。

“徇私舞弊犯前款罪的，从重处罚。”

历史沿革

2011 年刑法修正案（八）立法的情况。1997 年刑法第三百九十七条对国家机关工作人员滥用职权罪和玩忽职守罪作了一般性规定。负有食品安全监督管理职责的国家机关工作人员滥用职权或者玩忽职守构成犯罪的，可以依照该条的规定定罪处罚。考虑到食品安全关系到人民群众的身体健康和切身利益，当时在食品领域又屡屡发生重大食品安全事故，群众反响强烈，2011 年 2 月 25 日第十一届全国人大常委会第十九次会议通过的《中华人民共和国刑法修正案（八）》，在对刑法第一百四十三条生产、销售不符合卫生标准的食品罪和第一百四十四条生产、销售有毒、有害食品罪进行修改完善的同时，专门增加了本条规定，并规定了更重的刑罚。

条文解读

修改后的刑法第四百零八条之一共分两款。第一款是关于食品药品监管渎职的犯罪行为及其处罚的规定。根据本条规定，构成本罪的主体是负有食品药品安全监督管理职责的国家机关工作人员。根据2018年3月十三届全国人大一次会议批准的国务院机构改革方案，将国家工商行政管理总局的职责，国家质量监督检验检疫总局的职责，国家食品药品监督管理总局的职责，国家发展和改革委员会的价格监督检查与反垄断执法职责，商务部的经营者集中反垄断执法以及国务院反垄断委员会办公室等职责整合，组建国家市场监督管理总局，作为国务院直属机构。同时，组建国家药品监督管理局，由国家市场监督管理总局管理。目前，负责食品药品安全监督管理职责的主要是各级市场监管、药品监管部门的工作人员。构成本罪，上述人员必须有滥用职权或者玩忽职守的行为。这里所规定的“滥用职权”，是指国家机关工作人员超越职权，违法决定、处理其无权决定、处理的事项，或者违反规定处理公务的行为。“玩忽职守”，是指国家机关工作人员严重不负责任，不履行或者不认真履行其职责的行为。构成本罪，还必须因为滥用职权或者玩忽职守，造成严重后果或者有其他严重情节。“造成严重后果”，包括导致发生重大食品安全事故、重大药品安全事件、疫苗安全事件等，以及其他严重后果。“有其他严重情节”是指虽未造成严重后果，但滥用职权、玩忽职守的情节严重，如滥用职权、玩忽职守的时间长、次数多、涉及面广、社会影响恶劣等。具体情形可由司法机关根据实际情况制定司法解释确定。为了细化食品药品渎职的情形，增强可操作性和适用性，刑法修正案（十一）在本款分五项增加规定了五种具体的食品药品监管渎职行为：

第一项是关于瞒报、谎报食品安全事故、药品安全事件的规定。这里规定的“瞒报”是指隐瞒事实不报。“谎报”是指不真实的报告，如对事故、事件的危害后果避重就轻地报告等。“食品安全事故”，根据食品安全法第一百五十条的规定，是指食源性疾病、食品污染等源于食品，对人体健康有危害或者可能有危害的事故。“药品安全事件”，是指在药品研发、生产、经营、使用中发生的，对人体健康造成或者可能造成危害的事件。

第二项是关于对发现的严重食品药品安全违法行为未按规定查处的规定。这里规定的“严重食品药品安全违法行为”是指严重违反食品安全法、药品管理法、疫苗管理法及其配套规定的行为。对于这些严重违法行为，有关国家机关工作人员已经发现，但不按照法律法规规定的权限和程序查处的，就可能构成本条规定的犯罪。食品安全法第一百四十二条至第一百四十四条、药品管理法第一百四十九条规定了有关国家机关工作人员不按规定查处违法行为的行政责任，本项规定是与之衔接的。

第三项是关于在药品和特殊食品审批审评过程中，对不符合条件的申请准予许可的。这里规定的“药品”，根据药品管理法第二条的规定，是指用于预防、治疗、诊断人的疾病，有目的地调节人的生理机能并规定有适应症或者功能主治、用法和用量的物质，包括中药、化学药和生物制品等。“特殊食品”，根据食品安全法第七十四条的规定，包括保健食品、特殊医学用途配方食品和婴幼儿配方食品等。根据药品管理法和食品安全法的规定，药品和特殊食品在研制、生产、经营、使用等环节，需要依法向监管部门申请审批审评，监管部门的工作人员应当依照有关法律规定和技术标准进行审批审评。有关国家机关工作人员对明知不符合条件的药品和特殊食品审批审评申请准予许可的，对食品药品安全造成危害，可能构成本条规定的犯罪。

第四项是关于依法应当移交司法机关追究刑事责任不移交的

规定。刑法分则第三章第一节规定了一系列食品药品领域的犯罪行为及其处罚。实践中这些犯罪行为往往是由食品药品监管部门在行政执法中发现，再移交公安机关侦查的。食品药品监管机关的工作人员对于行政执法中发现的犯罪线索，应当依法及时移交司法机关追究刑事责任。如果不移交或者降格处理以罚代刑的，可能构成本条规定的犯罪。需要注意把握本项规定的犯罪行为与本条第二项规定犯罪行为的区分。第二项规定的行为主要是在行政管理执法中不尽职，该项规定是为了促使有关国家机关工作人员积极查处有关食品药品行政违法行为，防止造成更严重的后果和危害。本项规定的行为则是对已经构成犯罪的案件不依法移交。

第五项是关于有其他滥用职权或者玩忽职守行为的规定。这里规定的“其他滥用职权或者玩忽职守行为”，是指本款第一项至第四项规定行为以外的对食品药品安全造成危害，应当追究刑事责任的滥用职权、玩忽职守行为。具体情形可由司法机关根据实际情况制定司法解释确定。

根据本款规定，构成本条规定的犯罪的，对行为人处五年以下有期徒刑或者拘役；造成特别严重后果或者有其他特别严重情节的，处五年以上十年以下有期徒刑。

本条第二款是关于徇私舞弊犯第一款罪如何处罚的规定。这里所规定的“徇私舞弊”，是指为个人私利或者亲友私情的行为。由于这种行为是从个人利益出发，置国家利益于不顾，主观恶性要比第一款规定的行为严重，因此本款规定，徇私舞弊犯第一款罪的，在第一款规定的法定量刑幅度内从重处罚。

实践中执行本条规定应当注意本条第一款第四项规定的犯罪与刑法第四百零二条规定的徇私舞弊不移交刑事案件罪的区分。

构成徇私舞弊不移交刑事案件罪要求行政执法人员有徇私舞弊情节，本条第一款第四项没有规定徇私舞弊情节。同时，本条规定的刑罚比第四百零二条规定更重。本条规定是对食品药品监督管理工作人员不移交刑事案件的行为规定了更严格严厉的处罚。

相关规定

《中华人民共和国食品安全法》第一百四十二条至第一百四十四条；《中华人民共和国药品管理法》第一百四十七条至第一百五十条；《中华人民共和国疫苗管理法》第九十四条、第九十五条；《最高人民法院、最高人民检察院关于办理危害食品安全刑事案件适用法律若干问题的解释》第十六条

四十六、将刑法第四百三十一条①第二款修改为："为境外的机构、组织、人员窃取、刺探、收买、非法提供军事秘密的，处五年以上十年以下有期徒刑；情节严重的，处十年以上有期徒刑、无期徒刑或者死刑。"

条文主旨

本条是关于修改为境外窃取、刺探、收买、非法提供军事秘密罪的规定。

---

① 2020 年 12 月 26 日，第十三届全国人民代表大会常务委员会第二十四次会议通过的《中华人民共和国刑法修正案（十一）》对本条作了修改，刑法修正案（十一）修改的内容自 2020 年 3 月 1 日起施行。1997 年刑法第四百三十一条条文是："以窃取、刺探、收买方法，非法获取军事秘密的，处五年以下有期徒刑；情节严重的，处五年以上十年以下有期徒刑；情节特别严重的，处十年以上有期徒刑。为境外的机构、组织、人员窃取、刺探、收买、非法提供军事秘密的，处十年以上有期徒刑、无期徒刑或者死刑。"

立法背景

2020年12月26日，第十三届全国人民代表大会常务委员会第二十四次会议通过的《中华人民共和国刑法修正案（十一）》对本条作了修改，主要是对为境外窃取、刺探、收买、非法提供军事秘密罪增加了一档“五年以上十年以下有期徒刑”的刑罚。有的部门提出，原刑法规定只有一个量刑档，且起刑为十年有期徒刑，实践中情况比较复杂，不同情形差异较大，如果都判处十年以上有期徒刑处罚较重。按照最高人民检察院、原总政治部《军人违反职责罪案件立案标准的规定》，凡涉嫌为境外窃取、刺探、收买、非法提供军事秘密的，应予立案。根据这一标准，只要有上述行为之一，哪怕只是一份军事秘密，在没有减轻情节的情况下，起刑就是十年，实践中非法出卖军事秘密的数量、密级和危害性差异较大，有的仅出卖的是一两份参会名单、会议照片，有的则是出卖几十份机密级、秘密级军事秘密，都在一个量刑档次，罪责刑不相适应的问题较突出。据统计，2010年以来犯该罪的二分之一是战士，其中多数是十八岁左右的年轻战士，多为普通士兵，有的还是炊事员、驾驶员，接触军事秘密的机会很小，多因网络交友不慎，利诱下一时糊涂，这些人往往主观恶性不大，提供的秘密密级不高、数量较少，危害也不是特别严重，应当以教育挽救为主。处以重刑，难以取得较好的社会效果和法律效果。此外，1997年刑法制定时，网络信息不发达，电脑办公刚刚起步，即时通讯尚未普及，手机还不能作为互联网移动终端使用，与境外人员勾联主要靠电话联系或面对面接头，窃取、传递秘密主要靠相机拍照、人力输送，极少数使用电子邮件传递，实施出卖秘密的犯罪有一定难度，也说明犯罪分子主观恶性大，犯罪意志相对坚决，判处重刑确有必要。而如今在信息化时代，传递、买卖秘密的行为实现更容易，往往一念之间误入歧途，主观恶性比以往较小，对此需要区别对待。立法上在体现军法从严、从重时，也要充分考虑宽严相济的刑事政策。

修改后的刑法第四百三十一条规定："以窃取、刺探、收买方法，非法获取军事秘密的，处五年以下有期徒刑；情节严重的，处五年以上十年以下有期徒刑；情节特别严重的，处十年以上有期徒刑。

"为境外的机构、组织、人员窃取、刺探、收买、非法提供军事秘密的，处五年以上十年以下有期徒刑；情节严重的，处十年以上有期徒刑、无期徒刑或者死刑。"

历史沿革

惩治军人违反职责罪暂行条例第四条规定了为敌人或者外国人窃取、刺探军事机密罪，即"为敌人或者外国人窃取、刺探、提供军事机密的，处十年以上有期徒刑、无期徒刑或者死刑"。1997年刑法修改时为境外窃取、刺探、收买、非法提供军事秘密罪基本是延续了此规定，将为"敌人或者外国人"概括为"为境外"。惩治军人违反职责罪暂行条例条例第四条第三款原规定了为敌人或者外国人窃取、刺探、提供军事机密罪，但从司法实践看，为台、港、澳人员窃取、刺探或者非法提供军事秘密的案件时有发生，这些人不属于外国人，如果他们没有敌特身份，也不能定为敌人，所以不能适用原条款定罪处罚；同时，用收买方法为敌人或者外国人获取军事秘密的，也不能适用原条款定罪处罚。考虑到全国人大常委会《关于惩治泄露国家秘密犯罪的补充规定》规定了为境外机构、组织和人员窃取、刺探、收买、非法提供国家秘密罪，所以 1997 年修订刑法时在原条文的基础上增加了“为境外的机构、组织、人员窃取、刺探、收买、非法提供军事秘密”的规定，以便扩大适用范围，加强对军事秘密的保护。

同时根据其他法律的相关规定，对于非境外的以窃取、刺探、收买方法非法获取军事秘密的行为作出规定。保守国家秘密法第十一条规定：“国家秘密及其密级的具体范围，由国家保密行政管理部门分别会同外交、公安、国家安全和其他中央有关机关规定。军事方面的国家秘密及其密级的具体范围，由中央军事委员会规定。国家秘密及其密级的具体范围的规定，应当在有关范围内公布，并根据情况变化及时调整。”第十六条规定：“国家秘密的知悉范围，应当根据工作需要限定在最小范围。国家秘密的知悉范围能够限定到具体人员的，限定到具体人员；不能限定到具体人员的，限定到机关、单位，由机关、单位限定到具体人员。国家秘密的知悉范围以外的人员，因工作需要知悉国家秘密的，应当经过机关、单位负责人批准。”第三十条规定：“机关、单位对外交往与合作中需要提供国家秘密事项，或者任用、聘用的境外人员因工作需要知悉国家秘密的，应当报国务院有关主管部门或者省、自治区、直辖市人民政府有关主管部门批准，并与对方签订保密协议。”

条文解读

本条共分两款。本条规定的“军事秘密”，是指在一定时间内只限于一定范围的人员知悉，不能对外公开并直接关系到国防安全和军事利益的事项。例如，国防和战斗力量建设规划及其实施情况；军事部署，作战和其他重要军事行动的计划及其实施情况；战备演习、军事训练计划及其实施情况；军事情报及其来源，通信、电子对抗和其他特种技术的手段、能力，机要密码及有关资料；武装力量的组织编制，部队的任务、实力、素质、状态等基本情况；部队及特殊单位的番号；武器装备的研制、生产、配备情况和补充、维修能力，特种军事装备的战斗技术性能；军事学术、国防科学技术研究的重要项目、成果及其应用；军事物资的筹措、生产、供应和储备等情况。对于军事秘密的范围和等级，有关法律、法规、条例中有具体的规定。

第一款是关于非法获取军事秘密的犯罪及其处罚的规定。根据本款的规定，只要行为人具有非法获取军事秘密的行为，不论是采取秘密窃取，还是刺探、收买方式获取军事秘密的，都可构成本罪。本款规定，对于以窃取、刺探、收买的方法非法获取军事秘密的，处五年以下有期徒刑；情节严重的，处五年以上十年以下有期徒刑；情节特别严重的，处十年以上有期徒刑。这里规定的“情节特别严重”，主要是指非法获取了大量的军事秘密的、非法获取了重要的军事秘密的、非法获取军事秘密的手段特别恶劣等情况。

第二款是关于为境外的机构、组织、人员窃取、刺探、收买、非法提供军事秘密的犯罪及其处罚的规定。这里规定的“非法提供”，是指军事秘密的持有人，将自己知悉、管理、持有的军事秘密以各种方法，通过各种渠道将军事秘密提供给境外的机构、组织、个人的行为。军事秘密一旦为境外的机构、组织、个人所掌握，对国家的国防安全和军事利益都有很大的危害，因而本款对为境外机构、组织、人员窃取、刺探、收买、非法提供军事秘密的犯罪行为规定了比非法获取军事秘密更为严厉的刑罚。

窃取是指秘密获取，刺探是指暗中打听、观察、探知等，收买是指以财物交换，这是几种最常见的非法手段。其他一些非法手段，如骗取、敲诈等，从广义上看也属于窃取行为。本罪是单一罪名，所以不能以非法获取军事秘密的具体手段来定罪，如“窃取军事私密罪”、“刺探军事秘密罪”和“收买军事秘密罪”。“非法获取”是这些具体手段的共同特征，即行为人没有知悉军事秘密的正当理由和合法依据，却采取积极的行为了解军事秘密的内容。

军事秘密是国家秘密中的重要组成部分。在当前西方敌对势力加紧对我国进行颠覆、渗透活动，国际政治、经济、科技、军事竞争日趋激烈的形势下，境外势力每时每刻都企图获取我军军事秘密。加强对军事秘密的保护，严防军事秘密被境外的机构、组织、人员知悉，不仅是确保军事秘密安全的需要，而且事关国防安全。军事秘密一旦被境外的机构、组织、人员知悉，除了军事秘密的安全将直接受到威胁外，还将对国防安全造成严重危害。

保守国家秘密法第二十一条规定：“国家秘密载体的制作、收发、传递、使用、复制、保存、维修和销毁，应当符合国家保密规定。绝密级国家秘密载体应当在符合国家保密标准的设施、设备中保存，并指定专人管理；未经原定密机关、单位或者上级机关批准，不得复制和摘抄；收发、传递和外出携带，应当指定人员负责，并采取必要的安全措施。”因此，凡违反上述规定，事先未经依法批准而擅自将军事秘密提供给境外的机构、组织、人员的，均属非法提供。

实践执行中应当注意的是，为境外窃取、刺探、收买、非法提供军事秘密罪在罪与非罪的界限上容易混淆的问题是如何区分合法提供和非法提供。对此可从实体上和程序上两个方面来区别。从实体上看，合法提供是行为人履行职责的活动，而非法提供是行为人违背职责的行为。从程序上看，合法提供经过了严格的组织审批手续和法定程序，而非法提供完全是个人擅自所为。

相关规定

最高人民检察院、解放军总政治部《军人违反职责罪案件立案标准的规定》第十二条、第十三条；《中华人民共和国保守国家秘密法》第十一条、第十六条、第二十一条、第三十条；《中华人民共和国惩治军人违反职责罪暂行条例》第四条

四十七、将刑法第四百五十条[①]修改为：“本章适用于中国人民解放军的现役军官、文职干部、士兵及具有军籍的学员和中国人民武装警察部队的现役警官、文职干部、士兵及具有军籍的学员以及文职人员、执行军事任务的预备役人员和其他人员。”

---

① 2020 年 12 月 26 日，第十三届全国人民代表大会常务委员会第二十四次会议通过的《中华人民共和国刑法修正案（十一）》对本条作了修改，刑法修正案（十一）修改的内容自 2020 年 3 月 1 日起施行。1997 年刑法第四百五十条条文是：“本章适用于中国人民解放军的现役军官、文职干部、士兵及具有军籍的学员和中国人民武装警察部队的现役警官、文职干部、士兵及具有军籍的学员以及执行军事任务的预备役人员和其他人员。”

条文主旨

本条是关于增加文职人员适用军人违反职责罪的规定。

立法背景

（一）立法相关背景

本章是关于军人违反职责犯罪的规定，在适用范围上应只适用于现役军人。根据国防法的规定，中华人民共和国的武装力量，由中国人民解放军现役部队和预备役部队、中国人民武装警察部队、民兵组成。所以，本条规定军人违反职责犯罪一章的适用范围不仅限于军人。原惩治军人违反职责罪暂行条例对适用范围作了规定，1997 年修订刑法时将其修改后纳入刑法。

惩治军人违反职责罪暂行条例第二十三条规定："现役军人犯本条例以外之罪的，依照《中华人民共和国刑法》有关条款的规定处罚。"第二十五条也规定："军内在编职工犯本条例之罪的，适用本条例。"2013 年 2 月 26 日最高人民检察院、解放军总政治部《军人违反职责罪案件立案标准的规定》第三十二条规定："本规定适用于中国人民解放军的现役军官、文职干部、士兵及具有军籍的学员和中国人民武装警察部队的现役警官、文职干部、士兵及具有军籍的学员以及执行军事任务的预备役人员和其他人员涉嫌军人违反职责犯罪的案件。"

根据惩治军人违反职责罪暂行条例第二十三条和第二十五条的规定，惩治军人违反职责罪暂行条例只能适用于现役军人和军内在编职工。但在实践中，究竟何谓"现役军人"，普遍感到难以把握其外延，有必要在修订的刑法中对此予以明确。2020 年

12 月 26 日，第十三届全国人民代表大会常务委员会第二十四次会议通过的《中华人民共和国刑法修正案（十一）》对本条作了修改，主要是在本章适用主体范围中增加了文职人员的规定。按照中国人民解放军文职人员条例第二条规定，文职人员“是指在军民通用、非直接参与作战且社会化保障不宜承担的军队编制岗位从事管理工作和专业技术工作的非现役人员，是军队人员的组成部分”。十余年前，军队就有编有少量文职人员。此次国防和军队改革，全军编制文职人员 20 多万，是现役军人总数的近十分之一。文职人员的岗位绝大多数都是改革前现役军人的岗位，有的文职人员就是现役军人转任。文职人员与现役军人都是军队人员的主体，区别只是岗位不同、分工不同。因此，军人违反职责犯罪同样适用于文职人员。

军队文职人员制度大致分为五个阶段：

（1）雏形时期。军队文职人员制度雏形最早始于新中国成立初期。1954 年 12 月中央军委举行扩大会议，把部分行政、物资保障、医疗卫生、文化体育、教学、科研、工程技术等岗位的 6.2 万名现役干部改为工薪制职员，将编制序列内的 36 种职务改为无军籍职员，办理转业手续，留在原岗位上工作。这是我军历史上第一次使用非现役人员的有益尝试。

（2）文职干部过渡时期。1988 年全军恢复军衔制，中央军委颁布《中国人民解放军文职干部暂行条例》，将科学研究、工程技术、医疗卫生、教学、新闻、出版、文化艺术、体育等单位的部分专业技术干部职务，以及为机关、院校、医院等单位内部服务的部分行政事务、生活保障干部，编制为文职干部。文职干部保留军籍，工资水平与现役军官相同，但文职干部不授军衔，不予发放服装。1992 年，中央军委出台军队文职干部正式条例，恢复向全军十几万文职干部发放军装，佩戴文职人员符号。

（3）正式建立时期。2005 年 6 月，国务院、中央军委颁布了中国人民解放军文职人员条例，明确“文职人员，是指按照规定编制聘用到军队工作，履行现役军官（文职干部）同类岗位相应职责的非现役人员”。工作岗位为：教学、科研、工程、卫生、文体、图书、档案等专业技术岗位以及部分管理事务和服务保障等非专业技术岗位。文职人员从地方招聘，不列入军队编制，不穿军装，从事非作战工作。条例的颁布实施，标志着我军文职人员制度正式建立。

（4）发展时期。2012 年 8 月，中央军委颁布军队文职人员管理规定，对文职人员的身份、管理、等级、聘用做出了具体规定。2013 年原总政治部下发通知，全军文职人员实行统一招聘考试，进一步完善了文职人员的聘用管理制度机制。

（5）改革完善时期。在深化国防和军队改革的大背景下，2017 年 11 月 10 日，国务院和中央军委布了新修订的中国人民解放军文职人员条例。改革后的军队人员分为军官、军士、义务兵、文以人员四类，按照“老人老办法、新人新政策”，推进文职干部、文职人员、非现役公勤人员、职工制度向统一的文职人员制度并轨，建立与国家公务员和事业单位工作人员制度相衔接、具有比较优势的管理和保障制度机制；建立统一的文职人员制度，把一些军民通用、非直接参与作战的现役人员岗位改由文职人员担任，扩大文职人员编配范围，优化军队人员构成，节约军队人力资源成本，延揽社会优秀人才为军队建设服务，对军队文职人员做出新的定位，同时赋予更高的任务使命。标志着我军文职人员制度正日益走向完善。

（二）立法中主要争议的问题

在刑法修正案（十一）草案征求意见过程中，关于要不要保留“文职干部”，是否要增加“军官、士官、义务兵”有不同认识。有的意见提出，在深化国防和军队改革的大背景下，党的十八届三中全会《决定》提出，健全完善文职人员制度，此次改革将现有军队人员分为军官、士官、义务兵和文职人员四类，按照“老人老办法、新人新政策”，推进文职干部、文职人员、非现役公勤人员、职工制度向统一的文职人员制度并轨，建立与国家公务员和事业单位工作人员制度相衔接、具有比较优势的管理和保障制度机制；建立统一的文职人员制度，把一些军民通用、非直接参与作战的现役人员岗位改由文职人员担任，扩大文职人员编配范围，刑法的修改也要与改革方向接轨。将现有军队人员分为军官、士官、义务兵和文职人员四类的改革的方向和精神是明确的，但考虑到目前正在改革的过渡期，一方面部队中尚未实际认定军士、义务兵，配套的军士条例、义务兵条例等还在起草阶段，对军士、义务兵的等级设置等一些重要制度问题还在研究论证，条例短期暂不能颁布，刑法不宜超前；另一方面文职干部都是具有军籍的，未来的改革方向是并轨到文职人员中，目前改革还在进行中，文职干部尚有万余人，按照“老人老办法”的改革精神，文职干部与文职人员在相当长的时期内会同时存在。本条修改主要是明确“文职人员”的法律适用问题，不是明确相关人员的权利义务，如果刑法删去“文职干部”将会造成这些人员尤其是已经退出军队系统的“文职干部”可能无法适用刑法第十章的规定，会引发新的问题。

条文解读

根据本条规定，下列人员犯有本章规定之罪的，适用本章的规定处罚：

1. 中国人民解放军现役军官、文职干部、士兵及具有军籍的学员。

2. 中国人民武装警察部队的现役警官、文职干部、士兵及具有军籍的学员。由于中国人民武装警察部队也是我国国家武装力量的组成部分，实行义务兵与志愿兵相结合的兵役制度，执行人民解放军的条令、条例。他们担负一定的军人职责，因而对于违反职责的犯罪，也适用本章的规定。

3. 执行军事任务的预备役人员和其他人员。由于执行军事任务的预备役人员和其他人员，也担负着与军人相同的保卫国家、人民利益的职责，因而本条规定，对于执行军事任务的预备役人员和其他人员违反职责的犯罪，适用本章的规定。

实践执行中应当注意的是：

关于文职人员的规定，既适用于中国人民解放军，也同时适用于中国人民武装警察。根据《中国人民解放军文职人员管理条例》第五十九条的规定："中国人民武装警察部队文职人员，适用本条例。"

相关规定

《中华人民共和国惩治军人违反职责罪暂行条例》第二十三条、第二十五条；《军人违反职责罪案件立案标准的规定》第三十二条；《中国人民解放军文职人员管理条例》第二条、第五十九条

四十八、本修正案自2021年3月1日起施行。

条文主旨

本条是关于刑法修正案（十一）施行日期的规定。

条文解读

施行日期即通常所说的生效日期、生效时间，是确定一部法律时间效力的基础。立法法第五十七条规定："法律应当明确规定施行日期。"一部法律何时开始生效，一般是由该法律的具体性质和实际需要决定的。关于法律生效日期的规定，我国立法实践中通常有两种做法：一是，法律公布的时间与法律生效的时间是一致的，也就是说，法律自公布之日起施行。二是，法律公布的时间与法律生效的时间不一致，即法律公布后经过一段时间后才生效，其目的是给法律的实施以必要的准备时间。对于刑法修正案来说，通常也有这两种形式，刑法修正案（十）以及刑法修正案（七）之前的刑法修正案都是"自公布之日起施行。"刑法修正案（八）、（九）、（十一）都是经过一段时间后施行。2011年2月25日全国人民代表大会常务委员会通过的《中华人民共和国刑法修正案（八）》规定，该修正案自2011年5月1日起施行。2015年8月29日第十二届全国人民代表大会常务委员会第十六次会议通过的刑法修正案（九）规定，该修正案自2015年11月1日起施行。对于只有一个实体条文的刑法修正案，如刑法修正案（二）、（十），是在具体条文后单列一款规定施行日期。对于有多个条文的，是单列一条规定施行日期。

根据本条规定，刑法修正案（十一）自2021年3月1日起施行。刑法修正案（十一）是2020年12月26日由十三届全国人民代表大会常务委员会第二十四次会议通过的，其施行时间为2021年3月1日。期间有两个多月的准备时间。之所以这样规定，主要是考虑到刑法修正案（十一）涉及的内容较多，一些内容是对刑法总则规定的修改，如第一条关于未成年人刑事责任年龄作了个别调整；还有一些内容是新增加的规定或者是对原规定作出的比较重大的修改，如增加了危险作业的犯罪、妨害药品管理的犯罪、生物安全相关犯罪，明确了自洗钱单独定罪，完善了知识产权犯罪、环境污染犯罪，等等。在刑法修正案（十一）通过以后，规定经过一定期限后开始施行，有利于最高人民法院、最高人民检察院、公安部等部门修改相关司法解释或者规范性文件，培训司法工作人员和执法人员，为刑法修正案（十一）的施行做好必要的准备；另一方面也有利于对刑法修正案（十一）的内容进行宣传，使广大人民群众在刑法修正案（十一）施行前对其内容有必要的了解。因此，刑法修正案（十一）延续了刑法修正案（八）、（九）的做法，未规定该修正案自公布之日起施行，而是自通过之日起经过两个月才生效。

在司法实践中，对于刑法修正案（十一）所涉及的条文，应当依照刑法第十二条关于刑法溯及力的规定和相关条文的施行日期来确定法律适用问题。本次刑法修正案（十一）通过以后将重新公布修正后的刑法文本。对以上情况，有几个问题需要注意：1. 包含1997刑法在内的刑法修正文本各个条款的生效时间应当按照1997刑法以及各个修正案等确定的施行日期执行。有的条文经过多个刑法修正案修改，如刑法第一百九十一条洗钱罪，2001年12月29日施行的刑法修正案（三）、2006年6月29日施行的刑法修正案（六）曾对其作过修改，2021年3月1日施行的刑法修正案（十一）再次作了修改。对此类情形，具体的修改内容应当按照各自对应的修正案施行日期确定生效时间。

2. 关于修正案的溯及力。要综合考虑刑法第十二条、总则关于时效的规定，以及修正案对各个条款的具体修改情形，确定法律适用问题。刑法第十二条第一款规定："中华人民共和国成立以后本法施行以前的行为，如果当时的法律不认为是犯罪的，适用当时的法律；如果当时的法律认为是犯罪的，依照本法总则第四章第八节的规定应当追诉的，按照当时的法律追究刑事责任，但是如果本法不认为是犯罪或者处刑较轻的，适用本法。"以上规定中包含实践中通常所说的刑法适用溯及力的从旧兼从轻原则。对于包括刑法修正案（十一）在内的刑法修正案的规定，不宜简单认为修正案的规定都是新增规定或都是从重的，进而认为相关行为应当适用修正案修改之前的规定，判断是否属于"从轻""从新"的情况要对具体条文的规定作实质判断。如刑法修正案（九）第三十一条将刑法第二百九十条第一款修改为："聚众扰乱社会秩序，情节严重，致使工作、生产、营业和教学、科研、医疗无法进行，造成严重损失的，对首要分子等，追究刑事责任。"其中增加了"医疗"的表述，这一表述可以涵盖在"社会秩序"的范围中，并不属于新增内容，因此对于这一条涉及的"医闹"行为，即不宜按照刑法修正案（九）的施行日期确定生效时间。刑法修正案（十一）第十三条对刑法第一百八十二条操纵证券、期货市场罪的修改也属于此种情况。刑法修正案（十一）第十三条对刑法第一百八十二条操纵证券、期货市场罪作了修改，明确了恍骗交易操纵、蛊惑交易操纵、抢帽子交易操纵等操纵形式。以上情形都可归属于刑法第一百八十二条规定的最后一款兜底条款之中，相关司法解释也作了明确，因此不属于增加新的犯罪。3. 还有些情况在刑法修正案中没有明文体现出来，但也属于增加新的法律适用情形，对此也应按照刑法第十二条等规定的相关原则处理。如刑法修正案（十一）第十四条对刑法第一百九十一条作了修改，明确了自洗钱可以单独定罪。本次修改之前该条规定的洗钱方式在表述上更接近帮助洗钱，基本排除了自洗钱的适用。如原第二项规定“协助将财产转换为现金、金融票据、有价证券的”，修改后的规定为“将财产转换为现金、金融票据、有价证券的”，即包含自洗钱。刑法第三百一十二条是广义的洗钱罪，属于我国洗钱犯罪法律框架的一部分，该条的罪状表述为“明知是犯罪所得及其产生的收益而予以窝藏、转移、收购、代为销售或者以其他方法掩饰、隐瞒的”，本身不存在自洗钱入罪的障碍，在刑法修正案（十一）自洗钱入罪的精神明确后，对刑法第三百一十二条的自洗钱也应追究刑事责任，在适用上也应按照刑法第十二条等规定的相关原则处理。

与上述刑法修正案的施行相关的一个问题，即在裁判文书中如何表述修正前后的刑法条文，最高人民法院在《关于在裁判文书中如何表述修正前后刑法条文的批复》中分为三种情况作了规定。一是有关刑法条文在修订的刑法施行后未经修正，或者经过修正，但引用的是现行有效条文，表述为“《中华人民共和国刑法》第××条”。二是有关刑法条文经过修正，引用修正前的条文，表述为“1997 年修订的《中华人民共和国刑法》第××条”。三是有关刑法条文经两次以上修正，引用经修正且为最后一次修正前的条文，表述为“经××××年《中华人民共和国刑法修正案（×)》修正的《中华人民共和国刑法》第××条”。

相关规定

《中华人民共和国立法法》第五十七条；《最高人民法院关于在裁判文书中如何表述修正前后刑法条文的批复》

图书在版编目（CIP）数据

中华人民共和国刑法修正案（十一）解读 / 许永安主编．—北京：中国法制出版社，2021.1（2021.3重印）

ISBN 978－7－5216－1632－3

Ⅰ.①中… Ⅱ.①许… Ⅲ.①刑法－法律解释－中国 Ⅳ.①D924.05

中国版本图书馆 CIP 数据核字（2021）第 011013 号

责任编辑 卜范杰　　　　封面设计 蒋怡

中华人民共和国刑法修正案（十一）解读

ZHONGHUA RENMIN GONGHEGUO XINGFA XIUZHENG'AN（SHIYI）JIEDU

主编/许永安

经销/新华书店

印刷/三河市国英印务有限公司

开本/880 毫米×1230 毫米 32 开　　　　印张/13.875 字数/295 千

版次/2021 年 1 月第 1 版　　　　2021 年 3 月第 2 次印刷

中国法制出版社出版

书号 ISBN 978－7－5216－1632－3　　　　定价：49.00 元

北京西单横二条 2 号

邮政编码 100031　　　　传真：010－66031119

网址：http：//www.zgfzs.com　　　　**编辑部电话：010－66066621**

市场营销部电话：010－66033393　　　　**邮购部电话：010－66033288**

（如有印装质量问题，请与本社印务部联系调换。电话：010－66032926）